KB150925

경제 강대국 흥망사
1500–1990

.

경제 강대국
흥망사 1500-1990

찰스 P. 킨들버거

주경철 옮김

까치

WORLD ECONOMIC PRIMACY : 1500 to 1990

by Charles P. Kindleberger

역자 **주경철**(朱京哲)
서울대학교 사회과학대학 경제학과를 졸업하고, 동대학원 서양사학과를 졸업한 후,
파리 사회과학고등연구원(EHESS)에서 역사학 박사학위를 받았다. 현재 서울대학
교 자유전공학부 및 서양사학과 교수로 재직 중이다. 주요 저서로『역사의 기억,
역사의 상상』,『테이레시아스의 역사』,『대항해시대』,『문명과 바다』,『근대 유럽
의 형성 : 16-18세기』(공저) 등이 있으며, 번역서로는『지중해』(공역),『물질문명과
자본주의』,『가차없는 자본주의』외에 다수가 있다.

편집, 교정 _ 박종만(朴鍾萬)

© 까치글방 2004

경제 강대국 흥망사 1500-1990

저자 / 찰스 P. 킨들버거
역자 / 주경철
발행처 / 까치글방
발행인 / 박후영
주소 / 서울시 용산구 서빙고로 67, 파크타워 103동 1003호
전화 / 02 · 735 · 8998, 736 · 7768
팩시밀리 / 02 · 723 · 4591
홈페이지 / www.kachibooks.co.kr
전자우편 / kachibooks@gmail.com
등록번호 / 1-528
등록일 / 1977. 8. 5
초판 1쇄 발행일 / 2004. 12. 24
    8쇄 발행일 / 2022. 4. 15

값 / 뒤표지에 쓰여 있음

ISBN 89-7291-382-0 03300

서문

세계경제의 선두(world economic primacy)에 대한 찰스 킨들버거 교수의 이 책은 1990년에 룩셈부르크 유럽-국제연구소(Luxembourg Institute for European and International Studies, I.E.I.S.)가 "국가들의 생명력(The Vitality of Nations)"이라는 주제로 주최한 대규모 장기 프로젝트의 성과물이다. 이 프로젝트의 목적은 학제적이고 국제적인 접근을 통해서 여러 국가들의 흥기와 쇠퇴를 살펴본다는 것이었다. 이 프로젝트는 평가, 설명, 예측, 처방이라는 네 개의 분석적 단계로 나누어진다.

이 프로젝트를 위해서 국가별, 지역별, 주제별로 여덟 번의 중요 콘퍼런스가 개최되었다. 룩셈부르크 대학과 하버드 대학에서 일반적인 성격의 콘퍼런스를 두 차례 개최한 다음, "중-동부 유럽의 생명력", "일본의 생명력", "영국의 생명력", "네덜란드의 생명력"과 같은 특수한 주제의 모임을 가졌다. 마지막으로 이 프로젝트의 틀 속에서 준비 중인 두 권의 책에 대한 콘퍼런스가 열렸다. 하버드 대학에서 열린 첫 번째 콘퍼런스는 킨들버거 교수의 책과 관련된 것으로서, 경제사가를 비롯한 40명의 저명한 학자들이 참여했고, 런던에서 열린 두 번째 콘퍼런스는 "서구 동맹의 쇠퇴 : 문화적 시각"이라는 주제로서 크리스토퍼 코커 교수의 책과 관련된 것이었다.

1995년 5월 중순에는 "국가의 부와 빈곤 : 왜 어떤 나라는 부유하고 어떤 나라는 가난한가"라는 주제로 데이비드 랜디즈 교수의 콘퍼런스가 열렸고, 그 뒤를 이어 "러시아의 생명력", "도시국가들의 생명력", "일부 아시아 국가들의 중국계 이민들의 생명력의 의미", "국가들의 생명력 함양의 중요성", "에스파냐의 생명력", "아시아의 생명력 : 문화적 시각" 등의 콘퍼런스들이 열렸다.

킨들버거 교수는 이 프로젝트와 관련하여 처음으로 중요한 연구성과를 책으로 출판했다. 그의 책은 이탈리아의 도시국가들로부터 시작해서 네덜란드와 영국을 거쳐 미국과 일본까지 추적하고 있다. 이 기간 중에 뚜렷한 경제적 리더가 존재하던 때도 있었고, 세계경제의 선두가 불확실한 때도 있었다. 그의 연구는 단지 개별 국가들에 대해서만 초점을 맞춘 것이 아니라, 국가 사이클이나 선두의 연속성(successive primacies)과 같은 더 일반적, 이론적 성격의 중요한 문제들도 다루고 있다. 이 책은 쇠퇴의 원인에 대해서 내부적인 요소만이 아니라 외부적인 요소에 대해서도 중요한 문제들을 제기한다.

이 책은 많은 사람들이 미래의 경제적 리더십에 대해서 의문을 품고 있는 시점, 즉 미국이 유일한 초강대국으로 남아 있기는 하지만 갈수록 자신의 정치적, 경제적 지배력을 행사하지 못하고, 또 일본이 중요한 경쟁자이기는 하지만 세계경제의 리더 역할을 하지는 못하며, 독일이 계속 성장하기는 하지만 아직 취약하고 또 세계적 영향력에서도 제한적인 시점, 유럽연합이 비록 유럽 경제통합(EMU)과 공동외교안전보장정책(CFSP) 계획을 추진 중이기는 하지만 세계정치에서 결정적인 세력이 되지는 못한 시점, 그리고 15-20년 뒤에 중국이 정치적, 경제적으로 어느 위치에 있게 될지 누구도 확실히 이야기하지 못하는 시점에서 나왔다.

킨들버거 교수의 이 책은 과거의 세계경제에서 각국의 위치에 대한 탁월한 개관을 제공할 것이며, 그들 국가들의 경제적 상승과 쇠퇴의 원인에 대한 심오한 통찰력을 보여 줄 것이다.

A. 클레스

I. E. I. S. 연구이사

룩셈부르크

감사의 글

언제나 그렇듯이 나는 여러 학자들의 도움을 많이 받았다. 많은 친구들이 자신들이 저술했거나 편집한 책들을 보내주었다. 모지스 아브라모비츠, 론도 캐머런, 루디거 돈부시, 배리 아이켄그린, 제럴드 펠드먼, 코미야 류타로(小宮隆太郎), 헨리 나우, 헨리 로소프스키, 피터 테민, 츠루 시케토(都留重人) 등이 그런 사람들이다. 복사물, 원고 형태의 글들, 서지사항, 여러 정보들을 보내준 사람들로는 크리스토스 아타나스, 캐럴라인 쇼 벨, 다니엘 벨, 폴 데이비드, 로버트 포스터, 로버트 고든, 하마다 코이치(浜田宏一), 피터 클라인, 필리프 르콩트, 조엘 모키르, 패트릭 오브라이언, 윌리엄 파커, 잭 파월슨, 바 네 반 블레크 등이 있다.

일본에 관한 제11장의 원고를 읽어준 마틴 브론펜브레너는 아주 큰 수고를 아끼지 않았지만, 물론 일본과 관련된 주제들에 대해서 그의 탁월한 지식에 내가 따라가지 못한 것은 그의 책임이 아니다. 폴 호엔베르크는 비판적인 시각에서 원고 전체를 읽고 내게 큰 용기를 주었으며 특히 첫 원고의 일부에 대해서 대단히 관대하게 평가했다. 하버드 대학교 사학과 대학원생인 카렌 스미스와 MIT 대학의 듀이 도서관의 참고도서실 사서인 키스 모건은 수많은 참고서지 사항들을 정리하는 힘든 일을 해 주었다. 내가 두 손가락을 이용하여 타이핑한 원고는 오타가 많고 덧붙인 부분은 알아보기 힘들 지경인데 이것을 MIT의 데이비드 푸타토와 에밀리 갤러거는 완벽한 하드카피(hard copy, 이 분야에서 이렇게 말하는 모양이다)로 만들어 주었다.

"국가들의 생명력"이라는 연구 아이디어는 룩셈부르크 유럽-국제연구

7

소의 아르망 클레스 박사가 제안한 것이다. 이 연구소는 기금도 제공했다. 여러 국가들 간에 변화해 가는 경제적 선두라는 개념에 대한 콘퍼런스 —— 이 책과 직접 관련된 것은 아니었지만 —— 는 1994년 5월에 하버드 대학교에서 열렸었다. 모든 참여자들은 내가 제시한 일부 주제들에 대해서는 나보다 훨씬 더 많이 알고 있었다. 모든 사람이 모든 주제에 대해서 더 잘 아는 것은 아니었으리라고 생각하지만, 과연 그랬는지는 자신이 없다.

나는 이 모든 도움을 준 사람들에게 감사한 마음을 전하며, 그 도움을 오용하지 않았기를 바란다.

〔토지, 노동, 자본에 더해서〕 기업가 활동은 필요요소이지 충분요소는 아니다. 기회가 주어졌을 때, "역사의 창조적 대응"을 가능케 하는 것은 사회 전체의 인간적 생명력이다.

카를로 치폴라, 1976, p.117

차례

1

서론

이 책은 미국의 정치적, 경제적 역할에 대한 논쟁이 한창일 때 쓰였다. 이때 미국의 일부 정치학자들은 미국은 "지도적 위치에 있어야 할 의무가 있다"고 주장했다.[1] 이에 비해서 역사에 대한 안목을 가진 사람들은 어떤 국가든 리더의 지위에서 떨려날 수 있고 또 실제 그래 왔다고 주장한다. 그 이유는 여러 가지이다. 대외적 과잉팽창,[2] 공공의 이익보다는 자신들의 편협한 이익을 추구하는 집단들,[3] 투자, 저축, 혁신, 전체적인 생산성 등의 하락, 산업에서 금융으로, 특히 금융 조작으로 국가의 중심점이 이동하는 현상 등이 그런 이유들이다. 국가의 쇠퇴는 절대적인 것이 아니라 다른 나라와 비교한 상대적인 것이라든가, 새로운 상품과 새로운 공정에 대한 지식이 한 나라에서 다른 나라로 전파되면서 한 시기에 지도적인 위치에 있던 나라가 다른 나라에게 "따라잡히는" 과정은 불가피하다는 식의 언급도 자주 듣게 된다.[4] 이 과정은 저개발 국가 혹은 개발도상국(developed or developing countries)에게 적용되기보다는 **사회적 역량**(social capability) —— 더 적절한 용어가 없어서 그대로 사용할 수밖에 없다 —— 을 가진 선진국에 주로 적용된다. 여기에서는 순수한 경제적 혹은 정치적 문제만이 아니라 사회적 문제들도 고려해야 한다. 이 "따라잡기" 모델(catching-up model)은 사회적 역량을 가진 선진국들 사이에 어떻게 해서 일인당 국민소득의 격차가 줄고 그래서 이 국가들 사이의 차이가 줄어드는지를 설명한다. 이 모델은 특히 제2차 세계대전 이후 북아메리카와 유럽, 환태평양권에서 적용되었지만, 이전에는 그리 잘 알려지지 않았는데 이는 부분적으로 자료 부족 때문이었다. 그러나 이 모델은 경제적 선두라는 점에서 왜 어떤 국가들이 다른 나라를 따라잡고 또 추월하는지를 설명하지 못하며, 또 어떤 경우에는 따라잡히는 나라가 절대적으로 쇠퇴하는 이유를 설명하지도 못 한다. 이 모델에 관심을 가진 사람은 제2차 세계대전 이후 일인당 소득에서 독일, 프랑스, 그리고 최근에는 이탈리아가 영국을 추월했다는 사실을 간과해서는 안 된다.

저명한 역사가 페르낭 브로델은 쇠퇴의 이론 같은 것은 존재하지 않는다고 단언했다. 그는 특히 재정, 투자, 공업, 해운업 같은 핵심적인 기능의 붕괴를 가지고 설명하는 경제학자들의 단순한 이론들에 반대했다. "개별 사례의 구조로부터 새로운 모델을 만들어야 한다."[5] 나는 그처럼 확신을 가지지는 못한다. 독자들은 각자 판단해 보는 수밖에 없다. 그러나 기존 이론의 단순성에 대해서는 나도 동의한다. 모델이 전적으로 경제적일 수는 없으며, 그래서 다른 역사가인 사이먼 샤마가 "근대 초기 문화에 대한 서술을 19세기 용어들의 감옥에서 해방시켜야 하며", 특히 "사회적 역설, 모순, 비대칭을 평평하게 대패질해서 매끄러운 표면을 가진 경제적 모델로 만드는 것"에 반대한다는 주장에 박수를 보낸다.[6]

내가 관심을 가지는 것은 "누가 일등이냐" 하는 질문이 아니다. 그런 어린애 같은 질문은 스포츠 이야기에는 맞을지 몰라도 진지한 이야기에는 맞지 않는다. 그보다는 장기적인 경제성장의 문제, 또 세계경제가 반드시 계서제(hierarchy)의 구조로 이끌려가느냐 아니면 다수의 평등한 존재들이 공존하는 다원주의 —— 정치적으로 보면 이것이 더 매력적일 것이다 —— 형식을 유지할 것인가 하는 문제가 중요한 관심사이다. 물론 여러 타협적인 견해들도 있다. "평등한 존재들 중 첫 번째"라는 것인데 이는 1등, 2등, 3등 사이의 차이가 점차 벌어지면서 차츰 리더십 혹은 소위 경제적인 헤게모니로 발전한다는 것이다.

몇 해 전에 나는 1930년대의 세계공황에 대한 책에서 경제적 리더십을 가진 국가는 상품, 자본, 외환의 국제시장을 유지하고 거시경제 정책을 조정하며 위기 시에는 최후의 신용공여자(信用供與者) 역할을 해야 하는 부담을 지게 된다고 쓴 바 있다.[7] 내 옛날 공책을 보니 내가 1950년대, 내전기의 에스파냐 혹은 그보다 더 이전 시대의 경제쇠퇴에 관심을 두고 있었던 것을 알게 되었다. 황금기가 끝나가던 무렵에는 "미국의 갱년기?"라는 글을 쓰기도 했고,[8] "노쇠해 가는 경제"에 대한 강의를 1978년 7월에 출판하기도 했다.[9] 따라서 이 책에 보이는 관심사는 나에게 완전히 새로운 것은 아니다.

경제학자들과 경제사가들에게 경제성장은 강한 흥미를 유발하는 주제이면서 동시에 좌절을 안겨 주는 주제이기도 하다. 이에 비해서 절대적이든 상대적이든 쇠퇴라는 주제는 그보다 덜 주목을 받아 왔다. 사정이 바뀐 것은 최근 수십 년 동안의 일이다. 처음 주목을 끌게 된 계기는 주로 영국과 관련된 문제로서, 영국이 19세기의 세계경제의 선두를 상실한 데 대해서 이 나라의 기업가들에게 책임이 있는가, 아니면 근대적 기술에 부적합한 영국의 철광 혹은 면제품 시장의 축소처럼 예측할 수 없는 장애물들에 직면했던 것이므로 기업가들의 잘못이라고 할 수 없는가 하는 것이었다. 이 책에서도 일부 거론하겠지만 이에 관한 방대한 문헌들은 역사 문제에 대해서 일찍이 수리경제이론과 계량경제학을 적용하려고 한 점에서 혼란스럽다. 선구적 연구자들은 대부분 수정주의자들로서, 널리 알려진 역사학적 결론을 뒤집으려는 작업을 하곤 했다. 기존의 독트린을 수정하는 것은 학문 활동에서 빠른 출발을 하는 데에 상당히 자주 이용되는 방식이다. 그러나 그 연구들을 보면 경제주체들이 주어진 비용에서 생산을 최대화하든지 주어진 생산량에서 비용을 최소화하든지 혹은 둘 다 하든지 하는 식으로 설명하는 정태적 이론과, 기업가들이 이윤추구를 하는 과정에서 장애물을 만났을 때 새로운 공정, 새로운 제도 혹은 신상품을 개발함으로써 그 장애를 돌파하는 동태적 분석상황을 구분하지 못했다. 마지막에 언급한 동태적인 장애 돌파상황은 회사, 산업, 도시, 지역 혹은 국가가 경제발전 도상에 있을 때에 성공적일 공산이 더 크고, 그런 과정이 더 진척되어서 말하자면 성숙하고 늙고 동맥경화에 걸리게 되면 덜 그렇다는 것은 분명하다.

이 연구는 룩셈부르크 유럽-국제연구소의 도움을 받아서 "국가의 생명력(national vitatity)"에 대한 광범위한 조사를 하는 것이었다. 1990년 9월에 이 주제에 관한 콘퍼런스가 열렸을 때 사회과학자들과 역사가들 사이에 이 용어에 과연 정확한 의미를 부여할 수 있을까에 대해서 상당한 논란이 있었다. 그것은 충분히 이해할 만한 일이다. 그러나 내가 이 용어에 민감하게 되고 난 후에 경제사, 정치사, 사회사 문헌들을 읽으면서 이 용어의 동의어와 반의어들 —— 그것들 역시 엄격하게 정의하기 어려운 것들이다 —— 이 너무나 많이 쓰이는 것을 보고 놀라게 되었다. 동의어로는 적응력, 전환능력(즉 자원 재배분 능력), 창의성, 단호한 대응, 역동성, 엘랑 비탈(élan vital, 생의 약동), 에너지, 발명능력, 주도권, 지성, 모멘텀, 회복력, 반응력, 유연성, 기력, 활력 등이 있고, 반의어로는 무기력, 나태, 권태, 피로, 무감각, 수동성, 태만, 마비상태 등이 있다. 예컨대 장-자크 세르방-슈레이버는 『미국의 도전』을 쓰면서 자기 나라 국민들에게 "숙명론과 무력화에 이르는 아랍 문명의 길"을 피하라고 주장했다.[10] 경제학은 가격변화에 대한 수요와 공급의 대응을 이야기하는 '탄력성' 혹은 '비탄력성'과 같은 용어에 대해서 엄밀한 정의를 하지만, 그와 같은 숫자의 뒤에는 소비자와 생산자가 경제변화에 대응하는 민첩성 혹은 속도와 관련된 파악하기 힘든 성질이 내재해 있다. 앞으로 주장하듯이 국가의 생명력은 사이클을 이루며 움직인다.

이미 언급한 것처럼 경제성장은 파악하기 힘들다. 많은 경제학자와 경제사가들은 인구, 발견, 투자, 기술, 제도, 소유권, 재정정책(조세와 국채를 포함한다), 교육(인적 자원에 대한 투자), 공공재, 위험에 대한 태도, (경제주체들이 정부의 특혜를 이용해서 독점을 얻기 위해서 돈과 노력을 들이는 "지대〔地代〕추구"의 신개발 부문을 포함하는) 독점 등 경제성장과 관련된 여러 요소 중 한두 가지에 집중한다. 다만 특정 국가들의 경제성장을 연구하는 경우 흔히 정해진 시기의 정해진 국가에 대해서 그와 같은 요소들을 모두 포괄하려고 시도하는 경우는 있다. W. W. 로스토,[11] 알렉산더 거셴크론,[12] E. L. 존스[13]와 같은 야심적인 경제사가들은 "단계", "스퍼트" 혹은 "회귀 성장" 같은 개념을 가지고 국가의 일반적인 성장과 특별한 성장의 길을 연구했다. 이 책 역시 야심과 범위 면에서는 그들의 연구와 거의 다를 바 없을 테지만, 다만 쇠퇴라는 측면에도 주목하고, 경제질서의 세계적 계서제 내에서 성장하는 국가들과 쇠퇴하는 국가들 간의 관계를 고려한다는 점이 다르다.

비유는 어떤 경우에는 기만적일 뿐 아니라 위험하다는 것을 알지만, 한 나라의 경제적 생명력 주기는 사람의 일생의 주기와 같다는 비유를 할까 한다. 셰익스피어가 사람의 일생을 "유모 품에서 울고 토하는 아이"로부터 "눈도 없고 이도 없고 아무것도 없는 노년"에 이르기까지 일곱 단계로 나눈 예를 국가에 대한 비유로 삼는 것은 너무 강한 표현이 될 것이다. 국가가 실제로 태어났다가 죽지는 않기 때문이다. 게다가 한 국가의 경제적 궤적은 국가마다 크게 다를 것이다. 일반적으로 그것은 서서히 출발해서 속도를 올리고 한동안 최고조에 있다가 마침내 속도를 줄이는데, 이는 곧 S 곡선(S-curve)을 따르는 것이다. 이런 발전유형에 대한 다른 이름들은 로지스틱 커브(logistic curve), 자원전환 곡선(curve of material transformation), 5단계 생산 사이클,[14] 그리고 지식지향적 기초연구로부터 과제지향적 기초연구를 거쳐 응용연구, 개발, 적용까지를 가리키는 기술성숙 곡선(curve of technological maturity)[15] 등이 있다(나는 마지막에 언급한 곡선은 용도가 폐기되어 쓰이지 않는 기술을 고려하지 않고 있다는 점을 지적하고 싶다).

사람과 마찬가지로 국가의 발전도 노년에 이르기 전에 사고나 재앙 때문에 갑자기 중단될 수 있다. 즉 외부의 힘에 의해서 발전이 저지당하는 것이다. 그러나 사람과는 달리 국가는 두 번째의 S 곡선을 다시 시작할 수 있다. 몇 년 전에 내가 로스토식 단계론에 국민경제 S 곡선을 적용하려고 하면서 이야기했듯이 과거의 S 곡선으로부터 새로운 S 곡선이 자라기도 한다.[16]

위험한 비유를 한 가지 더 하자. 현대의 의사들은 대체로 인체의 부위 혹은 치료 유형에 따라서 전문화하지만(심장, 폐, 내분비, 성병, 소아과, 산부인과 하는 식으로) 생명 전체의 핵심을 전공하는 의사는 거의 없다. 아마 정신과 의사는 예외이겠지만, 자신의 전공을 넘어 사회학으로, 즉 의사와 외부세계 사이의 관계에 대해서 살펴보는 의사도 거의 없다. 이와 마찬가지로 전반적인 발전을 다루는 경제학자들 외에는 —— 이들은 흔히 설명하기보다는 묘사한다 —— 대부분의 경제학자들은 시장, 산업, 제도, 기술 등에 전문화하는 경향이 있다.

많은 경제사가들은 경제사와 사회사 모두를 연구하면서, 사회의 복잡한 측면들에서 경제사의 원인들을 찾는다. 예컨대 '국민적 성격'과 같은 것이 대표적인데 이는 그 자체가 역사적, 지리적, 사회적, 경제적 조건들로 규정되는 것이다. 한 도시, 지역, 국가를 넘어서 그것들 간의 관계들, 그리고 경제적 선두의 문제 같은 것을 연구하는 경우에는 이것들이 더욱 중요해진다.

나는 경제적 선두와 그 종말에 대해서 특정 국가별로 역사적 접근을 하려고 한다. 1350년경의 이탈리아 도시국가들로부터 포르투갈과 에스파냐, 네덜란드 —— 플랑드르의 브뤼주, 다음에 브라방의 안트베르펜, 그리고 마지막으로 홀란드 주의 암스테르담이 중심이 된 네덜란드 공화국 —— 영국, 미국, 그리고 마지막으로 소위 미국의 쇠퇴(미국이 정말로 쇠퇴 중인지 아닌지는 불분명하지만) 문제까지 다룰 것이다. 그리고 항구적인 도전자 프랑스, 두 번씩이나 공격적으로 태양의 자리를 넘보았던 독일, "넘버 원"의 후보일 수도 있고 아닐 수도 있는 일본을 다룬 장들이 더해진다. 국가별 연구의 서론으로 일반적인 국민경제 사이클 혹은 에스 커브를 이야기하고, 여기에 더해서 일부 분석가들이 주장하는 장기 사이클들 —— 브로델의 150년 주기 사이클, 콘드라티예프의 50-60년 주기 사이클 등 —— 에 대한 부정적인 언급을 할 것이며, 항시 혹은 거의 항시 어느 한 나라가 경제 리더 혹은 헤게모니 국가로 군림하는지 여부를 논하게 될 것이다.

페르낭 브로델과 그의 추종자인 이매뉴얼 월러스틴은 세계의 중심에 대해서 이야기하고 특히 월러스틴은 주변부와 반(半)주변부를 거론한다. 브로델은 세계경제사는 일련의 중심화와 재중심화 그리고 그 사이의 탈중심화라고 주장한다.[17] 이 견해에 대한 비판이 없지 않다. 경제적 주도권의 변화를 거론하는 많은 연구서들은 전산업화(前産業化) 시기 유럽에서 얼마나 응집성 있고 광범위한 진보가 이루어졌는지를 언급하지 못하고 있다는 것이다.[18] 이 비슷한 견해로서, 그러한 접근방식은 역사를 기계적인 개 경주(dog race)로 만들 뿐이라는 주장도 있다.[19] 이와 달리 단일 국가들이 경제적 선두를 계승하는 현상은 "역사에서 다반사"라는 주장도 있다. 그러나 이는 진위 여부를 알 수 없는 일이다.[20] 그렇지만 사실 경쟁 가설에 크게 의존하는 사회과학에서 경주라는 것은 나쁜 은유는 아니다.[21] 한 역사가는 중세의 샹파뉴, 제네바, 리옹, 피아첸차 정기시(定期市, fair) 당시의 유럽경제를 "한 도시가 다른 도시를 따라잡고 다시 다른 도시에 따라잡히는 릴레이 경주"로 표현했다.[22] 이미 짐작했겠지만, 나는 페르낭 브로델에 크게 의존하고 있다. 전문지식이 부족한 경우 많은 논쟁들에 대한 믿을 만한 판단을 위해서 그의 『지중해』[23]와 『물질문명과 자본주의』,[24] 『프랑스의 정체성』[25]을 이용했다. 브로델은 "베네치아가 우위를 누리게 될 시대에 프랑스는 경주에서 빠져 있었다"[26]든지 1688년 영국은 "대륙에 비해서 한 발 앞

그림 1-1 "진보를 향한 경주에서 프랑스가 뒤처진 것은 물가 때문이다." 출처 : Comité pour l'Histoire Économique et Financière de la France, 1989, p.505.

서 있었다"[27]는 식의 은유를 자주 사용한다.

　앞에서 서술한 경주들에서는 스톱워치를 들고 시간을 재지는 않는다. 어느 특정한 시기에 어떤 국가가 앞서 있는지 혹은 뒤져 있는지 정밀하게 시간을 잰다는 것은 설득력이 없다. 흔히 역사가들은 "전환점"을 계산해 내느라고 애쓰는 경향이 있고 또 다른 사람들이 한 결과를 비난하기도 한 다. 내가 생각하기에 역사의 본질은 그 복잡성이다. 단일 원인에 의한 설명 은 대개 의심받는다. 사회과학은 인색한 설명, 다시 말해서 최소한의 단순 한 원인들로 환원된 설명을 좋아하는 것이 사실이다. 그러나 동시에 많은 결과들이 한두 가지 "충분조건들"에 의해서 일어났다기보다는 일련의 "필 요조건들" —— 그중 어느 하나라도 없으면 그런 결과가 나오지 않았을 —— 로부터 나온 것임을 인정한다. 한 사람이든 한 나라이든 나이가 들어 간다는 것은 물론 내적인 과정이지만 결과는 우연, 충격, 사고 등 외생적 혹은 외부 사건들에 의해서 영향을 받는다. 역사는 원인과 결과가 밀접하 게 연결되어 있는 사회물리학이라기보다, 우연적인 상황에 따른 돌연변이 에 따라서 시들거나 만개하는 생물학, 그 가운데에서도 다원적인 생물학에 가깝다. 현재 카오스 이론은 물리학적 과정만이 아니라 사회과정에서도 확 률적인 요소를 인정한다. 나중에 큰 변화를 일으키는 핵심요소를 이전 시

점에서 알아내는 것은 힘들든지 아예 불가능하다.[28]

대부분의 경제사학자들은 부(富)의 추구를 연구한다. 그러나 부라는 것이 경제행위의 유일한 동기는 아니다. 앙리 피렌에 의하면 중세에 이루어졌던 소액 거래는 인간의 욕구를 충족시키려는 욕망과 "동시에 모든 인간의 내면에 자리잡고 있는 사회성의 본능을 만족시키기 위해서" 행하는 것이 있다.[29] 상업을 하는 이유에 대해서 그는 이익의 추구와 모험의 갈망을 들고 있다.[30] 인간성의 어두운 측면을 강조하는 존 네프는 공포, 증오, 잔인성, 복수, 파괴와 고통을 즐기는 심성, 종교적 확신, 용기, 투쟁의 의무와 연관된 명예심 등 호전적인 본성은 서구인들의 독점물만은 아니라고 이야기한다.[31] 한편 산업혁신에 긍정적인 힘으로 작용한 것은 미에 대한 추구였다.[32] 물질적 이익의 욕망과 동시에 권력과 위신의 추구가 함께 작용하는데, 가장 전형적인 사례는 영광의 추구에 집착하는 프랑스이다. 효율성과 미, 부와 위신은 때로는 보충물이고 때로는 대체물이어서, 사람이나 국가는 양자간에 선택해야 한다.

이익의 추구는 보편적인 것이라고 말할 수 없다. 중세에는 "노동의 목적이 부자가 되는 것이 아니었다." 탐욕이 죄악이기 때문이다. 그 대신에 "사람이 원래 태어날 때 속했던 위치를 영생의 그날까지 유지하는 것"이 중요했다.[33] 위에서 언급한 사악함 외에도 또 한 가지 인간의 보편적 속성은 경쟁심이다. "원숭이는 일단 보면 하려고 든다."『도덕감정론』에서 애덤 스미스는 어느 지위에 있든 모든 사람이 다 경쟁심을 가지고 있는데 그 기원은 타인의 탁월성에 대한 찬탄에 있다고 이야기했다.[34] 『국부론』에서는 "천한 직종에서도 경쟁 때문에 탁월성을 얻으려는 것이 야심적인 목표가 되며 흔히 대단히 분발하게 된다"[35]고 말했다. 기술에 한정된 이야기이기는 하지만, 존 네프는 모방을 "지적 생명력"과 연관지었다.[36] 한 저명한 미국의 역사가는 "동료 집단과 개인적으로 동일시하는 것이 대부분 사람의 행동의 기본적인 지침"이라고 표현했다.[37] 부자들과 동일시하는 것이 널리 퍼진 동기이지만, 시인, 화가, 음악가, 학자, 군인, 운동선수 등 경쟁대상이 되는 사람들은 그외에도 많다(사실 이들 중 일부는 동시에 부자이기도 하다). 소스타인 베블렌은 자신의 목적을 위해서 다른 사람의 성과를 빌리는 것이 독일인을 비롯한 발트 계열 사람들의 중요한 특징이라고 주장했다.[38] 이와 비교해 볼 만한 것으로는 브로델이 『지중해』에서 언급한 "위대한 문명은 다른 사람들 뒤에 줄을 서지 않으며, 그들에게 제시된 영향 가운데 엄격하게 선택하는 데에서 찾을 수 있다"고 말한 내용이다.[39]

전쟁은 경제적 성장과 후퇴, 지도력 등에서 중요한 요소이다. 경제적 갈등은 전쟁의 원인이 된다(물론 종교적 신념, 왕조간 경쟁, 제국주의, 우연 등 여러 원인 중 하나이다). 전쟁이 경제성장에 영향을 미친다는 것은 명백하지만, 동시에 많은 분석가들은 경제성장이 여러 경로를 통해서 전쟁을 일으킨다고 믿고 있다. 이 문제는 제3장과 또 그 다음 여러 장의 각국별 연구에서 자세히 다룰 것이다. 하여튼 전쟁과 경제성장 간의 관계는 복합적이어서 단순한 일반화를 하기는 힘들다.

전쟁은 "과잉팽창(overstretch)", 즉 자신의 능력을 넘는 야심의 결과일수 있다. 과잉팽창에 대해서도 애덤 스미스는 여러 격언들을 만들어냈다.

"역사기록을 살펴보라. 당신의 경험 속에서 일어난 일을 회상해 보라. 당신이 읽고 듣고 기억하는 모든 사람들의 개인적이거나 공적인 생활에서 일어났던 큰 불행을 주의 깊게 생각해 보라. 그러면 대부분의 불행은 그들이 언제 행복한지, 언제 얌전하게 자리에 앉아서 만족하고 있어야 하는지 몰라서 일어났다는 점을 알게 될 것이다"[40]

"비참과 무질서를 초래하는 큰 원천은 부와 빈곤 사이의 차이를 너무 과도하게 평가하는 데에 있다. 또 공적인 지위와 사적인 지위 사이를 과도하게 평가하는 데에서 야심이 나오고, 무명과 유명 사이를 과도하게 평가하는 데에서 허욕이 나온다"[41]

스탕달은 그의 『뤼시앙 뢰방(*Lucien Leuwen*)』에서 "부자로 태어난 사람들 가운데 자기 재산을 두 배로 불리고 싶어하지 않는 사람을 혹시 본 적이 있는가?" 하고 물었다.[42] 이전에 썼던 책에서 나는 흔히 금융위기로 끝나는 투기의 광기에다가 과잉팽창의 개념을 적용해 본 적이 있다.[43] 한 걸음 더 나아가서 에스파냐의 펠리페 2세, 프랑스의 루이 14세, 나폴레옹, 히틀러 같은 개인에게 이것을 적용해 보고 싶은 마음을 금할 수 없다.

경제분석과 경제사는 최근 경로 의존성(path dependency)에 주목했다. 이것은 사건들이 특정한 방식으로 진행되어서 경제 과정과 제도를 변경 불가능할 정도로 경직적으로 만듦으로써 영향을 미친다는 것을 의미한다. 외부 조건들이 변화했다고 하더라도 이미 과거의 세력에 맞도록 진화한 어떤 제도들은 그 변화에 맞는 재편성이 불가능에 가까울 정도로 힘들다. 그렇다면 너무 높은 거래비용 —— 한 세트의 제도를 다른 세트로 바꾸는 데 드는 비용 —— 때문에 바람직한 전환이 좌절되는 때를 제외하면 제도는 늘 경제적 요구에 맞춰서 적응한다는 코스의 정리(Coase theorem)는 부분적으로만 타당하다. 흔히 낡은 기술이 계속 살아 남아 새 기술과 함께 사용되는 것을 볼 수 있는데 그 이유는 낡은 기술을 사용하는 한계비용(이때 과거의 투자는 고정비용으로 간주한다)을 새 기술의 평균비용과 비교해 보아야 하며, 그러면 대개는 전자에 유리하기 때문이다.[44] 낡은 제도들을 폐기할 것인가 유지할 것인가를 결정할 때에도 역시 같은 문제가 적용된다. 따라서 그 어떤 상황에서든지 주어진 제도에 대해서 가치를 판단하여 이야기하는 것은 위험한 일이다. 슘페터가 이야기하듯이 〔독점으로 인한〕 비정상적인 이윤이 기술개발과 자본확충에 재투자된다면 독점도 효율적일 수 있다. 물론 이윤이 단지 과시소비로 흘러갈 수도 있지만 말이다. 또 생명력이 넘치는 경제에서는 관세가 발전을 자극할 수도 있지만, 소아병이 아니라 노인병에 걸려 있는 상황에서는 관세가 쇠퇴를 가속화시킬 것이다. 더글러스 노스와 로버트 토머스[45]의 분석에 따르면 잘 규정된 사유재산권이 경제발전의 추

동력이며 그래서 그것이 서유럽의 사유화 움직임과 동구에서 사회주의로
부터 시장경제로의 이행에서 중심 역할을 했다. 그렇다고 이것이 보편적인
해결책은 아니다. 사유재산권에 대해서 거의 만장일치의 찬탄을 보내지만,
예컨대 민간인 재정가가 군주의 조세권을 매입하는 징세청부업 혹은 갈증
에 시달리는 사람들에게 부족한 물을 배분하는 관개계획은 중요한 예외들
이다.

　이상 개괄적인 입문으로 소개한 사고, 개념, '비평들(animadversions)'의
결론을 위해서 잠시 카오스 이론으로 돌아가서 공공정책의 역할에 대해서
생각해 보자. 무엇보다도 의도하지 않았던 결과를 얻는 경우가 있는데 이
는 정책결정 때에 고려하지 않았던 어떤 힘들이 작용했기 때문이다. 페르
난도와 이사벨이 콜럼버스의 여행에 자금을 지원한 것이 대표적인 사례이
지만, 그와 유사한 사례들은 얼마든지 찾을 수 있다. 두 번째로 생각할 점
은 가장 빈틈없고 정확한 정보에 입각한 공공정책이라고 할지라도 그것이
쇠퇴를 막는 데에 과연 효율적이냐 하는 문제이다. 다시 인간의 노화라는
비유로 되돌아가면, 노화과정은 좋은 약을 쓰느냐 나쁜 약을 쓰느냐, 혹은
약을 쓰느냐 아니면 아예 약이 없느냐 하는 조건에 따라서 사람마다 천차
만별일 것이다. 경제적 낙관주의자들은 적절한 지출이나 지출감소, 조세,
신용제공, 보조금, 심지어는 금지와 통제 같은 정부정책에 찬성한다. 비관
주의자들은 미국에서 1973년 이후 시행했던 화폐정책과 재정정책의 실망
스러운 결과, 산업정책과 소득정책에 대한 결론없는 논쟁들, 또 최근 것으
로는 개인저축과 기업투자를 진작시키기 위해서 시행했던 1981년의 조세
감면 정책의 실패 등을 거론할 것이다. 유럽에서는 명령적이고 지시적인
계획이 큰 성공을 거두지는 못했다. 계몽주의 시대 이후 이 세계는 마술,
미신, 하늘의 명령 같은 것들을 믿지 않고 그 대신 인과관계를 더 믿게 되
었지만, 사회과학에서 제시하는 그 인과관계가 항상 명료한 것은 아니다.

　카오스 이론, 예측 불가능한 결과들 그리고 느슨한 인과관계 등을 함께

고려하면 단일한 원인이 대단히 다양한 결과들을 낳는다는 귀결을 얻게 된다. 대표적인 것은 인구이다. 사회적 역량이 제한적인 사회에서는 식량 증가보다 인구가 더 빠르게 증가할 경우 기아가 심해지고 지대가 오른다(이것이 맬서스적인 모델이다). 중세 유럽에서 인구가 늘면 한계지(限界地) 경작이 확대되었다. 황무지를 경작하고 숲을 개간하며 늪지의 물을 빼고 바다를 막아 폴더(간척지)를 만든다. 그런데 근대에는 토지가 제한적이고 수확체감(收穫遞減)의 법칙이 작용하는 지역에서 인구가 증가하면 가내공업이 발달한다. 순회상인들이 가난한 사람들에게 원료를 제공하여 방적과 방직을 시키고 완성품을 받아가지고 가서 파는 방식인데, 이것이 작동되는 이유는 형편이 어려운 사람들이 상인들의 도움을 받아서 생계를 꾸려가려고 하기 때문이다. 다른 상황에서는 젊은 여자들이 도시로 가서 하녀 일을 하고, 미혼의 젊은이들은 수녀나 수사가 되고 혹은 젊은 총각들은 용병이 되기도 한다. 스위스의 베른 근처 산지의 농민들이 독일의 팔츠 지역으로 이주해서 용병이 된 사실은 내 선조의 성을 조사해 보면 알 수 있다.[46]

인구압력의 결과들은 그 외에도 다양하다. 영국의 산업혁명에 대한 표준적인 설명 —— 현재는 그에 대해서 많은 논쟁이 있지만 —— 은 1740년대와 1750년대에 계속 풍작이 이어져서 영양섭취가 개선된 결과 유아사망률이 떨어지고 그 결과 인구가 증가하자 수십 년 후 젊은이들이 일거리를 찾아 도시로 이주했다는 것이다.[47] 그런데 같은 시기에 다른 지역에서는 영국에서와 같은 풍작이 없었는데도 비슷한 인구증가가 일어난 점을 관찰한 맥닐은 인구증가의 원인이 우연히 기후가 좋아서 풍작이 계속되었기 때문이 아니라, 과거 대륙간 접촉시에 옮겨졌던 전염병들에 대해서 이제 사람들에게 면역이 생겨서 사망률이 감소했기 때문이라고 설명한다.[48] 인구증가는 길드의 독점들을 깨고, 영국에서는 산업혁명을 그리고 프랑스에서는 정치혁명을 유발시켰다.[49] 맥닐은 또 다른 책에서는 인구증가로 인하여 영국은 상품을 수출했고 프랑스는 무장한 병사들을 수출했다고도 이야기

했다.[50)]

　다른 의도치 않은 혹은 기대하지 않은 결과들도 분석되었다. 16세기의 가격혁명은 에스파냐에 아메리카의 은이 유입된 것이 원인인지, 아니면 그 이전 시기에 후퇴했던 농업이 회복되기는 했으나 그보다 인구증가가 더 빠른 속도로 이루어진 것이 원인인지 논쟁이 있기는 하지만, 하여튼 신성 로마 제국에서 30년전쟁(1618-1648)을, 프랑스에서 1562년경에 시작된 종교 전쟁(위그노 전쟁)을, 또 영국에서 1640년대의 청교도 반란을 초래했다는 견해가 있다.[51)]

　이 책의 내용은 대체로 국가별로 나누어져 있다. 그런 구성은 몇 가지 문제를 제기한다. 첫째, 여러 다양한 단위들을 "석탄"으로 다루어야 하느냐 혹은 "문화"로 다루어야 하느냐 하는 문제이다. 즉 천연자원이냐 아니면 문화에 의해서 형성된 국민적 제도냐의 문제이다. 나는 그 두 가지를 다 시도했다. 둘째, 합칠 것이냐 나눌 것이냐의 문제이다. 예를 들면 잉글랜드와 북아일랜드를 하나의 단위로 볼 것인가 혹은 잉글랜드, 스코틀랜드, 웨일스를 따로 볼 것인가, 더 나아가서 직물업과 흑향(黑鄕, Black Country)으로 알려진 북서 잉글랜드와 부유한 농업지역인 남동 잉글랜드를 따로 볼 것인가? 나는 대체로 합쳐서 보았지만, 다만 베네치아, 피렌체, 제노바, 밀라노 같은 이탈리아 도시국가들의 경우는 따로 보았고, 특히 베네치아에 더 많이 주목했다. 셋째, 문화적, 제도적, 역사적 이슈의 문제이다. 한 국가가 중앙의 지시를 받는 하나의 단위인가, 혹은 이니셔티브와 에너지를 가지는 여러 중심지가 존재하는 다원적 혹은 연방적 단위인가의 문제이다. 넷째, 계급구조와 소득분배의 문제, 그리고 이것이 (사회적 역량을 포함하여) 경제 성장과 발전에 대해서 어떤 의미를 가지는가의 문제이다. 500년 이상의 기간에 변화가 있었다. 도시국가들은 주변 지역을 지배하게 되어 주(province)가 되었고 이것들이 서로 연합하여 국가로 발전했다. 그리고 국가는 간혹 제국으로 발전하기도 했다. 성장과 쇠퇴의 주제를 모두 "국가" 수준에서 다루지 말고, 지역, 도시국가, 국가, 제국을 각각 다르게 다루었어야 했는지 모른다. 이런 사회적, 정치적 진화와 혁명적 변화들은 경제 성장과 감속 과정에 영향을 미쳤다. 이해하기 힘든 상황에서 그 모든 것들을 '사회적 역량'이라는 블랙박스 속에다가 밀어넣는 것은 불가피한 일일지 모른다. 그러나 문제는 그것이 거의 설명을 제공하지 못한다는 점이다.

독자들은 로드 맵을 제공받고 또 여행 중에 보게 될 풍광에 대해서 약간의 설명을 들으면 유용할 것이다. 우선 일반적인 설명을 하는 두 개의 장이 있다. 제2장은 일국의 흥기와 쇠퇴에 대해서 설명하고, 제3장은 세계를 선도하는 경제 중심지로서 한 국가로부터 다른 국가로, 또 쇠퇴하는 리더에서 상승하는 리더로의 변화를 설명한다. 그 뒤에 나오는 여덟 개의 장에서는 이탈리아 도시국가들, 포르투갈과 에스파냐, 네덜란드, 프랑스, 영국, 독일, 미국, 일본의 경제적 탁월성으로의 상승과 그로부터의 쇠퇴에 대해서 논하게 된다. 그중 일부 경우에는 쇠퇴의 원인이 패전과 같은 외적인 것이다. 그러나 대부분의 경우 역사가, 경제사가, 경제학자들이 지적한 쇠퇴 원인들 —— 과잉팽창, 창조적 능력의 상실, 저축률과 투자율의 하락, 해외 경쟁 등 —— 은 독립적, 개별적 요소라기보다는 차라리 노화과정의 징후이다. 변화에 대한 저항, 경직성, 위험의 회피, 생산보다는 소비와 부의 축적으로 관심이 이동하는 것 등은 경제적 노화를 나타낸다. 그것은 가장 현명한 정책으로도 되돌릴 수 없다.

경제적 선두(economic primacy)라는 용어에 대해서 약간의 설명이 필요할 듯하다. 이와 관련해서는 어느 스포츠에서 누가 혹은 어떤 팀이 1등인가 하는 식의 단순한 측량치가 없다. 게다가 경제적 선두는 정치적, 군사적 혹은 문화적 선두와 일치할 수도 있지만 반드시 그런 것도 아니다. 오늘날의 미국은 군사적 선두, 그리고 어쩌면 문화적 선두(이 후자의 경우는 아래에서 설명하는 '지배'의 의미에서 그렇다)를 주장할 수는 있을지 몰라도 이전에 누렸던 경제적 선두는 내 생각에 점차 사라져 가는 중이다. 가끔 경제적 힘이 정치적 탁월성으로 이어지기도 하고, 때로는 그 반대로 한 나라가 제국을 형성하고 착취할 때처럼 정치적 힘이 경제적 탁월성으로 이어지기도 한다. 그러나 그 관계는 단선적이거나 단순하지는 않다.

경제적 선두는 국민소득(총소득과 1인당 소득), 성장률, 기술혁신의 수와 그것이 장차 개화될 가능성, 생산성 증가율, 투자 수준(국내투자와 해외투자), 원료 및 식량과 연료의 통제, 각종 수출시장 점유율, 금 보유고와 외환 보유고, 자국 화폐가 다른 나라에서 교환수단, 계산단위, 가치의 축적 수단으로 쓰이는가의 여부 같은 것 중 어느 하나로 잴 수 있는 것이 아니다. 그보다는 이것들과 함께 또 다른 경제적 기준들이 혼합되는 가운데 —— 그리고 그때의 가중치는 시간과 장소마다 다르게 변화하는 가운데 —— 경제적 우위가 결정되는 것이다. 특히 20세기 후반부터 미국을 필두로 각국이 부와 자본수익에 관심을 가지고, 또 상품과 서비스의 매매보다는 자산의 매매에 더 관심을 가지면서 금융의 비중이 커졌다. 그리고 상대적인 쇠퇴는 상이한 기능마다 상이한 속도로 진행되었다. 예컨대 미국에서 저축, 생산성, 혁신은 빠르게 쇠퇴했지만, 세계에서 달러화를 사용하는 정도는 서서히 쇠퇴했는데 그 이유는 달러화 외에 다른 적절한 대체물이 아직 없기 때문이다.

콜레주 드 프랑스의 교수였고 응용경제연구소 소장이었던 프랑수아 페루는 지배(dominance)의 개념을 도입했다. 한 국가, 한 회사, 한 사람이 타자를 지배한다는 말은, 그가 하는 행위를 타자가 고려해야 하지만 그 자신은 타자를 무시할 수 있다는 것을 뜻한다. 정치학자들이 널리 사용하는 헤게모니가 이와 유사한 개념이다. 경제적 선두는 최상의 경우 지배나 헤게모니보다는 세계경제의 리더십에 따른 공공재(公共財, public goods)가 된다. 즉 지도자가 명령하듯이 타자에게 어떻게 처신할지를 명령하는 것이 아니라 방향을 지시하고 또 그를 추종하는 것이 바람직함을 설득하는 것이다. 예컨대 16세기에 에스파냐보다는 19세기 말의 대영제국 혹은 20세기 3/4분기의 미국이 이에 가깝다. 17세기 네덜란드는 다른 강대국들에 비하면 소규모였으므로, 군사적, 정치적 힘을 사용하기보다는 모범을 보였다.

경제적 선두라는 개념은 도덕적인 사람, 좋은 건강, 훌륭한 생각 등과 같이 엄격하게 정의할 수는 없지만 대부분의 사람들이 무슨 의미인지 알고 있는 말이다. 경제적 선두는 정확하게 측정할 수는 없고 또 엘진 경이 말하듯이 그런 상황에서는 우리의 지식이 완전히 만족스럽지는 않다. 그렇지만 이 아이디어는 의미가 있으며, 지난 과거의 거의 대부분의 시기 동안 경제적 선두는 실체를 가지고 있었다고 주장하고 싶다.

2

국가주기

사람에게 생명주기가 있듯이 국가에도 생명주기가 있지 않을까 하는 질문을 던질 수 있다. 사람은 태어나서 자라고 성숙하고 죽지만 새로운 세대가 그 뒤를 이어서 살아 가기 때문에 도시국가든 국민국가든 지속적으로 유지된다. 페르낭 브로델은 문명은 사멸한다고 주장했으나,[1] 국가는 죽지 않는다. 역사에 대한 순환적인(사이클적인) 사고는 일찍이 1600년대 에스파냐에서 등장했다.[2] 경제학자들은 국민경제 사이클과 함께 비즈니스 사이클, 그리고 그 안에 발명, 개량, 균형 사이클이 존재함을 지적한다.[3] 그 외에도 기업 사이클(이는 1993년에 제너럴 모터스, IBM, 제네럴 일렉트릭, 시어스 로벅 등이 겪었던 문제에서 잘 드러난다),[4] 또 한 국가에서 기술혁신이 이루어진 공산품이 곧 외국으로 보급되는 현상에 특히 적용되는 생산물 사이클이 있다.[5] 에스파냐의 한 역사가는 심지어 길드 사이클이라는 것도 지적했다. 페르난도와 이사벨이 장려한 이 조직 구조(길드)는 산업 성장의 초기에는 품질의 표준을 유지하는 데에 도움이 되기 때문에 유용하지만 결국은 "방해, 억압, 기만"으로 끝난다.[6] 현대의 한 정치학자는 국력 사이클을 이야기하고,[7] 또 다른 학자는 전쟁 사이클도 지적한다.[8] 심지어 한 문학비평가는 슈펭글러의 『서구의 몰락』에 대해서 이렇게 평했다.

모든 것은 탄생, 성장, 쇠퇴, 사멸의 단계를 거치는 유기적 리듬을 보인다. 이것이 모든 사람에게 예외 없이 나타난다면, 그와 똑같은 유기적 리듬이 더 큰 생명 단위들로 확장될 개연성이 없지 않다.[9]

이중부정 —— 개연성이 없지 않다 —— 은 그렇게 설득력이 없지만, 하여튼 특정한 시간대(할아버지로부터 손자에 이르는 3대에 걸친/역주)를 가진 생명주기가 가정 안에 존재한다는 것이 일반 사람들의 지혜이다. 치폴라는 이 주제를 기업과 더 나아가서 국가에까지 확대했다. 첫 세대는 돈을 벌고 두 번째 세대는 지키며 세 번째 세대는 날려버린다.[10]

본론에 들어가기 전에 마지막에서 두 번째로 볼 사항은 20세기 초의 고전적인 경제이론가이며 경제사에 대한 깊고 해박한 지식을 가지고 있고 또 경제발전에 대한 생물학적 지향을 가진 학자의 다음과 같은 말이다(이는 분명히 여담이었을 것이다). "독일 상공업은 영국의 그것보다 젊기 때문에 자연히 더 빨리 성장한다. 어린아이는 아주 빨리 자라지 않는가"[11] 더 장기적인 관점에서, 에스파냐의 한 법학교수는 1799년에 조소 섞인 "연설"에서 그 아이디어를 이렇게 표현했다.

세계의 모든 국가들은 자연의 단계를 따라서 유년기에는 미약하고 소년기에는 무식하며 청년기에는 호전적이고 장년기에는 철학적이며 노년기에는 법률적이었다가 노쇠기에는 미신적이고 폭군적이다.[12]

마지막으로, 나보다 한 세대 젊은 경제사가인 리처드 서치는 미국경제사학회 의장 취임 연설에서 모든 경제사에 생명주기적 전망을 도입하자고 주장했다는 사실을 언급하고 싶다.[13]

S 곡선

그림 2-1은 전형적인 S 곡선, 일명 곰퍼츠(Gompertz) 곡선 혹은 로지스

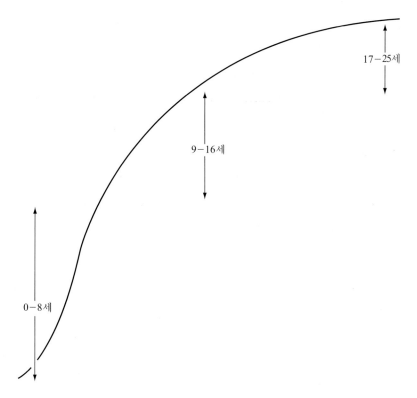

그림 2-1 S 커브. 청년들을 위한 투자계획 : 오스틴 프로젝트, 1단계.

틱 곡선(logistic curve)이다. 텍사스 주 오스틴의 젊은이들에 대한 보고서에서 따온 이 곡선은 세 단계로 나누어져 있다. 생후부터 8세까지의 어린이(그러나 그림에서는 대부분 잘려 있다), 9–16세 사이의 소년(중간 부분), 그리고 17–25세의 청년(오른쪽 부분)이 그것이다. 세로 축이 무엇을 가리키는지는 불명확하다. 신장을 가리킬지 모르지만 그 경우라면 이 그림처럼 부드럽게 올라가는 것이 아니라 청소년기에 더 크게 올라가야 한다. 체중을 나타낸다면 그것은 생후부터 5개월까지 두 배가 되고 생후부터 돌까지 세 배가 된다. 혹은 사회성과 같이 파악하기 어려운 지표를 나타내는지도 모른다. 정상적인 기대수명(예컨대 75세)에서는 이 그림은 40대 후반의 정점, 여성의 폐경기(혹은 영국식으로 표현하면 갱년기), 남성의 중년의 위기

같은 것이 나타나 있지 않고, 완숙기, 노년기, 쇠락기 등도 없다. 그래서 이 그림이 제대로 되려면 오른쪽으로 훨씬 더 확장되어야 한다. 그러면 우선 평평해지는 부분이 나오고 그 다음에 하락하는 부분이 나타날 것이다. 이런 대표적인 그림은 론도 캐머런의 세계사 책에 나오는 로지스틱 곡선이다.[14] 약간 다른 S 곡선은 브라이언 베리의 책에 나타난 개별 산업들의 콘드라티예프 사이클(장기 사이클)에 대한 그래프이다. 정점의 발전을 기준으로 하고 그에 대한 퍼센티지로 측정한 이 그래프들은 개별 산업들이 "도입, 성장, 성숙, 포화, 쇠퇴"의 각 단계를 거칠 때마다 상당한 차이를 나타낸다.[15] 이것들은 모두 이상화된 혹은 부드럽게 표현된 S 곡선들이다. 그러나 실제 세계에서는 여러 번의 굴절, 가속, 후퇴 등이 있을 수 있고, 혹은 기존의 S 곡선으로부터 새 S 곡선들이 자라나올 수도 있으며, 국민경제 내의 여러 분야와 지역에 따라서 상이한 S 곡선들이 존재하게 마련이다. 이 모든 것들을 가중치를 주어 하나로 통합하려고 할 때 큰 곤란을 겪게 된다. 핵심적인 사항은 느린 출발, 가속, 성장속도의 감속, 균질적인 성장, 그리고 쇠퇴인데, 이 쇠퇴는 대개 다른 산업, 부문, 지역, 경제와 비교한 상대적인 것이지만, 때로는 절대적인 쇠퇴일 수도 있다.

S 곡선은 로스토[16]의 경제성장 단계들 혹은 거셴크론[17]의 "대약진(big spurt)"과 상당히 비슷하지만, 다만 이들은 수백 년 전 이탈리아의 상업혁명보다는 18세기 영국의 산업혁명에서 연구를 시작하고, 나와는 달리 감속과 노화, 또는 세계경제의 선두 자리에 한 국가 대신 다른 국가가 들어서는 현상, 또 때때로 쇠락하는 리더에서 상승하는 리더로 어색하게 전환되는 현상에 대해서 관심을 덜 가진다는 점이 다르다. 그밖에 소소한 다른 점들이 많이 있을 것이다. 그러나 큰 차이점은 예컨대 로스토의 단계론은 고수준의 소비로 끝나는 반면,[18] 나의 주장은 소비의 감퇴로 끝난다는 점이다. 나는 또 이상화된 패턴에서 벗어나는 변형들도 고려한다. 불발로 끝난 성장, 중단, 충격에 대응하지 못하게 만드는 경직성, 카오스 이론, 경로 의존

성, 그리고 정상적인 경우라면 포착했을 기회를 잡지 못하도록 만드는 집단기억 같은 것들이 대표적이다.

경제성장에 대한 이론적인 연구는 노동과 자본, 그리고 외생적(외부에서 도입된) 기술변화를 받아들이는 "잉여" 요소, 인적자본 투자(교육), 그리고 간혹 "토지"(혹은 자원)를 다룬다. 경제사가들은 그런 정도로 인색하지는 않아서 대개는 이 목록에 사회학적인 요소들과 같은 비경제적 요소를 포함한다. 특히 프랑스인들은 망탈리테(mentalité), 독일인들은 시대정신(Zeitgeist) 혹은 사회적 가치를 포함시킨다. 어떤 사람들은 경제정책과 기타 다른 정책들 —— 대개 정부 정책들이기 쉽다 —— 을 강조한다. 그렇지만 이 책의 중요한 목적은 마치 좋은 약이라고 하더라도 유전자적으로 제약받은 인간의 수명을 연장하는 데에는 한계가 있듯이 좋은 정책이 국민경제의 성장을 연장시킬 수 있는지에 대해서 의문을 던지는 것이다. 물론 특별한 질병과 고통을 치료하는 데에 쓰이는 좋은 약과 인간의 수명을 연장하려는 약을 구분해야 하듯이 충격에 대한 단기적 정책처방과 장기적 성장을 지속시키려는 수단들은 구분해야 한다.

미래를 스캐닝하기

네덜란드 중앙계획국의 최근 연구는 경제성장의 문제를 복잡한 방식으로 접근했는데, 이는 이 기관의 경제학적 전통과 근본적으로 차이가 나는 것이었다.[19] 이 연구는 경제성장에 대한 세 가지 이상화된 모델을 제시했다. (1) 애덤 스미스적인 "균형 모델"은 완벽한 정보를 가지고 있는 합리적인 인간이 자연자원, 저축, 교육, 그리고 아주 잘 작동하는 노동, 자본, 상품, 서비스 가격체제를 이용해서 수요조건에 맞추어 산출을 최적화하는 것이며, 여기에는 새 상품을 개발하고 생산을 혁신할 자세가 되어 있다는 사실도 포함한다. (2) "자유시장 모델"은 불확실성, 강한 재산권, 개인적인

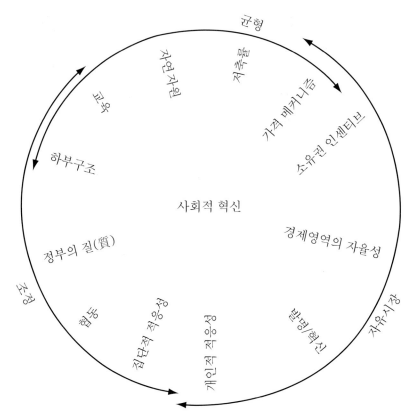

그림 2-2 번영의 원. 출처 : *Scanning the Future : A Long-Term Scenario of the World Economy, 1990–2015.* The Hague : Central Planning Bureau of the Netherlands, 1992, p.47.

적응력, 경제활동에서 고도의 자율성, 활기찬 혁신, 그리고 그 결과로서 고도의 창조적 파괴를 특징으로 하는데, 이는 달리 이야기하면 슘페터적인 모델이다. (3) "조정 모델"은 다소 불투명하게 "케인스 모델"이라고 불리는데, 공공선택이론이 가정한 이기적인 관료제가 아니라 좋은 정부, 하부구조(infrastructure)와 같은 공공재에 대한 관심, 국가 내부적으로만이 아니라 국가간의 조정 등을 특징으로 한다. 이 세 모델은 결코 상호배제적인 것은 아니어서, 각국은 상이한 시기에 세 모델을 상이하게 혼합한다. 이 세 가지는 '합리적 인간', '경쟁적 인간', '협동적 인간'으로 생각해 볼 수 있다. 네덜란드 연구에서 취한 그림 2-2는 원형으로 정리한 모델을 보여 주는데, 그 중심에는 "사회적 혁신"이 자리잡고 있다. 그것은 "기존의 관습, 인식, 제도, 과제부과 등을 자유롭게 해소하고, 변화하는 환경과 새로운 발전에 비추어서 그것들을 수정하는 개인, 회사, 정부의 능력과 의지"를 나타낸다.[20] 이에 대한 논의는 이렇게 계속된다.

……역사적으로 보면 개인이든 회사든, 특정 부문이든 혹은 경제 전체든 흔히 성공의 도식을 너무 멀리, 너무 오래 추구한다는 것을 알 수 있다. 한계에 도달했다는 표시가 분명히 드러나는데도, 새로운 환경에 적응하지 못하는 부적응성이 놀라울 정도로 뚜렷하다. 이 점을 보면 번영의 원 중심에 사회적 혁신이 자리잡고 있는 이유를 알 수 있다. 특히 지속적인 경제 성장과 발전을 추구하는 선진국일수록 사회적 혁신이 극히 중요하며, 역사가 거듭 보여 주듯이 그것이 대단히 어렵다는 점도 분명하다. 여기에서 실패하면 제도적 동맥경화 그리고 최종적으로 상대적 경제쇠퇴가 시작된다.[21]

자원

경제성장의 S 커브 모델에서 나는 농업, 인구, 도시 등에 대해서 거의 주의를 기울이지 않고, 다만 가속성장이 처음 시작되는 초기 조건에 해당될 때에만 그것을 주목했다. "석탄"이냐 "문화"냐 하는 강조점의 선택에서, "석탄"이라는 자원은 18세기까지는 실제로 큰 고려 사항이 못 되었다. 석탄은 주로 런던의 난방재료로만 쓰였을 뿐이며, 실제 에너지원으로는 인력, 축력, 목재, 풍력, 이탄 등이 더 중요했다. 봉건주의는 풍요로운 저지대에서 발전했다. 영주들은 농노의 생산물 일부와 보호를 맞바꾼 셈이다. 그런데 산지에서는 떠돌이 비적단으로부터 보호할 것도 또 영주가 착취할 것도 그리 많지 않았기 때문에, 공화제적인 방향으로 발전했다.[22] 해안지역 도시들에는 기동력 있는 상인과 선원들이 거주하는데, 이 도시들 —— 베네치아, 제노바, 암스테르담, 함부르크 등 —— 역시 영주제적이기보다 공화제적인 발전을 했다. 그러나 이곳의 정부는 점차 부유한 상인들이 운영하는 자체 지속적 과두제로 발전했다. 스칸디나비아, 발트 해, 북해 연안의 대 항구도시들에서도 귀족은 매우 약하든지 아예 존재하지 않았다. 예컨대 노르웨이에서는 영주 직영지를 경작하게 하려면 많은 가구들이 필요했을 텐데, 이들을 먹여살리는 데 충분할 정도의 땅은 아주 넓게 분산될 수밖에 없어서 집사가 통제할 수 없었을 것이다. 또 북부 유럽의 해안지역에서는 범람을 막는 데 필요한 제방을 유지하기 위해서 협력해야 했기 때문에 영주의 몫을 따로 준비할 시간이 없었다.[23]

지리적 위치 역시 중요한 자원이다. 아드리아 해 안쪽에 위치한 베네치아는 비교적 쉽게 해적들로부터 방어할 수 있으면서도 바다를 통해서 레반트 지역에 접근할 수 있고, 알프스의 여러 협로들을 통해서 남부 독일 지역에 접근할 수 있어서 중개무역에 아주 유리한 위치를 점하고 있었다. 제노바 역시 서부 지중해 지역, 그리고 지브롤터와 비스케 만을 지나 네덜란드, 영국 및 북유럽 지역과 연결되며, 운송가축들을 이용해서는 서부 알프스 협로를 통과할 수 있었다. 그러나 산지로 둘러싸인 제노바는 배후지가 없었다. 그 대신 이탈리아 남부나 지중해 섬들이 배후지 역할을 해 준 셈이다. 세비야는 감귤류 과일, 올리브 기름, 포도주를 생산하는 안달루시아의 농지를 배후에 가지고 있으면서 무역풍 입구에 위치해 있다. 브뤼주, 안트베르펜, 암스테르담은 한편으로 대서양과 연결되고, 북쪽으로 영국, 동쪽으로 북해 및 발트 해와 연결되며 대륙 방면으로는 라인 강과 뫼즈 강의 수리시설이 갖추어진 광대한 평야와 잇닿아 있다. 파리, 리옹, 프랑크푸르트, 제네바, 울름, 아우크스부르크 등의 많은 도시들은 동서간 수로의 교차점에 건설되었다. 각각의 중심지들은 초기에 규모의 경제와 유리한 비용조건을 이용해서 거래를 독점하려고 시도했다. 그러나 공급자와 수요자가 그들을 제쳐두고 직접 교역하자 이들은 곤경에 빠지게 되었다. 모든 항구도시들이 조선업을 하거나 상선단을 보유하지는 않는다. 때로 그 이유는 아주 명백하다. 예컨대 로마는 해양민족이 아니었다. 로마는 배를 빌리거나 다른 민족의 기술, 주로 그리스 도시들의 기술을 모방함으로써 해군력을 급조했다.[24] 피렌체와 밀라노는 내륙에 위치해 있다. 제노바는 아말피와 피사라는 경쟁자를 짓누르고 리보르노와 치열하게 다투었다. 미려왕 필리프(재위 1285-1314)가 제노바에서 함대를 건설하고 또 제노바의 자카리아를 제독으로 임명했으며 뒷시기에 선량공 필리프(부르고뉴 공작, 1396-1467)가 포르투갈의 엔지니어들을 시켜서 브뤼주에서 선박을 건조했지만, 그렇다고 브뤼주와 안트베르펜이 해양도시였다고 보기에는 의문이 남는다. 이런 모든 노력에도 불구하고 단지 됭케르크에 각국의 해적들이 모여들었다는 점말고는 플랑드르가 해양강국으로 발전하지는 못했다.[25] 이 실패에 대한 원인으로는 여러 가지가 제기되었다. 브뤼주와 안트베르펜은 오랫동안 한자 동맹의 서비스를 받아 왔다는 점, 에스파냐는 자신의 상선 외에 다른 상선을 보호할 충분한 해군력을 가지지 못했다는 점, 플랑드르 및 브라방의 산업과 북부 네덜란드의 조선업 양쪽으로 노동력과 자본이 나뉘었다는 점 등이 그런 것들이다.[26] 여기에는 심성도 어느 정도 관련이 있어 보인다. 앙리 피렌은 역사상 해양국가들은 개인적이고 자유주의적인데 비해서 대륙국가들은 공동체적이고 권위주의적인데다가 계서제적 조직을 선호한다고 주장했다.[27] 이런 참고사항들로부터 인과관계가 어떻게 되는 것인지, 또는 에스파냐와 프랑스가 "해양"국가인지 혹은 적어도 충분히 해양적인지는 분명하지 않다. 또 하나의 가능성은 브뤼주와 안트베르펜에는 이탈리아의 갤리 선이나 한자 동맹의 코그(cog) 선에 맞설 수 있을 만큼 활기찬 조선업을 발전시킬 충분한 —— 주로 이탈리아 출신인 많은 상인들과 은행가들을 넘어설 정도로 충분한 —— 인력이 없었다는 점이다.

핀란드에서 범선 단계로부터 증기선 단계로 이행하는 데에 실패한 원인에 대한 심포지움에서 이와 관련된 생생한 설명을 들을 수 있었다.

……모든 나라에서 "농민" 선주들을 볼 수 있다……그러나 우리가 찾는 것은 선주이다. 즉 부유하고 무자비하며 정력적이고 기업가적인 인물 말이다……내일의 사람들은 오늘의 기술에 투자하지 않으며, 하물며 어제의 기술에는 투자하지 않는다.[28]

그러나 이 심포지움에 참가했던 다른 사람은 각 민족이 국제 해운업에 참여하는 비율과 양식은 "해양사에서 가장 어려운 문제 중의 하나"라고 이야기했다.[29]

이 문제를 더 확대하면 그 참여 정도가 바뀌는 것을 어떻게 설명하느냐이다. 물론 경쟁이라는 요소가 개입하지만 그 이상의 것들도 있다. 어떤 항구는 소형 선박에는 적합하지만 대형 선박에는 맞지 않을 수 있다. 특히 강 가운데에 모래톱이 있는 경우(산 루카의 과달키비르 강이 그런 사례인데 이 때문에 결국 카디스가 에스파냐의 주요 항구 역할을 맡게 되었다), 또 브뤼주처럼 사토의 침적현상 때문에 배가 접근하지 못하게 되는 경우도 있다. 또 접근 가능한 삼림의 남벌, 이주 그리고 그로 인한 임금상승, 특히 해외 혁신 —— 자국의 조선소에서 빠르게 또 값싸게 모방할 수 없는 —— 때문에 조선업이 쇠퇴할 수 있다.

원거리 무역

근대 초 유럽에서는 지방산물을 도시시장에 가지고 와서 판매하는 통상적인 상업과 "원거리 무역"을 엄밀히 구분했다. 애덤 스미스는 원거리 무역에 더 큰 자본이 필요하다는 점 외에는 양자가 비슷하다고 보았는데, 이 점에서 그는 회계, 외환, 외국어, 게다가 어느 곳에서 상품을 얻을 수 있고 어느 곳에서 높은 가치를 가지는가 하는 지식 등 많은 문제를 간과했다.[30] 또 원거리 무역에서는 곡물, 목재, 양모, 명반, 생선, 소금과 같은 중량과 부피가 큰 상품(bulky goods)과 사치품 간의 구분이 있었다.[31] 12–13세기의 상업혁명은 원래 사치품과 관련된 것이었다. 인도와 중국에서 지중해 동부 연안으로 들어온 이 물품들을 받고 그 대신 중부 유럽에서 채굴한 은으로, 그리고 플랑드르와 브라방에서 직조하고 샹파뉴 정기시(定期市)에서 이탈리아 상인들에게 판매하는 고급 모직물로 지불했다. 동양산물에 대한 수요는 우선 십자군 운동 당시 동양산물에 대한 취향이 생겼다는 점과 또 생존수준 이상의 가처분 소득을 가지고 있었다는 점을 전제로 한다. 귀족들은 농노들로부터 착취하든지 도시에서 벌어들이는 상업이윤으로 가처분 소득을 얻었다. 상품명을 보면 그것들이 아랍 기원임을 알 수 있다(sugar, muslin, damask, cotton, mocha coffee). 향신료, 캘리코, 비단과 같은 다른 상품들은 중국, 동남 아시아의 섬들, 혹은 인도로부터 선박을 통해서 페르시아 만과 홍해로 운송하고 이곳에서 캐러반을 통해서 알레포와 카이로로 들어온 것이다.

상업혁명 초기에는 상인들이 상품을 가지고 직접 여행을 했는데 이는 해적과 화물투하(폭풍우가 칠 때 배를 구하기 위해서 상품을 바다에 던지는 것)의 폐해를 가능한 한 피하고 또 외지에서 이 상품을 직접 팔기 위해서이다. 시간이 지나자 상인들은 회계사무소와 창고를 둔 채 고향에 머물면서 외국에는 대리인을 두어서 상품을 팔았다. 육로로 운송하는 상품들은 대개 1년에 2번 혹은 4번 열리는 여러 정기시에서 판매된다. 정기시 상인들은 그들이 사고 판 상품들을 기록하고 차변과 대변을 상쇄하며 남은 차액에 대해서는 현찰로 결제하거나 다른 지방 혹은 다음번 정기시에서 지불하는 환어음으로 결제했다. 이에 맞춰서 조만간 환어음 취급 은행, 보험, 표준 화폐, 표준 도량형 제도가 발달하고, 또 해적, 약탈자, 혹은 독점을 침해하는 무면허 상인 등의 피해를 막아 주는 정부정책도 발전했다.

어떤 민족은 다른 민족에 비해서 상인들을 더 잘 배출했다. 이탈리아인들은 1100년 이후의 상업혁명에서 주도적인 역할을 했고 그 다음에는 서부 및 중부 유럽으로 이주하여 은행가로서도 앞서나갔다(다만 한자 동맹 도시들에서는 이들이 축출당했다). 16세기 이후 네덜란드인들과 영국인들, 그리고 이보다는 약간 덜 하지만 프랑스인들은 이윤을 추구하고 위험을 기꺼이 감수하려는 점에서 이탈리아인들을 뒤따랐다. 이와 달리 에스파냐인들은 신대륙 거주민들에 대한 상품공급을 세비야에 거주하는 외국 상인들에게 맡김으로써 경쟁에서 졌다. 그러다가 1713년 이후에는 아예 외국 상인들의 직교역을 허락했다. 독일(신성 로마 제국)의 경우 함부르크, 뤼베크, 쾰른의 상인들을 제외하면 라인 지역의 직물, 슐레지엔의 린넨, 동프로이센의 곡물과 목재를 시장에 판매할 상인들이 부족했다. 이에 대한 하나의 설명은 1618년에 시작된 30년전쟁이 독일의 상업에 큰 피해를 입혔기 때문이라는 것이다.[32]

지중해의 해운업은 노수(櫓手)들을 부리는 갤리 선으로 시작했지만 곧 범선으로 대체되었는데, 이는 한자 동맹 도시들로부터 기술을 차용하여 만든 코그 선 형태의 배였다. 기술 개발과 차용을 통해서 서서히 그러나 확고하게 항해기술이 발전했다. 군용선박과 민간상선 모두 규모가 커졌다. 더 많은 돛과 마스트, 더 큰 배수량을 가진 범선이 만들어졌고 조타용 노 대신 중앙타가 사용되었으며 항해술과 지도 제작술이 발전했다. 곧 15세기에 포르투갈이 주도하는 발견의 시대(Age of Discovery)가 열렸으며, 이는 아시아 항로와 아메리카 대륙의 발견으로 정점을 이루었다.

선박 규모 및 배수량의 증대는 항구의 상대적인 유용성을 변화시켰다. 침전현상, 삼각주, 그리고 계절별로 나타나는 유량 부족 현상은 내륙 상류의 항구들 —— 에귀 모르트, 세비야, 브뤼주, 쾰른 등이 가장 중요한 사례들이다 —— 에 표준적인 배가 접근하지 못하게 하는 요소들이다. 또 큰 배는 더 많은 목재가 필요했지만, 서유럽에서는 삼림자원이 고갈되면서 목재

결핍이 심각해졌다. 그 외에도 발트 해의 결빙, 지중해와 대서양의 겨울 폭풍과 같은 계절적인 제한 요소들도 있다.

중량이 큰 상품들은 반드시 바다를 통해서만 운송되는 것이 아니라 내륙의 강이나 운하로도 운송되었다. 그러나 모든 강에서 정규적인 상품 수송이 가능하지는 않았다. (루아르 강처럼) 여름에 강물이 마르기도 하고 (론 강처럼) 봄에 격류가 흐르기도 한다. 18세기에 운하 건설이 활성화되었을 때에는 어살로 고기를 잡는 어부들, 또 관개급수가 필요했거나 배수를 위해서 더 빠른 속도로 강물이 흐르기를 원했던 농부들이 반발했다. 운하 건설은 토지 형질에 따라서 다양했다. 19세기에 미셸 슈발리에가 지적했듯이 국가마다 운하 건설의 양태가 달랐다. 영국은 네덜란드 다음으로 일찍부터 운하 건설을 시도했는데, 선박과 화물의 규모가 증대했지만 운하의 규모가 원래 그대로여서 점차 비효율성을 드러냈다. 프랑스는 수요보다도 운하건설이 더 앞서서 진행되었기 때문에 자본의 비효율적 사용에 해당한다. 미국에서는 당대의 필요에 맞추어 운하를 건설하고 개선에 대한 필요가 제기될 때마다 운하를 재건설했다.[33]

육상수송은 느리게 발전했다. 프랑스와 영국에서는 로마 시대의 도로들이 몇 세기를 버티지 못하고 사라졌다. 알프스 협로를 넘는 노새 운송은 워낙 비용이 커서 향신료와 같은 고가상품에만 적합했다. 육상수송은 처음에는 형편없는 길 위로 말, 운송동물, 소달구지, 마차를 이용한 정도였다가 영국의 유료도로(turnpike)가 등장했고 19세기에 기차, 20세기에 자동차, 트럭, 비행기로 대체되었다. 수송의 혁신은 시장을 연결하고 또 애덤 스미스가 국부(國富) 증진의 기초라고 여겼던 분업을 촉진시킨다는 점에서 가장 파급력이 큰 기술변화라는 견해도 있다.[34] 그러나 다른 분석에 의하면, 기존 운송양식이 독점가격을 유지하려고 하다 보니 새로운 양식이 등장하게 된, 의도치 않은 결과라는 것이다.[35]

공업

장원(莊園)은 소금, 생선, 무쇠솥같이 농민들이 필요로 하는 것들이나 영주와 귀부인을 위한 사치품을 제외하면 대개 자급자족적이었다. 공업은 세 가지 원천에서 비롯되었다. 첫째, 수입품을 국내 생산품으로 대체하는 것(때로는 관세 및 수입금지 조치 등이 이를 더 촉진시킨다), 둘째, 젊은이들이 남아도는 상황이 되었을 때 하녀, 떠돌이, 용병이 되는 대신 이들을 고용하는 가내공업, 즉 "프로토(proto)" 공업,[36] 셋째, 도시의 숙련공들. 마지막에 언급한 부문은 금은 세공품, 유리 혹은 거울, 피혁제품, 인쇄, 예술 등 새 유형의 생산을 한다. 일반적으로 필요는 발명의 어머니이다. 그러나 시릴 스탠리 스미스라는 야금기술자는 많은 혁신은 미(美)를 추구하는 데에서 비롯되었다고 지적한다. 조각품 제작에서 새로운 합금, 스테인드글래스 제작에서 구형재(溝形材)를 만들 때 압출성형 과정, 직물을 더 아름답게 만들기 위한 —— 직물을 더 부드럽게 하든지 더 밝은 색깔로 만들 목적으로 사용하는 —— 화학품이나 염색재료 등이 그런 사례들이다.[37]

가내공업은 농민들에게 양모와 대마, 면 같은 원재료를 나누어 주고 나중에 완성품을 수거하여 파는 순회상인들의 활동(이것이 바로 선대제이다/역주)이 발전한 결과이다. 그러나 공업활동은 결국 공장으로 집중되었다. 소규모 상인들은 청부작업을 공장제 수공업(manufacturing)으로 이전하고, 소상업을 공업으로 전환시킬 수 있었다. 그러나 대상인은 그러지 못했다. 그들은 차라리 은행업, 농지, 혹은 정부 공직으로 부를 돌렸다. 선대제(先貸制, putting-out system)를 공장제로 전환하는 이유로 드는 것들은 기술이 발전함으로써 순차적으로 가축, 풍력, 수력, 증기력, 최종적으로 전기를 얻을 수 있어서, 또 일꾼들의 도둑질을 막기 위해서, 산업비밀을 경쟁자가 훔치지 못하도록 하기 위해서 등이다. 널리 인정받지는 못하지만 임금을 낮추기 위해서라는 견해도 있다.[38]

기술진보는 여행을 통해서 한 나라에서 다른 나라로 확산되었다. 지적 재산의 탈취, 새로 발명한 기계들의 해외 반출, (허용되었든 금지되었든) 모방, 기업가와 장인들의 이주 유혹, 여행의 장려, 기술연수, 기술 관련 출판의 증가 등이 중요 요인이다. 후발 공업국으로서 외국에서 근대적 기술을 획득한 나라인 핀란드의 한 경제사가는 한 국가를 기술적으로 일으켜 세우는 여덟 가지 방법을 지적했다. 해외에서 기계를 도입하는 것, 외국에서 공부하고 관찰하는 것, 해외 상품을 분석하는 것, 최고 수준에 있는 외국의 기술 서적들을 읽는 것 등등이다.[39] 한 경제사가는 18세기를 논하면서 수공업자의 방랑, 공업 활동과 관련을 가지는 귀족과 지도적인 사업가들의 여행이야말로 "초기 공업화의 중요한, 혹은 가장 중요한 확산 요소"라고 주장했다.[40] 생산품과 생산방식 모두에서 새로운 기술을 장려하는 요인으로는 발명자에게 개인적인 지적 재산권과 한시적인 독점권을 부여하는 특허제도를 비롯해서 보상, 보조금, 전시, 영예 등이다.

운하 건설과 마찬가지로 발명과 혁신 역시 나라마다 다 다르다. 영국은 주로 실험적인 반면 프랑스는 과학적 원리에 더 치중한다. 모든 회사와 정부는 기술정보의 독점을 유지하려고 했다. 에스파냐의 공업 경영가들은 자부심 때문에 외국인을 모방하지 못했다. 그러나 자부심은 반대 방향으로 작용하기도 한다. 1671년에 조선업에 관한 책을 출판한 네덜란드의 한 저자는 외국 독자들에게 자기 나라의 조선술을 설명하더라도 안전하다고 생각했다. 그 이유는 외국인 노동자들을 고용한 외국 사업가들은 네덜란드인들의 절약적이고 깨끗한 일 처리를 모방하지 못한다고 믿었기 때문이다.[41] 그는 지나치게 낙관적이었다.

이주

기술발전과 확산에 뒤이어 기술의 쇠퇴와 공업 생산성 하락에 대하여 알아보고자 한다. 그렇지만 본격적으로 그 주제에 대해서 논의하기 전에 우선 이주 문제, 특히 기술진보와 관련된 이주 문제를 살펴보도록 하자. 어떤 국가는 다른 지역에서 축출당한 사람들을 받아들여서 이익을 보았다. 특히 네덜란드(벨기에와 네덜란드를 포함하는 넓은 의미의 부르고뉴 네덜란드)가 대표적인데 이곳은 1492년에 에스파냐에서 축출된 유대인들을, 1585년에 안트베르펜에서 탈주한 이탈리아와 플랑드르의 상인과 은행가들을, 1685년에 프랑스에서 낭트 칙령을 폐지할 때 위그노들을 받아들였다. 다른 국가들은 자국민, 그중에서도 특히 산업비밀을 가지고 있는 사람들의 이주를 막으려고 한다. 대표적인 나라가 영국으로서 기계류와 설계도의 수출을 막는 엄격한 법안을 제정했고(그러나 이것은 대개 실패로 끝났다) 숙련공의 해외이주를 저지하려고 했다.[42] 17세기에 콜베르는 네덜란드의 조선공[43]과 섬세한 고급직물 제조공을 유입하여 위그노 인력의 해외유출의 손실을 보전하려고 했으며, 선원의 귀환을 장려하여 인력난을 덜려고 했다.[44] 1492년 유대인의 축출, 그리고 1609-1614년 무어인의 축출은 각각 금융기술과 관개시설 관리기술을 가진 고급인력을 에스파냐에서 유출시키는 결과를 초래했다는 주장이 널리 퍼져 있다. 그러나 페르낭 브로델은 그 두 가지 모두 과장되었다고 주장했다.[45]

이주와 국가의 스타일에 관하여 마지막으로 언급할 사실이 있다. 프랑스인이 모험심이 강한 이주민이 아니라는 점이다. 1848년에 알제리로 이주했던 사람들은 주로 알자스와 로렌 출신으로서 이들은 프랑스인이기는 하지만, 독일인의 피가 섞인 사람들이다. 이와 반대로 포르투갈인들은 악명 높은 유랑민이다(브라질의 사회학자인 질베르토 프레이레는 포르투갈을 '율리시즈의 국가'라고 표현했다). 이들은 인종적인 편견 없이 해외에 나가서 어느 정도 항구적으로 거주하면서 현지인이나 심지어 노예 여인들과도 교제한다.[46] 그 중간적인 성격인 제3의 패턴을 보이는 사람들은 이탈리아인들이다. 이들은 오랜 기간 동안 일하기 위해서 외국으로 나가지만,

결혼하기 위해서 한 번, 그리고 죽기 위해서 최종적으로 조국으로 귀국한다.[47] 이주와 관련하여 제기되는 한 가지 질문은 경제적 생명력이 넘치는 초기 단계에서 숙련 노동자들이 유인되다가 경제쇠퇴가 시작되면서 내몰리는 국가주기의 일반 패턴이 존재하는가이다.

산업혁명

이제 기술변화와 생산성 문제로 되돌아가자. 유럽의 경제성장에 대한 문헌들은 "산업혁명"으로 시작한다. 산업혁명의 지적(知的) 기원은 18세기 계몽주의에 있으며, 그 경제적 출발점은 18세기 후반에 위치해 있다. 최근에 영국의 산업혁명의 실체를 부정하는 데에 주력하는 많은 연구가 이루어졌으며, 그라스가 처음 사용한 바 있는 산업 "진화(evolution)"라는 용어가 대신 사용되기도 한다.[48] 이 논쟁은 스콜라 신학자들의 논쟁과 같은 소모적인 양상을 띤다. 급격한 경제발전의 시점과 관련해서 1760년대부터 발명이 급팽창한 것을 혁명적이라고 볼 수도 있고, 영국의 수출이 급격히 증가한 1780년대까지 늦추어 잡을 수도 있으며, 혹은 나폴레옹 전쟁 이후 1인당 소득이 증가하는 시점까지 늦출 수도 있다. 한편 18세기 초에 "과학을 생산하는 성향"이 나타나고 그 뒤를 이어 "과학을 응용하려는 성향"이 나타나는 것을 산업혁명의 "선행조건"으로 보는 로스토 모델을 다시 고려할 필요는 없을 것이다. 18세기 3/4분기에 영국과 프랑스의 경제성장의 급발진은 두 경우가 각각 달라서 영국에서는 경험적이고 프랑스에서는 데카르트적이었다. 두 경우 모두 계몽주의와 연관을 가지는데 이는 이 운동이 초자연적인 힘, 사악한 눈, 마술 같은 것들에 대한 믿음을 떨쳐 버리고 인과관계를 믿게 하기 때문이다. 그 스타일들은 상이하다. 우리는 이 문제를 각국 사례 연구에서 다시 다룰 것이다.

카드월의 법칙

조엘 모키르는 기술진보를 다룬 그의 탁월한 저서 『부(富)의 지레』의 여러 곳에서 카드월의 법칙(Cardwell's law)을 언급하고 있는데, 이는 그 어떤 나라라도 2-3세대 동안 계속해서 기술혁신의 최첨단에 있을 수는 없다는 조야한 역사적 규칙성을 말한다.[49] 모키르는 카드월의 법칙에 상당히 매혹당한 듯하다. 그래서 이것을 현재로까지 확장하여 오늘날의 미국이 쇠퇴하게 되리라고 예측한다.[50] 그러나 곤란한 점은 카드월 자신이 그러한 일관성에 대한 이론적인 기반을 제공하지 않았다는 점이다(여기에 더해서 말해야 할 점은 오히려 반대 증거를 한 가지 스스로 언급했다는 점인데, "1712년과 1850년 사이에 사실상 모든 열기관의 개선은 약간의 예외만 제외하고 모두 영국인의 업적이었다……1861년 이후 상황은 결정적으로 변했다……"라고 말한 것이 그 점이다.)[51] 그렇지만 우선 카드월이 한 말을 그대로 다시 옮겨 볼 필요가 있다.

기술사가(技術史家)들이 특정한 발명가나 기술자들의 국적에 대해서 무관심하다는 사실의 이면에는 역사적으로 짧은 기간 이상으로 계속해서 아주 창의적인 민족이 없었다는 아주 중요한 사실이 숨겨져 있다. 다행인 것은 지금까지 지도적인 국가가 뒤질 때마다 그 뒤를 이을 나라가 하나 혹은 여럿이 등장해 왔다는 점이다. 상당히 넓은 유럽 문화의 통일성 안에 포함된 다양성 —— 유럽이야말로 기술의 본고장이었다 —— 은 지난 170년 이상 동안 지속적인 기술발전을 가능케 했다.[52]

이 앞에 언급한 한 문장에서 카드월은 1897년 영국에서 파슨스의 터빈엔진이라는 예외가 있기는 하지만, 일반적으로 기술적인 리더십을 전면적으로 상실했다고 말했다.[53]

이미 이야기한 대로 모키르는 카드월이 구별했던 규칙성을 설명해 줄

형식적인 모델이 없다는 점 때문에 곤경에 빠졌다. 어느 곳에서 개발이 시작되었는가 하는 점은 생물학적 진화로 설명할 수 있을지 모른다. 여기에서 발명은 돌연변이와 유사한 것이리라. 그러나 생물학적 진화는 의도적이지 않기 때문에 모키르는 이 설명이 타당하지 않다고 보았다. 나중에 발표한 논문에서 모키르는 카드월을 언급하지 않은 채 진화론적인 생물학과 기술을 이야기했지만,[54] 그 다음해에 했던 한 강연에서는 다시 이전 논리로 되돌아가서 폴 데이비드가 개발한 개념인 경로 의존성,[55] 초기에 잘못된 전환을 함으로써 여러 혁신들이 준(準)최적 방식으로 진화할 가능성 등을 주로 다루었다.[56] 내 생각에는 생명력이 차올랐다가 기울고 또 한 나라가 경제의 선두를 잃고 다른 나라가 그것을 차지하는 —— 이에 대해서는 다음 장에서 다시 논의할 것이다 —— 국가 생명주기의 개념이 문제의 실마리가 될 것 같다. 게다가 만일 이런 계승이 일반적인 것이라면 두 나라가 거의 동시에 움직임으로써 상호 영향을 미쳐서 기술진보를 유지할 것이라는 모키르의 희망적인 제안에 의심을 품게 되며 그래서 카드월의 법칙이 맞게 된다.[57]

농업

농업상의 변화는 국가마다, 혹은 한 국가 안에서라도 지역마다 다양하다. 농업에 관심을 두고 있던 아서 영이 18세기 말에 이탈리아를 방문했을 때 본 북부 이탈리아의 포 강 연안은 유럽에서 가장 부유한 지역이었다. 네덜란드의 해안지역과 영국 남동부 지역(노포크와 서식스)도 서로 접촉하는 가운데 퇴비(그중에서도 특히 녹비(綠肥)), 윤작, 탈곡 등 기술적인 면에서 앞섰다. 다른 한편 대부분의 유럽 다른 지역에서는 농업상의 변화는 고통스러울 정도로 느렸다. 생존선상에 있는 농민들은 새로운 기술도입을 두려워했고 농민들간의 소통은 제한적이었다. 고전적인 사례는 프랑스에서 수확할 때 낫(sickle) 대신 큰낫(scythe)을 사용하게 되는 데에 한 세기 이상이 소요된 사실이다.[58] 시어도르 슐츠는 그 경제적 원인에 대해서 가축을 축사 안에 들여놓게 되기 이전에는 짚이 큰 소용이 없다가 축사가 일반화된 이후 짚이 바닥에 까는 데에 사용되었기 때문이라고 설명한다.[59] 다른 설명은 낫을 사용할 수 있을 정도의 여성, 어린이, 노인은 많지만, 큰낫을 사용할 수 있을 만큼 튼튼한 남성이 상대적으로 부족했다는 것이다.[60]

심지어 부유한 상인들의 대저택과 성 같은 곳에서도 애덤 스미스의 표현대로 "최상의 개량가(the best of improvers)"[61] 역할을 하는 사람들과 그렇지 않은 사람들 사이에는 아주 큰 차이가 있었다. 후자의 경우는 이탈리아, 에스파냐, 프랑스 일부 지역에서 볼 수 있는데 이들은 귀족적인 생활양식에만 관심이 있었지 농업에는 관심이 없었으며, 마름을 통해서 농장을 운영하면서 마름을 계속 채근하여 현금소득을 더 얻으려고만 했다.

생산성의 하락

개별 국가의 생명주기에서 발명, 혁신, 생산성의 쇠퇴에는 다양한 원인이 있다. 3세대 효과(세 번째 세대가 신-구 산업에서 혁신주기를 반복하는 새로운 사람들로 대체되지 않는 것을 말한다), 리스크를 회피하려는 태도로의 변화, 계급간 소득분배 차이의 확대로 인한 사회적 신분 차이의 확대와 생산자본에 대한 고이윤의 재투자 회피, 그리고 길드, 조합, 정부 등의 독점화, 또 구식 기술에 투자하면서 노동자와 기업가 모두가 변화에 저항하는 것 등이 그런 원인들이다.

구식 기계와 기술이 여전히 쓸 만하다면 왜 새 것을 배우느라고 비용을 들이며 고생하고 정신적 고통을 받겠는가? 산업화 초기 단계에서는 길드가 개선의 힘이 되었는데 그 이유는 길드가 도제와 직인의 교육과 품질관리를 담당하기 때문이다. 그러나 길드는 점차 독점적, 보수적이 되어 신인들의 진입을 반대하고 변화에 저항하며, 특히 비용은 줄이지만 대신 그들의 기술에 대한 평판을 낮출 위험이 있는 품질의 저락 방향의 변화에 저항했다. 산업혁명에서 지속적인 변화는 길드의 힘이 미치지 않는 곳에서 일어났다. 소상점의 숙련공은 길드에 속하며 노동계급의 귀족에 해당하는 "명예로운 자들"과 저임금을 받으며 비(非)길드의 일을 기꺼이 받아들이려고 하는 "똥들(dungs)", 즉 불명예스러운 사람들로 나뉘었다.[62]

금융

금융은 원거리 무역, 귀족적 소비, 정부차입 등과 관련이 있는 것이지 지방적인 상업, 특히 공업과는 큰 관련이 없다. 항구도시의 영리한 잡화상의 지식과 대상인의 지식 사이에 큰 차이가 없다는 애덤 스미스의 말은 크게 틀렸지만, 대도시에서 이미 확고하게 자리잡은 공업분야에서는 —— 물론 평생 근면하고 아끼고 주의를 기울이면 가능하겠지만 —— 큰 부를 모을 가능성이 희박하다는 말은 맞는 말이다.[63] 영국에서 큰 부는 세습토지로부터 나온다. 혹은 투기, 상이한 지역간의 상품거래에서 얻는다(또 여기에서 부를 잃는다). 큰 부를 얻은 상인들은 실업계를 떠나 시골로 가거나 공직생활을 하는 수가 많다. 혹은 금융 방면으로 전환하기도 하는데 이 분야는 에너지가 적게 들고 위험부담도 적은 것으로 알려졌다.

교역에서 금융으로의 전환은 상업혁명 초기에 일어났다. 시간과 공간상의 차이를 메우기 위해서 상인들이 처음에는 환어음을 취급하다가 전적으로 금융 성격을 띤 어음을 취급하게 되고, 더 나아가서 상인들에게 대부하다가 왕족과 귀족 소비자들에 대한 대부로 전환한 것이다. 조만간 이런 상업자본이 은행을 형성했다. 해상 위험은 화주들로부터 금융인들에게 넘어가서 분산되었다. 처음에는 선박담보 대부(bottomry loan) —— 이것은 배를 상실한 경우에는 지불할 필요가 없는 대부이다 —— 와 같은 초보적인 형태였다가 곧 해상보험으로 발전했다.

환어음은 국가의 권위하에 있는 화폐주조와는 달리 교환수단을 제공하는 초보적 형태의 사적 금융형태이다.[64] 국민국가가 성장하면서 정부는 표준 화폐를 규정하려고 했다. 흔히 왕실을 소재로 한 이미지를 표시해서 명백히 알아볼 수 있고, 고정된 화폐단위와 금속 함유량 및 순도를 표시했다(물론 이것은 당국이 화폐주조세를 더 많이 받아내기 위해서 금속 함유량을 속이거나 액면가를 바꿈으로써, 즉 액면가보다 가치가 낮은 화폐를 발행함으로써 가치가 저락하는 일이 일어나지 않을 때의 일이다). 시장거래를 활성화하기 위하여 화폐를 발행하는 행위, 또 표준 도량형을 정하고 자와 저울을 가지고 이를 철저히 감시함으로써 파렴치한 자들이 순진한 사람을 착취하는 것을 막는 행위는 모두 공공재이다. 지방적인 화폐제도와 도량형은 서로 경쟁하다가 한 시스템이 규모의 경제를 통해서 더 넓은 지역에서 받아들여지고 다른 것들은 방기된다. 채권자가 화폐를 받아들일 수 있도록 만드는 한 가지 방식은 금속화폐의 무게와 순도를 재고 그것들을 포대 안에 넣은 다음 바깥에 그것을 확인하는 표시를 하며, 이런 것을 위반한 사람들을 정부가 중형에 처하는 것이다. 이와 똑같은 목적을 위한 사적인 방식은 은행이 화폐의 품위를 검사하고 거기에 맞는 은행권을 발행함으로써 화폐를 사용하는 사람들 자신이 화폐의 품위를 검사하는 수고를 덜어주는 것이다.

금융제도들은 상업혁명 이후 국가마다 서로 다른 속도로 발전했는데, 점차 상업, 공업, 소비(특히 소비 성향이 큰 귀족들에게 담보를 받고 대부해 주는 것), 정부에 덜 종속적이 되었으며, 결국 여러 종류의 금융제도들이 각각 독특한 생명을 가지게 되었다. 한 재치있는 경제사가는 금융과 생산의 분리 —— 아마도 금융과 상업의 분리라고 말하는 것이 더 정확했을 것이다 —— 는 섹스와 출산의 분리와 같다고 표현했다. 적당하면 받아들일 만하지만 과도하면 불안정, 분열, 디프레이션이 일어나기 때문이다.[65]

재정

재정 역시 각각의 도시와 국가마다 상이한 길을 따라 느리게 발전했다. 근대 초기에 대부분 큰 국가의 국왕들은 관료들이 부족했기 때문에 조세수취를 개인 금융가에게 "청부"했다. 프랑스의 재정가(financier)와 관리(officier)는 국왕에게 먼저 자금을 제공하고 그 대가로 그들 자신이 조세를 거두어서, 성공적일 경우 원금에다가 이윤을 더한 자금을 회수했다. 영국에서 1688년 명예혁명 이후 정부의 조세수취와 국채로 전환한 것을 "재정혁명(financial revolution)"이라고 한다.[66] 프로이센과 같은 일부 지역에서는 국왕이 광대한 영지를 보유하고 이곳의 제분소나 양조장 같은 산업활동에 대해서 지대와 이윤을 취할 수 있었으며, 그래서 왕령지를 관리하기 위한 관료제가 일찍 발달했다. 조세의 성격 그리고 그것이 어떤 분야에 부과되는가는 국가마다 상이했다. 영국과 프랑스를 비교해 보면 차이가 뚜렷이 드러난다. 영국에서는 귀족들도 다른 국민들과 마찬가지로 세금을 낸다. 그러나 프랑스에서는 (그리고 에스파냐에서도) 귀족들은 전쟁에서 그들이 목숨을 걸고 싸운다는 이유를 들면서 왕과 사회에 대한 조세의무를 면제받는다. 이 차이는 섬 국가의 해상전투와 비교해서 육상전투의 노동 강도가 훨씬 더 크다는 점에서 유래한 것으로 보인다.

왕실은 전쟁비용을 위해서, 그리고 대관식, 결혼식, 장례식과 같은 의식을 치르기 위해서 자금을 빌렸다. 국왕은 법 위에 존재하므로 —— 공화국 정부는 그렇지 않지만 —— 재정가들은 국왕의 부채에 대해서 우선 특별세나 독점권, 왕실의 보석류들 혹은 런던 시티나 파리 시청과 같은 반(半) 사적인 기관의 중재 등의 보증을 미리 받지 못하면 국왕에게 새로운 빚을 줄 때에는 경계했다. 많은 경우 외국 전주(錢主)들은 영국의 공식 독점업자인 모험조합(Merchant Adventure)과 함께 양모를 수출할 독점권, 혹은 에스파냐에서는 은을 수출할 권리 같은 특권들을 받았다. 지난 밀레니엄 초반기부터 지속된 국왕의 채무 불이행의 긴 역사를 보면 돈을 굴리는 사람들이 왜 그렇게 조심하는지를 알 수 있다.

정부는 징세청부나 독점만이 아니라 관직, 작위, 훈장 등을 판매하거나 교회 및 귀족의 재산을 압수, 매각하면서 자금을 조달하기도 한다. 흔히 정부수입은 지출에 비해서 부족하게 마련인데, 특히 전시(戰時)에 그런 경향이 있었으며 이럴 때에는 할 수 없이 여러 형태의 차입에 의존했다. 흔치 않은 예외들도 존재한다. 프로이센의 프리드리히 대왕은 군자금을 위한 금궤를 마련하여 전비를 미리 준비했다. 비상시에는 정부가 군인과 선원들의 급료 지불을 연기했으나 이때에는 반란의 위험을 무릅써야 했다. 또 금 세공사나 은 수송 상인들의 자산에 손을 대거나, 혹은 가톨릭 국가인 프랑스의 위그노(신교도)처럼 정부와 마찰을 일으키고 있는 시민들에게 군대의 숙영과 식량공급을 강제했다. 혹은 부채를 지불 거절하든지 아니면 현찰로 단기간 내에 지불해야 하는 부채를 장기채로 강제 전환하기도 했다.

20세기에는 정부의 재정적자와 차입이 산업투자에 필요한 저축을 흡수해 버리는 경향이 있다. 그러나 1800년 이전에는 이런 문제가 거의 없었다. 공업에 투자되는 자본은 상업이나 농업과는 달리 대개 지방 수준에서 이루어졌으며 소규모 액수에 불과했다. 영국이나 네덜란드의 동인도회사와 같은 대규모 무역회사들은 잘 조직된 시장에서 유가증권을 판매했으며, 이는 17세기 4/4분기에 보험회사가 한 것과 같았다. 은행은 주로 교역에 자금을 융통해 주기 위해서 대부를 했다. 전시에는 정부부채가 급증했으며, 국민소득 중에 정부부채가 차지하는 비중은 간혹 평화시에 흑자를 통해서 줄어들기도 했지만, 대부분은 지불거절이나 인플레이션을 통해서 줄어들었다.

애덤 스미스는 세 가지 형태의 공공재를 언급한 바 있다. 국방, 사법, 그리고 민간부문이 영리를 목적으로 하여 수행하기에는 너무나 큰 규모의 건설이 그것이다.[67] 이 각각의 카테고리는 더 다양한 정부의 업무로 확장할 수 있다. 공격적이든 방어적이든 전쟁, 혹은 해적과 노략질로부터 상선을 보호하기 위한 호송 함대는 국방 항목에 들어갈 수 있을 것이다. 스미스는 이를 더 확장하여 항해법을 정당화했다. 항해법의 내용은 영국과 그 식민지의 교역은 반드시 영국 선박을 이용해야 한다는 것인데, 이렇게 함으로써 전시에 영국 해군이 필요로 하는 선원을 기르게 된다고 보았기 때문이다.[68] 사법 항목에는 건전한 화폐의 공급과 정확한 도량형 확립도 포함될 수 있다. 공공건설에는 도로, 항만, 도크, 운하의 건설과 계획도시(프랑스의 경우),[69] 그리고 왕궁도 포함될 것이다(왕궁에 대해서는 루이 14세가 임종시에 "너무 많은 왕궁, 너무 많은 전쟁"[70]에 대해서 사과했다는 말이 알려져 있다.

오늘날 같으면 그 목록이 훨씬 더 길 것이고 다른 공공재들이 강조될 것이다. 특히 지방에서 식량부족 사태가 일어났을 때 외국에서 식량을 수입해서 해결해야 할 정도로 국내교통이 충분히 발달하지 못한 시대에는 흉년에 국민들에게 식량을 공급하는 일이 강조될 것이다. 서유럽의 광대한 지역에서 흉작이 계속되고 아일랜드에서는 감자 마름병이 돌아서 국민들이 기근으로 죽어갈 때 시장이 이 문제를 해결해 주리라고 믿을 정도로 자유시장을 신뢰한다면 그것은 공공재(public goods)가 아니라 공공악(public bad)에 가깝다.[71] 배후지가 아주 협소한 베네치아는 식량부족에 대비해서 식량을 비축하고 있었으며, 해운업으로 위기를 어느 정도 해소할 수 있게 된 18세기가 될 때까지 대부분의 국가들은 국가 전체 수요를 만족시킬 수 있을 정도로 식량이 충분하다는 점이 명백하기 전까지는 식량수출을 제한했다. 그러나 높은 농업가격이 유지되어야 유리한 중농주의자들 —— 귀족 출신인 지식인 농업론자들 —— 은 이 정책에 강력하게 반대했다. 다른 공공재 혹은 공공악으로는 조세를 수취하는 방식에서 소득분배를 고려하는 것 혹은 고려치 않는 것, 이미 언급한 바 있지만 발명과 혁신에 대한 각종 보조금 지불, 그리고 품질관리 등이 있다.

독일의 경제학자인 아돌프 바그너는 정부의 역할이 계속 확대된다는 "법칙"을 발표했다.[72] 오스트레일리아의 한 통계학자는 한 걸음 더 나아가서 정부가 국민소득의 25퍼센트 이상을 차지하는 경우 정부가 붕괴한다고 주장했다.[73] 두 번째 주장이 첫 번째 주장보다는 더 사실에 가까운 것으로 판명났다. 현재 논의 중인 시기의 앞 시대에는 정부와 개인을 나누는 구분선이 모호했다. 상선들은 호송대를 필요로 했다. 해적선과 전함은 노획물의 분배만 빼면 거의 차이가 없었다. 베네치아의 아르세날레나 템스 강의 데프트포드의 영국 해군 조선소는 개인 조선소와 함께 운영되었다. 이탈리아 도시국가나 에스파냐, 신성 로마 제국을 위해서 싸우는 군대는 —— 물론 그들이 충성을 바치는 대상을 그리 자주 바꾸지 않는다는 차이가 있긴 하지만 —— 용병들과 함께 싸웠다. 개인 토지의 소유권을 확보하고 그래서 농업 개선의 인센티브를 높여 주는 역할을 위해서 존재하는 토지대장은 사실 정부의 조세수취를 위해서 더 잘 관리되었다. 징세청부업자나 독점업자들은 갑작스럽게든 혹은 점진적으로든 공무원으로 대체될 때까지 국왕을 위해서 돈을 거두었지만 사실은 사적 이윤을 위해서 일했다.

사회적 역량

근대의 성장에서 "사회적 역량"에 대한 유사한 대체물은 국민들의 교육년수이다. 물론 이 측정치는 조야할 수밖에 없다. 여러 국가들의 교육을 비교하면 평균 교육년수가 문제가 아니라 차원이 다르기 때문이다. 교육은 기본적으로는 문자해독을 가리킨다. 그리고 읽기와 쓰기를 넘어서 고전적인 종교, 철학, 문학과 같은 고전교육이 있는데, 이는 계몽주의 이전에는 아리스토텔레스와 스콜라주의와 연관되었다. 중등교육 차원에서는 직업 교육이 있고, 고등교육으로는 한편으로는 문학교육, 다른 한편으로는 기술교육과 과학교육이 있다. 이 주제는 각국의 연구에서 다시 다루게 될 것이다.

근대 초기의 역사연구에서 사회적 역량은 더 복잡한 문제이며 가치와 생명력을 포함하는 개념이다. 피터 버크는 암스테르담과 베네치아를 비교하면서 1652년에 네덜란드인이 한 언급을 인용하고 있다. "도시귀족(regent)은 상인이 아니다. 그들은 해상 위험을 무릅쓰려고 하지 않고 집과 유가증권에서 이익을 취하려고 하며 그래서 바다를 빼앗기도록 허용하고 있다"[74] 버크는 더 나아가서 "이 전환은 바다에서 육지로, 일에서 놀이로, 절약에서 과시소비로, 기업가에서 지대수취인으로, 부르주아에서 귀족으로의 전환이다"라고 말한다.[75] 이와 같은 변화가 이 책에서 다루는 국가들에서 모두 같은 속도로 일어난 것은 아니다. 모든 나라들이 모두 같은 지점에서 출발하지는 않았기 때문이다. 어떤 나라들은 항해, 일, 절약, 기업가 정신, 혹은 이런 것들이 부르주아에게 침투하는 것에 대해서 자부심을 가지기도 한다. 그러나 대부분의 국가들은 경제의 선두 자리에서 떨어져 나갈 때는 처음 시작할 때와 다른 가치를 가지고 있게 마련이다. 어느 나라든 늙어갈수록 미래보다는 과거에, 그리고 상공업 대신에 예술, 학문, 문학에 관심을 둔다. 데이비드 리스먼과 그의 동료들이 미국에 대해서 이야기하는 것처럼 생산의 영웅들이 소비의 영웅들로 대체된다.[76] 금융이 중요한 활동 영역이 되기도 하지만 초점은 바뀌었다. 은행은 국내의 상공업에 대부하기보다는 각국 정부, 해외 차입자들, 장대한 저택 건설자들에게 대부하려고 한다. 후손들은 창시자들의 생산적인 공장에서 자본을 빼내서 정부채와 같은 신탁증권에 투자한다. 성장이 둔화된 대부분의 국가들에서 납세자들이 기꺼이 내려는 수준 이상으로 왕궁과 전쟁 혹은 국방 지출이 늘어나면 정부부채가 늘어나게 된다.

한 세대의 생명력이 쇠락한다고 해도 다음 세대의 새로운 사람들이 똑같은 에너지와 혁신적 능력을 보여 주고 또 완숙한 산업분야로부터 새롭게 떠오르는 분야로 자원을 돌린다면 큰 문제가 없을 것이다. 그러므로 새로운 가문들이 등장하여 옛 가문들을 밀어낼 필요가 있다. 그렇지 않다면 한 가문 안에서나 주어진 지역에서 변화가 일어날 필요가 있다. 미국의 뉴잉글랜드는 상업과 해운으로 시작하여 면직물업과 모직물업으로 이전했고 다음에는 서부의 구리 광산과 제네럴 모터스에 투자했으며 최근에는 컴퓨터와 유전자 공업에 투자했다. 이런 변화과정은 매우 드문 일이다. 패전으로 인해서 야기된 리더십의 부재를 새로운 사람들이 일어나서 메우기도 한다.[77] 1806년의 프러시아, 1864년의 덴마크, 1945년의 독일, 프랑스, 일본이 그런 경우들이다. 전쟁에서 승리하면 "분배동맹(distributional coalitions)" (올슨의 용어이다), 달리 이야기하면 기득권이 강화된다. 이와 달리 패전은 그런 것들을 밀어내고 "신인들"에게 자리를 내준다.[78] 전쟁의 패자들은 전후 10-15년에는 경제력과 국제적 순위를 회복하게 된다는데, 이른바 전쟁 "불사조 효과(Phoenix effect)"라는 것이다.[79] 그런 효과는 미시 수준에서도 작용할 수 있다. 부유한 가문이 활동적인 경제생활을 멀리하여 부를 상실했다가 다시 되돌아와서 열심히 일해서 이전의 손실을 회복하게 된다. 그러나 다시 멋있는 생활을 하게 되면 그러한 노력은 중단된다.[80]

이렇게 부가 회복되기도 하지만 대개는 더 큰 부를 낳은 후에 쇠퇴하는 양태를 보인다. 애덤 스미스에 의하면 고율의 이윤은 국가에 여러 나쁜 영향을 미치지만 그 가운데에서도 다른 모든 나쁜 영향들을 합친 것보다도 더 나쁜 것은 상인들에게 정상적인 절약정신을 해친다는 것이다. "높은 이윤을 얻을 때에는 수수한 미덕이 표피적인 것으로 비치고 값비싼 사치 ── 베블렌이 말하는 "과시소비"의 18세기 등가물이라고 할 수 있다 ── 가 그의 부유한 처지에 더 맞는 것으로 보인다"[81] 그보다 한 세기 전에 한 에스파냐인은 페루에서 들어오는 은 때문에 유발된 인플레이션에 대해서 이렇게 이야기했다.

그와 같은 엄청난 부를 소유하게 되자 모든 것이 바뀌었다. 농업은 쟁기를 내려놓고 비단옷을 입게 되었으며 노동으로 못이 박혔던 손이 부드럽게 되었다. 상업은 귀족의 풍모를 띠게 되어 일하는 책상 대신 말안장에 올라타고 길거리를 오르내리며 퍼레이드에 참여한다. 기술은 기계 공구를 경멸한다……상인은 자만심을 가지게 되었다……사람들은 그들의 실제 소득보다 더 많은 것을 약속했기 때문에 자기 과시와 왕실의 사치가 증대했고 왕실의 지출과 소비는 외국에서 들어오는 이 부에 근거하여 증가하기만 했는데, 사실 이 외국의 부는 그런 비용을 대기에는 너무나 잘못 관리되었기 때문에 부채가 늘었다.[82]

이 책에서 다루는 모든 나라들에서 부가 늘어날 때 사치가 유행하는 것을 관찰할 수 있지만, 그래도 남부 유럽 국가들에 비하면 영국이 덜한 편이었다. 네덜란드에서는 칼뱅주의 교리로 인해서 절약정신이 황금 송아지에 대한 경배와 싸움을 벌이는 상황이었기 때문에 모호성과 당황스러움이 동반되었다.[83] 경제가 쇠퇴할 때에는 파티, 많은 사치품의 획득, 허망한 과시용 의상과 함께 도박이 유행한다.

망탈리테

프랑스 역사학자들은 경제발전의 방향을 설정하는 데에 망탈리테(mentalités), 즉 사회적 가치들을 대단히 강조한다. 그러나 이 개념이 항상 존중받지는 않는다. 이탈리아와 네덜란드의 산업화로의 "실패한 이행"을 주제로 한 콘퍼런스에서 한 미국인 반대론자는 이 개념을 "쓰레기(garbage)"라고 불러서 꽤나 자극적인 논쟁을 불러일으켰다. 이 논쟁에서 한 네덜란드 역사가는 "뿌리 깊은 관습과 관례, 혹은 사회적 계층화나 직인들의 직업적 자부심 등이 가진 잠재적인 역할을 완전히 부정하는"데 대해서 반대했다.[84] 망탈리테는 폴 데이비드가 "역사의 운송인"이라고 부른 제도에 속하는 것으로 볼 수 있다. 경제사가인 데이비드는 제도라는 말에 "모든 관습과 단체"를 포함시켰다.[85] 정치학에서 발전한 이와 유사한 개념이 "체제 (regime)"인데 이는 "활동 주체의 기대가 주어진 문제 구역으로 수렴되는 원칙, 규범, 규칙, 의사결정 과정들"로 정의된다.[86]

근대 경제학적 분석에서 열심히 일하고 위험을 감수하려는 인센티브는 소득과 부를 최대화 혹은 최적화하려는 동기에서 온다고 본다. 이에 비해서 역사에서는 더 근본적인 동기를 모방의 욕망에서 찾는다. 애덤 스미스는 『국부론』[87]과 『도덕감정론』[88] 모두에서 이런 성향을 언급했다. 만일 사람들이 부자들을 모방하려고 한다든지, 또는 하나의 목표는 부이고 다른 하나는 "사회적 신분재"(다른 사람보다 더 낫다는 것을 보여 주려는 것)여서 이 두 목표를 함께 추구한다고 하면, 위에서 말한 두 가지는 서로 수렴한다.[89] 개인이나 가정의 심리적 기질, 계급구조와 사회적 유동성 등에 따라 모방의 목표는 개인마다, 국가마다, 또 시대마다 다르게 나타난다. 봉건적 전통이 없는 나라에서도 귀족 혹은 부와 위신에서 귀족과 유사한 신분의 사람들이 종종 모방의 목표가 되곤 한다. 사람들은 성, 대저택, 공직, 지참금을 통해서 아들을 높은 신분의 여자와 결혼시키고, 엘리트 학교 교육 등의 장식물을 통해서 그런 위치에 오르게 하고 싶어한다. 이와 관련해서 상인들의 농촌 이주가 어떤 성격을 가진 것인가에 대해서 광범위한 논쟁이 벌어졌었다. 곡가가 공산품 가격보다 빨리 상승하기 때문에, 아니면 거꾸로 곡가 변동이 안정적이기 때문에 그런 이주가 경제적인 결정을 한 것이라고 볼 수 있는가? 달리 표현하면 농촌으로의 이주가 경제적으로 더 개선한 것인가 아니면 상업이나 금융과 같은 분야의 위험을 회피한 것에 불과한가?

함부르크나 뤼베크 같은 상업도시에서는 사업을 계속하면서 귀족 지위를 멀리하고 심지어 딸을 융커 계급(프로이센 귀족층)과 결혼시키는 것도 금지하는 전통이 있다. 계급구분이 엄격해서 귀족에 대한 모방이 힘들든지 아예 불가능한 경우에는 자신의 세계 속에 남아 있는 것이 안전하다.

시골로 이주한 상인들이 애덤 스미스의 표현대로 "개량가(improver)"라고 하더라도 신인의 등장이 없다면 쇠퇴하는 경향이 있다.

상업과 제조업으로 살아가는 경영자 엘리트들은 활동적이고 호기심이 왕성하며 정력적인 생활양식을 유지해야 한다. 상인들은 대개 자신과 동류의 사람들과 상대한다. 번영을 위해서는 늘 새로운 상황에 대응해야 하고 자신을 보호하든지 도망갈 준비가 되어 있어야 하며 이익을 계산하고 위험을 감수할 각오가 되어 있어야 한다……음울하고 분개하는 농민들을 쥐어짜야 하는 지주나 징세청부업자들은 자극적인 삶의 경험들을 훨씬 덜 가지게 마련이다.[90]

그러나 금융의 세계에 대해서는 아무 말도 하지 않았다. 이 세계에서 금융업자들은 그들과 동류의 사람들과 거래할 때에 긴장을 늦추지 않고, 파렴치한 인간이 순진한 사람을 갈취할 때에는 징세청부업자 스타일에 가깝게 되기도 한다.

망탈리테의 개념은 특히 에스파냐에 대해서 그리고 어느 정도로는 포르투갈에 대해서도 적용된다. 아주 뚜렷한 에스파냐의 특징은 자만심이다. 에스파냐인들은 자신들이 아주 독특하며, 자체 발생적(sui generis)이라고 믿는다.[91] 포르투갈인들 역시 마찬가지이다.[92] 대부분의 국가들 그리고 대부분의 생각있는 사람들은 다 자신들이야말로 독특하다고 믿는다. 그런데 에스파냐의 경우에는 독특함은 대개 다른 특성들, 예컨대 나태, 게으름, 완고함, 제국 통치자로서의 잔인함 등의 특성들과 결부되곤 한다.[93] 페르낭 브로델은 타인의 기술이나 노동관습 등을 도입하려고 하지 않고 자신의 나태 속에서 행복해 하는 에스파냐의 자만심을 프랑스의 허영심과 대비했다.[94] 자만심은 다른 사람들의 의견에 상관치 않으며 다른 사람을 모방하려고 하지 않는다는 것을 뜻한다. 이에 비해서 허영심은 다른 사람의 의견에 민감하여 존중을 받아내려는 것이다.[95] 그러나 우리는 그런 스테레오타입에 주의해야 한다. 마리아 카르멘 인헤시아스는 이런 개념들이 전 세계에 널리 퍼지고 심지어 에스파냐 내부에서까지 받아들이게 된 것(오르테가와 브레넌이 바로 그런 증거이다)은 몽테스키외 때문이라고 본다. 그 근거는 『법의 정신』 제14장에 있는 내용이다 : "에스파냐는 마지막 디테일에 이르기까지 영국의 생명력의 역상(逆像)이다."[96] 신세계의 금은(金銀) 위에 제국을 건설했다는 식의 왜곡을 조장하고 종교재판소 혹은 모리스코(Morisco : 스페인 어로 '작은 무어인'이라는 뜻. 16세기에 그리스도교로 개종한 스페인의 이슬람 교도/역주) 추방과 같은 몇몇 진부한 말들을 재탕하는 것은 몽테스키외가 자만심과 나태함 따위의 말을 하는 것과 마찬가지로 단견이다.[97] 이런 일반화는 18세기에 계몽주의가 프랑스에서 에스파냐로 확산되면서 일어난 변화(혹은 회복)의 가능성을 고려할 여지를 없애 버린다.

감속

경제사가들은 흔히 경제적 쇠퇴과정에서 특정한 원인들 혹은 특정한 전환점들을 찾아내려고 한다. 한 국가가 경제적으로 쇠퇴할 때에는 국가주기의 후기 단계에서 드러나는 노화과정에서 여러 원인들이 상이한 속도로 작용한다. 그런 원인들로는 부의 축적보다는 부의 쇠퇴에 대한 반발로의 이행, 위험 회피, 과시소비, 독점의 상실(여기에는 지도적인 중개무역 국가의 지위를 상실하고 직교역 체제로 가는 것도 포함된다), 자원의 고갈, 기업가적 동력과 혁신 능력의 약화, 지대의 추구, 공공재와 관련하여 특정 집단의 관용의 상실(특히 조세지불을 거부함으로써 국가유지를 위해서 부담할 몫을 방기하는 "분배동맹"), 임금상승을 강요하는 조합, 과잉팽창(자신에게 주어진 자원에 비해서 너무 큰 것을 이루려는 오만한 야심) 등이 있다. 17세기에, 특히 재앙에 가까운 올리바레스 내각하에서 에스파냐가 급격하게 쇠퇴한 데 대해서 제럴드 브레넌은 통상적인 에스파냐의 속성, 즉 "경제적, 물질적 수단에 대한 고려 없이 야심적인 계획을 추구하는 것"에서 찾았다. "에스파냐의 국민적 악덕은 과도한 자신감과 낙관주의이다."[98] 오늘날의 한 기업 경제학자의 이단적인 견해에 따르면 금융상의 곤경은 부분적으로는 예측의 어려움에 기인한 실수에서 비롯되지만, "인간이 태생적으로 과도하게 낙관적인 노름꾼이 되기 쉽고 근시안적이며 중독되기 쉽다는 사실에 주로 기인한다……"[99] 보이닐로버는 금융시장에 대해서 이야기한 것이지만 그의 견해는 푸거 가, 메디치 가, 베어링 가, 그리고 오늘날의 벙커 헌트, 아이반 보이스키, 마이클 밀켄 등에서도 보인다.

전쟁의 역할

전쟁이라는 주제는 한 국가에서 다른 국가로 경제의 선두가 이전되는 현상을 개관하는 다음 장에서 주로 다룰 주제이다. 게다가 나는 패전이 자극을 줄 수 있다는 견해, 또 패전 후 10-15년 후에 패전국들이 경제적으로 회복한다는 오건스키와 쿠글러의 "불사조 효과"에 대해서도 언급한 바 있다. 그러나 전쟁이 승자든 패자든 가릴 것 없이 빠르게 성장하는 경제의 상승 속도 혹은 기울어가거나 속도를 늦추기 시작한 경제의 하강 속도를 가속시킴으로써 성장이나 쇠퇴를 촉진시키는 온실이 된다는 가설에 대해서는 더 언급할 사항들이 있다. 이 개념은 두 차례의 세계대전 이후 미국의 성장과 영국의 상대적 쇠퇴가 모두 가속화된 점 때문에 주로 영미의 경험에서 이끌어낸 것이다. 그러나 유사한 사례들은 얼마든지 있다. 베네치아는 1571년에 레판토 해전에서 터키를 눌러 이겼음에도 불구하고 16세기 4/4분기에 쇠퇴했다. 네덜란드는 1672년에 프랑스에 점령당했을 때 이 나라의 국력이 최정점에 있었기 때문에(많은 사람들의 견해이다) 아주 미약한 정도로만 성장이 방해받았을 뿐이지만, 1793년에 다시 프랑스의 침공을 받았을 때에는 경제적, 정치적 주도권을 상실하게 되었다. 전쟁은 자원에 심대한 압력을 가한다. 그 압력이 경제에 어떻게 영향을 미치는가는 그 사회의 대응능력, 특히 어떤 변화가 있을 때 숲, 물, 광산, 도로 등에 대한 과거의 권리를 어떻게 조정하는가에 크게 좌우된다.[100] 재난, 전염병과 가축전염병에 대한 대응 역시 사회적 조정을 필요로 한다. 유럽은 그러한 점에서 앞서 있었다. 가축을 도살하고 매립하는 데에 공공의 보조금이 지출되었고 선박과 주택에 대해서 격리조치를 취하곤 했다. 그러나 이슬람 국가들과 동아시아 국가들은 그렇지 못했으며 이 국가들의 정부는 유사한 긴급상황에서 수동적으로 대처했다.[101]

원래 물리적 파괴야말로 전쟁의 가장 중요한 결과라고 흔히 생각했지만, 제2차 세계대전 이후 독일과 일본의 경제적 기적을 목도한 이후 사상자, 물적 피해, 사회적 탈구(脫臼, dislocation : 사회 질서의 혼란) 등은 대응능력에 비하면 상대적으로 중요하지 않다는 것이 명백해졌다. 대응능력은 네덜란드 중앙계획국 모델에서 사회적 혁신 항목에 속하는 것이다. 신성 로마 제국에서 30년전쟁은 오랜 기간 동안 중부 유럽의 경제적 진보를 저해한 요인, 그중에서도 특히 외국 상인들에게 의존하게 만든 요인으로 이야기되었다. 그러나 여기에서도 일부 관찰자들은 이 시대의 화폐가치 저하가 자본과 인적 자원의 손실보다도 더 파괴적이었다고 주장한다.[102]

정책

빈번한 전쟁이 경제성장을 자극하거나 후퇴시키는 것과 마찬가지로 경제정책 역시 각국의 대응능력에 따라 상이한 결과를 가져온다. 대부분의 경제학자들은 특정한 경제문제들 —— 화폐, 재정, 무역, 공업 등 —— 에 대해서 해결책들을 제시한다. 특히 조세와 보조금 정책이 대표적이다. 그러나 어떤 약도 그 사회의 생명력이나 회복력에 따라 잘 듣기도 하고 안 듣기도 한다는 점을 강조하지는 않는다. 해밀턴은 17세기에는 에스파냐의 모든 상처들이 나았다고 주장한다.[103] 1956년에 서독 정부는 수출초과를 교정하기 위해서 수입관세를 낮추었다. 그러나 흄의 법칙(수입은 수출을 창출한다)이 대단히 강력하게 작동하여, 무역 규모가 확대되었을 뿐 무역수지는 여전히 수출초과였다. 이보다 더 적절한 예는 베네치아의 사례이다. 베네치아는 해운업을 진작시키기 위한 조치를 100년의 간격을 두고 두 번 시행했는데, 1502년에는 약이 잘 들었고 또 그것이 성공을 거두었기 때문에 이제 이 정책 자체가 불필요해졌는데, 1602년에는, 나중에 다시 설명하듯이, 도움이 되지 않았다.

결론

경제후퇴에 대해서 생각해 보면 여러 상이한 기능에 초점을 맞추려는 경향이 생긴다 : 부채,[104] 기술,[105] 석탄,[106] 소유권,[107] 해운업에서 우위의 상실 등. 1580년 이후 지중해 세계에 대해서 브로델은 공공재정, 투자, 공업, 해운 같은 핵심적인 부문의 붕괴를 이야기했다.[108] 하이메 비센스 비베스는 에스파냐의 해외무역과 해운업이 외국인의 수중으로 넘어간 것을 한탄했다.[109] 그러나 베네치아의 해운업에 대한 지도적인 연구자는 베네치아 해운업의 쇠퇴를 미국 해운업의 쇠퇴와 비교한 다음, 각각의 경우 모두 일찍 출발하여 혁신(클리퍼 선[clipper : 19세기에 개발된 고전적인 쾌속 범선/역주]과 같은)을 통해서 탁월한 수준에 이르렀다가 쇠퇴했다고 결론을 내렸다. 그러나 1860년 이후에 싼 임금과 우수한 기술력을 갖춘 경쟁자에게 밀려서 미국 해운업이 쇠퇴했지만, 미국의 경제성장에 치명적인 피해를 주지는 않았다.[110]

성장과 상대적 쇠퇴라는 생명주기에서 각국의 경험은 다소 다른 양상을 보인다. 한 요소가 다른 요소를 대체하기 때문이다. 그렇지만 생명력과 유연성이 경직성으로 변한 것이야말로 그 패턴을 결정한다.

3

선두의 연쇄적 변화

국가에 생명주기가 있다고 가정해 보자. 그것은 청년기, 원기 왕성한 성년기, 완숙기, 노쇠기로 이루어져 개인의 인생사와 어느 정도 비슷하지만 (다만 죽음이 아니라 활동정지 상태로 끝난다), 다양한 변수와 혼란, 경로 의존성과 계획되지 않은 사건이나 정책 선택의 예상치 못한 결과들을 포함 하기도 한다. 이 장에서 제기되는 질문은 '왜 지배적이거나 우월하거나 지도적인 국가(dominant, primary, or leading country)가 다른 국가에 의해서 따라잡히는가'이다. 독자들에게 미리 이야기해야 할 점은 이런 일이 일어 나지 않는다고 말하는 연구자들도 있다는 사실이다. 또한, 중국이 성장을 중단한 1400년 이후부터 성장의 주요 무대가 북미 지역으로 그리고 다시 태평양을 건너서 일본으로 넘어가기 이전 시기까지는, 유럽의 여러 국가들 의 성장이 불균등했다기보다는 서로 긴밀히 연관되어 있었다는 것이 그들 의 주장이다.[1] 이것은 반대 논거의 선택에 의하여 대답이 정해지는 종류의 질문이다. 즉 비교의 기초로서 어떤 것을 들고 있느냐에 따라서 대답이 달 라지는 것이다. 그러나 나는 "더욱 새롭고 발전된 문명 단계를 탐사하는 어떤 나라라도 결국 뛰어넘기 힘든 한계나 장벽에 도달하므로, 인류 진보 의 다음 단계는 세계의 다른 지역에서 이루어진다"는 "단속적 발전의 법칙

(the law of interrupted progress)"을 제시했던 한 네덜란드 역사가의 모델을 따르기로 결정했다.[2] 물론 이 주장을 따르면, 100년 전의 중동이나 제1차 세계대전 이전의 동아시아 지역(일본을 제외하고), 그리고 오늘날의 아프리카에서처럼 국가들이 계속 정체상태로 남아 있기만 한 것이 아니라 도대체 왜 발전이 재개되는가 하는 의문이 들게 된다. 그러나, 대충 관찰하더라도 이탈리아 도시국가들, 에스파냐−포르투갈 제국, 네덜란드, 대영제국과 미국의 순서로 경제적 선두가 이어지고 또 프랑스와 독일의 도전은 실패했으나 그래도 인상적인 성장을 이루었음을 알게 된다.

페르낭 브로델과 이매뉴얼 월러스틴은 중심부와 주변부로 설명하거나, 혹은 중심부(center), 극점(pole) 또는 핵심부(core), 그리고 반주변부 (semiperiphery), 그 너머에 있는 주변부(periphery)라는 용어를 사용하여 이 문제를 설명한다.[3] 월러스틴은 특히 중심부에 의한 주변부의 착취에 관심을 가진다. '중심부가 주변부를 확산시킬 때마다 그것은 중심부를 건설한다'는 브로델의 표현 역시 거의 흡사한 생각을 나타내는 것이다.[4] 중심화는 탈중심화를 수반하고, "마치 세상은 중심 없이는 살아갈 수 없는 것처럼 탈중심화가 발생할 때마다 재중심화가 일어난다"는 견해는 더욱 직접적으로 관심을 끈다.[5] 그러나 네덜란드에 대하여 저술한 영국 역사가 이스라엘은 이를 부정하는데, 그는 네덜란드 무역에 관한 연구를 기회로 삼아 브로델의 일반론 중 다수를 반박한다. 그는 르네상스와 종교개혁 시기는 다핵적인 팽창을 특징으로 하는, 경제력의 대분산 시대였다고 주장한다.[6] 이것은 시기를 정하는 데에 매우 중요한 문제이다. 17세기 초까지 네덜란드 공화국은 발트 해와 북해에 '네덜란드의 평화(Pax Neerlandica)'를 확립했는데,[7] 이를 두고 이스라엘은 "17세기의 네덜란드의 세계−무역 헤게모니"라고 규정했다.[8] 일본에 정통한 한 영국 언론인이 "19세기의 영국과 20세기의 미국의 지배를 근거로 오늘날 세계가 지배적인 세력 혹은 지배적인 평화 수호자를 반드시 찾아야 한다고 추론하는 것은 오해"라고 주장하는 것 또한 주목할 만하다.[9] 분명 두 사례만으로 정치학적인 법칙을 만들 수는 없으나, 이 책에서 제시하고자 하듯이 계서제, 헤게모니, 지도력, 혹은 그 비슷한 것들을 찾으려는 요구는 영국이나 미국의 사례만으로 이야기하는 것보다는 훨씬 일반적이다.

따라잡기와 뛰어넘기

제2차 세계대전 이후 선진국들 사이에 벌어진 경제성장에 관한 많은 논의들은 "따라잡기(catching-up)"에 초점이 모아졌다. 나폴레옹 전쟁시의 영국과 제1-2차 세계대전시의 미국처럼 어떤 나라는 전쟁을 통해서 앞서 나갔다. 평화가 돌아왔을 때 다른 나라들은 따라잡을 기회를 손에 쥐었다. 선도국들의 성공적 혁신에 무임승차함으로써 이 나라들은 신기술을 즉시 이용할 수 있었다. 선도국, 혹은 복수로서의 선도국들은 속도를 늦추었다. 추격자들로서는 따라잡기가 가능해졌으며,[10] 각국의 일인당 소득은 수렴하는 경향을 띠었다. 일인당 국민소득이 과연 수렴하는지 측정하기 위해서 계량경제학 분야에서 많은 노력을 기울인 결과, 제2차 세계대전 후에는 특히 일본, 독일, 프랑스, 이탈리아, 에스파냐, 스웨덴, 스위스의 성장률에 비하여 미국의 성장률이 상대적으로 둔화된 점을 볼 때 그런 수렴 경향을 어느 정도 확인했지만, 제1차 세계대전 이전 시기에 대해서는 그런 경향을 거의 발견하지 못했다.

빠르게 성장하는 국가가 이전 시기 선도 국가의 생활수준에 접근할 때쯤이면 왜 성장속도가 둔화되는가? 이에 대한 명확한 이유가 없음은 일찍부터 분명했으므로, 관심은 "뛰어넘기(leapfrogging)"로 전환되었다. 『이코노미스트』는 이 주제에 관한 한 편의 기사를 실었다.[11] 최근, 세 명의 국제무역 경제학자들은 경쟁에서 뒤진 국가들이 "상황에 대응한" 신기술들을 창출하고 여기에 저임금 여건이 결합해서 일인당 소득에서 선도국을 추월한다는 모델을 만들었다. 이 모델은 단 두 나라만으로 이루어진 매우 간결하고 간략화된 역사를 제시한다. 또한 애덤 스미스, 앨프레드 마셜, 데이비드 랜디즈를 인용하고 있고, 과시소비, 위험 부담의 변화, 전쟁과 같은 혼돈스런 사건 등의 사회적 힘들을 언급하고 있으나 그것들을 이론 속에 투입하지는 않았다.[12]

중앙집중화와 다원주의

대부분의 경제조직과 사회조직 형태들에서 중앙집중화와 다원주의 사이에는 긴장이 존재한다. 중앙집중화는 한 국가 내에서 쉽게 관찰된다. 그것은 한편으로 입지 이론, 카오스 이론에 의하여 수정된 규모의 경제, 강권의 발동(정치적 조건/역주)과 같은 다른 과정들과 섞이면서 다른 한편 기능이 전문화된 결과이다. 사람들, 제도, 도시, 국가, 심지어 대륙들조차도 계서제적 질서를 이룬다. "한 문명 내부에서……중심부와 주변부, 수도와 지방들, 상층과 하층 계급들 사이의……상호작용이 탐지될 것이다…… 그러므로 기술 변화와 이해관계의 갈등은 문명화된 공동체를 내부적으로 분화시킨다."[13] 전문화와 규모의 경제는 한편으로 도시들, 다른 한편으로 특정한 자원 지향적 입지에 고정되어 일차 상품을 생산하는 지역들 사이에 기능의 차이가 확대됨을 의미한다. 도시는 행정을 담당한다. 중심지 이론은 공급자를 찾는 구매자들과, 구매자를 찾는 공급자들이 한 곳에 모이는 사실을 주목한다. 그 과정은 극장 지구, 시장 지구, 보험 지구, 금융 지구를 탄생시킨다. 하나의 도시국가 혹은 국가가 모든 기능에서 앞서 있을 필요는 없다. 어떤 나라들은 정부, 금융, 무역이 하나의 도시 —— 마치 대주교좌와 같은 위치에 있는 —— 에 집중해 있다(파리나 런던이 대표적이다). 다른 나라들에서는 행정부와 경제적 주도권이 분리된 연방제적 질서가 우세하다. 밀라노와 로마, 암스테르담과 헤이그, 워싱턴과 뉴욕, 오타와와 토론토, 캔버라와 시드니, 상 파울로와 브라질리아가 그 예이다. 이 과정은 매우 느리게 발전하는데 특히 금융 분야에서 더욱 그렇다. 은행들이 지방에서 사업을 시작했다가 성장한 연후에는, 다원주의적 근간 위에서 체제를 유지하려는 정부의 압력에도 불구하고, 금융 중심지로 이끌려 가게 되는 것이다.[14]

중앙집중화는 때로 의도적인 정책의 결과이기도 한데, 전국에 산재한 성에 사는 귀족들을 베르사유 궁전으로 모이게 만든 루이 14세가 대표적이다. 이것의 다위니즘적 표현은 정치적 제한이 철폐되었을 때 은행들이 이동하여 금융 중심지가 형성되는 현상이다. 1860년 이탈리아의 통일은 은행 집중의 움직임을 낳았다. 처음에 행정부가 피렌체로 이동했을 때 은행들 역시 토리노에서 피렌체로 향했고, 그 다음에는 수도가 로마로 정해지자 그곳으로 따라갔지만, 결국에는 교황청 수입이라는 유인에도 불구하고 로마가 사업 중심지가 아니라는 것이 확실해지자 다시 밀라노로 돌아갔다. 독일에서는 쾰른, 프랑크푸르트, 다름슈타트, 드레스덴과 함부르크(가장 저항이 심했다)의 은행들이 1871년의 통일 이후에 베를린으로 이끌려 갔다. 이 과정은 1945년 이후에도 반복되었다. 당시 독일 점령 당국은 우선 각 주에 중앙은행들을 설립했다(함부르크, 뒤셀도르프, 프랑크푸르트). 그 후에는 이 중앙은행들이 합병하여 독일 주 중앙은행(Deutscher Länder Bank)을 만드는 것을 승인했으나, 결국에는 원래의 계획을 포기하고, 이름에 '연방'이라는 말이 들어가기는 했지만 실제로는 '중앙'은행인 독일연방은행(Bundesbank)의 창설을 허락했다. 중앙은행에 대한 비슷한 인민주의적 저항이 1913년 미국에서 표출되었다. 그 당시 연방준비법(FRA)은 각 지역 내부에 중앙은행을 보유한 12개의 지역 금융시장을 창설했으나, 결국 금융 권력이 뉴욕과 뉴욕의 연방준비은행으로 향하는 것을 지켜볼 따름이었다. 궁극적으로는 정책기관인 워싱턴의 연방준비제도 이사회에 많은 권력이 양도되었다.

금융 부문에서는 구심력에 필적하는 외부 인력(引力)이 생길 때 중앙집중화에 대한 저항이 일어난다. 함부르크는 민족주의적이라기보다는 국제적인 도시여서, 1834년 독일 영방국가들 사이의 관세동맹(Zollverein)과 베를린으로 자신의 은행을 끌어당기는 힘에 대하여 가능한 한 오랫동안 저항했다. 영국적인 도시로 간주되곤 하는 이곳의 상인들은 자신의 딸들이 융커와 결혼하지 못하도록 했고, 코메르츠방크(Commerzbank)에 대한 베를린의 인력에 결국 저항할 수 없게 되자 먼저 프랑크푸르트에 있는 은행과 합병하고 나서야 베를린으로 옮김으로써 자신의 불명예스런 굴복을 숨겼다. 스위스의 연방조직은 오랜 시간 동안 너무나 강력했으므로 은행과 화폐시장이 중앙집중화되기 어렵게 보였다. 제네바는 프랑스로 이끌렸고, 바젤은 알자스와 독일의 라인 강 상류로 향해서 이것이 취리히의 궁극적인 구심력에 맞서고 있었다. 1872년 이후 국제금융 차원에서 런던의 중앙집중화 압력에 대한 독일의 저항은 아래에서 설명할 것이다.

중앙집중주의 대 다원주의의 고전적인 보기는 네덜란드 연합주인데, 이곳에서는 홀란드 주가 전체 7개 주를 압도적으로 지배했다. 홀란드 주는 육군, 해군, 상업 활동을 지휘했으며 다른 주에 비해서 압도적으로 많은 세금을 분담함으로써 "무임승차자들"인 각 주에 대한 주도권을 행사하는 특권 비용을 치렀다. 그러나 조너선 이스라엘은 다른 주들이 암스테르담으로 하여금 외환정책, 해운업, 무역과 어업을 통제하거나 네덜란드 동인도회사(Vereeinigde Oostindische Compagnie, VOC)를 지배하지 못하도록 제어해서, 네덜란드 연합주는 본질적으로 탈집중화되고 연방제적이었다고 주장했다.[15] 이는 홀란드, 특히 암스테르담을 경제발전의 중심지 혹은 극점으로 파악하는 페르낭 브로델의 견해에 대한 반박이다. 1622년 암스테르담에는 12만2,000명의 주민이 있었지만, 레이덴에는 4만4,000명, 할렘에는 3만9,000명, 델프트에는 2만3,000명이 있어서 '선두 패턴(primate pattern)'이라기보다는 정규분포에 가까웠다(암스테르담의 인구가 제일 많기는 하지만 압도적으로 많지는 않다는 뜻/역주). 네덜란드가 쇠퇴하던 18세기에, 영국이나 프랑스와 전쟁을 치르던 때에 다른 주들이 의사결정 —— 특히 조세정책과 관련된 —— 에서 고도의 중앙집중화를 허락하기를 망설이거나 심지어 거부한 것은 탈집중화가 얼마나 효율적인 의사결정을 가로막고 쇠퇴를 재촉했는지 보여 준다.[16]

모든 것을 감싸안은 통일성 안에서 다원주의가 발휘되면 이점을 낳을 수 있다. 이탈리아의 예술, 독일의 음악, 영국의 발명은 지역 내의 경쟁 구도와 주도권에 근거를 두고 있다. 경제성장사에 관한 최근의 논문에서 존 파월슨[17]은 권력파급 과정(power-diffusion process)이라는 개념을 도입했는데, 그것은 변화가 아래에서부터 올라오는 다원주의 사회와 달리 의사결정이 위에서 내려오는 집중화된 사회를 가리킨다. 그는 권력파급 과정이 애덤 스미스의 교환, 슘페터의 혁신, 자원, 문화 등에 기초한 이론들을 밀어내는 것은 아니며, 정부에 의해서 위로부터 혹은 국제통화기금(IMF)에 의해서 부과되는 융자 조건과 같이 외부로부터 변화가 주입되는 저발전 국가들에도 오늘날 대체로 적용 가능하리라고 주장한다. 이 문제는 복잡하다. 한자 동맹과 같은 느슨한 조직은 "집중적 무역의 경제적 잠재성을 충분히 발전시킬 수 없다"[18] 중앙집중화는 우체국이 파발꾼보다 비용이 적게 든다는 비유에 의해서 옹호될 수 있을 것이다.[19]

계서제적 질서는 국제통화에서 가장 명확하게 드러난다. 상품거래가 중앙집중화되기 한참 전부터 국제통화에서는 중앙집중화가 이루어졌다. 지중해에는 비잔틴 제국의 베잔트, 베네치아의 두카트, 피렌체의 피오리노, 제노바의 제노비노, 에스파냐의 마라베디, 네덜란드의 릭스달러, 영국의 파운드 스털링, 그리고 미국의 달러에 이르는 여러 종류의 전국적 혹은 지역적 통화가 존재해서 이런 것들이 무역거래에 사용되었다. 16세기 이전에는 교통수단이 워낙 느려서 많은 국지적 시장들에서는 상품의 보관이 필수적이었다. 1590년경에 이르면, 암스테르담은 "교환의 계서제"의 꼭대기에 자리 잡았고, 세계의 중심 창고이자 상업 금융의 허브(hub)가 되었다.[20] 국제무역에서 어떤 통화를 사용할 것인가 선택하는 것(물론 회계의 단위를 의미하는 것이지 반드시 교환의 매개나 가치 저장수단일 필요는 없다), 혹은 수전 스트레인지[21]가 말하는 "최고 통화(top money)"를 선택하는 것은 다원적인 방식으로 시장에서 이루어진다. 정치 지도자들이 제안하면 (propose), 시장이 처분한다(dispose). 쇠퇴를 인식하는 것 자체가 시간이 걸리므로, 어떤 경제가 선두를 차지하는지 여부를 그 통화의 지위를 가지고 측정할 수는 없다. 적절한 대안 통화를 찾는 일에 오랜 시간이 걸리기 때문이다. 그러나 최고 통화가 평가절하되기 시작하면 —— (비잔틴의 베잔트를 대체한)[22] 제노비노의 평가절하,[23] 플랑드르와 브라방의 그로트,[24] 1914년 이후의 프랑스 프랑, (1931년 이후의) 영국의 파운드 스털링, 1973년 이후 미국의 달러가 시사하는 바처럼 —— 쇠퇴의 징조가 드러난다. 비록 정확하게 순위가 매겨지는 것은 아니고 경쟁구도가 계속 작용하지만, 통화시장은 대체로 계서제적 질서를 형성한다.[25]

협동과 경쟁

둘 혹은 그 이상의 동등한 경제적 선도국가가 존재하는 것이 아니라 대체로 하나의 경제적 선도국가가 있게 마련이라는 가설은 국가들 혹은 국민들간의 협동관계 때문에 —— 비록 그것이 상당한 불균형과 착취의 요소를 포함하고 있다고 하더라도 —— 수정되어야만 할 것이다. 영국에서 활동했던 루카와 시에나 출신의 은행가들, 아우크스부르크의 베네치아와 제노바 은행가들, 브뤼주, 안트베르펜, 그리고 리옹의 피렌체 은행가들, 세비야와 리옹의 제노바인들은 무역과 금융이 넓게 골고루 퍼져나가기보다는 특정한 경로를 따라서 흘러간다는 것을 분명히 보여 준다. 국가들간의 관계는 아마도 상업과 은행의 영역을 넘어설 것이다. 1703년 영국과 포르투갈 사이에 체결된 메수엔 조약은 데이비드 리카도의 비교우위설로 유명해진 모직물과 와인의 교환을 다루고 있는데, 1680년 브라질에서의 금 발견에 대한 대응으로 보인다. 이것은 공식 식민지치고는 유난히 착취적이라고 공격을 받았다.[26] 미국과 영국 간의 "특별한 관계"는 처음에는 두 국가가 동맹관계였던 제1-2차 세계대전으로 거슬러올라가며, 식민지 시대의 과거와 공통의 언어로부터 그 힘을 끌어온다.

협동하는 파트너 사이의 관계가 평등할수록 우위를 점하기 위한 그들 사이의 투쟁도 더 크다. 1857년의 금융위기와 관련된 『뉴욕 헤럴드 트리뷴』의 사설은 다음과 같다.

매번 공황이 올 때마다 결과적으로 뉴욕 시는 아메리카 대륙의 금융과 무역 중심지가 되었다. 1837년 뉴욕은 필라델피아나 보스턴과 전력을 다해 싸우는 경쟁 상태에 있었다……뉴욕과 다른 도시들 사이의 경쟁은 이제 중단되었다. 근래에 일어난 1857년 런던과 뉴욕 사이의 경쟁은 엄청났지만 결국 뉴욕에 유리하게 끝났다. 그리고 런던이 아니라 뉴욕이 신세계뿐만 아니라 구세계 대부분의 금융 중심지가 될 날이 멀지 않았음이 분명하다.[27]

이것은 물론 막무가내식 주장이었다. "멀지 않지 않았다"는 것이 사실은 50년 이상 걸렸다. 그러나 분명히 변화가 수평선 위로 드러났고, 영국은 런던의 쇠락과 뉴욕의 흥기에 대하여 날카롭게 인식하게 되었다. 1925년 4월 28일과 5월 4일에 파운드의 평가복귀(금본위제로의 복귀 결정)를 선언하고 옹호하는 연설에서 당시의 재무장관이었던 윈스턴 처칠은 다음과 같이 말했다.

……이 섬나라는……광대한 제국의 중심지이며, 세계의 일등은 아니더라도 어쨌든 세계의 중심적 위치를……차지하고 있다.[28]

그리고

만약 영국 파운드가 기준통화가 될 수 없다면, 대영제국뿐만 아니라 전 유럽의 사업도 아마 파운드 대신 달러로 거래되어야 할 것이다. 나는 그것이 대단히 큰 불행이라고 생각한다.[29]

위와 같은 자기 소신의 표명에서는 이윤보다 권위가 우선시되는데, 이는 일반적으로 선두 다툼에서 보이는 일이다. 다른 야심적인 진술은 1914년으로부터 약 반 세기 전에 독일에서 발견된다. 독일은 "세계의 열강이 되는 햇빛 찬란한 위치"를 차지하기 위하여 투쟁할 준비가 되어 있어야만 한다.[30] 게오르크 폰 지멘스는 일찍이 1866년에 자기 아버지에게 자유무역 및 프랑스와 체결한 1862년의 관세조약의 세부 사항들을 다음과 같이 자세히 설명했다.

만약 우리가 포르투갈, 터키, 자메이카 같은 식민지가 되고자 하지 않는다면, 만약 우리가 농업국가의 상태를 지속하여 우리의 농산물들을 영국을 통해서 내보내고 싶지 않다면, 그리고 만약 우리가 외국인 무역상들을 통해서 거래하고 싶지 않다면 우리는 반드시 슐레스비히-홀스타인 주를 차지해야 할 것이고, 관세동맹과 프러시아가 일체가 되어야 할 것입니다.[31]

도전자들

위에서 묘사한 독일의 사례는 선두 자리를 놓고 선도국에 도전할 준비가 되어 있는 야심적인 세력의 좋은 사례이다. 아마 고전적인 사례는 17세기 네덜란드에 대한 영국의 도전이 될 것이다. 조너선 이스라엘에 따르면 네덜란드는 1590년에서 1609년 사이에 세계무역의 헤게모니 국가로 떠올랐고 "17세기에 가장 미움을 받았지만 또한 가장 동경과 부러움의 대상이 되었던 상업국가"가 되었다.[32] 증오, 부러움과 동경은 특히 1620년대의 토머스 먼, 17세기 중엽의 무역 평론가들, 17세기 후반의 조사이어 차일드 경(영국 동인도회사의 이사이며 정치경제학자/역주)과 같은 당대 영국인들의 저술 속에서 두드러진다. 그러나 어떤 경우에는, 영국과 네덜란드 사이의 똑같은 차이점을 두고도 부러움, 동경과 동시에 경멸을 표하기도 한다. 예를 들면, 네덜란드의 해운업은 배 자체는 가볍게 만든 다음 호송선을 딸려 보내서 보호하는 방식이라 더욱 싸고 효율적이었지만, 이를 두고 "취약하다"고 표현하기도 했다. 특히 동경의 대상이 되었던 것은 네덜란드인의 근면, 검소, 특허제도, 생산품의 표준화와 품질관리를 포함하는 정부의 무역 지원, 절약에서 비롯되는 낮은 이자율, 그리고 특별하게 건조된 어선을 이용한 공세적인 어업 등이었다.[33] 17세기 초반에 앨더먼 코케인은 풀먹이기, 축융, 염색과 같은 모직물 마감 작업을 영국 내로 한정해서 네덜란드의 독점을 깨려고 했다.[34] 네덜란드인들은 보이콧을 통하여 이를 물리쳤다. 네덜란드와 영국 간의 전쟁이 동아시아에서 발생했지만 유럽으로 확산되지 않고 1619년에 신속하게 종식되었다. 동아시아 지역에서 회사들이 취한 태도에 대한 찰스 복서의 언급은 유럽 내의 네덜란드인과 영국인들에게도 마찬가지로 적용될 것이다.

17세기 네덜란드 동인도회사의 관리자와 고용인들이 영국인 경쟁자들에게 취한 태도를 18세기의 그것과 비교해 보면 현격한 차이가 존재한다. 1670년 정도까지 네덜란드인들은 자본과 물적 자원뿐만 아니라 활력과 능력에서도 영국인들보다 자신들이 더 우월하다고 생각했다. 게다가 영국인들 자신도 종종 자신들의 상대적인 열등함을 받아들이곤 했다. 그러다가 17세기의 마지막 4/4분기에 두 경쟁국간의 상대적인 태도가 변화하기 시작했다. 영국인들이 점점 공세적이 되고 자신감이 넘치게 되는 데 비해서 네덜란드인들은 자신들의 경쟁력에 대해서 의구심을 품게 된다……[35]

영국인들이 네덜란드인들과 심한 경쟁에 들어가면서 '네덜란드식 용기' (Dutch courage : 알코올), '네덜란드식 대접'(Dutch treat : 손님이 자신의 식사에 대하여 돈을 지불하는 상황), '네덜란드 아저씨'(Dutch uncle : 엄격한 규율에 매인 사람)와 같은 경멸적인 표현이 생겼다.[36] 두 나라 사이의 긴장은 물론 1652-1654년, 1665-1667년 그리고 1672-1674년의 세 차례의 영란전쟁과 1651년, 1660년, 1663년 및 그 이후에 나온 영국의 항해법에 의하여 더 심화되었다. 1661년에 있었던 스튜어트 왕정복고 이후에 앨버말 공작(제2차 영란전쟁에서 영국함대 지휘/역주)은 "우리가 원하는 것은 현재 네덜란드가 차지하고 있는 것보다 더 많은 무역량이다"라고 말했다.[37] 그리고 조사이어 차일드 경은 같은 시기에 영국인의 부러움과 그 결과를 동시에 표현했다. "국내와 해외 무역에서 네덜란드 사람들의 경이적인 성장, 부와 많은 선박은 현재의 부러움이자 아마도 모든 미래 세대의 놀라움이 될 것이다."[38] 그리고 "모든 무역은 일종의 전쟁이다."[39]

독점의 침해

경제적 선두를 누리고 있는 나라를 끌어내리는 하나의 수단은 고객들과 직거래함으로써 중계무역 시장을 비켜가고, 산업기밀을 훔쳐내고, 성공적인 방식을 모방하고, 숙련 기술자들과 기업가들을 꾀어내는 등의 방법으로 그 나라의 독점을 침해하는 것이다. 이런 노력에서 성공을 거두면 도전자는 동등한 상태에 도달하게 된다. 따라잡기와 앞지르기는 기존기술의 개선과 신기술의 혁신을 요구한다. 도전 받는 나라는 기계류와 숙련 노동자들 및 기업가의 유출에 저항하든지, 혹은 여전히 경제적 활력을 지니고 있다면 생산과 공정에서 한층 더 혁신을 추진함으로써 선두 자리를 지키려고 노력할 것이다. 이에 관한 자세한 세부사항들은 국가별 연구에서 재론할 것이다. 특히 침입자들이 무역독점을 침해하려고 할 때 전쟁이 발발하게 마련이다. 레반트에서 베네치아에 도전하는 제노바, 아시아에서 포르투갈에 도전하는 네덜란드와 영국, 신대륙에서 에스파냐와 포르투갈의 독점체제에 도전하는 프랑스, 네덜란드, 영국이 그런 사례들이다. 무력갈등의 결과에 따라서 경제적 헤게모니가 유지될 것인지 아니면 바뀔 것인지 결정될 수 있다. 그러나 새로 뛰어든 국가가 옛 세력을 위협하는 데에 꼭 전쟁이 필요한 것은 아니다.

산업이 발전했던 영광스러운 과거를 지닌 나라들조차도 신참 라이벌 때문에 가혹한 손실을 입게 되고, 그들이 직물업, 조선업, 야금업, 견직물업……등 광범위한 영역에서 전통적으로 누려 오던 주도권을 잃게 되었다. 그러한 모든 사례들에서는 신참자들이 꾸준하게 한 분야 한 분야 따라잡고, 뛰어난 효율성과 낮은 비용, 우수한 디자인에 힘입어 종종 시대에 뒤떨어진 나라를 저만치 떨어뜨려 놓음으로써, 오랫동안 누려온 안락한 지배권이 도전받고 비틀거렸다.[40]

도전자가 없는 상황에서 일어나는 재중심화

비록 성공할 가능성은 별로 높지 않다고 하더라도, 정치와 경제의 선두 자리에 계속 도전하는 국가들이 있을 수 있다. 19세기와 20세기의 프랑스가 두드러진 사례이다. 그러나 브로델이 일컫는 "재중심화(recentering)"가 항상 재빠르게 일어나는지, 두 개의 중심지가 병존할 수 있는지, 공세적인 주요 도전자가 부재한 상태라면 국제적인 무정부 상태를 낳을 정도로 장기간의 힘의 공백이 가능하지 않은지 등의 질문들이 제기된다. 브로델은 1977년 존스 홉킨스 대학교의 강연 원고인 『물질문명과 자본주의에 대한 보론』, 이어서 완간된 『물질문명과 자본주의』[41]라는 세 권의 어마어마한 책에서 이 문제를 상세하게 다루고 있다. 그의 주장이 완전히 명확한 것은 아니다. 언제나 세계경제는 지배적인 도시로 대표되는 극점, 혹은 중심지를 가지고 있다. 물론 두 개의 중심지가 장기간 동시에 존재할 수 있다(로마-알렉산드리아, 베네치아-제노바, 런던-암스테르담) 그리고 중심지는 이동한다. "1500년에 베네치아에서 안트베르펜으로, 그 이후 1590-1610년에 암스테르담으로 향하는 갑작스러운 대대적인 이동이 있었다. 런던은 1790-1815년에 앞서 나갔고, 1929년에는 뉴욕으로 중심지가 옮겨 갔다. 만약 뉴욕이 쇠락하게 된다면 —— 그러나 나는 그러리라고 생각하지는 않는다 —— 세계는 새로운 중심지를 찾아야만 할 것이다"[42]

브로델의 논의는 한 중심지에서 다른 중심지로의 이행이 어떻게 이루어지는가 하는 질문에 답을 주지는 못한다. 내가 생각하기에는 사회주의 블록이 브로델이 관심을 가졌던 자본주의적 양식의 세계경제 외부에 존재해 있었기 때문에, 소련과 뉴욕을 함께 고려하여 두 개의 중심지가 동시에 존재하는 사례라고 할 수는 없을 것 같다. 만약 탈중심화가 두 개의 중심지를 만들어낸다면, 키오자 전쟁(1378-1381) 이전의 제노바와 베네치아나, 앞에서 살펴본 런던과 암스테르담처럼 긴장과 경쟁 상태에 있는지 아니면 그 사이에 격차가 존재하는지 하는 질문이 제기될 것이다. 런던에서 뉴욕으로 중심지가 이전된 시점으로서 1929년을 제시하면 너무 느닷없는 것처럼 보인다. 통상적인 견해에 따르면 영국은 1870년대, 1880년대, 혹은 1890년대에 쇠퇴하기 시작했던 반면 미국은 1936년, 1941년, 혹은 1945년까지도 고립주의적인 방식을 취했다. 헤게모니를 깨뜨린 것이 바로 미국 자신이지만, 미국은 1933년 세계경제회담(the World Economic Conference)에서 어떠한 헤게모니도 주장하지 않았다.

비록 뉴욕의 탈중심화(널리 논의되는 뉴욕의 쇠퇴)가 확실하지 않다고 해도, 현재 중심지로서의 뉴욕으로부터 재중심화로 나아가는 완만한 이행을 예상할 수 있다. 그러나 소련과 그 위성국들이 몰락했지만 어떠한 새로운 중심지가 눈앞에 나타나지는 않고 있다. 독일과 일본은 미국보다 더욱 빠르게 성장했고 더욱 혁신적이었지만, 두 국가 모두 제2차 세계대전에서 미국의 선두에 도전했다가 패배한 다음에는 선도국의 지위를 다시 노리기보다 미국의 충직한 신봉자가 되어 버렸다. 두 나라 다 적극적으로 자신의 통화를 세계화폐 —— 무역과 단기 자본이동 혹은 외채 발행에서 주도적인 지위에 있는 국제거래 통화 —— 로 내세우지 않았다. 프랑스를 비롯한 세계 대부분의 국가들이 달러가 교역과 금융거래 상대방들로부터 특권을 짜낸다고 여겼던 기간이 지난 후에도, 어떤 나라도 그 지위를 놓고 다투지 않았다(프랑스가 예외적으로 그런 태도를 보였지만 이 나라 역시 정말로 진지하게 도전하려는 것 같지는 않다).[43] 이것은 암스테르담을 통해서 네덜란드 은화(릭스달러)로 거래하기보다는 러시아와 직접 외환관계를 확립하고자 염원했던 1763년의 영국인들이나, 세계 금융시장에서 영국과 경쟁하기 위하여 도이치 방크를 설립했고 자국 해군이 계속 런던에서 외환을 구매해야 했을 때 수치심을 느꼈던 1871년 이후의 독일인과 대비된다.[44]

전쟁

전쟁은 종종 한 나라가 흥기하여 세계경제의 선두에 도달하고 다른 나라가 쇠퇴하는 데 전환점이 되곤 한다. 특히 무역전쟁의 경우가 그러한데, 1250년부터 1380년(키오자 전투)까지 베네치아와 제노바 사이에서 일어났던 다섯 번의 전쟁, 본래 프랑스와 밀라노 사이의 전쟁의 부수적인 사건이었던 1431년 베네치아의 패전, 네 차례의 영란전쟁(그중 세 차례는 17세기의 3/4분기에 일어났고 네 번째의 것은 100년 후의 일이었다) 등이 대표적인 사례들이다. W. W. 로스토는 식민지 전쟁, 국지적 침략전쟁, 세력균형전쟁을 구별했다. 그는 무역전쟁, 왕위계승 전쟁 혹은 종교전쟁을 그의 분류체계 속에 포함시키지는 않았는데, 이 분류체계는 자신의 경제발전 단계 분석에 적합하도록 고안된 것이기 때문이다. 그는 본질적으로 민족주의에 근거한 전쟁들은 깨끗이 배제시켰다.[45] 정치학자인 리처드 로즈크런스는 국가들(특히 민족국가들)을 두 부류로 나누었다. 하나는 더 많은 영토를 획득하는 데 특히 관심을 가지고 더 많이 차지하거나 현재 보유하고 있는 것을 지키기 위하여 기꺼이 싸울 준비가 되어 있는 군사력과 정치력에 집중하는 나라이고, 다른 하나는 "무역 국가", 즉 무역에 의해서 경제적 목적을 달성하기를 기대하는 나라이다. 독일과 일본은 제2차 세계대전 이전에는 전자의 본보기였으나, 1945년의 패전 이후에는 후자가 되었다.[46]

그러나 어떠한 분류법도 위험을 안고 있다. 1250년 베네치아-제노바 전쟁 이전에 두 도시국가들의 경쟁은 피사에 대한 두려움 때문에 시들해졌다. 제노바인들이 피사를 꺾었을 때, 그들은 "상업 경쟁자로서 점점 더 활력을 띠게 되었다. 이후에 일어난 몇 차례의 전쟁에서는 물론 이윤도 문제시되었지만, 그러한 경제적 계산보다는 주로 증오와 허영심 때문에 전쟁이 지속되었다."[47] 반면에 1700-1713년의 에스파냐 왕위계승 전쟁은 합스부르크 가계가 끊긴 이후 루이 14세가 부르봉 왕실 사람을 에스파냐 왕위에 앉히고 싶어 했기에 겉으로는 분명히 왕위계승 전쟁이었지만, 실질적으로는 프랑스가 에스파냐령 아메리카에서 무역을 확보하려는 전쟁이었다. 따라서 에스파냐에 대한 승리는 그 디딤돌이었을 뿐이다.[48] 영국과 네덜란드 역시 장차 인도 무역의 이해관계 때문에 이 전쟁에 참여했다.[49] 로스토가 말한 식민지 전쟁은 주로 무역과 금융에 관련된 것으로서, 처음에는 후진 지역들에 대해서 식민지 모국들이 일으킨 전쟁이었지만, 그 다음에는 독점권이나 지분을 놓고 겨루는 유럽 열강들 사이의 전쟁이 되었다. 에스파냐와 포르투갈 사이의 1580년 전쟁은 국지적 침략 분쟁이 분명하지만 부분적으로 동인도와 아메리카 대륙에서의 권리에 대한 전쟁이기도 했다. 영국, 네덜란드, 프랑스는 자신들이 직접 지배할 비유럽 지역의 지분을 나눠 가지는 대신, 포르투갈을 동방에서 쳐부수려고 했다. 베네치아, 제노바, 에스파냐 진영측과 반대편의 오스만 제국 사이에서 벌어졌던 지중해의 레판토 해전이 있은 지 10년 후에 벌어진 이 충돌은 "최초의 세계대전"이라고 불렸다.[50] 그보다 100년 뒤에 유사하게도 영국, 네덜란드, 오스트리아와 프랑스 및 에스파냐 간에 벌어진 에스파냐 왕위계승 전쟁은 "광대한 세계대전"이라고 일컬어져 왔다. 실제로는 오스트리아를 제외한 모든 국가들이 왕위계승 문제보다 아메리카 무역 문제에 관심을 기울이고 있었다.[51] 영국과 네덜란드는 함께 싸우긴 했지만, 1713년에 위트레흐트에서 화약을 체결할 당시 긴장상태에 있었다. 네덜란드인들은 페루의 은 무역이 암스테르담에서 프랑스로 옮겨 가리라는, 네덜란드계 유대인(Sephardhim) 상인집단의 입장을 대변한다는 생각을 근거로 하여 프랑스인이 에스파냐 왕위에 오르는 것에 강력하게 반대했다. 영국은 네덜란드의 입장을 지지하지 않았고, 그 결과 네덜란드의 실패는 경제적 쇠락의 원인이 되었거나 혹은 쇠락을 향해서 한 걸음 나아가는 발판이 되었다.[52]

대체로 경제학자들은 전쟁에 기여한 경제적 요인들보다는 거꾸로 전쟁이 경제에 미치는 효과, 특히 기술개선에 미치는 효과에 관심을 쏟는다. 예를 들면 『전쟁과 경제발전』에서 존 네프는 전쟁이 단지 자본주의의 산물이 아니라 모든 사회를 괴롭혀 온 인간 본연의 질병이라고 주장한다.[53] 그의 견해에 의하면 전쟁은 인류 원죄의 흔적이다. "호전적인 충동 —— 공포, 증오, 잔인함, 복수, 파괴와 인간의 고통을 즐기는 심성"에도 긍정적인 측면이 있다. "경쟁, 종교적 신념, 그리고 용기와 명예심은 싸워야 할 의무가 불러일으키는 것들이다."[54] 그러나 부정적인 측면이 더욱 강하다. 네프는 사람이 늑대로 태어나지는 않았지만 늑대가 됨으로써 자연을 타락시킨다는 취지로 볼테르를 인용한다.[55] 그러나 정반대의 인과관계가 암시되기도 한다. "평화는 생산을 낳지만 생산은 또 전쟁을 일으킨다"[56] 경제적 진보가 치명적인 무기도 함께 가져다 주리라는 것은 당연한 사실이다.[57] 경제발전이 전쟁에 이르게 된다는 것은 콘드라티예프 주기와 헤게모니 주기를 전쟁주기에 연결시키는 이론들에서 결정적인 교리이다. 이 이론은 혼돈의 여지를 남겨두지 않은 채 긴밀한 인과관계만을 고집하는 점에서 타당성이 약해 보인다.

콘드라티예프 주기, 전쟁주기, 그리고 헤게모니 주기들

많은 경제학자들과 경제사가들, 그리고 정치학자들은 콘드라티예프가 발견했다는 나폴레옹 전쟁시기부터 시작된 물가의 50년 주기를 수용했다. 슘페터, 로스토, 포레스터, 골드스타인과 베리는 종종 "추세 주기(trend period)"라고 불리는 이 장기적 파동을 물가만이 아니라 생산영역에까지 확대 적용시켰다. 골드스타인과 베리는 더 나아가서 물가와 생산을 전쟁에 연결시켰다. 조지 모델스키[58]는 한층 더 나아가서 헤게모니 주기를 덧붙였다.

비록 개개 분석가마다 설명이 서로 다른 경향이 있고 때로는 그 차이가 매우 크지만, 대체적으로 물가와 생산을 연결시키는 데에는 큰 문제가 없다. 예를 들면 슘페터와 포레스터는 콘드라티예프 주기를 증기와 전기 그리고 화학제품과 같이 상당히 큰 시간 차이를 두고 간헐적으로 일어난 주요한 혁신의 결과로 간주하는 반면 로스토는 그것을 일차 자원과 인구 간의 관계변화에 연결시킨다. 물가변동은 나폴레옹 전쟁과 그 100년 뒤의 제1차 세계대전 시기의 인플레이션 그리고 그 사이에 끼어 있는, 다소 완만한 정점을 이루는 유럽의 크림 전쟁과 미국의 남북전쟁에 연결된다. 이러한 전쟁들이 세력균형, 과도한 야망, 혹은 제1차 세계대전의 경우처럼 우연적 요인이 더해진 과잉팽창과 같은 정치적인 문제가 아니라 경제적인 리듬에 기인한다는 개념은 나로서는 믿기 어렵다.

조슈아 골드스타인은 물가와 생산과 전쟁을 50–55년의 주기 속에 결합시켰는데, "미완성 영역에서 대개 그러하듯이", 하나의 완결된 이론을 제시하는 대신 아주 소박한 결론을 내렸다.[59] 그는 콘드라티예프의 물가계열(preice series)을 300년 전인 1495년까지 연장시키고, 전쟁주기에 5년 앞선

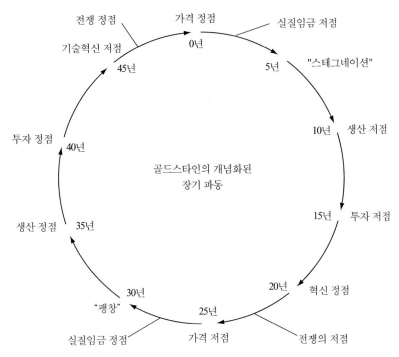

전쟁 정점　　　가격 정점　　　실질임금 저점

기술혁신 저점

45년　　0년

"스테그네이션"

5년

투자 정점

40년

10년　생산 저점

골드스타인의 개념화된
장기 파동

15년　투자 저점

생산 정점　35년

20년　혁신 정점

30년

"팽창"

25년

실질임금 정점　　가격 저점　　전쟁의 저점

그림 3-1 "주기적인 시간" 속에서 투자, 성장, 인플레이션, 전쟁이 연속되는 골드스타인의
개념화된 장기파동. 출처 : Berry, 1991, p.161.

생산주기가 콘드라티예프에 의하여 발견된 물가 리듬을 낳는다는 가설을
세웠다. 25년간의 물가하락은, 창조적인 파괴라는 슘페터의 견해를 따라
서, 혁신의 파동을 유도하고, 그것은 다시 회복을 불러와서 실질임금의 상
승, 생산량, 전쟁과 물가의 정점으로 이끈다. 골드스타인은 전쟁이 생산보
다 10년 정도 뒤져서 따라가며 물가 리듬에 대해서는 1-5년 정도 앞서간
다고 보았다.[60] 이러한 주기는 표 3-1에서 그래프로 나타나 있다.

　골드스타인은 폴 새뮤얼슨이 콘드라티예프의 모든 분석을 "공상과학
(science fiction)"이라고 간주한다는 것을 알고 있고,[61] 또 콘드라티예프의
어떤 분석은 "정신 나간(crackpot)" 이론들에 속한다는 것도 알고 있지만,
그가 이야기할 수 있는 최대치는 장기파동 이론의 존재가 부정될 수 없다

는 것이라고 말한다.[62] 리처드 굿윈은[63] 골드스타인 분석의 보다 간결한 버전에 대해서 논평하면서, 상승하는 경제가 전쟁 가능성을 높인다는 점을 강조하며, 자기 자신은 장기파동과 전쟁과의 밀접한 관련성에 대하여 확신을 가지고 있다고 이야기한다. 그러나 그는 전쟁을 가지고 장기파동을 설명하는 것은 별로 신통치 못한 것으로 본다. 왜냐하면 전쟁이 주기적으로 일어나는 이유를 설명할 이론이 필요하지만, 그 어떠한 이론도 경제학에 근거한 것만큼 설득력이 없기 때문이다.[64] 이것은, 콘드라티예프 주기가 실제로 존재한다고 하더라도, 경제적 결과는 경제적 원인을 가지게 마련이라는 극단적인 생각에 근접한 것이다.

브라이언 베리는 콘드라티예프/전쟁/헤게모니 주기를 철저하게 연구했지만, 50–55년의 콘드라티예프 주기보다는 20–25년의 쿠즈네츠 주기가 훨씬 더 그럴듯하다는 결론을 내렸다. 쿠즈네츠 주기 두 개가 합쳐져서 하나의 콘드라티예프 주기가 되는데 그중 하나는 팽창국면, 다른 하나는 수축국면이 된다. 그러나 그는 어떠한 경제적인 주기라도 그것을 전쟁주기에 연결시키는 것에 대해서는 매우 회의적이다.[65]

헤게모니 주기는 조지 모델스키의 가설인데, 나는 그것을 직접 연구해 보지는 않았다. 골드스타인과 베리의 책을 통해서 내가 이해한 바에 따르면, 모델스키는 세계대전이 대체로 100년 정도마다 발생하고, 그때 하나의 세계적 강자가 헤게모니 국가로 떠오르며, 또 100년 후에는 다른 국가에 의하여 따라잡힌다고 믿고 있다. 차례로 각 헤게모니 국가는 과도하게 야심적인 계획에 이끌리게 되고, 궁극적으로는 "탈집중화(deconcentration)"로 귀결되는 정통성의 상실(delegitimization)과 패배를 겪게 된다. 모델스키가 말하는 세계대전과 그뒤에 나타나는 세계적 세력, 정통성의 상실, 탈집중화에 대한 역사적 서술은 표 3–2에 정리되어 있다. 1491년부터 2000년까지 다섯 개의 주기가 있는데, 처음은 포르투갈 주기이고, 그 다음은 네덜란드 주기이며, 두 개의 영국 주기가 있고, 또 미국이 하나의 주기를 차

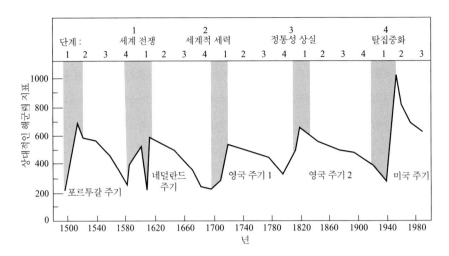

그림 3-2 세계권력에 대한 모델스키의 장기 사이클들. 출처 : Berry, 1991, p.160.

지한다. 여기에서 수직 축은 해군력을 나타내므로 결과적으로 프랑스나 독일 같은 육군 중심의 군사력은 과소평가된다. 긴 안목에서 보면 제1-2차 세계대전은 하나로 묶어서 미국 헤게모니를 가져온 지구적 전쟁으로 볼 수 있다. 미국 헤게모니의 상실은 1973년에 시작되며, 그뒤 일본이나 혹은 당시 경쟁 중이었던 소련과 권력을 나눌 것으로 예상되었다.[66]

베리는 콘드라티예프의 논의가 전반적으로 통계적이라기보다는 수사학적이라는 점을 강조하고, 골드스타인은 미래가 불확정적임을 강조한다. 콘드라티예프 이론가들은 두 견해를 지지하기 위해서 방대한 증거를 제시한다. 로스토와 포레스터는 콘드라티예프에 근거해서 1980년대에 자기 주장을 폈는데, 한 사람은 세계경제가 부상한다고 주장했고(로스토), 다른 한 사람은 쇠퇴하고 있다고 주장했다(포레스터). 소련이 세계 헤게모니에 대한 도전자가 되리라는 예상은 1989년 사회주의 유럽이 붕괴됨으로써 오류라고 입증된 듯하다. 내가 판단하기에는, 그 모든 것을 하나의 연쇄를 이루는 잘 짜여진 분석 틀 속에 우겨 넣으려고 하기보다는 1350년부터 세계 경제 선두의 각각의 실례들을 살펴보는 것이 더욱 생산적일 듯하다. 항상 국가의 생명주기가 있는 것 같다는 점을 인식하고서 말이다. 어떤 시대라도 세계는 계서제적 질서를 향하여 움직이고 있으며, 아마도 선도 국가가 시련을 만나 상대적인 쇠퇴에 빠져들면 그 질서가 무너질 것이다. 그러면 조만간 전쟁기에 대대적인 도전이 일어나거나 혹은 나중에 평화로운 막간의 시기를 이용하여 새로운 국가가 선도적인 지위로 옮겨가게 될 것이다.

타이밍

나는 정확한 시기를 지적하는 것이나 정밀하게 "전환점"을 파악하는 일에는 별 관심이 없다. 그러나 많은 역사가들은 그런 데에 관심을 보이고 있고, 그중 몇몇 사람들은 기억을 돕기 위해서 개략적인 수치를 제시하기도 한다. 가장 단순하게 이야기하자면 이탈리아 도시국가들은 15세기, 포르투갈과 에스파냐는 16세기, 네덜란드는 17세기, 프랑스는 18세기, 영국은 19세기, 미국은 20세기에 각각 상당한 기간 동안 경제적 선두를 누렸다고 주장할 수 있을 것이다. 그러나 이것은 15-16세기에 이탈리아 도시 국가들이나 포르투갈, 에스파냐와 함께 세계무역의 중심지로서 번영했던 브뤼주와 안트베르펜을 누락시키는 잘못된 결과를 가져온다. 또 과연 프랑스가 경제 선두를 차지하기나 했던 것일까라는 질문 역시 제기된다. 브로델은 프랑스가 항상 월계관을 놓고 다투었으나 한번도 손에 넣어 본 적은 없다고 보고 있다.[67] 프랑스는 18세기에 분발하여 빠르게 성장했고(제7장에서 논의하는 대로, 1720년 이후부터 1789년 이전까지) 비록 상이한 경제성장 경로를 따르기는 했어도 1780년에는 영국과 마찬가지로 부유했었다고 이야기되어 왔다.[68] 많은 사람들은 그 상이한 경로가 무엇인지에 대해서가 아니라, 생활수준이 비슷했다고 하는 데에 대하여 의심을 품는다. 영국의 경우 네덜란드로부터 윌리엄과 메리가 도착한 1688년의 명예혁명 시기에 첫 번째, 그리고 나폴레옹 전쟁 이후에 두 번째 세계권력의 주기를 맞이했

표 3-1 월러스틴의 세계 헤게모니 주기(I-IV)

헤게모니 세력	I 합스부르크	II 네덜란드	III 영국	IV 미국
상승하는 헤게모니	1450-	1575-1590	1798-1815	1897-1913/1920
헤게모니의 승리	······	1590-1620	1815-1850	1913/1920 -1945
성숙한 헤게모니	-1559	1620-1650	1850-1873	1945-1967
쇠퇴하는 헤게모니	1559-1575	1650-1672	1873-1897	1967-(?)

출처 : Hopkins, Wallerstein, et al. "Cyclical Rhythms and Trends of the Capitalist World Economy." *World-System Analysis : Theory and Methodology*.

다는 모델스키의 주장은 결국 양쪽에서 시기를 좁혀 옴으로써 프랑스의 경제적 지배를 부정해 버리는 것이다. 또 다른 주기적인 패턴은 홉킨스, 월러스틴과 그의 동료들이 만들어낸 것인데, 상승하는 헤게모니, 헤게모니의 승리, 성숙한 헤게모니, 쇠퇴하는 헤게모니라는 용어로 표현된다. 그것은 베리로부터 빌려 온 표 3-1에 나와 있다.[69] 여기에는 1672년(프랑스가 단기간 네덜란드를 점령했던 때)부터 1798년 나폴레옹 전쟁이 시작될 때까지 상당히 긴 기간 동안이 공백으로 남아 있는데, 이는 프랑스가 18세기 혹은 루이 14세의 통치하에 있던 17세기에 선도 세력이었다는 주장에 강한 회의를 나타내는 것이다.

우리는 다양한 국가들의 흥기, 절정, 쇠퇴에 대한 여러 의견들을 모아 볼 수 있을 것이며 그 중 몇몇은 이 책의 각국가들 연구에서 나타날 것이다. 네덜란드가 1672년에 쇠퇴하기 시작했는지 아니면 50년 후인 1730년경에도 여전히 영국에 확실히 앞서 있었는지는 논란이 될 수 있다. 또 언제부터 영국이 정말로 경제적 선두를 겨루는 국가라고 할 수 있는가, 17세기에 처음 경쟁구도에 들어갔을 때인가, 18세기의 산업혁명기인가, 산업혁명이라는 것이 정말로 있기는 한가……이에 대한 답은 많은 경우 시계열(series) 자료를 검토해 보아야 알 수 있다. 예를 들면, 딘과 콜의 연구 결과[70]보다도 일인당 소득이 훨씬 천천히 증가했다는 것은 이제 꽤 분명해졌다. 자본 형성과 저축은 혁명적인 도약이라기보다는 점진적인 이행이었지만, 수출은 미국 독립전쟁 이후에 비약적으로 증가했다. 그리고 특허 수에 의해서 파악되는 기술혁신은 1766년 이후 혁명적인 힘을 가지고 가파르게 증가했다. 이런 논쟁들은 끊임없이 계속되고 있다.

영국이 쇠퇴한 시기에 대해서도 유사한 논쟁이 벌어졌다. 영국의 경제적 주도권이 사라지고 있다는 걱정은 이르면 1851년 세계 박람회에서, 대체적으로는 19세기 말엽에 표명되었다. 이 주제에 대한 연구는 1960년대 말과 1970년대에 시작되었는데, 그때 계량경제학의 이슈 중 하나는 다른 국가들과 비교하여 영국의 상대적인 쇠퇴에 대하여 영국의 기업가들에게 책임이 있는지 판단하는 것이다. 기업가를 옹호하는 연구에 따르면 기업가들은 수입을 최대화하고는 있었지만 당대의 기술에 부적합한 종류의 자원에 묶여 있었다는 주장을 한다. 이는 다시 말해서 중앙계획국[71]의 "균형 모델(equilibrium model)"을 따르고 있었다는 것이다. 기업가를 비판하는 연구는 기업가가 동태적이라기보다는 정태적인 모델, 즉 중앙계획국의 용어로는 "활발한 혁신이 이루어지는 자유시장 모델"을 따르고 있었다고 주장한다. 이 관점에서 보면 영국 기업가들이 겪었던 문제는 외부에서 비롯되었다기보다는 내재적인 것이다. 경제가 과거와는 상이한 조건에 당면했을 때 병목현상이 발생하는 것 자체가 문제가 아니라, 18세기에 그랬던 것처럼 기업가가 그 현상을 깨뜨릴 만큼 충분히 활력을 띠고 있는가가 문제였던 것이다. 그 시기에 새로운 산업은 다른 나라에서 먼저 시작되었으며 영국에서는 많은 경우 외국인들이 창업을 주도했는데, 이 점은 영국에서의 '신인들(new men)'의 부재에 대한 증거가 된다. 이 주제는 최근에 다시 제기되었다. 경제통계학적 옹호에도 불구하고 1980–1990년대 영국의 일인당 소득이 점차 독일, 프랑스, 이탈리아에게 추월당했을 때 영국의 쇠퇴는 분명해졌다.

마찬가지로 미국의 경제가 독일이나 일본과 비교하여 상대적으로 쇠퇴하고 있는가, 미국의 경제적 헤게모니가 성숙했거나 끝에 다다랐는가와 같은 질문들이 제기된다. 특히 맨서 올슨[72)]과 폴 케네디[73)]의 책이 출판된 이후에 더 뜨거운 논쟁이 벌어졌다. 격차가 좁혀지는 것이 "따라잡기"에 불과한 것인지, 혹은 발명, 혁신, 생산성, 저축이 쇠퇴하면서 미국 경제성장의 구조적인 성격이 변화하고 있는 것인지가 문제의 핵심이다. 정확한 시점을 지적하려는 것은 아마도 헛된 노력이 될 것이다. 이 점에 대해서는 뒤에서 더 자세히 논의하겠다.

지금까지 말한 틀은 국가나 민족의 유사성보다는 차이를 강조하면서 어느 한 국가와 민족이 경제적 선두를 차지하는 시기를 규정하는 것이었는데, 종종 시계방향이 아니라 남북방향으로 선두가 이동한다는 반론이 제기되기도 한다. 예컨대 17세기에 이탈리아 도시국가들이 쇠퇴하고, 네덜란드와 영국이 우세를 점하면서 주도권을 놓고 다투었다. 혹은 이 문제를 바다와 관련하여 표현하면 지중해가 쇠락하면서 대서양, 영국 해협, 북해, 발트 해에 길을 내준 것이 된다(다만 1580년 이후 발트 해는 쇠퇴해 간 듯하지만). 맥닐은 1600년까지 이탈리아의 모든 기술은 북해에서 모방되었고, 목재, 토탄, 석탄의 중요성이 증가한 결과 삼림이 황폐화한 이탈리아가 연료 부족에 처하게 되었다고 설명한다.[74)]

연속되는 경제적 선두가 시계 방향으로 움직이는 패턴과 관련해서는 이미 오래 전에 잊혀진 이론이 떠오르는데, 사실 나는 그 이론을 어떻게 평가해야 할지 모르겠다. 제1차 세계대전 직전에 예일 대학교의 지리학자이자 기후학자였던 엘스워스 헌팅턴은 문명은 중동에서 북유럽으로 100년 단위로 서서히 움직이는 '고기압' 지역들의 영향을 강하게 받는다는 명제를 발표했다.[75)] 즉 메소포타미아에서 시작하여 시계방향으로 페르시아, 그리스, 이탈리아, 에스파냐, 북쪽의 대서양, 그리고 북해와 발트 해로 이동하면서, 경제적 활력을 가져다 주었다는 것이다. 극지방이나 열대지역이 아니라 주로 온대지역에서 문명이 발전했다는 주장은 잘 알려져 있다. 그렇다면 기후와 경제발전 사이에 인과관계가 있다는 설명이 되는데, 그렇다고 헌팅턴의 테제까지도 과연 맞는지 나로서는 판단하기 힘들다. 어쨌든 이 이론은 역사학에서는 살아남지 못했다.

국가의 생명주기와 경제학 및 정치학을 포괄하는 거대이론 틀에다가 연속적인 경제 선두의 연쇄 ── 시간적 연관성이 있기도 하고 없기도 한 ── 를 짜맞추어 집어넣는다는 것은 과도하게 야심적인 시도로서 프로크루스테스의 침대와 같은 것이다. 다음 여러 장에서 시도하는 개별 단위들의 역사를 들여다보기 전까지는 말이다.

4

이탈리아 도시국가들

서기 800년경부터 시작된 유럽의 암흑시대는 11-12세기의 상업혁명과 함께 끝났다. 자극을 준 것은 주로 중동지역으로의 십자군 운동들이었다. 이를 통해서 서구는 사치품이 주종을 이루는 다양한 새 상품들을 접하게 되었는데, 이것들은 인도와 중국으로부터 해로를 통해서 페르시아 만과 홍해까지 오고 그 다음부터는 캐러반을 통해서 운송되어 왔다. 베네치아와 제노바는 십자군들에게 선박 운송 서비스를 제공하면서 부유해져 갔다. 이두 도시는 비잔티움과 싸우기도 하고, 기항지(寄港地) 혹은 키프로스와 크레타 같은 식민지를 놓고 서로 싸우기도 했으며, 콘스탄티노플을 점령한 투르크와 싸우기도 했다. 제노바는 일찍이 피렌체의 외항(外港) 역할을 한 피사 및 교역 라이벌인 아말피를 제압했다. 제노바는 또한 제일 먼저 지중해를 벗어나와서 대서양과 북유럽으로 진출했다(1278). 베네치아는 다음 세기에나 그 뒤를 좇았다(1314). 서로 싸우는 가운데 서서히 베네치아와 제노바는 각자 자신의 교역에 집중해 갔다. 베네치아는 점점 더 동쪽에, 제노바는 점점 더 서쪽에 치중했다. 동쪽 지역에서는 제노바가 북쪽, 특히 흑해 방면에서 주로 사업을 벌인 반면, 베네치아는 남쪽의 시리아와 이집트에서 주로 사업을 했다.[1] 동쪽으로부터 베네치아가 들여온 주요 산물은 향신료, 비단, 면직물이었으며, 제노바가 들여온 산물은 명반(明礬, alum : 광물의 일종으로서 모직물 염색에 사용되는 재료/역주), 비단, 설탕, 건포도, 달콤한 포도주, 염료 등이었다. 콘스탄티노플의 점령으로 흑해와의 연결이 끊어진 이후 제노바는 지중해 서부지역의 포도주, 밀, 과일과 함께 교황령 내의 톨파(Tolfa) 광산에서 나는 명반을 운송하여 동부지역의 명반과 경쟁했다. 동쪽으로 향하는 베네치아 갤리 선은 모직물, 조선용 목재(그러나 이것은 아드리아 상부지역의 공급이 감소하자 중지되었다), 특히 남부 독일, 티롤, 보헤미아, 헝가리 지역의 은을 운송했다.

모직물, 유리제품, 가죽제품을 생산하기 전에 베네치아는 생선과 소금 이외에는 스스로 생산하는 물품이 없었다. 아드리아 해 깊숙이 위치한, 잠재적인 적들과 북아프리카 해적들을 소탕하여 안전을 확보한 베네치아의 가장 큰 이점은 레반트 지역과 남부 독일 간의 중개무역을 통제할 수 있었던 것이다. 특히 브레너 협로를 비롯한 알프스 관통 무역로를 통하여 아우크스부르크 및 뉘른베르크와 교역을 했다. 베네치아는 원래 석호(潟湖) 속의 고립된 작은 섬으로 역사가 시작되었지만 점차 포 강(일 년 내내 빙하가 녹은 물이 흐르는 강) 연안지역에 배후지를 확보해 갔다. 한편 아펜니노 산맥 너머, 산지에 둘러싸인 제노바는 배후지를 가지고 있지는 않았지만 몽세니와 생 베르나르 협로를 통해서 프랑스 동부, 프랑슈콩테, 부르고뉴와 연결되었고 그렇게 해서 샹파뉴 정기시에까지 이를 수 있었다. 그러나 이 경우 운송가축으로 산을 넘는 비용이 워낙 컸으므로 사치품 운송만 가능했다. 중량과 부피가 큰 상품들은 사르데냐, 시칠리아, 나폴리 같은 제노바 식민지 그리고 에스파냐로부터 배편으로 들여왔다.

상업혁명은 한편으로 조선업, 다른 한편으로 재정의 발전으로 이어졌다. 두 도시 모두 경작 가능한 땅이 없었으므로 피렌체 식의 봉건주의를 피할 수 있었고, 그 대신 선출된 관리(베네치아의 경우 통령[doge])를 둔 공화국 형태의 정부를 유지했다. 베네치아는 1104년에 건립된 국영 아르세날레

(Arsenale)가 조선업을 주도했는데, 이곳에서는 해군용 갤리 선과 상업용 "대(大)갤리 선"을 건조했다. 민간기업 조선소에서는 라운드십(범선)을 건조했다. 3,000명의 노동자를 고용한 아르세날레는 당시 유럽 최대의 산업단지였다.[2] 조선용 목재는 처음에는 근처의 알프스 산록에서 석호로 들여왔지만 점차 먼 지역으로 공급원을 찾아가서 결국에는 아드리아 해 연안의 산지(山地) 그리고 라구사(오늘날의 두브로브니크)에서 들여왔다.[3] 정부 관리들은 적합한 조직과 강도를 가진 목재를 선별하는 데 주의를 기울였다. 전함들은 표준화된 디자인과 크기에 맞추어서 만들었으며, 판자는 호환 가능했고 전문 노동자들이 작업했다. 그리고 항구의 해안에 여분의 목재를 적치해서 신속한 수리가 가능하도록 했다.[4] 1574년에 프랑스 국왕 앙리 3세가 직접 보는 가운데 시범을 보일 때에는 갤리 선 한 척을 건조하는 데에 한 시간이 채 안 걸렸다.[5]

노수(櫓手)들을 사용하여 조종이 용이한 갤리 선은 값비싼 상품들을 수송하는 데에 쓰였으며, 흔히 정규 항로에 투입되었다. 라운드십은 1300년 경에 한자 동맹 지역의 코그 선을 본따 만든 다음 계속해서 개량되었다. 처음에는 풍향변화가 심할 때에 아주 편리한 삼각범이 쓰였으나 사각범으로 대체되었다. 수십 년의 기간을 두고 1본 마스트에서 2본 마스트로, 그리고 다시 3본 마스트로 바뀌어 갔다.[6] 조타용 노 대신 선미 중앙타가 사용됨으로써 배를 더 크게 건조할 수 있게 되었고, 더 강한 삭구와 의장, 개량된 항해수단을 갖추게 되었다. 그 결과 1300년에 이르는 약 100년의 기간 동안 상업혁명은 항해혁명을 초래했다.[7] 점진적 개량이 정점에 이른 시기는 15세기 중엽이었다. 레인의 설명에 따르면, 3본 마스트에 완전한 삭구를 갖춘 1485년경의 베네치아의 선박은 1425년의 선박보다는 1785년의 선박과 더 유사하다.[8]

비슷하게 삭구를 갖춘 제노바의 네이브(nave : 불어의 nef에 해당한다)는 1,000톤에 이를 정도로 규모가 커져서 결과적으로는 에귀 모르트, 브뤼주,

쾰른, 피사, 로마, 세비야같이 침전으로 하상이 높아진 항구에는 입항 자체가 힘들든지 아예 불가능해졌다.

상업혁명은 선박의 개량에만 머물지는 않았다. 전문화가 더욱 진행되었다. 상품을 가지고 직접 여행하는 여상(旅商, merchant-traveler)은 줄고, 회계사무소와 창고에 머물면서 상품운송은 선장에게 부탁하여 거래 항구의 대리인에게 전달하게 하는 정주상인이 증가했다. 현대의 냉소적인 견해에 따르면 대리인들은 주인의 이익보다는 자신의 단기적인 이익에 더 관심이 많았고 그래서 이 사람들을 아주 단단히 감시해야 했다고 하지만,[9] 실제로 대다수의 대리인들은 직업상의 존경을 받았고 사업을 계속하기 위해서 "평판에 투자하면서" 성실하게 임무를 수행했다.[10] 마찬가지로 상인들의 성격도 변화해서 생산까지 관장하는 상인-직인(Merchant-Craftsman)으로부터 분리되어 갔다. 물론 상인들도 구매자로서는 상품의 품질을 따질 줄 알아야 했지만 말이다. 상업혁명 초기에는 선원들은 노수이자 동시에 병사였으며, 외국 항구에서는 자신의 상품을 판매하는 한시적 상인이기도 했다. 베네치아의 노수들은 육상에서는 흔히 길드 소속이었으나, 전쟁이나 해적 소탕의 필요 때문에 베네치아 평의회에 의해서 소집되면 배에 탔다. 그러나 곧 전문화된 군대와 병기들이 필요하게 되었다. 따라서 더 엄격한 훈련을 해야 했기 때문에 선원들이 상인으로서 행동할 기회는 줄어들었다. 시간이 지날수록 선원들은 프롤레타리아로 전락해서, 자주 나라 밖으로 나가고, 반란을 일으키고, 선불제로 일하는 미미한 존재가 되었다. 1347년 루마니아로부터 흑사병이 들이닥쳐서 베네치아 인구의 절반을 쓸어 버렸는데 —— 지중해 어디에서나 비슷한 참화를 입었다 —— 이 때문에 선원 부족이 더욱 심각해졌다. 필요한 노수들을 확보하기 위해서 베네치아 평의회는 현지 죄수나 식민지 출신 남자들, 달마티아 사람들을 모집했으며 심지어는 아라곤으로부터 한 달에 1,000두카트를 주고 선원까지 딸린 갤리 선을 고용하기도 했다. 1340-1355년과 1378-1381년의 제3, 4차 제노바와의 전쟁은 경직되기 시작하던 계층구조에 큰 충격을 주었으며, 심지어 엘리트 계층 내에서도 계급 구분선과 금융이익을 따라서 균열이 생겼다.[11] 피사나 영국으로, 심지어는 해적선으로 베네치아 선원들의 탈주가 계속되자 갤리선에서 라운드십으로의 이행이 가속화되었으며, 할 수 없이 그리스인이나 포 강 유역의 농부들까지 고용하게 되었으나 이들은 곧 형편없는 선원들로 판명되었다.

베네치아

1380년 제4차 베네치아-제노바 전쟁 중의 키오자 전투에서 베네치아는 제노바를 꺾었다. 제노바의 쇠락으로 15세기에 베네치아는 군사적, 경제적 패권을 차지했다. 구귀족들은 바다를 포기하고 뭍으로 올라왔으며, 테라 페르마(terra ferma : 베네치아의 원래 출발지인 늪지와 섬에 대비되는 이탈리아 반도의 본토/역주)의 토지, 특히 파도바와 베로나에 영토를 차지하기 시작했다. 신흥 상인들은 레반트, 키프로스, 크레타, 남독일, 브뤼주, 영국과의 무역에 열중했다. 이 무역에 종사한 상인의 한 예는 안드레아 바르바리고 인데, 1418년부터 1445년까지 그의 사업운용은 융통성 있고 유동적이어서 대상인 가문들과 빈번하게 사업관계를 맺었다.[12] 바르바리고는 베네치아의 폰다코 데이 테데스키(Fondaco dei Tedeschi, 독일 상관)의 독일인, 울름이나 아우크스부르크의 면직물 구매자, 시리아의 면직물 판매자, 영국의 모직물 상인, 베네치아의 상인-제조업자 등 여러 지역 시장에서 대리인들과 거래했다. 프레더릭 레인에 따르면, 느린 선박운송에도 불구하고, 어느 누구도 국제적인 연결망을 가진 베네치아 상인들만큼 급변하는 시장상황에 잘 적응할 수 없었다.[13] 바르바리고의 아들은 주산을 배운 것은 분명하나 아버지만큼 활동적인 상인은 아니었다. 1483년 1만5,400두카트에 달하는 그의 순이익은 대부분 토지로부터 얻은 것이고 사업으로부터는 오직

700두카트의 수익만 올렸을 뿐이었다.[14]

무역으로부터 테라 페르마의 토지로의 이동이 쇠퇴의 징후였는지에 대해서는 상당한 논란이 있다. 어쨌든 바다에서 토지로의 변화가 일어났고, 무역과 비교하면 약소하지만 대신 덜 가변적인 수익을 얻음으로써 위험을 줄였다는 데 대해서는 의심의 여지가 없다. 핵심문제는 베네치아의 귀족들이 애덤 스미스가 말한 영국의 귀족들과 같이 "개량자"였느냐, 아니면 자폐적이었느냐 하는 점이다. 일부의 견해로는, 그들은 적은 수익을 올렸고 토지투기에 매달렸으며, 더 큰 이익에 눈이 어두워져 자신의 땅에서 산림개발과 지력고갈형 농업을 허용했다.[15] 다른 견해에 의하면 바다로부터 육지로의 이동은 인구증가 때문에 곡가가 상승하고 옥수수와 같은 새로운 곡물들이 도입됨으로써 농업의 수익성이 높아지는 데 대한 반응이었다. 페르낭 브로델은 도시의 중개무역으로부터 테라 페르마의 토지로의 이동이 상업 쇠퇴의 징후라는 설에 대해서 의심을 표명했다.[16] 그리고 브라이언 풀란은 교외지역의 투자가 무의미하고 소극적이었다는 근거가 약한 가정을 더 이상 받아들여서는 안 된다고 강조한다.[17] 그러나 피터 버크는 베네치아의 토지 소유주들이 사업가라기보다는 지대 수취인으로서 토지에 관심을 가졌다는 더 일반적인 믿음을 진술하고 있다. 그는 베네치아(그리고 여기에 더해서 암스테르담)가 영국이나 프랑스, 에스파냐의 성공적인 상인들이 그러했듯이, 부르주아들이 귀족 지위를 추구한 것이 놀라운 것이 아니라 그러한 이행이 그토록 오랫동안 지연된 것이 놀랄 만한 것이라고 이야기하고 있다.[18]

베네치아 귀족들은 해운업에서 공직으로 관심을 돌렸다. 토지와 공직은 대부분의 유럽 국가에서 귀족신분에 걸맞는 것이었다. 롬바르디아에서는 가문의 성원 중에서 3대 동안 공직을 역임한 자가 없을 경우 심지어 귀족신분을 잃기도 했다.[19] 베네치아 평의회는 무역과 해군에 의한 무역의 보호에만 신경을 썼던 것이 아니라, 식량확보에도 노력을 아끼지 않았다. 그래서 곡물창고를 두고 재고를 비축했다. 또 1590년대의 흉년 시에는 각고의 어려움과 막대한 비용을 치르고 동프로이센과 폴란드로부터 육로를 통해서 곡물을 입수하려는 노력을 기울였다. 1590년대에 네덜란드 배들과 영국 배들이 지중해로 다시 진입하여 서서히 정기 운항로를 개척하면서 곡물부족의 압박이 해소되어 갔다.[20] 이 무역을 위해서는 가을에 추수한 곡식이 비스툴라 강을 따라 하류의 단치히로 운송된 다음 발트 해의 얼음이 깨지는 다음해 봄까지 선적을 대기해야 했으므로 계획성이 필요했다.

레반트 및 독일과의 무역의 전성기였던 15세기에는 베네치아의 폰다코 데이 테데스키에 독일인이 거류했던 정도를 넘어서서, 알프스 이북의 아우크스부르크도 거의 절반 정도가 이탈리아인 도시라고 해도 무방할 정도였다(베네치아 구역과 제노바 구역이 나누어져 있었다).[21] 베네치아는 또한 마라노(Marrano) —— 기독교로 개종하지 않은 에스파냐와 포르투갈의 유대인들 —— 가 많이 찾는 중심지였으며, 이들은 상업만이 아니라 지적인 측면에서도 공헌했다.

전쟁은 거의 연속적으로 이어졌고 그 중간 시기에 빠른 회복을 보이곤 했다. 이런 상태는 1380년에 키오자 전투로 대단원의 막을 내린 제노바와의 네 번째 전쟁까지 이어졌다. 이 전투 이후 계급간 구분선이 거의 굳어져 갔다.[22] 레인은 제노바인들이 아마도 더 나은 선원이겠지만 베네치아인들은 더 나은 조직가들이라고 평했다.[23] 교황 율리우스 2세가 오만한 베네치아를 꺾기 위해서 프랑스를 끌어들여서 1409년 밀라노 외곽에서 베네치아 군대를 패배시키는 데 성공한 캉브레 동맹전쟁이 육상에서의 전환점이 되었다면,[24] 바다에서의 전환점은 투르크에 패한 1503년이었다.[25] 레인의 설명에 따르면 베네치아의 쇠퇴는 1430년대에 시작되었으며, 15세기의 3/4분기에 남독일 상인들이 그들의 활동무대를 안트베르펜으로 옮겼을 때 정말로 명백하게 쇠퇴가 진행되었다. 100년 후에 교황, 제노바, 에스파냐가 베네치아와 함께 투르크에 대한 공동전선을 편 레판토 해전은 베네치아의 힘이 정점을 지난 다음에 일어난 사건이다. 베네치아가 제노바에게 선원들을 공급해 달라는 요청을 했다는 사실이 쇠퇴의 분명한 증거이다. 1550년대에 베네치아가 논쟁의 여지없이 세계의 무역을 주도했고 1700년경에 이르러 완전히 쇠퇴했다[26]는 래프의 시기 구분은 좀 늦은 것처럼 보인다.

쇠퇴과정은 오래 끌었고, 중간에 가끔 회복기도 있었다. 100년 간격을 두고 발표된 두 개의 "항해법" —— 베네치아에서 거래되는 상품들은 베네치아 배로 운송해야 하며 또 베네치아 중간상인들에게 구입 혹은 판매해야 한다는 규정 —— 에서 회복의 성격이 드러난다. 1502년의 항해법은 성공적으로 베네치아 해운업을 회복시켜 10년 후에는 이 항해법 자체가 불필요하게 되었다.[27] 그러나 1602년의 항해법은 오히려 제노바, 영국, 네덜란드의 배들이 방해를 피해서 다른 항구로 옮겨가도록 함으로써 "불운하고" "파국적인" 것이었다.[28] 16세기 초 베네치아는 '부자의 잠'을 자고 있었는데, 1600년경에는 금고에 돈이 가득 차 있었다. 하지만 베네치아가 15세기보다 16세기에 더 부자였고 금융에 몰두해 있었다고 하더라도 더 이상 지중해 무역의 중심지는 아니었다.[29] 그 이행은 무역에서 금융으로만 일어났던 것이 아니라, 과시소비로, 예술분야로, 건축분야로도 일어났다. 이때 프레스코에서 캔버스로의 회화의 이동 같은 예술상의 혁신이 있었다. 시각미술의 정점은 무역의 정점보다 아마도 한 세기 정도 늦은 16세기 4/4분기에 도래해서 티치아노, 틴토레토, 팔라디오의 죽음과 함께 끝났다.

우리가 간단히 살펴본 베네치아의 쇠퇴에 대해서는 많은 원인이 거론되었다. 아마도 쇠퇴보다 더 설명이 필요한 사항은 1200년대부터 15세기 말까지 혹은 1550년대까지 "항해 및 상업 기술상의 혁명, 무역 루트상의 혁명에 직면하여" 서구에서 베네치아가 성공적으로 선두를 유지했다는 점이다.[30] 이 혁명들의 많은 부분이 —— 무역, 보험, 조선 분야에서 —— 베네치아의 활력의 산물이었다. 그렇게 된 중요한 이유는 공화정의 효율적인 정부 덕분이었다. 정부를 이끈 것은 평의회와 선출직 도제(doge)였는데, 이들은 거리낌없이 무역과 산업을 통제했다. 그 통제는 처음에는 매우 성공적이었지만 나중에는 덜 성공적이었다. 제노바와의 네 번째 전쟁에서 기진맥진해진 다음에 30개의 새 가문이 평의회에 추가되었는데, 이들은 구(舊)귀족가문인 롱기(longhi, 긴)와 구별하기 위해서 쿠르티(curti, 짧은)라고 불렸다. 신인들이 등장한 것이다. 이후 250년 동안 구귀족들은 도제로 선출되지 못했다.[31] 공화국은 항상 20-30개의 상위 가문과 그들 밑에 위치한 100여 개 남짓한 귀족가문으로 이루어진 과두정에 의해서 운영되었다.[32] 특히 구귀족 가문의 거만한 매너 때문에 분쟁이 풍토병처럼 지속되었다. 이런 분쟁들 중 다수는 전비 충당 문제에 대한 것들이거나, 혹은 전비 마련과 부동산 구입에 사용된 채권의 가격변동에 대한 것이었다. 때때로 부자들에게 강제로 부과한 강제 공채 대금을 마련하기 위해서 그러한 자산을 일부 헐값에 처분하기도 했다. 하지만 위기상황일 때에는 베네치아인들도 잘 협력해 나갔다.

베네치아는 본질적으로 상업도시였다. 공업이나 금융으로 이행하기도 했지만, 금융의 경우는 피렌체만큼 두드러지지 않았다. 베네치아는 피렌체처럼 환어음이나 복식부기의 혁신을 이루지도 않았고, 무역활동 중의 많은 부분은 피렌체에서 융통한 자금으로 충당되었다.

피렌체

피렌체는 대체로 금융도시였다. 피렌체의 상업은 13세기 샹파뉴 정기시로부터 구입한 모직물을 염색하는 것으로 시작했으나 통상적인 수입대체 방식의 일환으로 차차 자국의 모직물의 방적, 직조, 염색 기술을 발전시켰다. 피렌체 상인들은 전체적으로 국내 및 국제 은행업으로 전환했다. 예를 들면, 14세기 교회의 대(大)분열기(Schisma : 가톨릭 교황이 두 명 존재했던 시기/역주) 동안 로마 교황청과 아비뇽의 교황 모두를 위해서 자금 모집을 했다. 토스카나 지방에는 다른 이탈리아 은행들이 있었다. 루카의 리차르디 은행은 1272년부터 영국 국왕에게 40만 파운드를 빌려 주었다가 그 부채를 상환받지 못하자 몰락했다. 피렌체의 바르디, 페루치, 아이쿠올리 은행은 에드워드 3세가 프랑스에 대하여 백년전쟁을 시작했을 때 자금융통을 도와 주었다가 역시 1348년 왕이 채무불이행을 선언하자 파산했다. 대부업을 하는 목적은 이자 수취 —— 그것은 고리대금 금지법으로 금지되어 있었다 —— 가 아니라 일부 장원에 대한 명목 지대, 특정 세금에 대한 면제, 교회공직에 대한 후보 지명권, 영국 모험조합과의 경쟁에서 유리한 환율로 모직물을 수출할 수 있는 허가권 등의 특권을 얻기 위한 것이었다.[33] 양모는 플랑드르의 방적업자들과 직조업자들에게 팔렸는데, 이들은 이 양모로 상품을 생산하여 샹파뉴 정기시에서 판매했다. 샹파뉴 정기시들 —— 트루아, 바-쉬르-오브, 프로뱅, 라니의 네 지역에서 돌아가며 장이 서는 방식이었다 —— 은 브로델이 이야기하는 "최초의 세계경제"의 중심지였다.[34] 2세기 동안 이 정기시들에서는 영국산 양모(나중에는 에스파냐산 양모), 독일산 린넨, 이탈리아산 직물, 그리고 이탈리아 상인들이 동방에서 수입한 명반, 향료, 비단이 교환되었다.

피렌체의 은행가들은 도처에서 활동했다. 이탈리아에서는 로마, 베네치아, 제노바, 나폴리, 밀라노, 피사 그리고 이탈리아 밖에서는 제네바, 리옹, 아비뇽, 런던, 브뤼주에서 그들을 볼 수 있었다.[35] 외국에 나갔던 이들은 결혼하기 위해서, 또 나중에는 죽기 위해서 고향으로 돌아왔다.[36] 메디치 은행의 위세의 절정기는 15세기 중엽이었는데, 사실 그 규모는 초기 바르디 은행보다는 작았다. 이 시점 이후 메디치 은행은 군주들에게 돈을 빌려 주지 않을 수 없어서 곤경에 빠졌다. 보다 영세한 14세기의 상인-은행가였던 프란체스코 데 마르코 다티니는 사려 깊게도 그런 일을 피했다.[37] 메디치 은행은 결국 15세기 말에 파산했다.

피렌체는 아르노 강 입구의 피사를 제외하면 항구가 없었는데, 이 피사와 때때로 겔프 당(교황당)과 기벨린 당(황제당)의 분란에 말려들어 교전을 했다(게다가 제노바하고도 싸웠다). 피렌체에는 해군도, 혹은 그에 준하는 상선대도 없었지만 피렌체의 갤리 선들은 명반과 직물을 브뤼주와 사우샘프턴으로 날랐다. 함대를 보유하지 않은 내륙도시 밀라노가 최초로 포 강 상류를 개간하여 쌀을 생산했던 것과 마찬가지로 피렌체에는 밀을 재배하는 농경 배후지인 마렘마 지역이 있었다. 배후지가 없었던 베네치아와 제노바는 시칠리아에서 수입한 밀에 의존했다. 다만 베네치아 귀족들은 후에 테라 페르마를 차지했다. 메디치 가문은 리보르노에 또 하나의 토스카나 항구를 건설했다. 성이 있는 어항이었던 이곳은 1590년에 토스카나 공작에 의해서 자유항이 되었다. 이 항구는 베네치아의 항해법 때문에 특히 영국인들이 자주 들렀던 기간 동안 일시적으로 번성했다. 토머스 먼은 1597년부터 1607년간의 이탈리아 체류기간 중 대부분을 이곳에서 대리인으로 보내면서 영국에서 수입한 주석, 납, 직물을 거래했다.[38] 영국 선원인 에드워드 발로는 1670년 전 어느 땐가에 그곳의 사창가에 대해서 일기장에 불평을 적고 있다.[39]

제노바

배후에 장벽을 친 듯 바짝 붙어 있는 리구리아 산맥 때문에 제노바는 경제적 의미로는 실로 섬이나 마찬가지였다. 로마 시대에는 존재하지 않았으며, 국가다운 국가가 만들어진 적도 없는 이 도시는 전적으로 중세적 창조물이었다.[40] 제노바 경제사의 대부분은 외부에서 진행되었다. 일부는 나폴리, 시칠리아, 코르시카에서, 일부는 동지중해에서, 16세기 말 17세기 초에는 세비야, 콩테, 제네바, 에스파냐령 네덜란드에서 무대가 마련되었다. 제노바는 "물고기 없는 바다, 숲 없는 산지, 성실성 없는 남자, 수치심 없는 여자"라는 조롱을 받았다.[41] 견직물업이 약간 발달하기는 했으나, 진짜 사업은 무역, 전쟁, 금융이었다. 이 도시가 대서양으로의 돌파구를 열고서 지중해를 북해에 연결시킨 점과 함께 무역에 특화했다는 점은 이미 언급했다. 제노바의 은행업자들은 피렌체에서 발전한 복식부기를 잘 익히지는 못했다. 하지만 1272년 그들은 로마 시대 이후 최초의 금화인 제노비노를 찍어냈고, 곧 피렌체인들이 그 뒤를 이어 피오리노를 찍어냈다. 이밖에도 예금과 환어음을 다루는 현대적 금융 기법들을 개발했다.[42]

이탈리아 은행가들은 샹파뉴 정기시가 쇠퇴하고 난 다음 발전했던 여러 정기시들에서 일을 했다. 피렌체 은행가들은 특히 리옹에서 활동했고, 제노바인들은 프랑스 영토 바깥인 프랑슈콩테와 제네바에서 활동했다. 프랑슈콩테와 제네바는 이탈리아와 북해를 잇는 남북 축의 서쪽에 있었고, 제노바는 리옹(그리고 마르세유)에서 콘스탄체 호수를 지나 울름, 아우크스부르크, 빈에 이르는 동서축 선상에 있었다.[43] 1464년 루이 11세는 프랑스 은행업자들에게 제네바에서 리옹으로 이주하라고 명령을 내렸고, 그러자 피렌체 은행업자들도 이들을 따라서 이동했다. 제노바 은행업자들은 나중에 내키지 않아 했지만 그들을 따라갔다. 1535년 리옹 정기시에서 배제되자 제노바인들은 사보이 공이 관할하는 브장송으로 이주했다. 점차 정기시에서는 상품보다 환어음 거래가 주요 업무가 되었다. 그러나 브장송은 주요 노선에서 벗어나 있었기 때문에 정기시는 다음 몇 해 동안 이곳저곳을 옮겨다니다가 결국 1579년에 피아첸차에 정착했다. 이곳은 제노바에서 가깝기는 해도 외곽지역이었다. 그 정기시가 제노바 안으로 들어올 수는 없었는데, 그렇게 하면 고리대금업 문제로 분규에 휘말리게 되기 때문이었다.[44] 이 정기시는 '브장송'이라는 이름을 계속 사용했지만, '비젠초네'라는 이탈리아식 이름으로 바꾸어 사용하기도 했다. 베네치아는 1450년경에 경제적 패권의 내리막길을 걷기 시작했고 피렌체는 반 세기 후 뒤를 따랐다. 그러나 제노바는 합스부르크령 에스파냐의 은행업자로서 푸거 가문과

104

경쟁하다가 곧 그들을 대체하면서 계속 경제적 융성을 누렸다.

제노바가 에스파냐와 관계를 맺게 된 출발점은 영국과 플랑드르로 항해하는 도중에 바르셀로나, 세비야 및 포르투갈의 리스본에 기착한 것이었다. 제노바의 항해업자들과 은행업자들은 에스파냐의 상업을 일깨웠고, 이는 영국과 플랑드르에서도 마찬가지였다. 그들 중 일부는 포르투갈 식민지와 리스본, 특히 세비야가 있는 에스파냐의 안달루시아에 정착했다. 이곳에서 그들은 카스티야 귀족의 딸들과 결혼하고, 셰리 주, 참치, 올리브 기름, 수은 무역을 활성화시켰다. 서아프리카의 황금이 리스본과 세비야를 거쳐 제노바로 운송되었다. 제노바 출신 선원들이 부족해지자, 제노바 선박들은 포르투갈, 갈리시아, 에스파냐 북쪽 해안의 비스카야 지방의 선원들을 고용했다. 이 초기의 무역관계는 16세기 후반의 금융업으로의 길을 닦게 되었고[45] 무엇보다도 제노바가 에스파냐 은 거래에 관여하게 만들었다. "제노바 상인들은 주목할 만하다. 그들은 적응력, 다재다능함, '무중력 상태', 그리고 로베르토 로페즈가 감탄하여 이야기한 바처럼 '관성의 법칙을 아예 모르는 기질'을 가지고 있었다. 제노바는 언제나 진로를 수정해 갔다……"[46]

콜럼버스가 1492년에 아메리카를 발견한 다음 인디오 황금의 약탈이 이어졌고, 곧 이어서 그보다 더 큰 중요성을 띠는 것으로서 1580년경에 은이 대량으로 유입되었다. 당시 페루(오늘날의 볼리비아)에 있던 포토시 은광산은 1545년에 발견되었지만, 아말감 정련법에 사용되는 수은이 우안카발리카에서 발견되어 에스파냐의 알마덴으로부터 수입하는 번거로움을 피하게 되기 전까지는 제대로 개발될 수 없었다.[47] 유럽은 15세기에 지금(地金) 부족을 겪었다.[48] 중부 유럽에서 생산이 감소되던 지금을 어디선가 찾아서 메워야 했다. 종교개혁 때문에 에스파냐령 네덜란드에서 싸우고 있는 용병들에게 보수를 주기 위해서, 특히 유럽의 수출물들로는 수지균형을 맞출 수 없었던 아시아의 혹은 발트 해의 수입품들을 결제하기 위해서 귀금속이 필요했다. 에스파냐 왕실의 연쇄적인 파산선고로 1627년 마침내 푸거 가문이 파산한 이후로는 제노바 은행가들이 은의 유입을 주관했다(그러나 제노바인들도 곧 푸거 가문의 운명을 따르게 될 것이었다).[49] 1620년 혹은 1640년 이후 에스파냐의 쇠퇴와 함께 제노바의 부도 더 광범위하게 투자되었다. 18세기 초에 제노바의 해외투자는 유럽에서 네덜란드 다음으로 컸다.[50]

사회적인 관점에서 볼 때 제노바는 부자와 빈민 사이에 소수의 부르주아 중간계층이 끼어 있는 도시였다. 부유한 상인-귀족과 빈곤한 대중 사이의 큰 격차는 국내 투자수요가 거의 없었음을 의미하며, 따라서 부자들은 해외에 투자하게 되었다.[51] 베네치아처럼 제노바도 구귀족과 신귀족 사이의 갈등을 겪었는데, 전자는 리옹과 같은 프랑스의 금융시장을, 후자는 에스파냐를 선호했다. 또 다른 사회적 긴장은 부유한 과두정과 그 방계 가문들 사이에 벌어졌다. 이 영락한 가문 사람들과 어린 자식들은 재산도 날리고 공직에서도 배제되어 맡을 역할이 없었던 것이다.[52] 귀족들은 서서히 무역에서 금융으로 물러났다. 이 전환이 자연스러운 위험부담 회피의 결과였는지 아니면 외국과의 경쟁에 대한 반응 때문이었는지, 어느 쪽이 더 중요한 요인이었는지 결정하기는 힘들다. 루이지 불페레티와 클라우디오 콘스탄티는 제노바가 전통적으로 맡아 왔던 지중해와 서유럽간의 중개기능을 상실하면서 무역 위기가 찾아왔다고 주장한다. 17세기에 영국, 네덜란드, 프랑스의 선박들은 이때까지 제노바가 날라 주던 상품들을 싣고 시칠리아, 나폴리, 사르데냐, 카탈루냐로 직행했다. 그리고 영국, 네덜란드, 프랑스 상인들, 게다가 플랑드르, 포르투갈, 롬바르디아의 상인들도 제노바보다는 마르세유나 리보르노를 더 자주 방문하기 시작했다. 17세기 말에는 제노바보다는 리보르노에 더 많은 네덜란드 상인들이 몰려들었다. 제노바의 과두정은 제노바를 리보르노나 후일의 스페치아처럼 자유항으로 만들 것인지에 대한 논란을 벌였다. 결국 소형 화물에 대해서는 그렇게 했다(대형 화물은 그렇지 않았다). 그렇지만 그 결과 관세수입이 45퍼센트나 떨어지자 이 실험은 포기되었다.[53]

밀라노

북이탈리아의 네 번째 도시는 밀라노이다. 1780년대에 유럽 대륙을 여행했던 영국 농학자인 아서 영은 밀라노가 유럽에서 제일 지력이 좋은 지역이라고 생각했다.[54] 영은 롬바르디아에서 번성했던 농업에 감명을 받았다. 이곳의 농업은 빙하지역에서 발원하여 바다에 이르는 200마일 동안 겨우 260미터의 낙차로 흐르고 있는 포 강을 관개해서 이루어졌다.[55] 롬바르디아의 부는 주로 토지에 연원한 것이다. 인구의 1퍼센트가 50퍼센트의 토지를 소유했는데, 이 엘리트들은 영구임대와 피데이코미스(fideikommis : 가족 외의 사람들과 토지소유를 바꾸는 것은 물론 외지인에게 매각하는 행위를 금지하는 신탁 유증) 제도를 통해서 이를 유지했다.[56] 귀족들은 그들의 농장을 소작인에게 임대해 주면서 도시에서 호사스럽게 살고 있었다. 그러나 그들은 생산성 향상에도 관심을 가져서 관개초지에서 쌀과 아마를 생산했고, 또 도시에 식량을 공급하기 위해서 곡물을 재배하도록 차지계약서에 명기했다.

파리, 리옹, 제네바와 마찬가지로 이탈리아를 지나는 동서 길목과 알프스의 고타르와 생플롱 협로를 통과하는 남북 길목의 교차로에 있던 밀라노는 무역, 산업, 은행업, 교통 등에서 두각을 나타냈지만, 베네치아와 제노바가 무역에서, 피렌체와 제노바가 은행업에서 그랬던 것처럼 어느 한 분야에서 압도적이지는 않았다. 기름진 저지대에서는 밀과 벼가 자랐고 산지에서는 누에를 먹일 뽕나무가 자랐다. 코모와 함께 밀라노는 중요한 비단 시장이었으며 국내에서는 저가격을, 해외에서는 고가격을 유지하고 외국의 견사와 견직물 시장을 확대하기 위해서 종종 누에고치의 수출을 금지하려고 시도했다.

밀라노의 골칫거리는 끊임없는 전쟁과 사이사이 끼어든 외국의 지배였다. 일찍부터 겔프 당과 기벨린 당, 그리고 빈자와 부자 간의 투쟁이 지속되었다. 1495년에는 프랑스가 침입했다. 1535년에는 베네치아, 교황령, 피렌체, 프랑스 간에 벌어진 이탈리아 전쟁의 승자로서 에스파냐가 밀라노를 접수했고, 나중에는 오스트리아가 에스파냐 뒤를 이어서 들어왔다. 에스파냐의 폭정은 기근, 질병, 끊임없는 전쟁, 해외시장 상실을 야기했다.[57] 수출 주도형 성장으로 자극을 주었던 해외무역은 밀라노가 해외시장과 이탈리아 내에서 모두 경쟁력을 상실하면서 쇠퇴의 요인으로 작용했다.[58] 밀라노, 크레모나, 코모는 간간이 찾아오는 평화시에도 원기를 회복하지 못했다. 길드 제도 때문에 초래된 고임금과 도시의 과소비가 부분적인 원인으로 작용하여 경쟁력을 상실하게 되자 부자들로서는 그들의 자본을 도시로부터 보다 활력 있는 지방으로 옮기는 것이 좋은 전략이 되었다.[59] 셀라는 에스파냐의 통치로 인한 손해를 강조했지만 동시에 에스파냐가 일부 자본을 나폴리 식민지로부터 롬바르디아로 옮김으로써 이탈리아의 남북간 불균형을 확대시켰다는 점에 대해서도 주목하고 있다.[60]

쇠퇴의 원인들

이탈리아 도시국가들의 잇따른 쇠퇴는 여러 원인들이 서로 연결된 결과였다. 즉 무역 및 생산과 해운의 약화, 해외시장에서의 독점의 붕괴, 목재 부족, 무역과 선박업에서 금융과 금리생활자, 토지귀족, 과소비, 공직을 통한 위신추구 등으로의 이동……이런 각각의 넓은 범주 안에서 다시 많은 요소들을 추려낼 수 있을 것이다.

예를 들어 해운업을 보면, 아드리아 해에서 베네치아, 티레네 해에서 제노바가 중개무역을 수행했으나 이 도시들은 직거래 무역으로 인해서 기반을 상실했다. 15세기에는 갤리 선 노수들을 충원하는 데에 거의 문제가 없었다. 길드에 노수들을 공급해달라고 요구하면 되었고, 자유민들은 소환을 받으면 의무적으로 노수 근무를 해야 했다. 16세기에는 갤리 선 수요가 라운드십 수요로 대체되면서 선원 부족 문제가 그리 심각한 수준이 아니었다. 그러나 아무리 과거의 전통을 지키자고 끊임없이 호소해도 선원 부족은 점점 더 큰 문제임이 드러났다. 몰타 섬 같은 식민지 출신 사람들과 죄수들까지 동원해서 갤리 선 근무를 시켜야만 했다. 투르크에서 노예들이 수입된 반면 진짜 선원들은 피사나 심지어는 영국 함대로 옮겨 갔다. 기간 선원들은 정교한 제복 —— 예를 들면 흰 담비 가죽으로 안을 댄 금색 옷 —— 을 입었다. 그리고 점점 더 부패해 갔다.[61] 선원의 임금은 1550년대에서 1590년대까지 두 배로 올랐지만, 이것이 선원공급을 늘리는 데 기여하지는 않았다.

해운업계의 문제는 아르세날레로 이어졌다. 목재가 부족해져서 점점 더 먼 곳에서부터 목재를 조달해야 했다. 로마 시대에 이탈리아 반도에는 전함 건조에 적합한 전나무 숲이 울창했지만,[62] 14세기 말이 되면 목재 부족이 현저해졌다.[63] 아르세날레 관원들은 처음에는 알프스 산등성이에서, 나중에는 북쪽의 트리에스테 지방에서, 결국에는 아드리아 해를 건너 라구사 지방에서 목재를 들여 왔다. 민간 조선업자들은 해외에서 참나무를 사오도록 요구받았다.[64] 조선 비용이 상승했을 때 베네치아는 16세기식 표준을 고수한 반면 네덜란드는 보다 가볍고 조정하기 쉬운 배들을 개발했다(제6장에서 논의된다).

외국 목재 수입에서부터 외국 선박의 구입으로 넘어가는 것은 단기간의 일이었다. 특히 16세기 후반 아르세날레의 표준과 전통이 다했다는 불평들이 들려 올 때에는 더욱 그러했다. 작업은 늦어졌고, 인부들의 일은 형편없었다. 이전에는 나이 든 인부들만 정시보다 30분 일찍 끝마치는 것이 허용되었다. 그런데 1601년에는 젊은 인부들도 나이 든 인부들과 함께 떠났다.

"전부를, 그것도 지금 당장(want it all, and want it now)" 원했던 1980년대 젊은이들의 구호와 유사한 일이 벌어졌다.[65] 상인들은 베네치아에서 생산되고 베네치아인이 소유한 배들에게만 적용되던 특권이 외국에서 배를 산 사람들에게, 나중에는 외국에서 건조하고 외국인들이 소유한 배에까지 확대되었다고 불평했다. 레인은 레판토 해전과 키프로스 해전에서 선박을 상실한 이래, 16세기 초에 조선업이 보여 주었던 회복력을 잃었다고 보고 있다.[66]

무역에서의 베네치아의 지배력 상실에 대한 기존의 설명은 고수익을 올렸던 흑해 루트 그리고 인도양–캐러반–동지중해로부터 베네치아에 이르는 루트 등 마르코 폴로가 발견한 내륙 실크로드를 포르투갈의 동방 직항로가 대체했다는 것이다. 15세기 말에 바스코 다 가마는 희망봉을 돌아 인도에 이르는 항로를 열었지만 반면 1502년경에 아라비아를 가로지르는 수송로가 차단되었다.

베네치아의 평의회는 결국 전에는 상업용 갤리 선에게만 허용되었던 이 무역에 라운드십의 참여를 허용했고, 그 결과 운송비를 3분의 1 정도 줄였다. 레반트로부터 선박으로 운송된 향신료의 가격은 포르투갈 배로 운송된 것과 비슷했다. 하지만 수입량의 증가로 인해서 육로로 수입된 가격은 훨씬 낮아지게 되었다.[67] 그러나 점차로 향신료, 비단, 염료, 면화, 그리고 이집트에서 수입된 아프리카산 황금에 대한 베네치아의 창고 기능은 저하되었다. 17세기에 프랑스인들은 베네치아 상인들과의 독점거래를 거부했다. 독점시장은 북부 이탈리아와 남부 독일로 제한되었으나, 그나마 남부 독일 지역의 독점도 1618년에 30년전쟁의 발발로 무너지게 되었다.[68]

영국산 모직물은 베네치아 모직물의 싸구려 모조품으로 출발했다. 통령(doge)의 초상을 찍어서 위장하는 영국제 비누처럼 때때로 바깥쪽에 고급 이탈리아 모직물을 놓는 방식으로 포장하는 기만행위를 했다. 17세기에 영국산 모직물의 품질은 나아졌으며 베네치아 기준을 노예처럼 따르는 모조품 수준 정도는 아니었다. 영국상품은 좀 낮은 품질이었지만 더 쌌고, 보다 폭 넓은 구매자의 요구를 충족시킬 수 있었다. 베네치아의 평의회나 길드는 투르크인들이 영국제를 점차 선호함에도 불구하고 결국 자기들이 이기리라는 믿음에서 베네치아 표준을 고수했다.[69] 베네치아는 견직물, 유리제품, 몇몇 화학제품, 모자이크, 야금제품, 가죽제품과 같은 일부 사치품목에서 탁월했고, 인쇄술과 설탕정제업에 혁신을 가져오기도 했다. 하지만 이런 분야에서마저 우월성이 침식당했다. 토머스 롬브 경은 엄격한 비밀유지, 엄중감시, 누설자 사형 조치 등의 위험을 무릅쓰고 볼로냐식(베네치아식이 아니라) 비단 생산 공장 평면도를 훔쳐서 1717년 영국에 공장을 세웠다.[70] 일부 베네치아 장인들은 산업기밀을 가지고 이주하여 임금이 낮은 지역에서 —— 그리고 조국과 경쟁한다는 양심의 가책을 덜 느끼는 곳에서 —— 사업을 벌였다.[71] 베네치아의 상대적 쇠퇴에서 가장 중요한 것은 포르투갈과의 향신료 경쟁, 영국과의 모직물 경쟁, 네덜란드 및 영국과의 조선 경쟁이었는데, 이것들이 베네치아의 "지위, 제국" 그리고 헤게모니 상실로 이어졌다.[72] 철 지난 표준에 매달린 것은 길드와 정부 모두의 실수였으며, 이야말로 태도의 경직성을 그대로 드러내는 것이었다. 길드나 노동자들의 입장, 생산성의 균등화 등이 이미 주어진 상황에서 고임금에 대해서 정부가 할 수 있는 일은 거의 없었다.

지중해에 네덜란드와 영국 선단이 대규모로 진출하기 이전 시기인 1530년 무렵에 이미 베네치아와 제노바의 해운업은 내리막 길을 걷기 시작했고 이 세기말이 되면 확실히 밀려났다. 셰익스피어와 같은 무렵에 살았던 어떤 사람은 이탈리아의 해운업은 보수주의와 숙련공 손실로 인해서 영국보다 생산성이 떨어졌음을 인식하고 있었다 :

내가 관찰한 바로는 영국 배들은 베네치아에서 이탈리아 배들과 함께 시리아로 항해했다가 이탈리아 배들이 한 번 돌아오기도 전에 두 번 돌아왔다. 여기에는 두 가지 이유를 댈 수 있겠다. 우선 이탈리아인들은 항해 기간이 얼마나 걸리든 매일매일 선원들에게 급료를 지불하는데, 이 때문에 그들은 가급적 폭풍을 피하고 항구에 머무르며, 바람이 적게 불 때에만 항구를 나선다. 반면 영국인들은 항해가 끝나야 보수를 받으므로 폭풍을 무릅쓰고 바다에 나가려고 하며 유리한 바람이 한 번 불면 바로 항해할 준비가 되어 있다. 다음으로, 이탈리아 배들은 항해하기에 무겁고 짐이 많으며, 통령이나 선원이나 적격의 전문가들도 아니고 패기가 있는 것도 아니다…… 73)

마지막 문장이 암시하는 것처럼 문제는 대단히 심각했다. 이탈리아 선원들은 이탈하고, 이주하였으며, 그들의 빈자리는 징발된 사람들로 메워졌다. 선장들은 귀족층에서 충당되지 않았으며, 항해에 취약했다. 군사기술과 투쟁정신이 아니라 일사불란한 행정 쪽을 강조했던 것이다. 베네치아 선원들은 북아드리아 해에서 화물을 약탈하는 해적과 싸우거나 심지어는 저항하는 것도 포기했다. 1602년의 항해 조례는 서유럽산 선박 사용을 금했지만 1627년경에는 정부가 외국산 선박 구입에 보조금을 제공했다. 74)

금융

베네치아와 피렌체의 경제발전을 저해한 것은 부채였다. 이 빚은 전쟁통에 늘어났다가 때때로 세금, 관직매매, 작위매매, 이자율의 강제 인하로 인해서 줄어들었다. 원금상환과 이자상환이 뒤죽박죽이어서 부채와 소득을 비교하는 대조표를 만드는 것은 사실상 불가능하며, 또 만든다고 한들 강제 대부 또는 위기시의 이자 인하 때문에 아무 의미가 없을 것이다. 베네치아에는 구공채, 신공채, 최신 공채, 보조 공채가 있었고, 피렌체는 시 공채, 지참금 공채, 특별 전쟁 공채가 있었다. 베네치아의 최단기 공채는 1년에 20퍼센트나 되는 이자를 지급했지만 그래도 부유한 과두정 구성원들만 이용할 수 있었다. 이런 복잡함에도 불구하고 레인은 1313년에서 1788년까지 베네치아의 원금 및 이자상환과 정부 소득을 비교한 목록을 작성했는데, 이 표에 의하면 큰 폭의 요동이 보인다. 1343년에는 부채상환이 정부수입의 31퍼센트를 차지했다가 다음해에는 7퍼센트로 떨어졌고 1500년 무렵에는 20퍼센트로 되올라갔다가 레판토 해전 이후에는 40퍼센트까지 올라갔다.[75] 다음 10년간 단기 부채가 아닌 일반 부채는 무거운 세금을 통해서 전부 청산되었다. 이 때문에 자선기관들은 그들의 안정적인 수입 기반을 상실했으며, 그 결과 4퍼센트의 이자를 지급하는 예금계좌 설립으로 이어졌다.[76] 일반 부채를 갚는 데에 사용된 세금은 주로 소비, 해외무역, 여러 도시들에 부과되었다. 위험 회피 성향의 상인들은 해운업에서 자금을 빼내 주택, 점포, 공채로 돌렸다.[77] 베네치아의 부자들은 세금 납부액을 상회하는 단기 자산운영 소득을 올렸다.[78] 과세와 대부에 대한 피렌체 정부의 비슷한 정책도 빈자들에게 손해를 입히고 부자들에게만 유리했다.[79] 브로델은 제노바에서 빈부의 분리 그리고 부유한 상인 귀족계층 내에서 신귀족과 구귀족의 분리는 대체로 사회적인 성격의 것이지만 동시에 매우 강한 정치적 색채를 띤다고 강조했다.[80] 앞에서 언급했듯이 신귀족들은 주로 에스파냐에, 구귀족들은 프랑스에 융자해 주었다.

은행가들과 금리 생활자들은 국내산업에는 거의 돈을 꾸어 주지 않았지만 외국무역에는 약간, 그리고 외국 차용인들에게는 점점 더 많이 빌려 주었다. 피렌체와 제노바의 경우에서 보듯이 바로 이 외국 차용인들의 채무불이행이야말로 파멸의 씨앗이었다. 1494년 파산한 메디치 은행의 경우를 보면, 해외 대리인들이 피렌체로부터 엄격한 통제를 받지 않는 상황에서 브뤼주, 리옹, 런던에서 각국 군주들에게 지나치게 많이 대출했기 때문이다. 드 로버가 말했듯이 징세청부권은 부르고뉴의 샤를 대담공 같은 군주들에게 제공한 선대금을 보호하는 데 실패했다. 선대금은 흔히 과대해졌고 결국 채무불이행으로 이어졌기 때문이었다.[81] 그라스가 분석한 정주상인의 금융방식은 개인에 대한 융자로부터 정부에 대한 융자로 불가피하게 변화하는 경향이 있다.[82]

과시소비가 이 모든 것에 한몫을 했다. 의상, 시골의 토지, 교외 별장, 공공건물, 그리고 예술품 등이 그 대상이었다.[83] 로렌초 데 메디치는 공직에 오르면서 메디치 은행 지점 통제권을 프란체스코 사세티에게 위임했다. 하지만 사세티 자신은 로렌초에게 충고했던 대로 해외지점을 엄밀히 통제하지 못했다. 아마도 그는 기를란다이오에게 그리게 한 가족 예배당의 제단화에 더 관심을 쏟았을지도 모른다.[84]

5

포르투갈과 에스파냐

이 책 전체를 통해서 우리가 제기하는 질문은 주어진 국가의 쇠퇴가 상대적이냐 절대적이냐, 즉, 국가의 수입과 부가 실제로 감소하느냐 하는 것이다. 에스파냐의 경우에는 의심의 여지가 없다. 세 명의 저명한 역사가들이 모두 "에스파냐의 쇠퇴"라는 제목의 논문을 썼을 정도이다.[1] 그 쇠퇴는 아마도 경제적이라기보다는 정치적이라고 보이는데, 왜냐하면 신세계를 정복하고 여기서 보물을 쥐어짜서 부자가 되었다고 하더라도, 에스파냐는 근대 초에는 결코 경제적으로 발전하지 않았기 때문이다. 브레넌은 카스티야인들은 산업이나 상업에 대해서 무심했다고 말했다.[2] 북쪽의 비스케 만에서 발전된 조선업이나 고급 모직물업을 제외하면, 무역, 산업, 금융은 대부분 외국인들의 수중에 있었다. 에스파냐인들이 이들을 절반 정도나마 따라잡는 발전을 보인 것은 18세기에 가서의 일이다.[3] 하지만 우리는 먼저 포르투갈을 살펴보자.

포르투갈

포르투갈은 15세기 전반에 자국 해안을 벗어나서 멀리 외국으로 진출함으로써 부국으로의 길을 밟기 시작했다. 선박건조창과 항해학교 덕분에 엔리케 왕자는 서아프리카의 보자도르 곶 부근까지 항해해 가서 금과 노예 무역을 하였으며, '발견의 시대'(대항해 시대)의 막을 올렸다. 바르톨로뮤 디아스는 1488년 희망봉에 도달했고, 바스코 다 가마는 1497-1498년에 인도 서해안의 캘리컷까지 항해했다. 1500년에 브라질은 포르투갈 왕실의 땅이 되었으며, 아시아에 "상관(factory)"이 설립되었다. 인도의 고아(1510), 말라카(1511), 페르시아의 호르무즈(1515), 마카오(1557). 마젤란은 후일 자기 이름을 따서 불리게 될 해협을 지나 1520년 서쪽으로 항해했고, 1521년 필리핀 제도에 닿았다(그는 여기서 죽게 된다). 에스파냐 출신 교황 알렉산데르 6세는 세계를 남북 분할선으로 나누어 브라질과 아시아를 포르투갈에, 나머지 신세계를 에스파냐에 넘겼다.[4] 그러나 이 분할(1494년의 토르데시야스 조약에 의함/역주)은 오래 지속되지 못했다.

페르시아 만 입구에 있는 호르무즈의 점령은 베네치아를 향한 향신료와 비단 수송로를 차단하기 위한 의도에서 비롯되었다. 이 물품들은 인도에서 페르시아까지는 선박으로, 시리아의 알레포나 알렉산드리아까지는 캐러반으로, 다시 베네치아까지는 갤리 선으로 수송되었다. 호르무즈 점령은 희망봉 항로를 이용한 포르투갈의 독점을 낳았다. 1589년 처음으로 레반트가 아니라 리스본으로부터 후추가 베네치아에 닿았을 때, 아드리아 해 연안의 도시 베네치아는 망할 것이라고 생각되었다.[5] 하지만 뚜껑을 열어 보니 그렇지 않았다. "영광스런 보따리 무역" 캐러반들은 페르시아 왕국으로부터 '보호를 구입하고'(돈을 지불하고 안전한 통과를 보장받는 것/역주) 갤리 선들을 범선으로 교체함으로써 캐러반 경로는 17세기에도 포르투갈 캐럭선(carrack)과 거뜬히 경쟁할 수 있었다.[6] 곧 이 두 경로를 통해서 후추가 엄청나게 밀려들어 왔으며, 그 결과 다른 종류의 향신료, 비단, 면제품으로 사업 품목을 바꿀 필요가 있었다.

아시아에서 포르투갈인들의 이해관계는 갈려 있었다. 개인 정착민들은 중국, 일본, 후에 인도네시아가 된 섬들, 인도 등의 현지 무역에 전념했고, 국왕과 귀족은 각기 관세수입과 상업수익에 관심을 두었으며, 가톨릭 교회는 이교도들에게 '참 진리'를 설파하는데 관심이 있었다. 종교적인 개종과 무역의 기회가 각각 얼마나 정복을 주도했는가는 해결되지 않은 문제이다.[7] 유럽에서 후추 판매는 처음 안트베르펜에서 이루어졌으며, 이탈리아, 프랑스, 독일, 영국의 상인과 은행가들이 그곳으로 몰려들었다. 16세기 중반 이후 안트베르펜이 쇠퇴하기 시작했을 때, 그들 중 일부는 암스테르담으로 이주했고, 일부는 리스본으로 되돌아갔다.[8]

거의 150년간 지속된 포르투갈 무역의 성공은 돌이켜보면 참으로 놀라운 일이다. 작은 배와 빈약한 무장을 한 중국 정크 선을 몰아내기는 쉬웠다고 해도,[9] 영국 동인도회사(1600년 설립) 및 네덜란드 동인도회사(1602년에 설립)가 이 지역에 뛰어들어 경쟁을 벌이게 된 상황에서 17세기 내내 상당한 무역 비중을 유지했다는 것은 실로 대단한 일이다. 포르투갈의 인구는 200만 명을 겨우 상회하는 정도였다. 타구스 강가의 리스본을 제외하면 항구는 두 개뿐이었는데, 세투발은 발트 해로 소금을, 오포르토는 포도주를 수출했다. 원양 항해사들은 거의 없었다. 복서에 의하면 1505년이라는 이른 시기에 동방으로 항해했던 인도 무역관(Casa de India)의 선원들은 주로 육지에서만 살았던 사람들과 외국인들이었다. 지휘관 역시 늘 문젯거리였다. 준귀족 신분인 피달고(fidalgo : 하급 귀족층으로서 에스파냐의 이달고〔hidalgo〕에 해당한다/역주) 장교들은 사회적 지위가 떨어지는 전문 항해사 밑에서 근무하기를 거부했기 때문이다.[10] 질병과 사고로 인한 선원 결손은 막대했다. 훨씬 가까운 거리인 브라질의 페르남부쿠 왕복 항로에 대해서는 동아시아 왕복에 비해서 선원을 충원하는 것이 쉬웠으나 18세기가 되면 그 경우에도 선원들 대부분이 흑인 노예들이었다.[11]

포르투갈의 무역은 16세기 초엽에 번성하기 시작했다. 젊은이들은 특히 1510–1520년대에 리스본에 몰려들었다. 포르투갈의 한 저명한 역사가에 따르면, 이들은 대부분 22세 이하였다. 아마도 이들은 부유한 집안에 장가 들거나 일련의 거래들 —— 대담함으로 밀어붙이고 행운이 뒤처리를 해 주 는 —— 로 인해서 부자가 되기를 바랐을 것이다.[12] 상당한 부정이 개입된 투기 붐이 1550년에 절정에 달했다가 꺼지면서 일련의 파산사태가 벌어졌 다. 그러나 프레데릭 모로는 포르투갈이 16세기 말까지 "유럽의 맥락에서" 세계경제의 중심이라고 보고 있으며[13] 에스파냐의 역사가인 하이메 비센 스 비베스는 포르투갈-에스파냐 연합왕국(1580-1640년 동안 포르투갈은 에스파냐에 합병되어 있었다)이 1640년까지 세계무역의 중심지였고, 세비 야와 리스본은 "식민지 세계와 유럽 대륙 간의 제일의 접점"이었다고 보고 있다.[14] 하지만 무역의 대부분이 외국인들에 의해서 수행되는 나라를 세계 무역의 중심이라고 할 수 있는지 의문이 제기될 수 있다.

국왕이 무역을 통제하고 세금을 부과했지만 실제로는 외국상인들에 의 해서 수행되었고, 유대인들이 여기에 자금을 댔다. 유대인들은 1492년 에 스파냐의 유대인 추방 이래 "신(新)기독교도"로 세례를 받고 기독교로 강 제 개종당했다. 1536년 포르투갈에 종교재판소가 도입되면서 사소한 가톨 릭 종교관례 위반 혐의로 신기독교도를 고소하는 "열풍"이 불었다.[15] 많은 사람들이 투옥되었다. 이민을 간 유대인들도 많았는데, 그 가운데 세비야 로 간 사람들은 그들의 해외무역 경험으로 인해서 높은 평가를 받는다.

숫적으로 적은 배와 형편없는 선원이라는 불리함에도 불구하고, 포르투 갈은 대략 1640년대까지 영국과 네덜란드의 거센 도전에 굴하지 않고, 호 르무즈(영국-페르시아 연합 공격으로 1622년 상실)를 제외하고는 아시아 전역에 전진 기지들을 유지하고 있었다.[16] 한 견해에 따르면 포르투갈의 힘 은 식민화의 성공에 힘입은 것이다. 네덜란드인들은 (혹시 살아남게 된다 면) 6년 후에 자기 고국으로 되돌아간 반면 포르투갈인들은 현지인과 결혼 하면서 해외에 종신토록 정착했다.[17] 이와는 좀 다르게 포르투갈이 상당한 곤란을 극복하고 식민지 열강으로서 성공을 거둔 요소로 용기, 결의, 불굴의 정신을 드는 견해도 있다.[18] 더 나은 선박, 더 나은 해군전략, 더 나은 상업조직을 가졌고 또 덜 부패했음에도, 네덜란드가 아시아-유럽 간 무역에서 포르투갈을 몰아내는 데 60년이나 걸렸으며, 브라질에서는 결국 그들을 몰아내지 못했다. 이론적으로는 아주 쉽게 해냈어야 함에도 말이다. 포르투갈인은 훌륭한 상인은 아니었다. 에스파냐에서와 마찬가지로 귀족들은 육체노동과 상업을 혐오했다. 알부케르케는 피렌체 회계사무소에 고용된 점원 하나가 포르투갈 국왕이 보낸 모든 대리인들보다도 더 쓸모가 있다고 말했다.[19] 그런 상황이니, 포르투갈인들이 북유럽에 생선, 포도주, 소금을 주로 팔던 무역에서 아프리카의 금과 노예, 아시아의 향신료 무역으로 전환할 장거리 무역 기회를 잡았다는 것이 놀라울 따름이다.[20] 사탕수수 재배도 중동지역에서 포르투갈령 대서양의 섬들을 거쳐 브라질로 전해졌고 홍해 입구에 있는 모카의 커피도 자바 섬과 브라질로 성공적으로 이식되었다.

아시아와 브라질로부터의 수입에서 얻는 이윤은 처음에는 컸지만 나중에는 경쟁으로 인해서 줄어들었다. 수입품의 지불을 위해서 포르투갈이 송출한 귀금속은 일부는 주조용이었고, 일부는 축적용이었다. 또 다른 수출품 —— 특히 아프리카로 가는 —— 은 헝가리에서부터 안트베르펜을 거쳐 수입된 구리로서 특히 놋쇠 제품 형태로 된 것이 고평가되었다. 미스키민은 16세기 초에 서아프리카의 노예 한 명의 가격은 놋쇠로 만든 이발사용 대야 두 개였다가 4-5개로 뛰었다고 기록하고 있다.[21] 『돈 키호테』에서 주인공이 이발사용 놋쇠 대야를 사라센인 멤브리노의 황금투구로 착각했던 것을 기억할 필요가 있다.[22]

포르투갈은 16세기 중반에 첫 전성기를 맞았다가 1680년 브라질에서 금을 발견한 후 두 번째로 전성기에 이른 이후, 경제경쟁에서 뒤지게 되었다. 쇠퇴의 원인으로는 여러 가지를 든다. 1625년 브라질에서 네덜란드를 몰아내는 데 어려움을 겪은 것, 네덜란드인, 프랑스인, 영국인들이 카리브 해 연안에서 사탕수수와 담배 경작 붐을 일으키면서 그 가격이 떨어진 것, 그리고 특히 1703년 영국과 포르투갈 사이에 체결된 메수엔 조약을 들 수 있는데, 이는 포르투갈 식민지에서 필요로 하지만 포르투갈인들이 자체 생산할 수 없었던 영국상품을 수입하고 그 대신 브라질산 금이 리스본에서 영국으로 빠져나가게 만들었다. 이 조약은 몇몇 부문에서 포르투갈을 영국 식민지로 만드는 강제력의 발현으로 간주되었다.[23] 또 한 가지 요소는 신기독교도들에 대한 박해이다. 종교재판소에 구금되거나 이민을 떠나면 그들의 자산은 몰수되었다. 이 조치는 그들과 거래하던 영국상인들을 멀어지게끔 했다. 영국인들은 포르투갈의 신기독교도들과 거래를 계속하면 새 채무를 면제받지 못할까봐 두려워했고, 그렇다고 거래를 중단하면 채무자들이 채무 불이행을 선언할까봐 두려워했다.[24]

포르투갈을 약화시킨 다른 요소는 1580년 에스파냐의 펠리페 2세에 의해서 이 나라가 합병당한 것을 들 수 있다. 그렇지 않아도 인력이 부족했던 포르투갈은 에스파냐의 군사모험에 충원될 인력을 제공해야 했다.[25] 이베리아 반도는 협동심이 충만한 장소는 아니었다. 군인들은 선원들을 역겨워했고, 귀족들은 평민들을 조롱했으며, 모든 포르투갈인들은 에스파냐인들을 싫어했다. 그리고 에스파냐인들과 포르투갈인 모두 유대인과 무어인들을 경멸했다. 아시아에서의 짧은 기간 동안의 승리와 19세기까지 브라질에서의 승리에도 불구하고 그것을 성공적이라고 할 수는 없었다. 특기할 만한 것이 있다면 차라리 1세기 동안이나 아시아에서, 또 2세기 이상 브라질에서 제국이 유지되었다는 점이다.

에스파냐

에스파냐의 전성기는 일반적으로 합스부르크 가문의 국왕 카를로스 1세(신성 로마 제국의 황제 카를 5세)와 펠리페 2세가 통치했던 16세기이고, 쇠퇴 시기는 17세기의 언젠가로 상정된다. 이미 해당 시기가 지나가 버린

18세기 말에 또 다른 견해가 제시되었다(역사가 관심을 끈다는 것 자체가 벌써 노쇠의 징후이다). 리처드 허는 이 견해를 민주주의 원칙에 대한 매력에 바탕을 둔 특이한 해석이라고 본다. 이 관점에서 보면 에스파냐는 중세에 전성기였다가 1520년대에 쇠퇴하기 시작했다. 1520년대는 가톨릭 군주인 페르난도와 이사벨이 죽은 후 부르고뉴 출신의 합스부르크 가문의 샤를 2세가 에스파냐 왕좌를 계승하여 [카를로스 1세가 되어] 절대왕정을 출범시킨 시기이다. 그의 아들인 펠리페 2세는 무어인을 억압하고 자존심 강한 아라곤 지역을 제압했으며, 종교재판소를 출범시켰는데, 이런 것들이 결국 "쇠퇴의 기원"이었다.[26] 16세기 합스부르크 가문은 자본가들과 카스티야의 상관(商館)들을 망쳤다고 판단된다. 그 이후 아메리카의 금 유입이 부추긴 타락과 해외 전쟁들이 이 과정을 마무리지었다.[27]

이런 판단은 16세기를 에스파냐의 모든 상처가 치유된 시기로 간주하는 현대 역사가의 이해와는 상반되며,[28] 나의 역사적인 이해와도 다르다. 나는 그 견해를 따르지 않는다. 전통적인 견해에서는, 1479년 카스티야의 이사벨과 아라곤의 페르난도의 결혼(그리고 카탈루냐와의 연결)에서부터 1596년 펠리페 2세의 죽음까지의 시기가 황금시대이다. 느슨한 연합체였던 에스파냐는 이제 하나의 국가를 형성하게 되었다. 무어인들은 그라나다로부터 쫓겨났고, 유대인들은 —— 특히 세비야에서 —— 외국으로 추방되었으며, 콜럼버스는 아메리카를 발견한 다음 그곳이 가톨릭 군주들(에스파냐의 국왕들을 가리킨다)의 제국임을 선언했다. 카리브 해 지역에서 소량의 금이 수집된 이후 페루의 포토시 산에서 1545년 은광이 발견되었고 1560년대에 막대한 양의 은괴가 에스파냐로 유입되었다. 1580년에는 포르투갈이 에스파냐에 병합되었다. 1588년 에스파냐 해군은 무적함대가 파국적인 패배를 당했지만 그 후 상당히 빨리 회복되었다. 에스파냐의 쇠퇴 시점은 1580년대를 시작으로 하여,[29] 1598년, 1620년, 1640년, 1680년[30] 등 다양한 시점들이 제시되었다. 어떤 견해에 의하면 에스파냐 국력의 절정기는 1625년에 찾아왔다. 이 해는 기적의 해라고 할 만하다. 이 해에 에스파냐가 카디스에 대한 영국, 네덜란드 및 영국-네덜란드 연합군의 공격을 격퇴하고 또 네덜란드를 브라질에서 몰아냈기 때문이다.[31]

지중해, 대서양, 비스케 만으로 삼면이 바다에 둘러싸인 에스파냐의 위치는 플러스 요인이 되기도 하고 마이너스 요인이 되기도 했다. 플러스인 이유는 레반트, 아메리카, 북유럽과 바닷길로 연결되어 있다는 것이고, 마이너스인 이유는 세 방면으로 무역도 하고 공격도 할 수 있지만, 동시에 이 세 방면 모두를 방어해야만 하기 때문이다. 에스파냐가 레판토 해전에 참가할 수 있었던 이유는 서쪽이 조용했기 때문이었다. 또 여기에서 이김으로써 대서양 전선에 집중할 수 있었다. 페르낭 브로델은 펠리페 2세가 1580년의 승리 이후 3년 뒤에 리스본에서 마드리드로 수도를 옮긴 것이 치명적인 실책이었다고 보고 있다. 미래는 대서양에 있기 때문이라는 것이다.[32] 마드리드가 유럽 각국의 수도와 더 잘 연결되어 있는 것은 사실이지만, 북유럽은 뜨고 있고 지중해 지역은 가라앉고 있었던 것도 사실이었다. 그러나 리스본은 대서양의 다른 도시 —— 낭트, 라 로셀, 바르셀로나 —— 들과 마찬가지로 배후지가 없었고 따라서 경제성장의 잠재력에는 한계가 있었다.[33] 1566년 포토시 은의 첫 대량 유입 이후에 얻은 레판토 해전의 승리로 고무된 펠리페 2세는 에스파냐령 네덜란드를 루터의 종교개혁으로부터 되찾아오겠다고 결심하게 되었다. 그러나 다른 시각으로 보면 이는 성전(聖戰)이라기보다는, 합스부르크 가문의 플랑드르 출신의 샤를 2세(그의 아버지인 에스파냐의 국왕 카를로스 1세)로부터 합법적으로 계승권을 물려받은 네덜란드의 반란을 진압하려고 했던 것뿐이었다.[34]

자원

에스파냐는 건조했다. 카스티야는 너무 건조해서 비가 아래에서 위로 올 정도이다.[35] 아라곤, 그라나다, 안달루시아는 무어인들이 정복했을 때부터 관개사업을 통해서 경작되었으며, 공동체 집단에 의해서 관리되었다. 이는 능률적인 생산을 위해서는 사유재산 소유권이 필요하다는 견해의 반대 사례이다.[36] 1609-1614년 모리스코(Morisco : 기독교로 개종한 이슬람교도들/역주)의 추방은 곧바로 지중해 연안 농업의 현저한 쇠퇴로 이어졌다. 이달고(hidalgo : 에스파냐의 중하급 귀족/역주)는 빈 땅을 게걸스럽게 차지하여 부재지주 노릇을 했을 뿐, 관개사업은 내팽개쳤던 것이다. 카스티야의 건조지대 평야에서는 엄청난 수의 양을 키웠는데, 이것들은 여름에는 북쪽의 산지로 갔다가 겨울에는 남쪽으로 이동했다. 곡물 경작지대를 광범위하게 이동하는 양들은 곡물성장을 방해했고, 새 순을 먹어치웠으며, 산림을 황폐화시켰다. 목양업자들은 메스타(Mesta)라고 불리는 조합을 결성했는데, 이들은 페르난도와 이사벨로부터 모직물 수출을 증진한다는 중상주의적 목적의 일환으로 광범위한 특권을 얻었다. 메리노 양(양모가 아니라 양)의 수출은 카스티야와 아라곤의 독점을 유지하기 위해서 금지되었다. 메스타는 16세기에 세력을 잃기 시작했으나 18세기까지도 잔존했다.[37] 대부분의 땅이 귀족 소유였는데, 그 기원은 흑사병으로 농민들이 죽었을 때 땅을 취득했거나 무어인들로부터 몰수한 것에까지 거슬러올라간다.

메스타는 빌바오와 부르고스에 영사관을 두고 있었다. 또한 해외의 라로셸, 브뤼주, 런던, 피렌체에도 판매 "상관들"을 운영하고 있었다. 부르고스 가까이에는 오랫동안 에스파냐의 금융 중심지였던 메디나 델 캄포 정기시가 있었다. 여기에서는 모직물 수출품과 연관된 환어음[38]과 아시엔토(asiento) —— 에스파냐령 네덜란드에서 싸우는 에스파냐군 용병들에게 지불하기 위한 자금을 이전하기 위한 특별 어음 —— 를 거래했다. 1540년대에 제노바 상인들이 메스타를 인수했다. 그리고 펠리페 2세가 수출관세를 징수하기로 결정하고 1552년과 1564년에 제노바 은행가들에게 징세청부를 맡긴 이후 대체로 1577년경부터 메스타가 쇠퇴하기 시작했다.

에스파냐 내부에는 경제발전의 걸림돌들이 많았다. 우선 도로가 형편없었다. 노새와 소달구지로는 멀리 떨어진 지역들을 통합할 수 없었다. 국내 생산은 생산량에서 한정되어 있었고, 먼 거리는 배를 통해서만 연결되었다. 1590년대의 기근 때, 에스파냐는 발트 해로부터의 식량 구입에 의존해야 했다. 대부분 한자 소속의 배들이 곡물을 수송했으나 그 중에는 80년전쟁(1568-1648)으로 인해서 국적을 숨겨야 했던 네덜란드 선박들이 함부르크나 뤼베크의 깃발을 달고 참여하고 있었다. 10만 명에 달하는 에스파냐령 아메리카의 주민들에게 상품을 조달하는 데에는 상품을 산에서 끌고 내려와서 무덥고 건조한 평야를 거쳐서 가져오는 것보다는 프랑스(특히 브르타뉴), 영국, 네덜란드에서 배로 들여오는 것이 더 쉽고 쌌다.

카스티야 중심부에 위치한 에스파냐의 수도 마드리드는 상업적이라기보다는 정치적인 도시로서, 다른 지역들로부터 곡식, 관세, 지대를 긁어 모았을 뿐 에스파냐 내륙에 자극을 주는 일은 거의 없었다. 이탈리아의 로마처럼 마드리드도 기생적이었다. 이 도시는 궁정, 대귀족(grandee), 이달고, 관료들을 유치했으며, 극빈자들을 먹여 살리기 위한 곡물 외에도, 해외의 사치품들과 지방 기술자들이 만든 준(準)사치품들을 소비하는 도시였다. 마드리드는 카스티야에 자극을 주는 데 실패했다.[39] 여러 해안지역들은 국가 중심과 연결되기보다는 서로간에 그리고 외국과 —— 바르셀로나는 동쪽으로, 세비야는 식민지와, 빌바오는 프랑스나 북유럽과 —— 더 잘 연결되어 있었다. 링로즈의 연구에 의하면 1803년 세비야의 최대 회사가 거래한 수백 장의 환어음 중에서 오직 25-30장이 에스파냐 국내 거래에 관한 것이고, 그 나머지 대다수는 영국, 프랑스, 네덜란드, 독일에서 온 것이었다.[40] 후일 식민지 무역의 붕괴는 이 비율을 바꾸어 놓았다. 오르테가의 표현으로는 에스파냐는 전체적으로 "무척추" 상태였다.[41]

국내 교역을 위축시킨 부가적인 요소는 국내관세였다. 바르셀로나는 지중해와 거래하기 위한 항구였으나, 메스타의 압력으로 카탈루냐인들은 양모나 모직물을 수출하는 것을 금지당했고 심지어는 메디나 델 캄포에서 카스티야인들과 동등한 자격에서 거래할 수도 없었다. 세금 때문에 모직물을 부르고스에서부터 세비야를 거쳐 식민지로 운송하는 것도 불가능하게 되었다.[42] 고리대금업에 반대하는 종교적인 명령에 의해서 국내 환어음 결제도 금지되었으며, 이로 인하여 세비야 상인들이 아메리카로 출항하는 함대에 물품을 보급하기 위해서 자금을 융통하는 것도 힘들었다. 세비야와 카디스 간의 거래, 그리고 프랑스를 포함한 북부 지방과의 거래를 위해서는 금을 선적해야 했다.[43] 국내 상품거래와 국내 금융에서의 어려움 때문에 에스파냐와 외국 금융가들은 은 시장으로 주의를 돌리거나 혹은 외부거래, 특히 에스파냐령 네덜란드 전쟁을 위한 자금 이전으로 주의를 돌렸다.[44]

해운업

갤리 선 위주의 지중해 무역항구였던 바르셀로나는 당연히 갤리 선 건조사업도 일부 수행했지만, 조만간 목재와 노수가 부족해지는 바람에 지중해의 제노바나 비스케 만의 비스카야에 의존해야만 했다. 안달루시아 지방에서 대서양에 면해 있는 세비야는 유리한 무역풍지대에 가까이 있었고, 지브롤터와 지중해에 쉽게 접근할 수 있는 여건을 갖추고 있어서 아메리카로 향한 에스파냐의 주요 항구였다. 이곳에는 목재도 또 조선업도 거의 없었다. 그러나 북쪽 해안의 비스카야와는 달리, 세비야에는 배후지 —— 과달키비르 강에 의해서 관개된 —— 가 있었고 셰리 주를 만들 수 있는 포도, 감귤류, 곡식, 모직물 세척용 기름을 제공하는 올리브 숲이 풍부했다. 그러나 선박 크기와 배수량이 늘어남으로써, 1630년경 산루카의 강에 모래톱이 형성된 것이 결정적인 장애로 작용했으며, 그래서 대양에 바로 면해 있는 카디스로 활동무대가 이전했다. 그러나 이곳은 바다로의 진출에는 유리했으나 적의 공격에는 취약했다. 영국의 프랜시스 드레이크와 존 호킨스는

1587년에 카디스를 급습하여 수많은 배들과 특히 함대 보급을 위해서 쌓아 놓은 통 제조용 목재를 불태웠다. 이렇게 플랑드르에로의 접근을 차단함으로써 영국 선단에 대한 에스파냐 무적함대의 공격이 지연되었다. "인도를 찾아나서는" 콜럼버스의 항해는 북쪽 해안의 작은 어촌에서 출항했는데, 만일 그 당시 카디스에 에스파냐를 떠나는 유대인 추방자들을 태운 배들로 북적거리는 일만 없었다면 이곳에서 출발했을 것이다.[45] 세비야(그리고 카디스)는 아메리카와 북유럽의 중간기지 역할을 했다. 에스파냐 정부는 서인도 무역관을 설립하고 아메리카와의 수출입 상품, 특히 은을 기록하도록 했다.[46] 아메리카 무역은 사방에서 공격당했다. 영국, 네덜란드, 프랑스의 "침입자들"은 신세계로 직항해서 세비야의 독점을 잠식하려고 했다. 밀수업자들은 세비야 대신 리스본으로 은을 수입하거나, 혹은 아시아에서 상품을 사느라 은이 필요했던 네덜란드 동인도회사와 영국 동인도회사에 은을 카디스에서 팔아 버림으로써 은 수입에 부과된 5분의 1의 관세를 피했던 것이다. 1628년 네덜란드 함장 피트 헤인은 쿠바의 마탄사스 만에 정박 중이었던 은 수송 선단을 공격했다. 이것은 "최초로, 그리고 유일하게 모든 함대를 적에게 잃었던 사례이다."[47]

에스파냐 해운업의 힘은 대부분 아스투리아스에서 비스카야까지의 북쪽 해안에 위치한 라 코루냐, 산탄데르 그리고 특히 바스크 지역의 빌바오 같은 훌륭한 항구들에서 나왔다. 빌바오는 원래 목재가 풍부했던 데다가(다만 마스트 제조에 쓸 만한 목재는 부족했다), 닻, 사슬, 무기제조용 철 그리고 선원이 될 인력도 풍부한 조선업 중심지였다.[48] 조선용 자재로서는 프랑스 지롱드 지방의 소나무 숲을 이용할 수 있었고, 삭구용 삼과 밧줄, 돛으로 쓸 아마포는 비스케 만 너머의 브르타뉴에서 얻을 수 있었다. 1551년, 비스카야에서 외국인의 조선업을 금지시켰다. 이탈리아와 라구사의 조선업자들이 숲을 고갈시키기 시작했기 때문이었다. 선원들이 부족해지자, 1625년에 정부는 징집제를 실시했다. 그 결과 작은 고기잡이 배에 타는 선

원들까지 모든 선원들을 등록시켰다.[49]

조선업은 놀라울 정도로 효율적인 관료들이 가격을 낮추고, 질을 높이고, 부정행위를 막으려는 밀착 감시하에서 수행되었다.[50] 문제는 배의 수였다. 사략선 업자들과 해적들로 인한 대량 손실, 무적함대의 패배와 같은 전투와 평시의 소모로 인한 손실들이 선박 수를 줄였다. 1588년 무적함대의 패전의 결과를 보면, 조선업의 회복력 때문에 선박의 손실은 선원의 손실보다는 차라리 덜 심각했다. 그럼에도 불구하고 배들은 항상 문제가 되었다. 플랑드르의 총사령관에게 선원과 돈을 운송하는 대서양 선단, 신대륙의 재화를 싣고 세비야로 돌아오는 서인도 항로선과 또 그 배들을 보호하는 호위함대 등을 운영해야 했기 때문이다. 선박의 외피에 구리판을 입히는 시대가 오기 전까지는 해조류나 바다삿갓조개를 제거하는 바닥 수리를 해야 했으므로 배가 바다에 머무를 수 있는 시간은 제한되어 있었다. 해전과 폭풍의 피해 외에도 선박의 마모 손실도 만만치 않았다. 서인도 제도는 가히 선박들의 묘지였다. 대개 함선은 대서양을 네 번 건너면 수명이 다했다. 더구나 몇몇 쓸 만한 배들은 서인도 제도에 물자를 보관하는 데 쓰이느라고 묶여 있거나, 심지어 집을 짓기 위한 목재를 얻기 위해서 폐선들 —— 이런 목적으로 서인도 제도로 출항했던 —— 과 함께 해체되었다.

남아메리카 서해안에서도 조선업이 시작되어 그곳에 새로운 함대를 제공했고, 따라서 함대가 태평양으로 가기 위해서 해협을 건너 항해할 일도 피하게 되었다. 그런데 그 결과 태평양 함대의 함선을 위해서 대서양 함대의 함선에서 값나가는 놋쇠, 철 용구들을 떼냈다.[51] 나는 나중에 에스파냐 쇠퇴의 원인들을 다루겠으나, 우선 많은 역사가들이 그 원인의 하나로서 해운업 관련 요인을 들고 있음을 지적하고자 한다. 1566년에서 1603년 사이의 해운업의 쇠퇴,[52] 드레이크-호킨스의 카디스 공격과 무적함대의 패배로 인한 상인들의 자신감 상실, "17세기 쇠퇴의 근본적인 이유로서 해상무역이 외국인들 수중에 떨어지게 된 것"[53] 등이 그런 것들이다. 이는 물론 국력은 (어느 정도는 경제성장도) 해군력에 의존한다는 미국의 해양 전략가인 머핸의 주장과 일치하는 것이다.

에스파냐의 은

1545년 포토시의 은광 발견과 우안카벨리카의 수은 광산 발견으로, 연평균 은 생산량은 1521–1544년의 290만 온스에서 그 이후 15년간 1,000만 온스로, 또 17세기 첫 20년간에는 1,360만 온스로 상승했다.[54] 이미 언급했듯이, 펠리페 2세는 1566년 막대한 양의 은 유입과 레판토에서의 승리에 고무되어, 80년전쟁에서 합스부르크 가와 에스파냐를 위해서 플랑드르를 되찾고 말겠다는 결심을 굳혔다.[55] 문제는 이 전쟁이 에스파냐에서 수백 마일 떨어진 곳에서 주화로 봉급을 지불받는 용병들에 의해서 수행되었다는 점이다. 영국인들이 해협을 통제하고 있고, 또 영국이 에스파냐와 전쟁 중이었던 상황에서 플랑드르로 은을 수송하는 일은 힘겨운 일이었다. 이 "도버 경로"에 대한 대안이 "에스파냐 경로"였다. 즉 바르셀로나로 가서 이곳에서 제노바로 가고, 그곳에서 다시 끌짐승을 이용하여 알프스를 넘어 프랑슈 콩테로 가는 길이었다.[56] 또 다른 대안인 아시엔토는 물리적 수단보다는 금융 수단을 사용하는 것이다. 이 어음은 마드리드 궁정에 대해서 플랑드르 은행가들이 발행했거나, 혹은 안트베르펜, 리옹, 프랑크푸르트의 은행가들이 발행한 것 또는 브장송이나 제노바의 정기시에서 발행한 것이었다. 은을 발송하는 세 번째 경로는 프랑스의 통행증을 발부받아 낭트에서 파리로, 다시 파리에서 플랑드르로 전달하는 것인데, 이때에는 액수의 3분의 1을 프랑스에 떼어 주는 경비가 들었다. 아시엔토(계약)로 플랑드르에 돈을 지불하는 은행가들은 에스파냐로부터 은을 수출할 권리를 얻었다. 그러나 펠리페 2세와 그 계승자인 펠리페 3세, 펠리페 4세는 아시엔토를 너무 남발해서 은으로 결제할 수 없었고, 어쩔 수 없이 그들의 채무를 후로(juro), 즉 지폐로만 지불될 수 있는 채권으로 전환해야 했다.[57] 이런 식의 파산은 짧은 간격을 두고 발생했으며(1576, 1596, 1607, 1627, 1647, 1653) 그 결과 푸거 가문과 제노바의 은행가들을 도산시켰다.[58] 이 치명적인 사태를 맞아, 국왕은 은 수출 허가를 취소하고 그가 손댈 수 있는 상인이나 은행가가 보유한 어떤 은화도 압류할 수 있었다. 심지어 자신이 정한 5분의 1의 법정관세보다도 더 많이 압류하곤 했다. 에스파냐와 유럽 전역의 은행가들은 아메리카로부터의 함대 도착을 초조하게 기다렸다. 은이 에스파냐에 무사히 도착하면, 이곳에 오래 머무르지 않았고 다양한 방식으로 동아시아, 발트 해 연안, 레반트 그리고 브뤼주-안트베르펜(후에는 암스테르담)의 화폐시장으로 쏟아져 들어갔다. 에스파냐에 남게 된 은은 많은 경우에 경제에 철저하게 골칫거리였다.

인플레이션, 과시소비, "네덜란드 병"

"가격혁명"에 대한 최초의 광범위한 자료를 정리했던 시카고 대학 경제사가인 해밀턴은 은이 에스파냐에 인플레이션을 야기했으며, 또 인플레이션이 경제후퇴를 초래했다고 —— 임금이 물가만큼 빠르게 혹은 물가보다 더 빠르게 올랐기에 —— 비난하고 있다. 그의 고전적인 연구가 출판된 이래,[59] 가격혁명이 화폐 측면에서 일어난 것인지 혹은 공급 측면에서 일어난 것인지에 대해서 상당한 논란이 일었다. 왜냐하면 인구증가가 농산물 가격상승보다 빠르게 일어나서 은의 대량 유입이 있기 전인 16세기 초에 이미 식품가격이 올랐기 때문이다.[60] 여기에 덧붙여, 에스파냐의 물가에 대한 해밀턴의 자료도 의문의 대상이었다. 이 자료들이 오로지 도시지역 것이었고, 일부 지역은 누락되어 편차가 있는 데다, 실제의 물가기록을 정확하게 조사하지 않은 채 판에 박힌 작업으로 기입한 관료제적인 병원 자료들만 이용했으므로 대표성이 없어 보였기 때문이다.[61]

잠깐 옆길로 새긴 하지만, 해밀턴이 도량형, 특히 무게와 길이 단위에 할애한 장을 보면 서로 다른 지역의 상품 양을 비교하기 위한 가격 자료를 확보하려고 실로 대단한 노력을 기울였음을 알 수 있다.[62] 경제적 교환의 거래비용을 최소화하기 위해서 도량형 공통 표준을 만드는 일은 물론 정부가 해야만 하는 공공재이다. 예를 들면, 2,000년도 더 전인 기원전 449년에 아테네는 자신의 제국 전역에 아테네식 주화와 도량형 사용을 명령하는 통화법령을 반포했다.[63] 해밀턴은 에스파냐의 도량형을 표준화하려는 합스부르크 가문뿐 아니라 부르봉 가문의 노력들도 재평가하고 있다. 그리고 마침내 19세기에 카스티야 표준이 국가 표준으로 채택될 때에도 발렌시아는 예외였다는 것도 기록하고 있다. 각 주들, 특히 작은 촌락과 마을에 표준 도량형을 준수하도록 하는 데 실패했다는 내용으로 코르테스(Cortes, 에스파냐 의회)에 쏟아진 불평들 가운데에는 반포된 표준이 채택된 곳에서조차 도량형 척도(자, 저울)에 대한 확인이 통탄할 정도로 부족했다는 이야기가 있다.

은 유입 이전부터 유럽 전역에 물가상승 현상이 있었다고는 해도, 은 유입 때문에 에스파냐에 인플레이션이 일어났다는 것은 의심할 바 없다. 그러나 물가보다도 빠른 임금상승 때문에 인플레이션이 경제를 쇠퇴시켰는지는 의문이다. 그러나 은은 또 다른 해로운 영향을 끼치고 있었다. 우선 에스파냐령 아메리카에 기회가 생기자 16세기에 대략 10만 명의 에스파냐인이 신세계로 이민을 갔다. 그중 많은 비율이 정력적이고 창의적인 젊은이로서[64] 에스파냐의 "필수적인 요소들"이었다.[65] 그중 거의 절반이 지주계층(caballero)이었고, 4분의 1을 밑도는 수준이 농부, 15퍼센트는 기술자였으며, 그외에 장교들(letrado), 상인들, 성직자들이 있었다.[66] 에스파냐령 아메리카에 남은 꽤 많은 사람들은 부자가 되어서, 유럽산 상품을 요구했다. 다른 사람들[Indiano]은 에스파냐로 —— 그 가운데에서도 많은 수가 세비야로 —— 되돌아와서 그들의 재력을 이용하여 공직, 토지, 대저택을 구매했다. 포르투갈 출신의 신기독교인, 에스파냐의 콘베르소스(conversos :

기독교로 강제 개종된 유대인/역주), 제노바 상인 및 은행가들과 마찬가지로 그들은 잘 먹고 잘 살았으며, 부동산, 아메리카 무역 관련 금융업, 아메리카의 설탕산업과 진주 채취업 그리고 종래에는 제노바인들과 콘베르소스들을 위해서 왕실에 대출하는 사업에까지 투자했다.[67)]

상인의 아들들은 극소수만이 상업에 뛰어들었을 뿐 대개 귀족적인 업무를 선호했다. 상인들은 자식들의 교육에 돈을 썼지만, 파이크에 의하면 이 자식들은 포도주, 여자, 도박에 탐닉한 "쓸모없는 세대"였다. 1세대는 결혼 지참금으로 24만 두카트에 달하는 세 채의 훌륭한 저택들을 살 수 있었지만 그 다음 세대는 2–4만 두카트를 남긴 적이 거의 없었다.[68)]

세비야에는 발달한 산업이 하나 있었으니 바로 은 세공업이 그것이다. 은 세공업자들은 약사들과 함께 최고급 기능공에 속했고, 일부 은 세공업자들은 매우 부유했다.[69)] 대부분의 은이 에스파냐 북부, 특히 동부로 빠져나가기는 했어도 상당량이 은그릇 형태로 남아 있었다. 페르낭 브로델에 의하면 톨레도의 알바 공 —— 네덜란드 주둔 에스파냐 군 총사령관이자 후일 마드리드의 펠리페 2세 궁정의 고관대작이 되었지만 유달리 부자라는 명성을 가진 사람은 아니었다 —— 이 1582년에 죽었을 때 612개의 은 그릇과 800개의 은 접시를 남겼다.[70)]

인플레이션, 역병, 무어인 추방, 길드 제약, 세금, 중상주의 정책, 육체노동에 대한 혐오 외에도 에스파냐의 쇠퇴를 설명할, 혹은 적어도 부분적으로 설명할 또 다른 요인으로 은이 비난받게 된 것이다. 이처럼 에스파냐 쇠퇴의 주범으로 은을 드는 것은 경제 모형에 잘 들어맞는다는 이점이 있다. 피터 포사이스와 스티븐 니컬러스는 보통의 상황에서는 자원의 발견이 경제를 풍요롭게 해 주지만, 외부 자원으로 인한 소득이 크게 증가할 때에는 무역 가능 상품(수출품과 수입품)과 무역 불가능 상품(내수용 재화와 용역)의 소비도 함께 증가한다고 본다. 완전 고용 때에는 무역 불가능 상품의 산출량 증가는 오로지 무역 가능 상품의 산출량 감소로부터 나올 수밖에 없다. 이런 식으로, 수출품 및 수입품과 경쟁하는 재화의 산출에 들어가는 노동과 자본이 감소해야만 무역 불가능 상품의 산출이 늘어나게 된다. 현대의 유사 사례로는 소위 "네덜란드 병(Dutch disease)"이 있다. 20세기에 북해 천연 가스의 발견으로 인해서 일어난 소득증가는, 국제수지 균형 적응 메커니즘에 따라서, 다른 국내생산의 쇠퇴로 이어졌다. 국내 재화와 용역에 대한 수요증가는 수출품 혹은 수입품과 경쟁하는 상품에 대한 지출을 빼돌렸다.[71] 이는 인플레이션에 대한 해밀턴 테제 —— 국제수지가 불변일 때, 수익보다 임금이 더 빠르게 상승해서 소득을 감소시키고, 제조업을 옥죈다는 —— 와 과히 다르지 않다.

포사이스와 니컬러스는 은 유입이 경감한 다음에(그들은 "멈췄다"고 말한다) 왜 제조업 생산이 되살아나지 않았는지 진짜 궁금하다고 말한다. 사실 그런 경기 부활은 18세기에 카를로스 3세 치하에서 일어나기는 했다. 프랑스 혁명과 나폴레옹 전쟁으로 방해받기 전에, 신세계로 운송된 에스파냐 상품들은 전체량의 8분의 1(1700년경)에서 1784년 45퍼센트, 1788년 53퍼센트로 상승했다가 1789년에는 50퍼센트의 평형 상태가 되었다.[72] 그러나 17세기 초에 에스파냐 수출품은 유럽에다 파는 원재료든 신세계로 수출하는 공산품이든 모두 광범위하게 밀려나고 있었다. 예컨대 아일랜드산 양모가 북유럽 시장에서 에스파냐산을 대체했다. 1622년 산탄데르에서 11척의 배에 505자루의 양모를 선적했는데, 그보다 반 세기 전에는 66척의 배에 1만7,000자루를 선적했던 것과는 비교도 안 되는 일이다. 스웨덴의 철은 프랑스와 영국에서 빌바오의 철과 경쟁 중이었고 피에몬테의 비단이 에스파냐 시장을 잠식해 들어왔다.[73] 외국인 노동자들도 많은 분야에 진입했다. 독일 광부들과 엔지니어들이 세고비아에서 수력을 이용하는 조폐공장을 건설하고 운용했다.[74] 제노바 조선공들은 카탈루냐의 조선업을 소생시켰다.[75] 그리고 직물업에서 플랑드르인, 유리 제조업과 비단에서 프랑스인 노동자들도 들어왔는데, 이는 프랑스 노동자들이 에스파냐에서 제조업을 시작해서 프랑스와 경쟁하리라는 루이 14세의 우려에도 불구하고 부르봉 왕실이 에스파냐의 왕위를 차지한 데 따른 것이다.[76] 18세기 에스파냐에 대한 설명에서 리처드 허는 17세기 말 이래 불경기와 인구감소에 시달린 이 나라가 해외 사업가들과 노동자들에게 매력적인 곳으로 여겨졌다고 말한다.[77] 그리고 앞에서 언급했듯이 외국상인들이 아메리카와의 무역을 지배했다. 16세기에는 외국으로 가는 화물 중 6분의 5가 외국인에 의해서 공급되었다.[78] 1702년, 부르봉 가문 왕실이 들어서기 전에는 카디스에 84개의 상사(商社)가 있었는데, 12개는 에스파냐, 26개는 제노바, 18개는 네덜란드와 플랑드르, 11개는 프랑스, 10개는 영국, 7개는 함부르크 소속이었다. 18세기 말에 카디스에 살았던 8,734명의 외국인들 중 5,018명이 이탈리아인, 2,701명이 프랑스인, 272명이 영국인, 277명이 독일 및 플랑드르인이었다.[79]

전쟁

에스파냐 군인들은 탁월한 전사들이었고, 실력을 발휘할 기회도 많았다. 무어인들을 축출하기 위한 전쟁은 8세기 동안 계속되다가, 1492년 페르난도와 이사벨의 카스티야 군대가 그라나다를 탈환했을 때 최종적인 승리를 거두었다. 카를로스 1세가 신성 로마 제국의 황제로 선출되고 또 에스파냐 왕위에 오른 이후 줄곧 지배권을 주장해 왔던 네덜란드가 반란을 일으킴으로써 시작된 전쟁은 1568년부터 1648년 베스트팔렌 조약까지 —— 이 조약 체결 당시 에스파냐는 기진맥진했고 기가 빠져 있었다 —— 80년간 지속되었다. 린치는 이것이 가톨릭의 반종교개혁 전쟁이라기보다는 영토를 지키려는 전쟁에 더 가깝다고 주장한다(카를로스 1세와 펠리페 2세 시대는 로마 교황청과 사이가 좋지 않았던 때가 더 많았다).[80] 80년전쟁 기간 동안 여러 부수적인 전쟁들이 일어났다. 1571년 오스만 제국과 레판토 해전이 벌어졌고, 네덜란드를 때때로 지원했던 영국과도, 또 프랑스와도 전쟁을 치렀다.

12년간(1609-1621) 지속된 네덜란드와의 휴전은 우선 에스파냐에 모욕으로 비쳤고, 네덜란드가 경제적으로 급속히 신장하고 있다는 것이 분명해지자 바로 파기되었다. 자존심이 강한 에스파냐인은 전투에서 이기고 나서 오로지 힘으로만 협상하려고 했으며, 뒤진다 싶을 때에는 수치를 면하기 위해서 싸움을 계속했다.[81] 양보나 타협을 할 수 없는 무능력은 남부 네덜란드(가톨릭)와 북부 네덜란드 연합주(대부분 신교도) 사이의 종교문제에 대한 협상을 미리 차단했고, 따라서 내부갈등에도 불구하고 전쟁이 계속되었다.[82] 이것은 국가의 능력을 넘어선 목적을 이루려는 과잉 팽창의 사례이다.

1702년에서 1713년까지 벌어진 에스파냐 왕위계승 전쟁은 명백히 왕조사(王朝事)에 관련된 것이지만, 실제로는 에스파냐의 아메리카 무역독점에 간섭하려는 프랑스의 욕구에 기인한 것이기도 했다.[83] 평화조약 체결의 결과 프랑스가 아메리카와 교역할 아시엔토를 얻었지만, 영국인들 역시 아시엔토를 하나 얻었고, 이는 남해 버블 사건(South Sea bubble)으로 이어졌다. 캐먼의 견해에 따르면, 전쟁은 이미 17세기 말부터 쇠퇴하고 있던 에스파냐의 경제 문제를 더욱 악화시켰고, 지브롤터의 상실이라는 수치를 안겼지만, 그 대신 프랑스 및 영국 군대에 자금을 대야 했던 은행가들에게 활력을 불어넣었다.[84]

총체적인 쇠퇴

1580년에서 1620년까지의 기간에 에스파냐 경제를 쇠퇴시켰던 일련의 요소들은 이미 언급되었다 : 해상 경쟁력 상실, 전사 기질, 노동에 대한 경멸과 이달고 신분의 집착, 유대인 및 무어인에 대해서뿐만 아니라 제노바인 —— "백색 무어인"이라고 지칭된 —— 에 대한 강한 적의,[85] 전쟁들, 그 재정부담, 인플레이션, 종교 재판소, 이전에는 도움이 되었던 길드 제약,[86] 인구학적인 "부양력과 회복력"의 상실,[87] 농지 희생을 대가로 치른 메스타

지원, 무어인 축출과 교회 매각에 의한 토지 취득 후 양도 불능 소유권 (mortmain)을 통해서 대물림하는 대귀족들과 농사로는 생계를 잇지 못하고 전염병에 몰려 도시로 가서 걸인이 된 농민 사이의 막대한 격차 등. 이 요소들 중 어느 것을 취해서 설명하면 그것만 지나치게 강조한다는 비판이 제기되곤 했다. 어느 쪽을 강조하든 간에, 이 요소들 전체가 작용해서 우울한 그림을 그리고 있다는 것이 정확한 판단이리라.

16세기는 에스파냐의 황금시대였고, 17세기는 쇠퇴의 시기였다. 그 변화를 펠리페 2세의 뒤를 이은 국왕들이 약하기 때문이라고 보는 것이 대부분의 설명방식이다. 하지만 펠리페 2세도 그의 힘을 현명하지 못하게 사용한 것은 마찬가지였다. 이미 1600년에 에스파냐 경제학자들은 쇠퇴와 역사의 순환에 대해서 논하였다.[88] 아르비트리스타(Arbitrista : 17세기 경제학자들)는 "장자 상속제, 영구 양도, 방랑벽, 산림 황폐, 성직자의 숫적 비대, 육체노동과 공예에 대한 경멸, 분별 없는 자선, 화폐혼란과 강압적인 징세를 비난했다." 그리고 기술교육, 장인들의 유입, 화폐안정성, 관개사업 확장과 국내 수로의 개선을 제안했다.[89] 해밀턴의 표현에 의하면 역사상 그처럼 훌륭한 진단을 한 적도, 또 그 건전한 충고들을 그처럼 철저히 무시한 적도 거의 없었다.[90]

18세기에 들어와서 일부 긍정적인 진보가 이루어졌다. 특히 카를로스 3세 재위시인 18세기 후반에 도입된 프랑스 계몽주의 —— 이에 반대하는 교회와 대학의 보수적인 구성원들이 특히 프랑스 책과 정기간행물 수입을 금지하려는 노력을 했음에도 불구하고 —— 가 여기에 일조했다. 에스파냐로의 이민행렬이 늘었고, 학생들은 건축, 의학, 과학, 공학기술을 배우러 해외로 나갔다.[91] 1000년대 초 무역으로 번성했던 카탈루냐는 은행업과 토지로 자본을 전환한 이후, 2세기 가까이 쇠퇴의 길을 걸었다.[92] 15세기에는 "생명력이 다한 것"으로 여겨졌다.[93] 그러다가 18세기에 에스파냐 동부와 북부는 일종의 르네상스를 겪었다.[94] 다른 유럽 지역에서처럼 중상주의 정책이 채택되었다. 카탈루냐를 돕기 위해서 일찌감치 1718년에 면직물에 관세를 매겼고, 다시 1760년대에는 발렌시아를 위해서 견직물에 관세를 매겼으며, 바스크 지방을 위해서는 철물 같은 금속제품을 제한하는 조치를 취했다. 리처드 허의 말을 빌리면, 에스파냐는 "몇 세기간 경험하지 못했던 방식으로" 상업과 제조업이 번영했다.[95] 그러나 그것은 오래가지 못했다.

카를로스 3세의 후원하에서 무역과 산업에서 부르주아 중간 계층이 형성되고 프랑스로부터 계몽주의가 유입되는 데 대해서, 교회와 귀족이 조직적인 반대운동을 펼쳤다. 프랑스 혁명은 에스파냐에서 변화를 선호하는 자와 이에 굳게 저항하는 자 사이의 분열을 심화시켰다. 나폴레옹 군대의 침입, 프랑스에 대항한 영국의 전쟁 와중에서 1808년부터 1820년대 초까지 에스파냐의 식민지는 반란을 일으키며 떨어져나갔다. 상관들의 붕괴는 노동자들을 방출했고 이들은 농부들과 함께 대도시로 달아났다. 여러 차례 볼 수 있었던 이 나라의 회복력도 이 나라를 안정권으로 되돌리기에는 충분치 않았다는 결론을 내릴 수밖에 없다. 봉건주의에서 근대 자본주의로의 "실패한 이행"은 원래 프레더릭 크란츠와 호엔베르크가 이탈리아와 네덜란드에 대해서 이야기한 것이지만, 차라리 18세기의 에스파냐에 더 잘 들어맞는 표현이다.[96] 외국인들의 개입과 아마도 카를로스 3세의 죽음이 더해져서 이 나라의 회복은 급작스럽게 중단되었다. 그러나 심층적인 쇠퇴의 요소들 —— 사회적 응집력 결핍, 인플레이션, 길드, 특히 네덜란드와 영국, 프랑스, 이탈리아 지역, 덤으로 오스만 제국과의 전쟁이라는 과잉팽창, 그리고 은 유입으로 인한 "네덜란드 병" —— 은 1590년에서부터 1720년까지 명백하게 드러난 쇠퇴에 대해서 아무리 최선의 방책을 동원한다고 해도 회복이 불가능하게 만들었다. 펠리페 2세 치하의 에스파냐와 포르투갈은 세계경제의 선두를 점했을지 모른다. 그러나 그 선두를 오래 유지할 수는 없었다. 거기에는 여러 원인들이 있지만 그것은 충분조건은 아니었고, 아마도 대부분은 필요조건도 아니었을 것이다.

6

저지대 국가들

북유럽

13세기 이전부터 상당 기간 동안 북해 및 발트 해 지역은 하나의 독립적인 무역체계를 이루고 있었으며 대체로 지중해 무역체계와는 구분되었다. 북해와 발트 해를 하나로 묶는 주요 연결망은 한자 동맹(Hansa Bund)이었다. 한자 동맹은 주로 뤼베크, 함부르크, 쾰른, 로스토크와 같은 독일 도시들의 느슨한 연맹체로서, 브뤼주에서 노브고로트까지 교역했으며, 때때로 러시아를 관통해서 흑해까지, 북쪽으로 노르웨이의 베르겐까지, 또 이따금 대서양과 비스케 만을 통해서 이베리아 반도와 지중해까지 교역하기도 했다. 스카니아(스웨덴의 최남단 지역/역주)의 청어, 베르겐의 대구, 러시아의 꿀과 모피, 함부르크의 맥아 양조주, 뤼네부르크의 소금에 더하여 단치히와 쾨니히스베르크의 목재 등이 해상을 통해서 서쪽의 브뤼주의 회계소(Kontor)와 런던의 스틸야드(Steelyard : 한자 동맹 상인들의 본거지)로 운송되었다. 한자 동맹의 코그 선들은 특히 포르투갈과 프랑스로부터는 청어와 대구를 절이기 위한 소금을, 브뤼주로부터는 모직물을, 런던으로부터는 금속류를 구매해서 동쪽으로 운송했다.

한자 동맹의 무역관행은 원시적이었다. 한자 동맹은 북이탈리아 도시국가들이 발행한 환어음을 거부했다. 각 항구에 정박한 선박들은 현지 화폐로 상품을 매매했다. 차액은 정화(正貨, species)로 지불되었다. 한자 동맹은 또한 책임이 널리 분산된 느슨한 정치적 구조가 특징이었다. 앨프레드 마셜은 "한자 동맹의 분산된 세력들은 집중적 무역이라는 요즘과 같은 경제를 완전히 발전시킬 수 없었다"[1]고 말했다. 오로지 뤼베크, 함부르크 및 기타 2-3개의 도시들만이 자신들의 의무를 다했고, 나머지는 무임승차했다. 분권화의 정도는 무역상의 경쟁자들인 네덜란드인들보다 심했다.[2] 주변부에 위치했던 스웨덴은 처음에는 뤼베크를 통해서 자국의 구리를 팔았으나, 후에 한자 동맹에 대한 의존으로부터 스스로 자유로워지기 위한 노력에서 암스테르담으로 판매로를 전환했다. 암스테르담은 스웨덴이 1613년 크네레드 조약에 따라 덴마크에게 지불해야 하는 보상금을 선대(先貸)해 줄 수 있는 이익을 누렸다.[3]

브뤼주

한자 동맹이 무역을 한 서쪽의 주요 항구인 브뤼주는 중세 말 플랑드르 지방의 선도적인 상업 및 금융 중심지로 떠올랐다. 브뤼주는 한편으로는 영국과 샹파뉴 정기시 사이의 중개지 역할을 하면서 다른 한편으로는 지중해와 북부 유럽 사이의 중개지 역할을 했다. 영국의 왕들은 양모 판매를 위한 특정시장(特定市場, staple)의 소재지로서 도르드레흐트, 안트베르펜과 브뤼주 사이를 옮겨다니다가 마침내 1363년 칼레로 확정지었고 이 상태가 1558년까지 계속되었다. 그러나 양모는 이곳에서 브뤼주로 재수출되었다가 플랑드르 방적업자들과 직물업자들에게 판매되었다. 이 상태는 영국이 결국 모직물을 수출하기 위해서 양모 수출을 중단함으로써 플랑드르의 가내산업에 손실을 입힐 때까지 지속되었다. 마찬가지로, 한자 동맹은 동맹의 회계소를 브뤼주에서 도르드레흐트(이곳은 독일의 하천 체계 내에 위치해 있었다)로, 다시 브뤼주, 도르드레흐트, 브라방의 안트베르펜, 위트레흐트, 다시 브뤼주 순으로 이전시켰는데, 이는 세금, 대부 및 독점에 대한 반목이 발생했다가 해결되고 다시 발생하는 과정 속에서 일어난 일이었다.

브뤼주로 들어오는 베네치아와 제노바 갤리 선들은 대개 이탈리아로부터 사치품, 견직물, 벨벳, 그리고 레반트로부터 그리스산 포도주, 동방의 견직물, 향료를 싣고 왔다. 에스파냐와의 무역상품은 대개 양모와 피혁이었고 —— 양모는 감소하는 영국산 양모를 대체하기 위해서 필요했다 —— 여기에 더하여 바스크산 철과 남부 에스파냐 및 포르투갈산 과일, 올리브, 쌀, 포도주였다. 브뤼주로부터 북해 및 발트 해 지역으로 가는 상품으로는 플랑드르산 직물, 아마직물, 모직물 그리고 여기에 더하여 발트 해 지역의 부유층이 찾는 프랑스산 포도주와 같은 사치품이 있었다.

브뤼주 내의 '동향단(同鄕團, nation)' 가운데서는 가장 뒤늦게 —— 1395년 —— 특권을 허가받은 제노바 동향단에 대해서 가장 많은 것이 밝혀져 있지만, 사실 브뤼주에는 이탈리아인들이나 이베리아인들보다는 독일인들(한자 동맹 사람들)이 더 많았다. 한편 프랑스인들은 플랑드르인들을 프랑스인으로 간주했기에 프랑스 동향단이라는 것은 따로 없었다. 1440년 선량공(善良公) 필리프가 브뤼주에 왔을 때, 환영 행렬에는 독일인 136명, 에스파냐인 48명, 베네치아인 30명, 밀라노인 30명, 피렌체인 22명, 루카 출신 은행가-상인 12명과 일부 포르투갈인 및 카탈루냐인이 있었다.[4] 1468년 부르고뉴의 대담공 샤를의 결혼을 축하하기 위한 유사한 행렬에 대한 묘사에 따르면, 대사들과 성직자들 뒤에 말 탄 베네치아인 10명과 이어서 도보 행진을 하는 피렌체인 60명, 다시 말 탄 에스파냐인 24명, 제노바인 108명, 동유럽인(Easterlin : 한자 동맹 상인들) 108명이 있었으며, 이들은 모두 빛나는 밝은 색 의복을 입고 있었고, 각 동향단은 수행 하인들을 데리고 있었다는 식의 기록들이 보이지만, 이번에도 역시 영국과 프랑스 동향단은 없었다.[5] 반 하우테는 1440년 행렬에 영국인들이 없었다는 사실에 놀라움을 표시하면서, 이 축제가 영국과의 무역 금지령이 내려졌던 시기에 열렸을 수도 있다고 추측했다. 그는 이어서 당시 브뤼주는 중세의 세계상업에서 하나의 전환점이었다고 주장했다. 브뤼주는 설사 세계시장은 아니었다고 하더라도 거대한 시장이었음은 분명하며, 어쩌면 14세기 기독교 세계에서 가장 큰 시장이었을 것이다.[6] 대부분의 외지인들(브뤼주 출생이 아닌 이들)은 다른 외지인들과 거래할 수 있는 허가를 받았지만, 대부분의 분쟁이 외지인들과 브뤼주인들 사이에 일어났다는 사실은 대개의 경우 토착 브뤼주인들이 외지인 구매자들과 판매자들 사이를 중개했음을 암시한다.

무역은 점차 금융으로 진화했다. 금융가 집단은 셋으로 구분되었다. 담보를 바탕으로 대부를 해 주는 전당포 주인들, 환전업자로 출발해서 후에는 대체예금(transferable deposits)을 취급했던 원조 은행가들(proto-banker), 어음을 통해서 상이한 장소간에 자금을 이송하는 상인-은행가들이 그들이었다. 자금시장은 거래소(Bourse) 내에 있었는데, 이 이름은 반 데어 부르스라는 사람이 소유한 대저택의 이름에서 유래한 것이었다. 환율은 베네치아, 제노바, 피렌체, 바르셀로나, 런던 및 파리에 대해서 기록되었다. 부르고뉴가 프랑스와 전쟁 중일 때, 파리 자본에 대한 어음은 먼저 제네바로 그리고 다음에 리옹으로 발행되었다.[7] 뤼베크, 함부르크 혹은 다른 한자 동맹 도시에 대해서 환율 기록이 없었던 이유는 한자 동맹이 어음을 사용하지 않았기 때문이다. 북독일, 폴란드 및 스칸디나비아로부터 로마로의 송금이 필요할 때는, 한자 동맹 상인들은 그곳에서 물품을 사고 브뤼주로 운송해서 현지 화폐를 받고 판매한 다음, 이탈리아 은행가로부터 로마에 대한 어음을 구입했다.

피렌체의 대은행가인 코시모 데 메디치는 브뤼주와 런던 —— 15세기에 런던은 브뤼주의 위성도시와 같았다 —— 에서 대부하다가 어려움에 처했다. 은행의 대리인들이 지시를 어기면서 런던의 에드워드 4세와 부르고뉴 공에게 너무 많이 대부했던 것이다(두 경우 모두 브뤼주에서 대부가 이루어졌다). 메디치 은행은 브뤼주에 대리인들을 두고 있었지만, 15세기 초에만 해도 지점을 두지 않았으나 1439년에 개설했다. 런던에서는 브뤼주 지점의 분점으로 운영되다가, 1451년 지점으로 승격되었다. 브뤼주 지점은 1450년까지 미납 부채, 특히 바르셀로나에 대한 부채로 인해서 손실을 보았다. 런던과 브뤼주의 다른 부채들에는 에드워드 4세에게 양모를 근거로 대부한 8,500파운드에 더하여 기타 약속에 근거한 2,000파운드의 부채, 1477년 대담공 샤를(부르고뉴 공)이 사망하면서 남긴 미납 부채 9,500파운드, 게다가 기니아 해안 탐사비로 포르투갈의 주앙 2세에게 대부한 부채가 있었다. 브뤼주와 런던 지점의 손실금은 모두 1만9,000파운드에 이르렀는데, 이는 당시로서는 "기가 막힌 금액(fantastic sum)"이었다.[8]

브뤼주의 쇠퇴

1494년 메디치 은행의 붕괴로 인한 피렌체 은행업의 쇠퇴는 브뤼주 쇠퇴의 여러 원인들 가운데 하나일 뿐이었다. 브뤼주는 14세기 전반부터 세계경제의 선두를 누렸다고 할 수 있다. 쇠퇴의 시작은 1350년까지 거슬러 올라가지만 15세기에 그 속도가 빨라졌다. 반 하우테는 명확한 전환점은 없었으며, 점차적인 하강은 여러 원인에 기인한다고 서술한다. 그중에는 브뤼주 무역업자들과 은행업자들의 증가하는 보수성처럼 내부적인 것도 있고 외국상인들 특히 한자 동맹의 상관 상인들과의 빈번한 반목과 같이 외부적인 것도 있다. 사실 이 둘은 서로 연관되어 있으며 상인들이 점점 더 위험을 무릅 쓰기를 주저한 것과 무관하지 않을 것이다. 네덜란드의 각 주와 지방들은 16세기에 브뤼주로부터 차입을 중단했는데, 이는 이자를 지불하지 못할 경우 1530년에 그런 적이 있듯이 슬뢰이스에서 네덜란드 상품

들이 몰수될까 두려웠기 때문이다.[9]

쇠퇴에 일조한 하나의 중요한 요인은 츠빈 강이 침니로 막힌 것이었다. 이 때문에 대형 선박이 북해의 전진항구(foreport)인 슬뢰이스에 화물을 내리게 되었으나, 이어서 슬뢰이스도 침니로 막히게 되었다. 운하 개설 및 하구의 준설은 너무 비용이 많이 들고 효과도 별로 없었다. 대형 선박들은 발헤렌 섬의 만안에 정박해서 거룻배를 이용하여 화물을 브뤼주의 시장으로 운반해야 했다. 그래서 안트베르펜의 전진항구인 베르겐-오프-좀에서 화물을 다루는 것이 더 용이해졌다. 그런데 1530년의 해일이 이 항구를 파괴했으나, 도리어 안트베르펜 본항으로의 접근이 개선되었다.

또 다른 문제는 플랑드르산 직물이 브라방산 직물, 특히 영국산 "신(新)직물(new drapery)" —— 17세기 초의 혁신물로서 보다 가볍고 값싼 모직물 생산을 가능케 했다 —— 과의 경쟁에서 밀려나기 시작했다는 것이다. 반 하우테에 의하면 영국은 1350년에는 단지 5,000필의 모직물을 수출했지만 2세기 후에는 15만 필에 이르렀고, 이는 대부분 안트베르펜과 말린에서 염색되었다.[10]

그러나 브뤼주의 쇠퇴 이면에 있는 진정한 원인은 경쟁에 대응하지 못하여 도시의 독점이 무너진 것이다. 플랑드르산 직물의 가격이 상승했다. 브라방 공작이 양모 특정시장을 브뤼주로부터 탈취하려고 하자 일부 상인들은 안트베르펜으로 이동했다. 1496년 안트베르펜에서 열린 두 번의 정기시가 베르겐-오프-좀에서 열리는 두 번의 금융 정기시와 결합되어 연간 네 차례의 정기시로 확대되자, 이탈리아 상인들은 이에 참여하기 위해서 계절별로 브뤼주에서 안트베르펜으로 이동하기 시작했다. 브뤼주의 포르투갈 상관도 몇 년 후에 안트베르펜으로 이동했다.[11] 쾰른 출신의 독일 포도주 상인들과 강을 통해서 북해로 금속류를 운반하는 중부 유럽 출신의 구리 상인들도 포르투갈인들과 조우하기 위해서 안트베르펜에서 하선했다. 선박들이 뤼베크 항에 정박하기에는 너무 대형화되면서 한자 동맹의 쇠퇴가 시작되었다. 16세기가 개시될 무렵에 브뤼주에 남은 것은 거의 없었다.

1442년과 1447년 뤼베크에서 개최된 한자 동맹 총회는 네덜란드에서 생산되는 직물의 구입창구를 브뤼주로 제한시키고자 했으나 실패했다. 브뤼주 역시 자신의 독점을 유지하기 위한 힘겨운 노력의 일환으로 요새를 건설하여 안트베르펜의 무역을 봉쇄하려고 했고(이는 실패로 끝났다), 외국인들이 안트베르펜에서 열리는 네 번의 정기시 기간 이외에는 브뤼주에 머물도록 강제하는 포고령을 내리기도 했다. 그러나 안트베르펜의 정기시들이 연중 내내 열리는 상설시장으로 변모하자 그러한 노력들도 실패했다. 에스파냐의 그라나다 재정복을 기념하기 위해서 페르난도와 이사벨이 안달루시아 동향단을 만들었으나 이 역시 1500년 미들부르크로 옮겼다. 피렌체의 은행가문인 프레스코발디와 구알테로티가 1488년 이후 안트베르펜으로 이전했고, 베네치아인들은 아예 철수했다.[12] 포르투갈 역시 16세기 초에 안트베르펜으로 이전했으며, 그들의 첫 후추 출하는 1501년 이곳에서 이루어졌다. 1516년경 제노바 및 루카의 금융 동향단들이 이 탈출 행렬에 합류했다. 브뤼주는 부르고뉴 공작 및 신성 로마 제국 황제 막시밀리안에 대한 불량 대부로 발목이 잡혀서 더 이상의 대부능력을 결여했다. 이탈리아의 은행가들이 잠시 동안 브뤼주로 돌아왔으나, 이는 반 데어 베가 주장하듯이, 브뤼주가 금융 중심지로서의 청산과정에 들어갔기 때문일 수 있다.[13] 오로지 에스파냐산 양모시장만이 브뤼주에 남아 있었다. 한자 동맹의 상인 수도 1511년 12명에서 1540년 3명으로 줄었다가, 이후 2명 그리고 마지막으로 1554년에는 홀로 남은 이가 죽었다.[14]

안트베르펜

브뤼주와 마찬가지로 안트베르펜도 세계시장치고는 해운업이 취약했다.

두 도시 모두 기본적으로 한자 동맹, 이탈리아 도시국가들과 이베리아 반도 국가들의 선박에 의존했다. 브뤼주에 자리잡은 외국 상인들과 은행가들이 안트베르펜에 있는 아우크스부르크 및 뉘른베르크 출신의 독일인들과 합류한 15세기 말에 안트베르펜은 새로운 도시가 아니었다. 북유럽 상품들이 남유럽의 상품들에게 자리를 내어주고 —— 설탕이 꿀을, 비단이 모피를, 맥아 양조주가 벌꿀 술을 대체했다 —— 아마가 플랑드르와 젤란트에 확산되면서 안트베르펜의 상업은 브뤼주의 상업을 침식하기 시작했다.[15] 독일에서 채굴된 은과 헝가리와 티롤의 구리는 남쪽의 베네치아보다는 북쪽의 안트베르펜으로 이동하기 시작했고, 이 때문에 1560년 이후 증가하기 시작한 아메리카산 은 역시 에스파냐에서 안트베르펜으로 수입되었다. 영국의 모직물 역시 초기에는 안트베르펜에서 염색했다. 브뤼주가 중계항 역할뿐만 아니라 현지 생산품을 수입품과 교역한 반면에, 안트베르펜은 주로 시장 역할에 치중했기에 생산에는 깊이 관여하지 않았다. 주요 상품은 영국의 직물, 독일의 금속, 포르투갈의 향료였다.[16] 게다가 안트베르펜은 네덜란드인들에게 위기감을 줄 정도로 곡물무역에서 중요한 위치를 점하게 되었다.[17] "역사상 최초로, 특정 상품의 대부분이 한 곳에서 거래되었다는 의미에서의 세계시장이 출현했다."[18] 리하르트 에렌베르크는 한술 더 떠서 다음과 같이 이야기했다. "1446년 이후 40년간 안트베르펜은 무역 중심지로 발전했는데, 이는 세계가 그 이전은 물론 **이후에도** 결코 목격하지 못한 바이다."[19] 상인들과 은행가들이 브뤼주로부터 안트베르펜으로 이주하면서, 안트베르펜의 인구는 1444년 2만 명에서 1500년 무렵에는 5만 명, 1560년경에는 10만 명으로 증가했는데, 이는 세비야와 맞먹는 수로서 유럽 내에서 이를 상회하는 도시는 나폴리, 밀라노, 베니치아와 파리밖에 없었다.[20]

40년간에 이르는 무역은 하나의 사건임에 틀림없다. 그러나 16세기에 이르면 중계무역은 그 규모와 중요성이 감소했고 대신 금융이 대두했다.

이러한 변화는 부분적으로 이탈리아 은행가들의 유입으로 인한 것일 수 있다. 그러나 더 심층적인 원인들이 있었다. 페르낭 브로델은 1세기 혹은 그 이상 선두를 차지한 베네치아나 암스테르담과는 달리, 1500년과 1565년 사이의 안트베르펜은 여러 차례 부침을 겪으며 결코 "순항 리듬 혹은 장기적인 균형점을 찾지" 못했다고 말했다.[21] 장 베르지에는 새로운 경제세계가 열리고 있었다고 평가한다. 1450년경의 이탈리아인들은 자신들의 상인-은행가 기법들에 만족하고 있었다. 경쟁은 최소한에 그쳤고 그들은 안락한 일상으로 젖어들었다. "그들의 사업 형태는 매끄럽게 운영되지만 기백이 결여된 자본주의의 모든 징후들을 보여주고 있다."[22] 베르지에는 어째서 이탈리아인들이 남긴 자리를 프랑스가 차지하지 못했을까, 예를 들면 안트베르펜과 마찬가지로 이탈리아 은행가들이 대거 자리잡은 리옹이 그런 역할을 못 했을까를 묻는다. 그는 그 공백을 남독일 은행가들이 메웠다고 본다. 뉘른베르크뿐만 아니라 리옹, 마드리드와 특히 안트베르펜에서 사업하고 있던 남독일 은행가들은 "대형 시장들을 쟁취하고 국제 상업과 금융을 지배하려는 —— 한마디로 말하자면 성공하고자 하는 —— 맹렬한 의지를 가졌기" 때문이라는 것이 그의 결론이다.[23] 포르투갈 선박을 통해서 먼 동방으로부터 향신료들이 유럽에 도착하던 바로 그 시점에, 독일의 은행가들 곧 푸거(Fugger), 벨저(Welser), 호흐슈테터(Hochstetter), 자일러(Seiler), 클레베르크(Kleberg), 투허(Tucher) 등의 가문들이 베네치아와의 무역, 금속 채굴 및 신성 로마 제국 선제후들에 대한 대부를 바탕으로 한 자금을 가지고 유럽의 나머지 지역으로 퍼져나가기 시작했다. 베르지에는 이탈리아인들이 향신료가 배분되는 안트베르펜이 아니라 향신료가 처음 도착하는 리스본에서 사업을 개시한 것이 실수였다고 주장한다.[24]

연간 2-4번 개최되는 무역 정기시로부터 연중 내내 개설되는 상설시장으로의 발전은 이미 언급했다. 안트베르펜은 처음에는 신용대출을 상품에 밀접하게 연계시켰으나, 나중에는 3개월에 2-3퍼센트, 즉 연간 8-12퍼센트의 이자율로 정기시들 사이에 거래되는 순수한 금융상의 환어음을 개발했다. 에렌베르크는 1630년경 부유한 상사들이 더 이상 상품을 취급하지 않았다고 주장한다. 상품거래는 너무 번거롭고 위험해서 환어음만 다루는 것이 더 수월했던 것이다.[25] 독일인들 그리고 그보다 덜한 정도로 이탈리아인들은 자금을 차용하고 대부하는 사업을 하는 반면, 일부 상인들과 특히 영국, 에스파냐 및 프랑스 국왕의 대리인들은 더욱 빈번하게 그 돈을 빌려 썼다. 런던은 초기부터 이탈리아인들에게서 차용했다가 채무를 불이행하고서 결국 그 증오스러운 이탈리아인들을 쫓아냈다. 튜터 왕조의 대리인인 스티븐 반은 안트베르펜에 자리잡았지만 1545년 이후에서야 국왕을 위해서 자금을 차용하기 시작했다. 그의 후임자는 무능력해서 해고되었고, 이어서 1552년 런던의 은행가라기보다는 상인인 토머스 그레셤이 부임했다. 에렌베르크는 당시 영국의 고리대금법이 신민(臣民)들 사이의 거래를 금지했기 때문에 튜터 왕조는 이탈리아인들을 추방한 후에 해외로부터 차용할 수밖에 없었다고 설명한다.[26]

전쟁, 특히 용병들이 수행한 전쟁은 자금 대부 수요를 증가시키기만 했을 뿐 그 지불문제를 해결하는 데에는 도움이 되지 않았다. 안트베르펜이 직면한 어려움은 대부분 보수를 제대로 받지 못한 용병들의 폭동 때문에 야기되었다. 용병 폭도들은 1576년 안트베르펜을 약탈해서 6,000여 명을 살해했는데, 이는 1572년 젤란트의 신교도 출신 "바다의 거지들"(Sea Beggars : 16-17세기 네덜란드 독립전쟁 당시 독립을 추구하는 세력의 상징이 "거지들"이었으며, 그중 일종의 해군 게릴라 활동을 하던 사람들이 '바다의 거지들'로 불렸다/역주)이 브릴에 가한 파괴적인 공격에 뒤이은 것으로, 이런 사태들이 시민들의 탈출행렬을 발생시켰다. 1584-1585년의 포위공격은 인구감소 과정을 최종적으로 완결지어서, 인구 수가 1566년 9만 명에서 1585년 6만 명으로 감소했다. 1585년 셸트 강의 봉쇄 이후 모두 10만 명이 브라방과 플랑드르를 떠났는데, 이들은 대부분 상인 혹은 숙련 장인들로서, 유동자산과 산업기술을 가지고 떠났다. 그들은 북부 네덜란드뿐만 아니라 독일, 영국, 스웨덴, 이탈리아, 중부 유럽, 심지어 아메리카 대륙으로 이주했다. 이주민들이 가장 많이 간 곳은 네덜란드 연합주와 라인란트의 인근 도시들이었지만, 런던으로 이주한 사람도 1만 명에 달했다.[27] 이러한 이민에도 불구하고, 일부 상인들은 아예 상업을 포기하고 자신들의 부를 토지에 투자해서 현지 귀족층에 합류했고, 리스본 근방이나 다음 시기의 영국에서 그랬던 것처럼 농업 개량가들이 되었다고도 한다.[28] 포르투갈의 경우 그 동력이 경제적 동기에서 비롯되었는지 혹은 사회적 야망에서 비롯되었는지 분명하지 않다.

홀란드

북부 네덜란드의 7개 연합주(네덜란드 공화국) —— 그 가운데 홀란드 주가 지배적인 위치에 있었다 —— 는 안트베르펜이 곤경에 빠짐으로써 엄청난 반사이익을 누렸다. 특히 1585년 셸트 강의 봉쇄는 안트베르펜에 최후의 일격을 가했다. 1590년부터 1620년에 이르는 북부 네덜란드의 급성장은 경제기적이라고 불리기도 했다.[29] 그러나 그 뿌리는 멀리 거슬러올라간다. 몇 가지 이점은 지리적이었다. 브뤼주와 안트베르펜은 대서양, 북해 및 발트 해로의 접근이 용이했고, 넓은 하천들이 흐르는 풍부한 배후지가 존재했으며(앨프레드 마셜은 영국의 하천들은 모두 서로 멀어지는 방향으로 흐른다는 점을 지적했다),[30] 삼림이 부재한 상황에서 연료의 역할을 대신하는 이탄(泥炭)을 이용할 수 있었다. 다른 요인들은 유력한 귀족층과 강력한 교회의 부재라는 구조적인 것이었다. 우선 귀족층의 부재는, 황야와 습지를 바다로부터 지키기 위해서 제방을 지어야 하고 또 그 자체가 지속적인 관리를 필요로 하기 때문에 도시들, 고귀한 기사들, 예술가들 혹은 사상가들을 위한 여유 시간이 없는 유럽의 북부 해안지역에서 나타난 현상이었고,[31] 다음으로 강력한 교회의 부재는 불완전한 종교개혁의 결과였다. 유럽의 여러 나라들에서는 찾을 수 없는 또 다른 특징은 광범위하게 보급된 교육이었다. 중세 말 서부 및 북부 네덜란드의 모든 마을에는 학교가 하나씩 있었으며, 화폐경제에 필수적인 산수교육이 널리 행해졌다.[32] 이러한 구조적인 요인에 더하여, 일련의 우연적인 요소들도 있었다. 다른 주요 유럽 강대국들의 약화는 연합주가 앞서 나갈 수 있는 여지를 주었다.[33] 1588년 영국이 에스파냐의 무적함대를 격파함으로써 두 나라의 해군이 모두 약화된 것은 네덜란드 해운업 발전의 계기가 되었다. 혹자는 14세기에 청어가 발트 해로부터 북해로 이동해서 한자 동맹보다는 네덜란드 어선들에 유리하게 되었고, 이것이 이후의 투자를 위한 자본의 "원시적 축적"을 제공했다는 점을 지적한다. 암스테르담의 건설은 청어 뼈 위에서 이루어졌다는 것이다.[34] 토머스 먼은 1620년대에 "그 지역이 아니라 그 일자리가, 척박한 네덜란드가 아니라 풍부한 어업이 수많은 선박, 예술과 인구를 위해서 건설과 무역과 생계를 제공하고 있다"고 썼다.[35] 먼은 특히 네덜란드의 청어, 링(ling), 대구 어업이 "(영국) 국왕 전하의 해역"에서 이루어지고 있다는 사실에 대해서 항의했다.[36] 또한 재능, 자본 및 새로운 경제상황을 만들고자 하는 추동력의 유입이라는 우연도 작용했다.

이러한 지리적, 구조적, 우연적 원인으로 네덜란드의 상업적인 위업을 설명하는 것은 네덜란드 시민들을 움직였던 심성을 올바르게 인정하지 않는 것이다. 앨프레드 마셜은 "네덜란드인들은, 그 제자들인 영국인들과 마찬가지로, 혁신에 더디었다"고 적었다.[37] 이는 두 나라 모두에 대해서 지나치게 인색한 평가인 것 같다. 네덜란드의 경우만 고려한다면, 새로운 배수(排水) 및 간척방식, 선박설계 및 건조수단, 곡물제분과 선박용 목재 톱질을 위한 풍차의 사용, 말이 끄는 거룻배를 이용해서 도시간 사업가들과 관리들을 이동시키는 트렉바르트(trekvaart)의 고안 —— 이는 3세기 후 기차가 제 시간에 운용되도록 한 것과 비견할 만하다 ——[38] 네덜란드 동인도회사의 조직, 소형 상선들을 위한 효과적인 호송체계의 창설, 금융수단들의 개발을 비롯한 여러 혁신들이 분명히 이루어졌기 때문이다. 다만 마셜도 "그들의 불굴의 정신력은 능가할 자가 없었고, 그들은 이례적인 자기 통제력을 지녔으며, 그들 이전의 어떤 부유한 자들보다도 여러 세대 동안 검소했고 끈기가 있었다"라고 평가했다.[39] 물론 이 경우에도 네덜란드인들의 절제력이 예컨대 베네치아인들의 절제력을 넘어섰는가를 물을 수도 있다. 사이먼 샤마는 네덜란드인들의 검소함이 점차 무너져서 어두운 면을 가지게 되었다고 강조한다. "1660년대에 이르면, 본래 네덜란드 번영의 기반이 되었던 절약하고 삼가는 관습들이 세속적인 허영과 사치의 과시 속에서 사라지고 있다고 일반적으로 얘기되었다." 그는 이어서 말하기를 "이는 공화국의 미덕이 방탕으로 타락하는 것에 대한 고전 로마의 스토아주의적 비탄의 최신판에 불과했다."[40]

네덜란드 역사에서 중심적인 문제는 초기의 역동성의 원천이 과연 이 나라의 분권화된 특성에서 비롯되었는가 하는 점이다. 암스테르담을 경제적 중심으로 하는 홀란드 주는 네덜란드 공화국의 지도적인 주였지만 그렇다고 해서 홀란드가 네덜란드 공화국을 지배한 것은 아니었다. 각 주는 과두집단이 통치했는데, 이들은 본래 상인 출신이었으나 나중에는 물론 그 후손들로 구성되었다. 총 세입의 분담금은 7개 주를 대표하는 전국의회(States General)에서 결정되어 각 주에 할당되었고, 각 주는 다시 보다 작은 단위인 도시 및 마을들에 그 몫을 할당했다. 이 체계는 위로부터의 지시 혹은 아래로부터의 주도 없이 "회합의 합의"를 통해서 결론에 이르는 퀘이커 교도들의 모임과 비슷하게 기능한 것으로 보인다. 월러스틴은 그의 경제 헤게모니 이론을 네덜란드에 적용해서, 네덜란드가 "주변부"와 "반(半) 주변부"에게 무역조건을 강제 부과하고 그 잉여를 차지하는 세계 "중심"이었다고 주장했다.[41] 이에 대해서 피터 클라인은 헤게모니 이론에 따르면 강력한 국민국가가 존재해야 하는데 네덜란드는 그렇지 않다고 반박했다.[42] 그러나 홀란드는 일곱 개 주 가운데에서 지도적인 위치에 있었으므로, 정치학에서의 리더십 이론에서 말하는 바와 같이, 지도하고 위세를 누리는 특권에 대해서 비용을 지불해야 했으며, 따라서 총 세입 가운데 불균등하게 많은 부분을 분담했다.[43] 17세기 네덜란드의 황금시대 동안에는 이 쟁점이 문제가 되지 않았다. 그러나 18세기의 쇠퇴기에 홀란드가 육상 및 해상에서의 군사작전을 위해서, 그리고 특히 1789년 이후 프랑스 혁명과 그에 뒤이은 나폴레옹의 점령이 부과한 무거운 배상금을 내기 위해서 더 많은 자금을 모아야 할 필요가 있었을 때, 이 문제가 두드러졌다.[44] 이 문제는 뒤에서 다시 다루겠다.

상업

전통적인 해석에 따르면, 네덜란드는 16세기 말의 치열한 경쟁에서 한자 동맹을 물리친 후 기본적으로 "어머니 무역"(moederhandel : 근대 초 네덜란드의 경제에 발트 해 무역이 대단히 중요하고 또 다른 교역활동이 여기에 의존한다는 의미에서 이를 '어머니'에 비유한 표현/역주)으로 이익을 얻었다. 네덜란드는 곡물, 조선용 목재, 해상용품 등을 카테가트 해협과 스카게라크 해협을 경유해서 발트 해 지역으로부터 수입하고, 그 대금으로 레이덴에서 염색된 영국 및 플랑드르산 양모, 할렘에서 직조된 슐레지엔산 아마, 비스케 만과 이베리아 반도에서 수입한 소금과 포도주를 제공했으며, 남은 차액은 은으로 지불했다. 이러한 전통적인 해석은, 예컨대 브로델의 『물질문명과 자본주의』에서 제시되었는데, 조너선 이스라엘은 이를 강력히 비판한다. 그는 브로델의 해석의 대부분에 동의하지 않으며, 네덜란드인들의 진정한 이점은 아시아 및 에스파냐령 아메리카와의 "사치품 무역"에 있었다고 주장한다.[45] 17세기 중반 영국 공사로 헤이그에 머물렀던 조지 다우닝 경도 마찬가지로 화물량은 적으나 상당한 위험부담이 있는 지중해 및 아시아와의 "귀중품 무역(rich trades)"과 네덜란드가 영국의 경쟁을 물리친 발트 해 무역 및 어업이라는 "잃어버린 무역"을 구분했다.[46] 발트 해는 연간 7개월 동안 결빙되었고, 대서양의 폭풍이 늦가을과 겨울 동안 남북간 항해위험을 가중시켰다. 이 기간 동안에 네덜란드는 북쪽으로 향하는 사치품과 남쪽의 에스파냐를 향한 부피가 큰 상품들을 대량으로 모아둠으로써 거대한 창고가 되었다. "제1의 손"은 암스테르담으로 상품을 들여와서 분류, 등급화, 재포장을 했고(예를 들면 지중해의 열기 속에서 화약이 자연 발화되는 것을 막기 위해서), "제2의 손"이 이를 보관했으며, "제3의 손"이 비교적 적은 양을 국내에 배분했다. 피터 클라인은, "매우 대담한 추정"을 하자면, 최소한 국내 총 자본형성의 25-30퍼센트는 재고에 대한 투자로 구성되었고, 이는 가공산업에 대한 투자보다 중요했다고 주장한다.[47]

삼림이 소진된 홀란드로 수입되는 목재품이 전부 노르웨이 혹은 발트 해 지역에서 온 것은 아니다. 상당 부분은 라인 강과 그 지류들에 면해 있는 프랑스와 독일 삼림에서 수입되었다. 말뚝, 마스트용 전나무, 바닥 판자를 위한 참나무 등이 라인 강을 따라 내려왔는데, 최대 2만4,000주(株)로 만들어진 거대한 뗏목들이 벌목인부들과 강 주변 읍들의 주민들에 의해서 다루어졌다. 최대 600명에서 1,000명 가량의 일꾼들이 이 다루기 불편한 운송선을 조립하고, 500-600명에 이르는 선원들이 스스로 식량을 조달해가며 30여 일에 걸쳐서 강 하류로 운반했다.[48]

외국산 상품을 대량으로 보관하는 것 외에도, 네덜란드인들이 누린 무역상의 이점 중 하나는 이 나라 정부가 국내 생산품에 대한 기준을 정하고 그 기준이 잘 지켜지는지 통제했다는 사실이다(이는 당연히 분권화보다는 집권화에서 나오는 것이다). 정부 기준에 대한 언급은 1688년 영국에서 조사이어 차일드 경이 집필한 『무역과 금리에 관한 소고』에도 나와 있다. "네덜란드인들의 국내 및 해외 무역의 놀라운 증가와 방대한 해운"을 설명하는 총 15항의 고찰 가운데 제3항은 "그들이 모든 상품을 정확하게 만듦으로써 …… 앞서 언급된 그들의 상품들이 언제나 해외에서 좋은 평판을 유지하고, 구매자들이 제품들을 열어 보지 않고도 표시만 보고 받아들이도록 했다"는 것이다.[49]

1585년에서 1740년 사이 세계무역에서의 네덜란드의 선두에 관한 연구에서, 조너선 이스라엘은 1세기 반을 일곱 시기로 세분한다. 1590년부터 1609년에 이르는 첫째 시기에 네덜란드는 세계무역에서 선도적인 위치에 오르는 비약적인 진전을 이루었다. 1590년에 영국과 함께 지중해로 진출하고, 네덜란드 동인도회사를 설립하고, 1590년대에 세비야에 대규모로 유입되던 에스파냐의 은을 간접적으로 입수할 수 있게 되고, 무역금융을 촉진하기 위해서 암스테르담 은행을 설립했다.[50] 1609년 에스파냐와의 휴전으로 에스파냐 항구들로의 입출항 금지령이 해제되면서 네덜란드의 무역은 더욱 성장했다. 네덜란드 상선들은 에스파냐령 아메리카로 옮겨 갈 북유럽 상품을 가지고 세비야와 카디스로 향했다. 이러한 상선의 수는 연간 400-500척에 이르렀다.[51] 게다가 덴마크와 스웨덴으로부터 발트 해의 해상지배권을 빼앗았다. 세 번째 시기인 1621년부터 1647년 사이는 덜 성공적이었다. 에스파냐와의 전쟁이 재개되어 이 나라와의 무역은 함부르크 상선들을 이용해야 했으므로, 이 무역은 겨우 유지되는 정도로 축소되었다. 또 다른 좌절은 1625년 브라질에서 서인도로 축출된 것이다. 그러나 당시 동인도 제도 및 서인도 제도와의 무역은 이 경우만 제외하고는 번성하고 있었다. 이 시기는 1647년 에스파냐의 입출항 금지령이 다시 해제되면서 종료되었다.

17세기 후반에는 상업적 쟁투와 전쟁이 이어졌다. 1651년 영국의 항해법, 3차에 걸친 영란전쟁(이중 제2차 영란전쟁에서 네덜란드는 뉴암스테르담〔오늘날의 뉴욕/역주〕을 영국에게 넘겼다), 콜베르가 이끄는 중상주의 프랑스와의 관세전쟁과 그 절정인 1672년 프랑스의 네덜란드 침공 등이 있었다. 프랑스의 관세전쟁은 흔히 역동적인 경제들에 의해서 이루어지는 수입대체의 좋은 사례이다. 네덜란드의 조선업을 억제하기 위해서 프랑스는 브르타뉴산 범포용 캔버스의 수출을 금지했다. 단기간 내에 할렘과 엥크호 이젠은 네덜란드의 수요뿐만 아니라 영국과 에스파냐 시장에서도 프랑스 산 캔버스를 대체할 수 있을 정도로 충분한 아마 캔버스를 생산하기에 이르렀다.[52] 이 시기에는 또한 설탕, 담배, 차, 커피, 염료와 같은 식민지 상품과 국내용 및 수출용으로 네덜란드에서 반 가공되는 원재료의 수입이 증가했다.

치열한 무역경쟁이 벌어지던 때인 17-18세기의 전환기에 영국, 프랑스, 네덜란드는 무허가 무역(즉 카디스를 통하지 않고 그들 자신이 직접 아메리카와 행하는 무역)을 강행함으로써 에스파냐의 아메리카 무역의 독점을 깨고자 했다. 이들이 에스파냐 왕위계승 전쟁에서 승리하면서 에스파냐의 왕권은 합스부르크 가문에서 부르봉 가문으로 옮겨졌고, 에스파냐는 영국 인들에게 남해에서의 무역(부에노스 아이레스를 통한 페루와의 거래)에 대한 아시엔토를 허가했다. 특히 네덜란드와 영국 사이의 경쟁이 치열했다. 당시 영국에서 인기 있던 노래 가운데에는 "네덜란드인들과 전쟁을 벌이고, 에스파냐와 평화를 유지하라. 그러면 우리는 다시 돈과 무역을 얻으리라"라는 것도 있었다.[53] 1668년 조사이어 차일드 경은 이에 대해서 "네덜란드인들의 국내 및 해외 무역의 놀라운 증가와 방대한 해운은 오늘날 선망의 대상이며 이후 세대들에게는 경탄의 대상이 될 것이다"[54]라고 표현했다. 17세기 3/4분기에 네덜란드가 영국보다 우위에 있었던 이유에 대한 차일드의 15개 항목들은 특히 높은 저축률과 낮은 금리를 강조했다.[55] 그러나 그는 네덜란드의 무역이 중계에 기반해 있고, 중계무역에서의 독점은 중계시장에서 획득하는 수익이라든지 포장 및 재포장 가격에 대한 정보가 널리 확산되면 결국 무너질 수밖에 없다는 것을 보지 못했다. 애덤 스미스가 범한 보기 드문 실수 중에 하나는, 네덜란드 상인들이 자신들의 상품을 암스테르담으로 가져온 이유에 대해서 자신들의 자본과 떨어져 있는 것을 불안해하고 직접 자신들의 눈으로 그것을 보고 싶기 때문이었다고 추정한 것이다.[56] 이는 등급화, 포장 및 보관과 같은 중계시장 기능과 보다 큰 시장이 가지는 '규모의 경제'를 간과한 것이다. 어떤 면에서 보면, 네덜란드의 중계무역은 본질적으로 과도기적이었다. 품질, 수량, 가격에 대한 정보가 확산되고 무역량이 증가할수록 직교역이 더 경제적이 됨으로써 중계지는 건너뛰게 되기 때문이다.[57]

이러한 현상에는 정보 이상의 것들이 관련되어 있다. 바다는 해적들로부터 안전해졌고, 선박은 대형화되었으며, 각국은 자신의 상선단을 구축하고자 했다.[58] 찰스 윌슨에 따르면 18세기 영국과 독일 그리고 영국과 에스파냐 사이의 무역은 암스테르담 중계무역으로부터 직교역으로 대체된 사례에 해당한다.[59] 네덜란드로 향하는 프랑스 와인의 수출량은 17세기와 18세기 초의 최대치로부터 점차 감소하기 시작했다. 예를 들면, 1717년에는 총 수출량의 67퍼센트를 차지하던 것이, 1789년에는 10퍼센트로 감소한 반면에, "북으로" 가는 수출 —— 대개는 함부르크로의 수출을 가리킨다 —— 은 13퍼센트에서 46퍼센트로 증가했다.[60] 1714년 한 영국상인은 그의 네덜란드 동료에게 "상품을 그 원산지에서 구매하고 모든 불필요한 비용을 아낄 필요가 있다. 이러한 이유로 상인들은 직접 함부르크와 브레멘으로부터 독일산 아마를 수입하는 것이다. 그러면 많은 돈을 아낄 수 있기 때문이다"라고 설명했다.[61] 윌슨은 암스테르담이 무역으로부터 금융으로 전환하는 동기에 대해서 대체로 암스테르담이 무역 중계지의 역할을 상실했기 때문이라고 보고 있다.

산업

네덜란드의 상업은 다른 나라들과 식민지들의 상품만 다룬 것은 아니다. 수출품 중에는 바다를 개간해서 만든 시골 지역에서 생산된 버터, 치즈와 북해에서 500여 척의 어선으로 잡은 청어가 포함되어 있었다. 이러한 시골 지역은 수출품을 생산하는 대신 식량을 수입 곡물에 의지했다. 청어는 항구에서 소금절임 가공을 했다. 그러나 홀란드의 주요 산업은 무엇보다도 조선업이었다. 동인도 제도와 서인도 제도로의 긴 원양항해를 위해서는 대형 선박이 필요했고, 이러한 대형 선박들은 장기항해를 위한 식량, 해외 "상관"들에 거주할 인력, 게다가 무장호위 없이 항해할 경우 해적과 사략선을 물리치기 위한 총포와 포수들을 운반할 수 있을 만큼 충분히 대형이어야 했다. 이러한 측면에서는 영국인들이 네덜란드를 바짝 추격했다. 그러나 발트 해 무역에서는 영국인들이 결코 뒤쫓아오지 못했다. 영국에서 목재, 판자, 대마, 아마, 송진 등을 구매하는 가격보다 발트 해 지역으로부터 홀란드 주의 잔담으로 수입된 것들의 가격이 더 쌌다. 이는 일부는 영국의 관세 때문이었고 또한 해외 해상용품 수입을 영국선박으로만 한정시킨 항해법들 때문이었다.[62] 영국에서 제작할 경우 1,300파운드에 이를 네덜란드의 플뢰이트(fluyt, 쾌속 소형선)는 홀란드에서 만들 경우 800파운드만 들었다. 대형 선박의 경우 그 차이는 1,400파운드에서 2,400파운드까지 이르렀다. 프랑스인들과 영국인들 모두 플뢰이트가 허술하고 약하다고 비판했지만, 동일한 크기의 영국함선이 30여 명의 선원을 필요로 한 반면에 플뢰이트는 9-10명의 선원으로 충분했으므로 ── 찰스 윌슨은 네덜란드의 경우 18명인 데 반해서 다른 나라들은 24명에서 30명이 필요했다고 주장한다[63] ── 네덜란드의 해운비용은 다른 나라의 3분의 1 정도로 저렴했다. 이러한 저비용에 기여한 또 다른 요인은 네덜란드인들이 선원들의 식량을 주로 아일랜드에서 구매했다는 사실이다. 영국이 아일랜드의 육류와 버터 수입을 금지했기 때문에 이들 상품의 가격이 더욱 저렴했다. 공적 지출 덕분에 사적 이익이 증가한 또 하나의 사례는 상인들이 사략선과 해적들로부터 자신들의 상선을 보호하기 위해서 홀란드에 있는 해군부에 호위 함선들을 요청했다는 것이다. 네덜란드 선박 중에서도 동인도 제도와 서인도 제도를 오가는 선박들은 자체 무장을 적재할 만큼 충분히 대형이어서 선단을 이루지 않고 대개 홀로 항해했다. 이에 비해서 영국선박들은 크기를 불문하고 모두 상품과 총포를 싣고 항해해야 했다.

마지막으로 언급할 점은, 1671년 조선업 서적을 집필한 네덜란드 저술가가 외국인들이 설사 네덜란드의 방식을 연구한다고 해도 그것을 모방하지는 못할 것이라고 장담한 사실이다. 외국의 환경에서 외국의 장인들을 데리고 활동하기 때문이라는 것이다. "일꾼들은 홀란드인 특유의 근면함과 능숙한 기질을 결여하고 있다."[64] 더욱이 네덜란드의 일꾼들은 이 나라의 다른 선원들, 항만 하역자들, 농민들과 마찬가지로 "유럽에서 가장 교육을 많이 받았고, 생기가 넘치며, 기탄 없이 자기 의견을 개진하는 사람들"로 묘사되었다.[65] 영국 해군 장교단들은 네덜란드 조선공들의 조언을 구했고, 콜베르는 프랑스 조선업자들에게 네덜란드의 기법을 전수시키기 위해서 네덜란드 조선공 40명을 고용하고자 했다.[66] 그러나 바버는 이어서 몇몇 네덜란드 조선업 목수들이 프랑스의 초청을 거부한 것은 프랑스에는 네덜란드식 제재용 톱과 조선소용 기중기와 같은 첨단 기법이 없었기 때문이라고 추정한다.[67] 한 세기 후에 네덜란드 전국의회는 외국에서 구하는 숙련 직공들, 특히 제재용 톱 조작자들, 밧줄 제작자들 혹은 직물의 마무리 공정 기술자들의 이민을 금지했으나, 이러한 제약들은 쉽게 빠져나갈 수 있었다.[68]

조선업, 직물의 마무리 공정, 식민지 산물의 가공 등에 더해서 네덜란드의 주요 산업으로는 맥주 양조, 진과 브랜디 증류, 설탕 및 소금 정제, 비누 생산, 식물종자 압착유 생산, 다이아몬드 세공 등이 있었다. 이 중에서 마지막의 것은 안트베르펜으로부터 이전된 대표적인 분야였다. 네덜란드가 1880년 이전에 근대산업으로 이행하는 데 실패한 주요 요인으로 흔히 석탄의 부족을 들지만 —— 반면 20세기에는 강철생산을 위해서 필요한 석탄은 너벅선으로 루르 강을 통해서 쉽게 수입되었다 —— 양조, 증류, 도자기, 벽돌 제작 등의 초기 산업에 필요한 에너지는 이탄(泥炭)을 통해서 얻을 수 있었다. 이탄은 해수면의 지역에서, 심지어 해수면보다 낮은 지역에서도 풍부하게 존재했고 운하 수송을 통해서 쉽게 이용할 수 있었다. 이탄은 일찍이 삼림이 소진된 네덜란드 공화국에게 사용 가능한 "값싼 연료"를 제공했다.[69] 심지어 안트베르펜을 비롯한 플랑드르의 도시들로, 혹은 엠덴, 브레멘, 함부르크 등지로 이탄이 수출되기도 했다. 동시에 소량의 석탄이 영국과 스코틀랜드로부터 수입되었다.[70] 17세기 이후에 이탄은 적정한 깊이에서도 점차 구하기 힘들게 되었고, 따라서 더욱 비싸졌다. 드 제우는 풍차와 이탄을 통해서 네덜란드가 80만 헥타르의 삼림에 해당하는 에너지를 얻을 수 있었고, 또 이탄을 대신해서 말을 사용하고자 했다면 말이 먹을 사료를 위해서 100만 헥타르의 경작지가 필요했을 것이라고 계산한 바 있다.[71]

그러나 상업, 해운업, 어업을 제외하면, 1590년 이래의 첫 반 세기 이후에는 네덜란드에서 기업가적인 활기를 찾기 힘들었다. 17세기의 첫 40년 동안에는 적지 않은 혁신의 분출 —— 다만 상당히 낮은 기술수준에서 —— 이 있어서, 1590년부터 1790년 사이에 허가된 특허의 반이 이 시기에 집중되었다. 그러나 1640년 이후에는 발명이 뜸해졌다.[72]

네덜란드의 해운업은 선원들의 임금상승에도 불구하고 1780년 제4차 영란전쟁 때까지는 계속해서 수익성이 있었지만, 상업은 그 이전부터 금융에 자리를 내주었다. 찰스 윌슨은 18세기 영국과 네덜란드 사이의 무역에 대해서 연구한 결과 상업이 1730년까지 우위를 지키고 있었다고 주장한다.[73] 그는 무역이 17세기의 4/4분기 혹은 3/4분기에 쇠퇴하기 시작했다는 견해를 제시했지만, "새로운 연구"가 이러한 견해를 수정했다고 주장한다.[74] 조너선 이스라엘에 의한 더욱 최신의 그리고 보다 상세한 연구는 그 쇠퇴의 시기를 더욱 앞당겼다. 그는 1680년대 이래 네덜란드와 프랑스 사이의 경쟁이 심해졌고 또 네덜란드와 영국 사이의 전쟁 그리고 프랑스와 에스파냐 사이의 전쟁들이 네덜란드의 무역, 특히 카디스와의 교역 및 카디스를 통한 신대륙과의 무역에 심각한 타격을 입히면서 —— 이는 무허가 교역으로도 완전히 벌충되지 않았다 —— 쇠퇴가 시작되었다고 주장한다.[75] 이스라엘에 따르면 다른 연구자들은 네덜란드가 계속 우위를 점한 발트 해 지역과의 대규모 상품무역에만 초점을 맞추고 있지만, 아시아 및 서인도 제도와의 사치품 무역에서 네덜란드가 우위를 상실한 점을 간과한 오류를 범했다고 지적한다.[76] 오늘날 논쟁의 초점은 18세기로 넘어가는 전환기의 그 쇠퇴가 상대적이었는가 절대적이었는가 하는 문제에 모아지고 있다.

금융

1700년 전후로 일어난 9년전쟁(1689-1708)과 에스파냐 왕위계승 전쟁(1701-1714) 시기에 이르면, 네덜란드의 금융업은 이미 상당히 발전해 있었다. 제임스 트레이시는 네덜란드의 각 주들이 상인-은행가들로부터 대부를 받던 방식에서 벗어나서 부자들에게 직접 채권(rentes)을 판매하기 시작한 16세기 중반부터 "금융혁명"이 시작되었다고 가정한다.[77] 이 "새로운 방책"은 명예혁명으로 홀란드의 빌렘(Willem : 1688년 명예혁명으로 영국에 국왕으로 초빙되어 갔으며, 영국에서는 윌리엄 3세로 불린다/역주)과 메리가 스튜어트 왕조를 계승하게 된 이후 런던에서 있었던 또 다른 금융혁명에 앞선 것이었고,[78] 또한 필라델피아의 은행가인 제이 쿡이 남북전쟁 시기에 북부연합의 채권을 은행권을 통하지 않고 직접 북부의 개인들에게 판매함으로써 명성을 얻은 기법보다 300년 앞선 것이었다.[79]

1585년 안트베르펜으로부터 암스테르담 등지로 피신한 상인-은행가들은 상업과 금융을 긴밀하게 결합하는 이탈리아, 플랑드르 및 브라방의 기법들을 가지고 왔다. 1590년부터 1609년 사이에 지중해, 아시아, 발트 해 지역으로의 돌파로 인해서 무역 붐이 일어나고, 특히 1621년까지 지속된

12년 휴전 기간에 무역에서 막대한 독점적 이익을 얻은 데다가, 네덜란드인들의 근검절약 습관이 함께 작용함으로써, 이제 선박 소유, 암스테르담 창고에 보관된 상품들에 대한 증권 보유, 농업용 폴더(polder, 간척지)의 개간 등의 수요를 훨씬 초과하는 엄청난 저축금을 형성하게 되었다. 심지어 간척지에서 산업용 작물을 생산하는 농부들의 수익이 청어 포획선이나 플뢰이트 선의 자금으로 흘러 들어갈 정도였다. 이때 선박에 대한 투자 지분은 세밀한 분할이 가능함으로써 선박의 256분의 1에 해당하는 지분도 가능하게 되었다.[80] 네덜란드의 자본시장은 급속히 성장했다. 해외 대부는 스웨덴 국왕과 덴마크 국왕의 30년전쟁(1618-1648) 참전 비용에 대한 지원으로부터 시작되었다. 클라인은 무역에서 금융으로의 이동은 심성의 변화에 기인한다고 보는데, 이것은 투자정신만큼이나 나태함의 탓이라고 보았다.[81]

네덜란드인들은 에스파냐령 네덜란드로부터는 금융기법만 배운 것이 아니라 안트베르펜인들의 도박에 대한 열정까지 물려받았다.[82] 검약과 도박은 샤마가 당시 네덜란드인들의 특성 중에서 발견한 수많은 부조화, 모순과 역설 가운데 하나였다.[83] 초기의 고비는 1636년의 튤립 열풍으로서 이에 대해서는 여러 역사가들이 상세히 설명한 바 있다.[84] 안트베르펜과 암스테르담은 모두 복권에도 열광했는데, 특히 암스테르담은 18세기 말 프랑스의 재무장관인 자크 네케르가 복수 수혜자에게 기반한 연금(연금 혜택을 받는 사람을 미리 여러 명 정해 놓아서 한 사람이 죽으면 다음 사람이 연금 혜택을 물려받는 방식/역주)을 판매하기 시작하면서 이 경향이 더 심해졌다.[85]

투기적인 성격은 다소 덜하지만 금융상 기법으로 볼 때 인상적인 것은 선물(future), 옵션(option) 혹은 정부 채권, 주식, 상품에 대한 투자시장들로서, 이는 청어가 잡히기도 전에 청어를 사고파는 지경에 이르렀다.[86] 에스파냐와 포르투갈로부터 온 유대인 망명자들이 특히 선물 및 옵션 거래에서 혁신적이고 능숙했는데, 이러한 시장들은 구매자와 판매자가 실제 물건을 보지도 않은 채 사전에(in air) 거래해서 "바람 장사(Windhandel)"라고 불렸다. 바버는 순전한 금융상의 투자는 17세기 초기부터 시작되었고 17세기 후반경이면 해외무역보다도 선호되었다고 말한다.[87] 상인들은 또한 이탈리아 견직물 및 대리석, 설탕, 향수 원료, 초석, 구리 시장을 독점하고자 했다. 네덜란드 투자자들은 미시시피 회사(Mississippi Company)의 파산과 남해 버블 사건(South Sea Bubble)에 지나치게 휩쓸리지 않을 정도로 기민했던 것으로 보인다.[88] 남해 버블 사건 이후에, 많은 투자자들은 새로 창설된 보험회사들의 주식에 투자하기 위해서 암스테르담으로 옮겨 왔는데, 이 회사들 가운데 "보험회사(Maatschappij van Assurance)"만이 홀로 존속했다.[89]

17세기 금융의 성장 가운데 한 가지 흥미로운 측면은 1609년 암스테르담 은행의 설립으로서, 이는 베네치아 은행을 본떠서 만든 것이었다. 암스테르담 은행은 경화(硬貨)로 예금을 받아서 무게를 재고 함량을 분석한 후, 그에 따라 "은행권(bank money)"을 지급했는데, 이는 그 가치가 보장되었으므로 경화에 비해서 프리미엄을 누리게 되었다. 이 은행의 성공으로 다른 네덜란드 주들과 독일에서도 유사한 은행들이 설립되었다. 암스테르담 시는 600플로린이 넘는 환어음의 지불은 반드시 암스테르담 은행을 통하도록 명령했는데, 이 때문에 암스테르담 은행은 환은행(Wisselbank)으로 알려졌다. 이 은행은 때때로 정화(正貨) 예금액에 따라서 은화(rixdollars)로 대부함으로써 채무자들이 유동성을 획득할 수 있게 했다. 이러한 수단들을 통해서 암스테르담은 외환 및 금과 은 거래에서 유럽의 중심지로 발전했다.

1650년 영국의회에 제출한 보고서에서 토머스 바이올렛은 다음과 같이 적었다.

모든 상인들은 에스파냐와의 무역에서, 그들이 거래하는 금과 은 가운데 최소한 3분의 1이 결코 기재되지 않는다는 것을 잘 알고 있다. 이

금과 은은 산 루카의 관문 내에 들어오기 전에 국왕의 관세를 피하기 위해서 특정 상인들에게 인도된다(그리고 이제는 일반적으로 홀란드로 보내진다).[90]

중상주의 시대(국내에 귀금속이 많아야 부가 증진되는 것이라고 보고 귀금속의 유출을 가급적 막는 것이 일반적인 특징이다/역주)에 독특하게도 네덜란드 전국의회가 귀금속의 자유로운 수출입을 허가했는데, 이는 결국 "부의 창출에 기여했다"고 아트만은 지적한다.[91] 얀 드 브리스 또한 이 정책의 독특함에 동의한다. "오직 네덜란드 공화국만이, 비록 여러 다른 이유로도 이미 유별나지만, 스스로를 마이더스 콤플렉스로부터 해방시킨 것으로 보였다."[92] 시장은 공공재(public goods)로 기능했다. 영국 동인도회사는 아시아에서의 대금지불에 필요한 경화를 암스테르담에서 구입함으로써 영국의회의 경화 수출 금지령을 극복할 수 있었다.

1688년 명예혁명으로 오라녜 공작 빌렘이 영국의 왕위에 오르면서, 네덜란드와 영국 사이에 긴밀한 금융관계라는 새로운 시대가 열렸다. 네덜란드는 17세기 초에 스칸디나비아 국가들에 이어서 독일 도시들에도 대부했었다. 찰스 윌슨은 영국에 대한 대부가 없었던 것은 항해법이나 3차에 걸친 영란전쟁 때문은 아니었다고 본다. 그 전쟁들은 "해상 난투극"이었다. 배수 계획과 어쩌면 부동산 저당에 대한 몇몇 투자가 있었지만, 중요한 진전은 오라녜 공작 빌렘과 영국의 재정혁명 이후에 이루어졌다.[93] 일부 네덜란드 금융업자들은 런던으로 옮겨와서 자신들의 주문과 고국에 남은 동포들의 주문을 함께 처리했다. 네덜란드 은행가들은 인수 거절된 증서들의 지불 문제를 해결하려는 영국은행에 도움을 주었는데, 이 증서들은 영국과 네덜란드가 프랑스와 에스파냐에 대항해서 싸운 9년전쟁(1689-1697) 동안에 영국정부가 대륙에서 지출한 전비를 마련하느라고 영국은행이 사용했던 것들이다. 네덜란드인의 이름은 영국은행, 영국 동인도회사, 남해회사의 주식 출자자 명부에 두드러지게 보였다. 네덜란드의 금융은 갈수록 번성하다가, 1763년 7년전쟁이 종료되면서 금융위기에 직면했다. 당시 상품투기와 독일에 대한 대부로 인하여 아렌트 요제프 사(Arend Joseph, 유태계)와 뒤이어 드 뇌빌 사(De Neufville)가 파산해서 영국은행의 원조가 필요했다. 또한 1772년 네덜란드 동인도회사 주식에 투자했던 클리퍼드 콤파니(Clifford & Co)가 스코틀랜드의 에어(Ayr) 은행과 함께 파산하면서 금융위기가 도래했다. 더 후유증이 크고 충격적인 사건은 제4차 영란전쟁 기간에 일어났다. 당시 네덜란드인들은 런던에 대한 대부를 중단하고 자신들의 자본을 프랑스로 전환시켰는데, 결국 그 자본을 잃게 되었고, 이어서 프랑스 혁명 전쟁과 나폴레옹의 네덜란드 지배로 네덜란드가 무거운 전쟁 배상금을 물게 되자 다시 더 많은 자본을 잃게 되었다. 1763년의 위기는 네덜란드의 쇠퇴에서 한 이정표가 되었다. 일례로 이 시기 이후 영국은 암스테르담을 통하기보다는 상트 페테르부르크와 직접 외환을 거래하기 시작했던 것이다.

교육

경제성장을 위해서는 노동, 자본, 기술 —— 이것들은 수입이 가능하다 —— 에 더하여 사회적 역량이 필요하다는 아브라모비츠의 신념에 주목할 필요가 있다. 사회적 역량에 대한 개략적이나마 유용한 지표는 교육 연수(年數)이다. 네덜란드인들은 종교개혁 훨씬 이전부터, 실로 멀리는 중세부터 교육에 관심을 기울였다. 앞서 언급했듯이, 17세기에 모든 서부 및 북부 마을에는 학교와 교사가 있었으며, 무엇보다도 화폐경제에 필수적인 산수를 가르쳤다.[94]

경제도약의 시발점에서 네덜란드인들은 다섯 개의 대학을 설립했는데, 그 가운데에서 레이덴 대학(1575년 설립)이 가장 명문이었다.[95] 암스테르담에는 인쇄소, 철학자들, 역사가들 및 과학자들이 넘쳐났다.[96] 암스테르담에는 또한 상업기술을 배우려고 외국의 젊은 상인들이 많이 들어와 있었다.[97] 호이징하에 따르면, 1575년과 1700년 사이에 21,528명의 네덜란드 학생들과 더불어 16,557명의 외국학생들이 레이덴 대학에서 수학했다.[98] 샤마는 10여 쪽을 할애해서 18세기 말의 초등교육 개혁시도에 대해서 설명하는데, 이 교육개혁은 호귈이 경제회복을 위한 계획의 일환으로 새로운 조세법을 만들고 길드를 철폐한 후에 착수한 것이었다.[99] 프랑스가 엔지니어, 군 장교 및 관료 양성에 관심을 기울인 것과 반대로 호귈 개혁안의 강조점은 일반교육에 있었다.[100] 이 개혁은 고등교육의 실용적인 측면으로까지 널리 확대되지는 않은 듯하다. 취임 연설과 논문 발표는 1846년까지도 여전히 라틴어로 이루어지고 있었다.[101] 여기에서 변화가 시작된 것은 1840년대 말이었다. 일례로 어느 "자유시장론 경제학자"의 취임 강연이 1842년 라틴어로 발표되었다가 1846년에 네덜란드어로 출판되었다.[102] 그러나 최근에 네덜란드어로 출판된 한 연구의 결과는 이것과도 부합되지 않는다. 나는 이 연구의 영문 초록밖에 읽을 수 없었으나, 이에 따르면 1800년 이전에 태어난 남성의 25퍼센트와 여성의 40퍼센트는 읽고 쓰는 법을 배우지 못했던 반면에, 100년 후에는 식자율이 보편적이었다.[103]

이주

네덜란드 공화국은 마라노스(Marranos, 유대인)와 무어인(이슬람 교도)을 추방한 에스파냐와는 대조적으로 온갖 종류의 사람들에게 망명처를 제공했던 관용으로 널리 알려졌다. 첫째, 앞서 언급했듯이, 플랑드르와 브라방에서 파괴적 전쟁을 피해서 탈출한 상인들, 은행가들과 직공들의 대규모 이동이 있었다. 둘째, 유대인들과 지식인들이 환영받았다. 셋째, 17세기 네덜란드의 번영이 최고조에 이르렀을 때는 프리지아 제도와 독일로부터

—— 멀리 동쪽으로는 하노버로부터 —— 계절적인 이주가 있었다. 일부는 육체노동을 하러, 일부는 네덜란드 동인도회사의 군인이나 선원으로 일하기 위해서 왔다. 1650년 이전 상황을 보면 7월부터 12월 사이의 이동은 청어 포획선과 상선에서 일하기 위한 것이었고, 3월부터 5월 사이에는 남부 홀란드에서 건초 만들기와 풀베기를 하기 위한 것이었다. 일부 청어잡이 어부들은 철이 아닌 때에는 폴더, 이탄 채취소 혹은 벽돌 제조소에서 종사했다. 네덜란드 동인도회사의 일이 가장 덜 매력적인 것으로 간주되었는데, 이는 고향으로부터 장기간 떨어져 있어야 하고 가는 길이나 외지에서 사망할 가능성이 높았기 때문이다.[104] 네덜란드 동인도회사는 가능하면 네덜란드인을 고용하려고 했다. 네덜란드의 경기가 침체되었을 때에는 본국인을 더 많이 고용할 수 있었으며, 이들은 주로 해상 주들인 홀란드와 프리즐란드 출신이었다. 반면에 "독일의 오지(奧地)에서 온 무식한 촌놈들"은 농장 일꾼이 되었으나, 이들은 동인도회사의 직원들보다 능력이 떨어졌다.[105] 넷째, 낭트 칙령의 철회를 전후하여 위그노 교도들이 그들의 자본과 기술을 가지고 외국으로 떠났는데 그 목적지 중에는 런던, 제노바, 함부르크 외에 암스테르담도 있었다.

경제적 쇠퇴와 함께 숙련공들이 해외로 떠나기 시작했다. 네덜란드인들이 레이덴, 할렘과 같은 산업도시들을 떠나 이민을 가거나 그렇지 않으면 남아서 구제품을 받아 연명하는 한편, 이 나라로 들어오는 이주민들은 비숙련 일꾼들이 태반이었다. 숙련 장인들의 이민을 제한하려는 시도는 성공하지 못했다. 한 독일 역사가는 1767년 2만7,000명의 독일인들이 네덜란드에서 풀베기, 이탄 채취, 어업 및 포경업에서 일하고 있었으나, 그 수는 독일의 산업이 급성장하던 1860년경에는 4,000-5,000명으로 감소했다고 한다. 1900년에 이르면, 오히려 네덜란드인이 루르에서 일하기 위해서 이동했고, 오버하우젠에는 네덜란드인 구역뿐만 아니라 또한 네덜란드인 "노동자 알선소"도 있었다고 한다.[106]

고임금, 조세, 부채

역사가들은 네덜란드의 쇠퇴를 주거, 의복, 식품과 같은 생필품 가격에 부과된 높은 세금으로 인한 고임금 탓으로 돌린다. 세금은 누군가에게는 부과되어야 했으나, 네덜란드의 시민들은 개별 주에서 부과하는 소득세에 저항했고 또 해운업을 저해할 수 있는 수출입 관세에도 저항했다. 영국에서 이미 징세청부가 포기되고 정부의 직접 징수로 변화한 이후에도 네덜란드에서는 징세청부가 계속되었다. 에렌베르크는 징세청부가 18세기 중반에 가서야 중지되었지만, 그 이전에는 스캔들이 될 정도는 아니었다고 주장한다.[107] 클라인은 다른 견해를 제시하는데, 그는 징세청부가 혼란스러웠고, 대중의 공개적인 폭동을 초래했으며, 실제 징수액의 60퍼센트만 정부에 들어가고 나머지는 징세청부업자들이 차지했다고 주장한다.[108]

고임금 때문에 네덜란드가 19세기 말까지 무역으로부터 실질적인 산업으로 이행하지 못했다고 주장한 역사가들로는 애덤 스미스,[109] 찰스 윌슨,[110] 조엘 모키르,[111] H. R. C. 라이트[112] 외에도 여럿이 있다. 그러나 나중에 쓴 논문에서 모키르는 임금이 미치는 영향은 기업가들이 기존 가격구조 내에서 이익을 극대화하고자 하는 정태적 모형에서와, 기업가들이 불리한 조건을 극복하고자 역동적으로 대응하는 경우에 서로 다르다는 점을 지적했다.[113] 하바커크는 잘 알려진 그의 책에서, 미국에서의 발명은 고임금 때문에 노동 절약적이었던 반면에 영국에서의 발명은 희소하고 비싼 자원을 절약하는 것이었다는 조심스러운 견해를 제시했다.[114] 무제한적인 노동 공급(및 저임금)을 상정하는 아서 루이스의 성장 모형과 노동력 부족이 결국 노동 절약적인 혁신을 촉진시킨다는 신자유주의적 모형이 서로 상충한다는 사실을 보면, 깊이 생각하지 않고 단일 모형에 근거해서 결론을 끌어내는 것이 대단히 위험하다는 것을 다시금 깨닫게 된다.

상인들, 은행가들, 소수의 산업가들 대신에 주로 노동계급에게 세금을 부담시켰으므로 전시에는 쉽게 자금을 모을 수 없어서 결국 빌릴 수밖에 없었다. 저금리는 단기적으로 이와 같은 차용에 유리했지만, 부채의 증가는 장기적으로 더 무거운 세금을 가져올 수밖에 없었다. 이는 조세의 중앙집권화, 전쟁과 부채상환의 부담 등에 어떻게 대처할 것인가 하는 문제에서 재정위기를 초래했다.

쇠퇴의 시점

경제사에서는 흥기와 쇠퇴의 시점에 대해서 많은 논쟁이 있다. 네덜란드의 경우 흥기의 시점은 아주 분명하게 1585년, 즉 해외 상인-은행가들의 유입 시점에 의해서 설정된다. 이는 네덜란드가 망명처를 제공하는 전통으로 발전해서 이후로 더 많은 추방객들 —— 에스파냐의 마라노스, 포르투갈의 유대인과 신기독교도들, 이후에는 프랑스의 위그노들 —— 의 피난을 유도했으며, 각 집단은 네덜란드의 경제성장에 기술과 추동력을 더했다. 반면 쇠퇴의 시점에 대해서는 연구자들마다 네덜란드 경제 가운데 강조하는 부문과 부분이 다르기 때문에 아직 채 정리되지 않았다. "1650년 세계의 중심은 조그마한 홀란드, 아니 차라리 암스테르담이었다."[115] 조너선 이스라엘의 시대구분법에 따르면, 1647년부터 1672년에 이르는 시기는 세계무역에서 네덜란드의 경제적 선두의 최절정기였다. 하지만 그는 발트해 무역이 1650년부터 쇠퇴하고 있던 반면에 지중해와 동인도 및 서인도 제도와의 무역은 번성하기 시작했으므로 1650년을 강조하는 것은 '어머니무역'(p.150 참조)의 중요성을 과장하는 경향에 잘못 이끌린 것이라고 설명한다.[116] 이러한 시기 설정, 특히 황금시대가 1580년부터 1670년이었다는 견해를 뒷받침하는 근거는 많이 있다.[117] 이는 곧 쇠퇴의 시발점을 17세기의 3/4분기 중의 어느 시점에 두거나[118] 혹은 1675년, 다시 말해서 4/4분기로 설정하는 것이다.[119] 더 명확하게 프랑스가 네덜란드를 침공한

표 6-1 네덜란드의 과두지배층

기간	무직	시골 저택 보유
1618–1650	33퍼센트	10퍼센트
1650–1672	66퍼센트	41퍼센트
1672–1702	53퍼센트	30퍼센트
1702–1748	73퍼센트	81퍼센트

출처 : Burke, 1974, p.106.

1672년을 들기도 한다(참고로, 한 세기 후에도 프랑스가 네덜란드를 침공했다). 그러나 그 이전 혹은 그 이후의 시점을 지지하는 증거들도 있다. 네덜란드의 역사가 아이체마가 기록한 1652년 암스테르담에서 있었던 다음의 불평은 자주 인용되는 문구이다. "과두집단(regent)은 더 이상 상인들이 아니다. 그들은 해상에서의 위험을 무릅쓰는 대신 자신들의 수입을 주택, 토지, 증권(renten)에서 얻음으로써 네덜란드가 해상권을 상실하도록 방치했다."[120] 피터 버크는 이것이 사실을 있는 그대로 말하는 신중한 표현이라기보다는 정치적 발언이었다고 평가한다. 그는 나아가서 두 명의 사회학자들의 표(표 6-1)를 재인용하는데, 이 표에는 과두지배층 가운데 직업이 없는 이들 —— 이것은 이들이 활동 중인 기업가 혹은 금융업자라기보다는 금리생활자(rentier)임을 암시하는 것이다 —— 과 시골 저택을 가진 이들의 비율이 나타나 있다.

첫 두 시기 사이에 무직자의 비율이 배로 증가하고 시골 저택 보유자의 비율이 네 배 증가한 것을 볼 때 쇠퇴의 시점이 보다 이른 시기에 있다고 볼 수도 있겠지만, 버크는 오히려 이 표로부터 금리생활자로의 이동이 점진적이었으며 1650년보다는 1700년경에 집중적으로 일어났다고 주장한다. 이 표는 여러 역사적 사실들 사이의 모순을 설명하는 데에 도움이 된다. 한 견해에 따르면 공직도, 토지도 네덜란드인들의 관심을 끌지 못했다(따지고 보면, 함부르크와 같은 도시에서도 부르주아 상인들이 귀족 지위에 관심이 없었다).[121] "사회적 지위를 위해서 토지를 소유하고자 하는 결정적인 충동은 거의 느껴지지 않았다."[122) 이것은 추측컨대 보다 이른 시기의 연구를 반영하는 것이다. 그러나 또 다른 추정에 의하면,

  ……점점 부유하게 된 상인들은 토지를 대규모로 구입했는데, 이런 종류의 투자는 또한 토지에 결부된 사회적 지위와 귀족적 권리 때문에 관심을 끌었다.[123)

  존 호프(네덜란드 동인도회사의 이사/역주)는 귀족화의 과정을 밟으면서 점차 회사의 일상적인 업무에서 손을 떼었다. 1767년 그는 흐루넨달 영지를 구입했고, 1784년 보스벡 영지를 추가했으며, 1774년에는 네더호르스트 덴 베르흐 성을 획득했다. 1772년 그는 패밀리 하우스를 점유하게 되었으나 다시 1782년 헤렌흐라흐트에 있는 저택으로…… 또다시 헤이그에 있는 코르테 포르하우트의 북쪽에 있는 저택으로 이사했다. 그것은 널리 흩어져 있는 토지와 영지들을 돌아다니는 순례의 삶이었다.[124)

  찰스 복서는 17세기의 마지막 4/4분기에 이르러 이전 상인들의 엄격하고 검약하는 방식 대신 사치스러운 스타일, 시골 저택 및 대영주의 삶이 확산되는 경향을 보여 주는 1662년의 책자를 인용한다.[125) 또 위에서 인용된 존 호프는 네덜란드인이 아니라 스코틀랜드인이었다고 설명할 수도 있다. 카터는 암스테르담 사람들이 자신들의 자금을 상업으로부터 빼내서 석조 구조물(pierres)에 넣고 있으며, "암스테르담은 베네치아와 같이 되어서, 선단과 왕국 대신에 화려한 궁정들이 들어설 것"이라고 지적하는 1729년 몽테스키외의 말을 인용한다.[126)
  쇠퇴는 상이한 추세로 진행되었다. 금융업의 쇠퇴는 1763년과 1772년의 금융위기에도 불구하고 더디게 진행되었고, 산업의 쇠퇴는 마무리 공정까지 마친 수입 직물이 레이덴과 할렘의 산업을 침식시키면서 보다 급속히 진행되었으며, 어업과 해운업의 쇠퇴는 경쟁, 고임금, 어민들의 해외 이주,

외국의 수입금지령, 또한 어쩌면 어류 대신에 육류를 선호하는 식성의 변화 때문에 중간 속도로 진행되었다.[127] 1702-1712년의 에스파냐 왕위계승전쟁에서 프랑스의 사략선들이 청어 어업에 타격을 준 한편, 포경업에서는 네덜란드인들이 옛 방식에 집착했기 때문에 새로운 기법을 사용한 영국인들과 독일인들에 비해서 완전히 뒤지게 되었다.[128]

19세기 후반 네덜란드 공화국의 쇠퇴는 사이먼 샤마의 저서에서 훌륭하게, 또 상세하고도 아주 길게, 다루어졌다. 이 책은 그의 연구경력 초기에 집필되었지만 최근에 『애국자들과 해방자들 : 네덜란드에서의 혁명, 1760-1813』[129]으로 다시 출간되었다. 이 책의 제2장은 1747년부터 1760년에 이르는 네덜란드의 "노망"을 그리고 있는데, 여기에서는 경제적 쇠퇴의 원인이 되는 일반적인 혐의들을 열거하고 있다. 바다로부터의 소외, 암스테르담을 지나쳐 버리는 직교역, 길드, 구식 방식을 고집하는 조선업 숙련공들의 이민, 상업과 산업으로부터 금융으로의 이동과 그에 따른 상인들과 산업가들이 은행가들과 같은 규모의 부를 획득하지 못하게 되면서 나타나는 분열적인 효과, 사적 부와 공적 빈곤 사이의 간격과 그에 따른 과소비와 빈곤층의 동시 증가, 산업 도시들의 쇠퇴와 걸인 및 유랑자들의 증가, 공직을 전통적인 과두지배 가문의 수중에 유지하기 위해서 과부들과 심지어 유아들에게도 나누어주는 행태, 제4차 영란전쟁 당시 네덜란드 동인도회사의 도산과 그에 따른 암스테르담 은행의 붕괴 및 암스테르담 시의 파산 직전 상황 등등이다. 여기에다가 프랑스에게 패배하여 점령당하고 합병된 것이 최후의 일격이 되었다. 빈약하나마 긍정적인 측면을 찾는다면 효율적이고 번창하는 농업, 효과적인 자선체계,[130] 대륙봉쇄령에 직면해서 차, 담배, 럼 주를 영국으로 밀수한 것 등을 들 수 있다.[131] 노령기에 들어선 사회들이 일반적으로 그렇듯이, 황금시대에 대한 강한 향수가 있었다.[132] 이 책의 중심 논제는 네덜란드인들의 정치적 유대가 상실되었다는 것이다. 18세기 말에는 오로지 소수의 정치인들만, 그것도 주로 외부인들이 국민을 단결시켜서 나라의 문제들, 특히 나폴레옹 지배하의 프랑스가 존속을 허락한 몇몇 주들에게 부과한 전쟁 배상금의 문제를 해결하고자 했던 것이다.

가장 흥미로운 개혁가들 가운데 하나는 이사크 얀 알렉산더 호귈로서 그는 최상류층도 과두지배층 출신도 아닌 중간 상인 출신이었다.[133] 그는 루트거 얀 스힘멜펜닝크에 이어서, 각 주가 권력 —— 최소한 거부권 —— 을 나누어 가지고 있는 연방체제를 폐지하고, 점증하는 정치적, 경제적 문제들에 더 잘 대처할 수 있도록 중앙집권화된 체제를 만들고자 투쟁했다. 연방주의는 황금시대 동안에는 대단히 훌륭하게 작동했지만 변화하는 상황에는 적합하지 않았다. 샤마는 네덜란드인들에게는 바스티유 감옥 습격과 같이 대중에게 충격을 주고 행동을 개시하도록 자극할 수 있는 극적인 사건이 없었다고 보았다.[134] 스힘멜펜닝크가 지적했듯이, "비대해진 늙은 공화국의 지방질을 제거하기 위해서는" 무엇인가 새로운 체제가 필요했으나,[135] 그것을 이루어내기란 쉬운 일이 아니었다. 네덜란드가 근대주의로 이행한 것은 19세기 말이며, 이는 거의 1세기 동안 영국, 벨기에, 프랑스 및 독일에서 진행되고 있던 산업화 과정을 모방하는 데에 실패한 이후의 시점이다.

몇몇 견해에 따르면, 17세기의 번영기 자체가 기적이며, 이로부터의 쇠퇴는 인구 200만 명의 조그마한 네덜란드 공화국이 유럽 내에서 원래 자신에게 걸맞는 지위로 돌아가는 것을 의미할 따름이었다.[136] 다른 견해에 따르면, 1570년 혹은 1585년 이후 네덜란드 공화국의 흥기는 세계가 제공한 기회를 포착할 수 있는 창의력과 생명력을 가진 사회의 당연한 결과였다. 이러한 관점에서 보면 네덜란드의 쇠퇴는 대체로 1670년대에 많은 창조적인 천재들이 죽고 후계자들이 나타나지 않은 시점에서 일어났다. 요컨대 창의력이 상실되었던 것이다.[137] 네덜란드인들은 거만함에 가까웠던 자신감을 잃으면서 보수주의로 옮겨 갔다.[138]

쇠퇴의 원인은 외적이었는가, 내적이었는가?

네덜란드의 쇠퇴의 다양한 "원인들" 가운데서 전쟁, 외국의 중상주의,[139] 외국이 네덜란드의 기법을 따라한 것, 무역과 금융에서 유럽 각국이 더 이상 암스테르담을 중계지로 이용하지 않은 것, 프랑스 혁명으로 프랑스에 빌려준 자본을 잃은 것, 프랑스에 의해서 전쟁 배상금이 부과된 것 등은 외적인 것이라고 간주될 수 있다. 네덜란드 역사가들은 쇠퇴를 이런 것들의 탓으로 돌린다.[140] 그러나 무역과 산업에서 철수하여 금융으로 전환한 것, 런던에서 파리로 대부를 전환한 것, 소비품에 높은 세금을 매기고 또 이것이 고임금을 초래한 것, 세금 문제와 같은 것에서 지방이 중앙의 지도에 대해서 저항한 것, 길드가 존속한 것, 숙련공들을 상실한 것, 과소비가 행해진 것, 소득분배가 비대칭적인 것 등은 내적이다. 외적 원인들과 내적 원인들의 중간적인 것들로는 어업과 포경업에서 영국과 독일의 치열한 경쟁에 대해서 네덜란드인들이 대처하지 못한 것, 숙련공들, 특히 선원들을 외지에 빼앗긴 것 등의 요인들이 있다. 바로 이런 데에서 실마리를 찾을 수 있다. 생명력과 에너지를 가진 젊은 국가들은 오래된 독점권에 도전하지만, 늙은 국가들은 이러한 도전에 혁신적으로 대응할 역량이 없다.

7

영원한 도전자 프랑스

반증

프랑스는 경제적, 군사적 선두를 차지해 온 국가들의 궤적이 그리는 원의 내부에 위치해 있다. 그 원은 시계방향을 따라 베네치아, 피렌체, 제노바, 에스파냐, 네덜란드의 순서로 그려지는데, 영국은 그 원의 바깥에 있다. 프랑스가 원에서 배제되어 있다는 것은 단순히 도안(design)의 문제가 아니다. 이 나라는 지속적으로 군사적 우위를 차지하기 위해서 노력하고 있었기 때문이다. 페르낭 브로델은 "프랑스는 1130년에서 1160년 사이에 샹파뉴 정기시가 운영되던 기간에 유럽 경제의 중심지였고, 이때 그 자신과 주변부 사이에 중간지대를 두고 있었는데, 바로 이 시기 이외에는 결코 경제적 헤게모니를 쥐어 본 적이 없다"고 다분히 빈정거리면서 말했다.[1] 그는 프랑스가 다른 나라들의 성공을 바라만 보는 구경꾼 역할에서 벗어나기 위해서 행했던 초기의 시도들을 기록했다. 1494년 샤를 8세의 이탈리아 공격과 1672년 루이 14세의 네덜란드 공격이 그런 것들이었지만 모두 목표에 미치지는 못했다.[2] 1688년부터 1780년까지 계속되었던 여러 전쟁들 역시 대단히 공세적이었다. "그 기간이 얼마 동안이든 간에 프랑스는 지도적인 경제 강대국, 즉 유럽의 중심이 되는 데에 실패했다……이 나라는 풍부한 경제적 생산, 충분한 신용, 번성하는 사업, 대규모의 해상무역 같은 필수요소들"이 결핍되어 있었다.[3]

그러나 프랑스는 성장이 쇠퇴로 이어진다는 우리의 복잡한 국가 생명주기 모델에 대해서 다른 측면에서 예외적이다. 이 나라는 우위를 획득하지 못했을 뿐만 아니라(1924년의 도즈 계획에 대한 슈커의 연구 제목에도 불구하고)[4] 유럽의 나머지 나라들에 비하면 장기적인 쇠퇴도 겪지 않았다. 그 대신 프랑스는 골드스톤 모델에서 묘사된 것처럼[5] 일련의 정부 붕괴와 격동을 겪었는데, 올슨이 말했듯이[6] 오히려 이것이 새로운 출발의 기회들을 제공했다.

골드스톤은 각국의 반란과 혁명이라는 국가 병리학에 관심을 가진 사회경제사가로서, 단순한 유사체로 보기에는 너무 비슷하지만 그렇다고 하나의 "사회-정치적 법칙"을 형성하기에는 충분히 다른 방식으로 다양한 요소들이 결합하는 방식에 관심을 가지고 있다. 그 시작은 인구증가로서 이는 다분히 외부적인 요인이다. 다만 맥닐 방식의 설명대로 이전에 사망률을 높게 유지시켰던 수입 병원균에 대해서 이제 항체를 지니게 된 사람들의 수가 증가함으로써 인구가 증가한 것이 사실이라면 인구 요인이 외부적이라고 할 수는 없지만 말이다. 인구성장이 농업생산보다 빠르면 ── 도시든 혹은 현물지대가 지불되는 농촌지역이든 ── 가격상승, 인플레이션, 기근이 일어난다. 흉작은 그 어려움들을 배가한다. 인구증가는 또한 엘리트들의 지위 경쟁을 야기시킨다. 귀족, 부상(富商), 변호사, 공증인, 의사 등의 젊은 아들들의 다수는 법복귀족(noblesse de robe)의 지위를 차지하려는 기대를 충족시키지 못하고 좌절하게 된다. 전쟁은 승진을 위한 수요를 증가시키고 가능한 지원자의 수도 얼마간 감소시킬 테지만, 그 대신 국왕과 그 조언자들이 전비 마련을 위해서 세금을 더 많이 징수하든지 아니면 그것이 힘들 경우 돈을 빌린 다음 그 이자를 세금으로 지불하려고 하기 때문에 문제를 예고하기도 한다. 인구증가, 인플레이션, 기근, 고위직에 대한 경쟁 심화라는 네 요소 모두가 필요조건인지, 혹은 차입과 과세 문제를 놓고 나타나는 부문별 충돌이 충분조건인지는 명확하지 않다. 연속적인 붕괴는 그때마다 다양한 비율로 그 요소들을 결합시킨다. 이러한 상황의 조합에 의해서 반란이 일어난 이후 정부가 통제권을 되찾느냐는 점을 주목해 보면 17세기 중반 프롱드의 난에서처럼 회복될 수도 있고, 프랑스 혁명에서처럼 상실될 수도 있다. 혼란의 발생은 과거의 이해집단들을 해체하거나 약화시키고, 신인들을 위해서 길을 열어 주는 경향이 있다.

프롱드의 난

인구증가, 30년전쟁 동안의 인플레이션, 루이 13세 사후의 섭정 기간(루이 14세의 모후인 오스트리아의 안이 섭정한 1643-1651년/역주)의 고정된 세입 등을 경험한 이후 권력을 장악한 리슐리외 추기경과 그뒤를 이은 마자랭 추기경은 관리(officier)와 재정가(financier)로부터 더 많은 돈을 거두어들임으로써 자금을 확보하려고 했다. 이 과정에서 5만 개 정도의 새로운 관직이 만들어지고 또 관직의 세습도 허용되었다. 행정관의 수가 제한되어 있던 시기에, 징세청부는 왕실의 재원을 늘리는 데 효과적인 수단이었다. 징세청부권은, 제한 없이 부여됨으로써 그것이 점차 사유재산이 되도록 놓아두는 것보다는, 영국에서처럼 경매를 통한 매각과 재매각 방식으로 단기계약으로 임대될 때 가장 잘 기능했다. 프랑스 관리들의 부와 지위에 대해서 위협이 가해지자, 처음에는 파리에서, 나아가서 더 넓은 지역에서 고등법원 법관들이 반란을 일으켰으며, 1640년대 후반 다양하게 피해를 입게 되었던 귀족, 농민, 파리 시민들이 이 반란에 참여했다. '새총'을 뜻하는 프랑스어에서 이름을 딴 프롱드(Fronde)라는 단어는 섭정 안과 그녀의 고문이었던 마자랭에 대한 공격을 의미했으며, 1640년대 영국의 크롬웰 반란의 사례에 의해서 고무되었다. 1648년에 30년전쟁이 끝나자, 섭정은 물론

이고 1660년 친정을 행하게 된 루이 14세는 왕실의 군대로써 프롱드 난을 진압할 수 있었다. 1649년 영국의 찰스 1세의 참수라는 충격 역시 반란을 진압하는 데에 어느 정도 기여했다.

중상주의와 낭트 칙령의 철회

1562년부터 1598년(낭트 칙령을 반포한 해)까지 프랑스의 종교전쟁은, 우리가 관심을 가지는 프랑스의 경제성장 시기 이전의 일이다. 17세기에, 프롱드의 난이 끝난 뒤부터 특히 콜베르의 중상주의 정책하에서 활발한 경제성장이 시작되었다. 콜베르는 마자랭의 재정 고문으로 출발해서 1665년에 재무총감이 되었고, 1669년에 해군장관이 되었다. 전쟁모리배를 처벌하는 부정부패재판소(Lit de Justice : 청문재판소의 한 형태)에서 그는 일부 국채 지불을 중단했고, 성공하지는 못했지만 조세 개혁을 시도했다. 그의 최대 성공은 오늘날 산업정책이라고 부르는 것이었다. 보조금과 관세를 통해서 산업을 장려하고, 네덜란드의 조선공(造船工), 스웨덴의 광부, 이탈리아의 유리 제조공, 플랑드르의 레이스 제조공을 프랑스로 데려왔으며, 특히 모직물 교역에서 영국, 네덜란드와 맞서려고 시도했다.[7] 해군 관련 분야에서 그는 조선업과 항구 건설을 추진했는데, 특히 항구 건설을 보면 대서양 해안에는 낭트 외에 브레스트, 로리앙, 로슈포르에 계획도시를 건설하고, 지중해에는 레반트와의 교역을 위해서 세트 시를 건설했다.[8] 브로델은 말루에라는 사람의 말을 인용해서 콜베르가 교역과 조선업에 대한 프로그램을 지나치게 서둘렀다고 주장했다. 그는 상선 건조를 독려하고는 곧바로 그 배를 해군용으로 돌리기도 했다.[9] 지중해와 대서양 및 북해 방면에 각각 하나씩 두 개의 함대가 필요했던 프랑스는 부분적으로 지리의 희생자였다. 루이 14세는 바다에 대해서 무지했으며, 그의 호전적인 귀족들은 인력(人力)과 지도력을 놓고 바다와 육지 사이에 경쟁이 벌어졌을 때 늘 잘못된(즉 육지) 쪽을 택했다.[10] 콜베르는 프랑스 상선들의 규모가 작게 된 책임을 이 나라의 개인주의 탓으로 돌렸다. "이 사람들은 네덜란드인들처럼 다른 선주들과 손잡고 큰 배를 소유하기보다는, 각자 자신의 작은 배를 소유하려고 한다."[11]

프랑스의 해상세력을 강화시킬 수 있었던 한 요소는 위그노들이었다. 그들은 은행업, 교역, 공업(그중에서도 유리, 비단, 제지업)에서의 성공과 더불어, 라 로셸, 낭트와 같은 대서양 항구에 사략선을 가지고 있어서 비스케 만의 에스파냐 선박을 효과적으로 약탈할 수 있었다. 17세기 초부터 약 75년 동안 섭정(루이 13세의 모후 마리 드 메디시스와 루이 14세의 모후 오스트리아의 안/역주) 주위의 가톨릭 집단과 국왕은 개신교도들에 대한 제한들을 강력히 추진했으며, 특히 군인 숙사 할당 명령을 포함해서 다양한 방식으로 위그노들을 괴롭혔다. 1679년 정부 관리들은 가톨릭으로 개종하지 않는 이들에 대한 차별적인 과세를 권고했다. 길드와 동업조합들은 정부가 이 신교도들을 내쫓아 주기를 바랐지만, 루이 14세와 콜베르는 특히 교역과 해운에서만은 그렇게 하기를 꺼렸다.[12]

1683년 콜베르의 죽음과 함께, 개종을 거부하는 자들의 처지는 더욱 악화되었다. 그들 중 다수가 현찰과 기술을 챙겨서 이주했다. 스코빌이 어림잡기에 프랑스 위그노의 전체 수는 150만-200만 명이었는데, 그들 가운데 10분의 1이 1685년 낭트 칙령의 철회 직전에 떠나기 시작했고, 그 뒤로도 이 행렬은 계속되었다.[13] 콜베르가 죽은 시점에서 보면 프랑스는 서유럽에서 가장 부유하고, 가장 인구가 많고, 가장 강한 나라였으나, 1684년부터 1717년(존 로 집권하에서의 인플레이션으로 인한 자극이 발생하기 이전)[14] 사이에 경제는 활기를 잃었다. 스코빌은 경기침체의 원인을 위그노들의 이주 탓으로 돌리지 않고 그 이후에 일어난 두 차례의 전쟁을 강조한다. 1688-1697년의 아우크스부르크 동맹 전쟁(영국에서는 9년전쟁이라고 부른다)과 1702-1713년의 에스파냐 왕위계승 전쟁(영국에서는 앤 여왕의 전쟁이라고 부른다)이 그것들이다. 사실 위그노들의 이주가 18세기를 특징지었던 프랑스의 무역 확장에 실제로 기여했다고 생각할 수도 있다. 본국에 남았던 대부분의 위그노들은 가톨릭으로 —— 대개 거짓으로 —— 개종한 후에 신속하게 그들만의 네트워크를 건설하고, 외국에 나가 있는 위그노들과도 거래 관계를 형성했던 것이다.[15]

미시시피 버블

1713년 에스파냐 왕위계승 전쟁이 끝나고 1715년 루이 14세가 죽은 뒤에, 루이 15세의 섭정(오를레앙 공 필리프 2세/역주)은 최근 전쟁들에서 부당하게 취한 이익 혹은 자신의 지배 아래 축적했던 부당한 이익을 몰수하기 위해서 부정부패재판소를 열었다. 이것은 '사증 1(Visa I)'로 알려지게 되었다. 그 행사의 재현인 '사증 2(Visa II)'는 미시시피 버블(the Mississippi Bubble)에서 투기꾼들이 왕립은행권과 서방회사(Compagnie d' Occident : 미시시피 회사)의 주식으로 부당하게 축적한 부를 처리하기 위해서, 존 로와 경쟁관계에 있던 재정가들이 주도하여 착수되었다. 나는 미시시피 버블에 대해서 다른 곳에서 논의했으므로[16] 여기에서 재론하지는 않겠다. 다만 한 가지 이야기할 점은 자본과징(capital levy), 내부자가 차지한 큰 이익, 이 사업에 너무 늦게 참여하거나 너무 오래 머문 자들에 의한 투기손실이 실질적인 부의 재분배를 가져왔다는 점이다. 이것은 1720년쯤부터 1789년까지 프랑스에서 상공업이 크게 분기한 데에 기여한 한 요소였을 것이다. 남해 버블을 연구한 런던의 한 역사가는, 투기를 선동한 자의 재산을 몰수하고 새로운 회사 설립에 의회의 허가를 받도록 규정했던 1724년 버블 법(Bubble Act)이 영국에서 상업혁명의 출현을 40-50년 지체시켰다고 생각했다.[17] 나는 이러한 생각이 널리 받아들여지는 주장인지 알지 못한다. 프랑스에서 잇따른 '사증들'은 골드스톤의 모델에서처럼 정부의 붕괴를 의미하는 것이 아니라, 경제성장을 불러오는 효과적인 행동이었다고 할 수 있다. 다른 외국인들과 한두 명의 프랑스인들이 시도한 적이 있듯이 존 로 역시 프랑스 재정가들을 개혁할 작정이었다(물론 그것이 그가 은행을 시작하고, 담배의 독점을 인수하고, 재무장관이 되었을 때 의도한 바는 아니지만). 그러나 파리 형제가 이끌던 재정가 무리들이 오히려 그를 패배시켰다. 그럼에도 불구하고, 부의 재분배와 특히 거액의 자본손실에 의해서 많은 사람들은 그들의 부를 회복하기 위한 노력을 기울이게 되었다. 1680년부터 1717년 혹은 1720년까지의 경기후퇴 이후에 프랑스 경제는 속도를 회복했다.

18세기

1688년 그레고리 킹은 네덜란드의 일인당 소득을 8파운드 1실링 4펜스, 영국은 7파운드 18실링, 프랑스는 6파운드 3실링으로 산정했다.[18] 콜과 딘은 영국과 프랑스의 격차가 18세기 내내 더 커졌다고 주장하고 있다. 패트릭 오브라이언과 캐글러 케이더는, 전적으로 설득력이 있지만은 않은 후일의 조사를 기초로 해서, 1789년 양국의 일인당 소득이 대체로 비슷하다고 주장했다.[19] 그들의 산정은 "아마도", "어쩌면", "그럴듯한", "타당한" 등과 같은 한정사의 빈번한 사용 뒤에 숨어 있다. 그들은 프랑스가 영국과는 다른 경로를 따랐다고 주장한다. "15퍼센트의 격차는 그리 큰 것이 아니다. 프랑스가 상대적으로 뒤져 있었는지는 명백하지 않다."[20] 동시대 여행가들의 증언은 피상적인 것으로서 무시된다.[21]

대혁명 시기에 프랑스가 일인당 소득에서 영국과 동등했다는 것을 받아들이기는 어렵다. 물론 전체 소득에서는 월등히 많은 인구 때문에 프랑스가 분명히 더 우세했다. 1801년 영국 인구는 1,100만 명이었고, 프랑스는 2,700만 명 이상이었다.[22] 그러나 산업과 재정의 질적인 분야에서는 영국이 더 앞서 있었다. 프랑스인들이 18세기에 가장 큰 수익을 얻은 분야는 교역이었다.

1600년 이전에 영국은 대륙으로부터 기술을 수입했다. 그들은 독일의 광부, 네덜란드의 간척 기술자, 프랑스의 기술자와 건축가를 고용했다. 암브로우즈 크롤리는 서덜란드에 있는 그의 공장으로 에스파냐령 네덜란드의 리에주의 못 제조공을 데려왔다.[23] 낭트 칙령의 철회와 함께 프랑스로부터 영국으로 사업가와 장인들의 이주가 봇물 터지듯 확대되었는데 유리, 비단, 시계와 같은 고급 사치품과 재정분야에서 특히 현저했다. 그것은 확실히 경제적인 이유라기보다는 종교적인 이유 때문이었다. 앞에서 언급했던 것처럼, 토머스 롬브 경은 그의 동생이 볼로냐에서 훔쳐온 도면으로 더비에서 생사를 꼬는 공장을 시작했다. 그러나 그 세기 전환기 즈음에 기술의 이동 방향이 바뀌었다. 노팅엄의 양말 짜는 기계, 뉴커먼의 증기 기관, 코트의 철과 강철의 정련 공정과 같은 발명과 개량이 이어졌다. 영국정부는 산업지식의 독점유지를 위해서 기계의 수출과 숙련 노동자의 이주를 금지하는 조치를 본격적으로 법제화하기 시작했다. 1719년 인도의 모슬린, 캘리코와 경쟁하던 영국의 면직물 생산과 염색에서 혁신이 이루어진 이후에 정부는 다시 대륙으로의 노동자 이주를 금지했다. 그 세기 중반 이후에 불균형은 더 심해졌고, 각종 규제조치에도 불구하고 프랑스로의 기술이전은 늘어갔다. 비사(飛梭, flyng shuttle)의 발명가 존 케이는 프랑스 공장에서 소면(carding)과 면의 직포를 가르쳐달라는 프랑스 정부의 은밀한 요청을 받았다. 명예혁명 후의 국왕파였던 존 홀커는 프랑스 정부에 설득당해서 면직물 공장설립을 도왔다. 제철업자이며 기계제작공이었던 윌리엄 윌킨슨은 프랑스로 가서 크뢰조에 주물공장 건립을 도왔다.[24]

1760년대와 1770년대 산업혁명의 도래(다음 장에서 논의될 것이다)와 함께, 프랑스 정부는 산업 현장을 배우기 위한 영국 여행 자금을 지원했다. 가브리엘 자르는 1765-1766년 특히 철세공과 채탄소를 연구하기 위해서 파견되었고, 1775년에는 드 라 우이에르가, 1777년에는 파리에서 기계제 조공장을 운영하던 콩스탕탱 페리에가 그 뒤를 따랐다.[25] 프랑스 혁명과 그에 이은 전쟁들은 영국으로부터의 기술 차용을 방해했지만, 그것을 아주 중단시키지는 않았다. 예를 들면, 전쟁에도 불구하고 방직기계, 증기기관 그리고 그것을 작동시키는 노동자들이 함부르크를 통해서 영국에서 강 지방으로 밀수입되었다.[26]

18세기 프랑스 성장의 주요한 원천은 기술이나 농업 —— 이 경우 성장이 인구증가를 겨우 따라가는 정도였다 —— 이 아니라 교역이었다. 세 번의 전쟁 —— 오스트리아 왕위계승 전쟁, 7년전쟁, 미국 독립전쟁 —— 과 많은 선박 손실에도 불구하고 교역은 호황을 맞이했다. 특히 서인도와의 설탕, 담배, 인디고 교역에서, 미국 식민지와의 면, 쌀, 담배, 목재, 밀, 밀가루 교역에서 고수익을 올렸다. 보르도, 낭트, 라 로셸은 대서양의 서쪽 지역과 유럽 대륙의 여러 지역 사이에서 식민지 산물의 중개자로서 기능했다. 생말로는 주로 노바 스코티아와 뉴펀들랜드의 어업에 종사했으나 결과가 그리 좋지는 않았다.

프랑스의 해운업은 상당한 정도로 네덜란드를 대체하기 시작해서 암스테르담의 중개에 의존하는 대신에 직교역을 했다. 1717년 보르도의 포도주 수출의 67퍼센트가 네덜란드로 간 반면, 북유럽 —— 주로 브레멘, 함부르크, 단치히 같은 한자 도시들 —— 은 13퍼센트만 차지했다. 1787년에는 그 숫자가 각각 10퍼센트와 46퍼센트로 바뀌게 된다.[27] 18세기의 또 다른 중요한 항구인 마르세유는 보르도에 비해서 서인도 제도와 덜 관련되어 있었다. 1789년 근해 교역을 제외한 수출입 전체 총액 2억 3,000만 리브르 중 5,400만 리브르(25퍼센트)가 카리브 지역과의 거래였던 반면, 보르도에서는 전체 수출입액 2억5,000만 리브르 중 카리브 지역과의 거래액이 1억 1,200만 리브르(47퍼센트)나 되었다. 또한 그 세기 동안 마르세유의 교역이 1.6퍼센트라는 낮은 비율로 성장했던 반면 보르도의 교역은 연간 4.1퍼센트로 성장했다.[28] 프랑스가 1700년과 1815년 사이에 60년 동안 영국과 전쟁 중이었다는 사실에 비추어 볼 때 대서양 교역의 성장은 정말로 주목할 만한 것이다.

경제성장률을 결정하는 데 금융제도가 과연 결정적인 요소인지 아닌지 논란이 있으나 프랑스와 영국의 성장률과 성장단계를 비교할 때 지폐, 은행, 중앙은행, 청산소, 보험회사, (장기 공채를 제외한) 유가증권 시장의 발전에서 프랑스가 영국에 비해서 약 1세기 정도 뒤떨어졌다는 것은 의미심장한 일이다. 연대를 비교할 수 있는 ── 그것은 19세기까지 확대된다 ── 9개 제도의 목록은 다른 곳에서 이미 소개했기에 여기에서 반복할 필요는 없겠지만,[29] 1694년 영국은행이 설립되었던 데 비해서 1800년에 가서야 프랑스 은행이 설립된 점, 18세기 영국에서 은행권이 광범위하게 사용된 점, 1867년이라는 매우 뒤늦은 시점에서도 『금속화폐와 신용화폐의 유통에 대한 일반 원리와 사실들에 대한 조사』[30]라는 책에서 과연 은행권이 유용한 것인지 논쟁을 벌였다는 점은 주목할 만하다. 영국이 1797년에 수입세를 징수한 반면 프랑스는 1917년까지도(그것은 전쟁 이후에 발효되도록 법제화되었다) 그렇게 하지 않았다는 점 역시 그 목록에 추가해야 한다. 프랑수아 크루제에 따르면 1797년은 영국에서의 수입세 법제화와 프랑스에서의 징집으로 인해서 역사에서 가장 우울한 해 중 하나이다.[31]

발전정도를 재는 조야한 수단 가운데 하나는 농업, 어업, 임업에 종사하는 노동력의 비율이다. 이것이 조야한 이유는 수출과 수입에 의해서, 그리고 여자와 아이들을 세거나 세지 않는 것, 그외에 다른 차이들에 의해서 보정되어야만 하기 때문이다. 그러나 이 방식을 이용하면 18세기 말 영국에서 노동력의 40퍼센트 이하가 그러한 분야들에 종사한 반면,[32] 프랑스에서는 1856년까지도 노동인구의 절반 이상이 이런 분야들에 종사하고 있었다는 사실을 통해서 프랑스가 영국에 뒤져 있었음을 입증할 수 있다.[33]

거의 18세기 내내 프랑스는 영국보다 더 빨리 성장했다. 그러나 1789년 프랑스의 일인당 소득이 영국과 같았다는 오브라이언과 케이더의 결론을 받아들이기는 어렵다. 기술, 금융의 발전, 농업에서 공업으로의 제한적인 변화에 대한 앞에서의 질적인 묘사들에 더하여, 골드스톤이 제시하는 수치들을 재계산하면 상대적으로는 프랑스가 더 빠르게 성장해서 영국에 접근한 반면, 절대적인 격차는 더 벌어졌다는 것을 알 수 있다. 오브라이언과 케이더의 수치들이 그랬던 것처럼, 표 7-1에서 보이는 수치들 역시 (교역을 제외한) 서비스 액수를 여전히 빠뜨리고 있고 편의상 1파운드당 25리브르의 대략적인 비율로 환산한 것이라서 조야한 것이다.

이 표에서 1700년경 영국의 일인당 수입은 프랑스에 비해서 2.9파운드가 높고, 혁명 시기에는 4.29파운드가 높다. 작은 수 가운데 높은 퍼센트의 이익은 큰 수 가운데 낮은 퍼센트의 이익에 절대로 미치지 못한다. 프랑스가 기록한 산업상의 수입 중 일부는 전쟁시기에 적과 해적들에게 잃은 수천 척의 선박들을 재건조하면서 발생한 것이다. 7년전쟁을 마무리하는 1763년 파리 조약에서 캐나다를 영국에 양도한 것은 자본손실을 가져왔고, 프랑스의 미래수입을 손상시켰다. 프랑스 혁명 발발 2년 후 그에 대한 반향으로 일어난 1791년의 산토 도밍고(나중의 아이티)의 노예반란은 프랑스의 카리브 무역을 심각하게 손상시켰다.

18세기에 프랑스에서 생산으로 얻은 이익은 금융상의 실패로 초래된 후퇴를 상쇄하는 데에 실패했다. 재정체계를 개혁하려는 잇따른 시도는 그 세기 동안 세 명의 외국인 —— 스코틀랜드인 존 로, 스위스인 이사크 팡샤르와 자크 네케르가 그들이며 이 가운데 네케르는 두 번 시도했다 —— 과 두 명의 프랑스인 —— 1776년 튀르고와 1785년 칼론 —— 에 의해서 이루어졌다. 그러나 이것들은 모두 재정가들의 거친 저항 때문에 실패했다. 귀족들은 세금을 내지 않았다. 국가에 대한 그들의 기여는 원래 전투에서 그들의 생명을 내거는 것이었다. 18세기의 전쟁이 육지보다는 바다에서 벌어졌고, 전쟁의 형태가 노동집약적이라기보다 자본집약적이었던 점을 고려

표 7-1 1700년경과 1789년경, 영국과 프랑스의 일인당 소득(파운드 스털링화)

	전체		농업		산업과 교역	
	영국	프랑스	영국	프랑스	영국	프랑스
1700년경	7.28	4.38	3.98	3.27	3.28	1.18
1789년경	11.95	7.7	5.31	5.29	6.51	2.42
증가율 퍼센트	65	76	34	61	99	120

출처 : Goldstone, J. *Revolution and Rebellion in the Early Modern World*. Berkeley : University of California Press, 1991.

하면, 귀족들은(실제로 그들의 목숨을 내건 것이 아니므로/역주) 미국 독립전쟁 이후에도 국가에 대한 의무감을 조금 더 느꼈어야만 했다. 그러나 수세기 동안 세금을 내지 않고 지내왔던 터라 그러한 경로 의존성은 그들이 그러한 의무를 느낄 필요가 없게 만들었다. 재정개혁은 결국 프랑스 혁명기에 35명의 관리 및 재정가들이 체포되고, 이중 28명이 기요틴에서 처형되어서야 성취되었다.

면세 귀족이 주류를 이루는 분배동맹이 전쟁 동안 누적된 세금 부담을 분담하는 데 저항했기 때문에 프랑스에서 큰 문제가 일어났던 점을 고려하면, 1780년대까지 성장하다가 그 이후에 급격한 쇠퇴를 맞는 18세기 프랑스의 역사적 경험을 제2장에서 소개한 모델에 갖다맞추는 것은 거의 불가능한 일이다. 골드스톤의 분석은 더 많은 요소들로써 정부의 붕괴를 강조하기 때문에 더 복잡하다. 농민들은 토지세와 1780년대의 흉작 부담을 지고 있었기 때문에 너무나 큰 상처를 받았다. 그 기간 중의 인구증가는 일반적으로 엘리트로의 상승을 기대하는 계층의 사람들 역시 증가시켰다. 조르주 뤼데는 중간계급들이 세습관직을 구입할 수 있는 경로가 1760년 이후에 닫혔고, 귀족적 특권에 직면해서 모욕감과 뿌리 깊은 좌절로 인해서 고통받았다는 사실을 강조하며 골드스톤을 지지한다.[34] 나는 혁명의 제1원인(causa causans)을 농민, 상퀼로트, 중간계급(이익을 획득했던) 가운데서 찾아야 하는지, 혹은 신분의회의 명사(名士)가 칼론의 실패 이후 재정문제를 해결하기 위해서 지명되어야 했는지 등에 대해서 답하려고 시도하지 않을 것이다. 거기서 개혁가들은 고등법원, 고위 성직자, 귀족 당파에 의해서 방해받았다. 그 모든 특권계급들은 18세기 전쟁들에서는 살아남았지만, 혁명에서는 그렇지 못했다.

루이 16세 치하의 재정체계 붕괴에 기여한 한 요소는, 나이를 고려하지 않고 여러 사람들을 연금 혜택 수령자로 정한 연금을 담보로 하여 차용한 네케르의 실수였다(젊은 사람들 여러 명을 연금 수혜자로 정하는 경우 오랫동안 연금을 지불해야 하는 정부가 너무 많은 재정부담을 지게 된다/역주). 네덜란드인 일부가 영국 유가증권에서 프랑스 유가증권으로 전환한 것은 너무나도 매력적인 이 매물에 자극받았기 때문이었다.[35] 이러한 고전적인 실수는 부채를 확대시켰다.

나폴레옹이나 아돌프 히틀러의 이름을 들먹임 없이, 골드스톤은 그의 연구 마지막 부분에서 이렇게 썼다:

> 역사는 포퓰리스트, 군사독재, 테러, 무질서, 증대하는 군인에 의한 지배로 정점에 이르는 거의 획일적인 국가붕괴의 경향을 보여준다. 재건된 군대는 에너지와 이상을 실현하지만, 민주주의를 용납하지는 못한다.[36]

대륙체제

대혁명, 혁명전쟁, 나폴레옹 전쟁 기간 동안 프랑스 산업은 약간의 경제성장을 보였지만, 그것은 산업혁명이 한창일 때의 영국의 경제성장과는 거의 비교가 되지 않는다. 프랑스의 진보는 이전에 외국에서 구입했던 많은 물품들 —— 회중시계, 광학기기, 화약, 페인트, 화장비누 —— 이 차단되면서 촉진되었다.[37] 화학자였던 샤탈 백작은 프랑스의 화학 발달에 대해서 타고난, 특별한 관심을 가지고 있던 내무부 장관이었다. "오늘날 프랑스는 제조업 국가 중 제1급의 자리에 있고, 화학기술에서는 경쟁자가 없다."[38] 그리고 "……모든 곳에서 봉쇄되어 있어서, 프랑스는 이전에 수입했던 상품들을 스스로 해결해야만 한다…… 프랑스는 위대하고 계몽된 나라가 그자신의 독립이 공격받았을 때 무엇을 할 수 있는지를 깜짝 놀라 있는 유럽에 한번 더 보여 주었다."[39]

화학에서 프랑스의 우위는 전쟁 이후 1830년경까지 지속되었다. 파리는 독일 화학자들의 메카였는데, 그들은 파리에서 행해지는 실험실 위주의 연구법이 동시대의 독일 대학의 추상적인 이상주의보다 더 효과적임을 발견했다.[40] 한 독일 화학사가는 알자스-로렌이 독일에 넘어간 1871년에 프랑스가 많은 화학자를 잃었지만, 설사 알자스-로렌을 잃지 않았더라도, 프랑스인들은 과정보다는 착상을 선호하므로 화학연구에 필요한 고된 일을 잘하지 못했으리라고 주장했다.[41]

샤탈은, 이러한 진보에도 불구하고, "프랑스는 여전히 영국만큼 많은 기계를 결코 가지지 못했다"[42]는 것을 인정했다. 그는 아미앵 조약(1802) 이후 윌리엄 폭스와 콘월리스 경이 자신과 함께 루브르를 지나갈 때, 생산물의 아름다움과 풍성함에 놀라면서도 일반인들에게 유용한 것으로는 무엇이 있는지 물어 왔다는 것을 자세히 얘기하면서 일종의 죄책감을 드러낸다. 그는 그들에게 칼 제조업과 저렴한 가지각색의 회중시계를 보여 주면서 프랑스 산업을 변호했다.[43] 그는 후에 도자기에 대한 토론으로 돌아가서, 딜과 게라르의 공장이 사치품이 아니라 다수의 소비를 위해서 세브르의 왕립 제작소에 어울리는 품질을 생산한다고 주장했다.[44]

프랑스의 기술 교육

근대 시기에 프랑스는 전쟁을 겪고 나면 대개는 진보된 학문(일반적으로 과학, 기술 또는 실용적인 학문)을 위한 새로운 학교를 도입하는 식의 반응을 보였다. 교량토목국과 그 부속학교인 교량토목학교는 오스트리아 왕위 계승전쟁의 끝 무렵이던 1747년 프랑스의 도로를 개량하기 위해서 설립되었다. 광산학교 역시 같은 시기에 만들어졌다. 혁명 및 혁명전쟁과 더불어 학자들은 응용과학학교(Ecole polytechnique)를 설립했는데(1794), 이는 (비록 졸업한 이들 중 다수가 교량토목학교나 광산학교에 진학했을지라도) 특히 군대를 위해서 많은 수의 과학자와 기술자를 양성하기 위해서였다. 광산학교는 1816년 파리의 이론적 분과와 생테티엔의 탄광 부근의 실용적 분과로 나뉘어 재조직되었다. 이러한 "그랑제콜(Grandes écoles, 고등전문학교)" 주변에는 군사, 해군, 그리고 다른 전문적인 목적을 지닌 더 작은 학교들이 있었고, 그에 더해서 명성이 약간 덜한 실용적인 학교들이 있었다. 대혁명 중에 설립된 공예원, 실제 사업에 유용한 기술자의 공급과 수준을 높이고 노동자를 훈련시키기 위해서 일단의 실업가들에 의해서 1829년 사적으로 설립된 중앙공예학교, 로슈푸코-리앙쿠르 공작이 자신의 휘하 군대의 자제들을 위해서 설립했다가 대혁명 전야에 개편된 공예학교 등이 그런 것들이다. 자연과학보다는 사회과학을 위한 정치학교(Ecole des sciences politiques)는 보불전쟁 말에 생겼고, 1945년 설립된 국립행정학교(Ecole nationale d'Administration)는, 의도한 것은 아니더라도, 신인들을 계발하고 새로운 출발점을 만드는 데에 효과적이었다.

나는 프랑스에서의 기술교육에 대해서 몇 년 전에 썼으므로 그 이야기를 여기에서 다시 반복하지는 않겠다.[45] 그러나 한두 가지 요점은 여기서 언급할 가치가 있다. 첫째, 프랑스의 고등교육은 대개 실용적이기보다는 데카르트적이고 연역적인 것이어서, 수학과 순수과학을 강조했으며, 이공과 학교의 경우, 수학 중에서도 도형 기하학을 강조했다. 물론 그 뿌리는 18세기 계몽주의에 놓여 있다. 둘째, 관련된 사람들의 마음 속에는 위신이 매우 중요해서, "영광(gloire)"이라는 단어는 특히 이공계 학교의 토론을 관통하는 것이었다.[46) 그랑제콜의 졸업생은 "세계가 우리를 질시하는 감탄할 만한 기술자 집단"이라는 식으로 언급된다.[47) 20세기에 응용과학학교, 사범학교(Ecole mormale, 학문을 위한 학교), 국립행정학교는 서로 가장 탁월한 응시생, 공적 명성에서 최고 지위를 놓고 경쟁했다. 셋째, 이공계 학교의 졸업자들은 처음에는 군대로 진출하는 사람들과 교량도로학교, 광산학교 등으로 진출하는 사람들로 나누어질 것 같았지만, 나중에는 빈번히 산업계로 진출했다. 제2차 세계대전 이후, 대부분의 국립행정학교 졸업생은 처음에는 가급적 권위 있는 감독—회계 기관인 재정감독국 같은 부서를 선택하여 정부로 들어갔다가, 이후에 정부의 고위직, 정치, 산업, 은행으로 이동했다.

그러나 주된 요점은 19세기에 프랑스 고등교육이 영국과 몹시 다르다 —— 비록 스코틀랜드만큼 다르지는 않았지만 —— 는 점이다. 프랑스인들은 인문학과는 별도로 과학, 특히 수학을 강조했다. 그것은 독일의 호흐슐레(Hochschule)보다 더 추상적 내지 덜 실용적이었다. 이 세 나라 사이의 비교는 사회적 역량을 측정하는 데에 교육 연수를 사용하는 아브라모비츠의 방법에 의문을 제기하도록 한다. "사회적 역량(social capability)"이라는 이 개념은 비록 경제성장 잠재력을 측정하는 유용한 개념이지만 나라마다, 또 상황에 따라서 교육 형태의 주안점이 천차만별이고 또 그것이 경제성장에 기여하는 정도도 다를 수 있기 때문이다. 이와 함께 인구증가로 인해서 교육받은 엘리트들이 적절한 고용 기회를 찾을 수 없게 된다면, '더 많은 교육'이 경제성장을 도울 수 없다는 로즈크런스의 주장도 주목할 필요가 있다.[48)

공장 시찰

나폴레옹 전쟁의 끝 무렵으로 돌아가서 프랑스와 영국 사이의 기술상의 관계를 살펴보자. 전쟁 후에, (관광객은 논외로 하더라도) 학자, 실업가, 기술자, 노동자 등 모든 계층의 사람들이 봇물 터지듯이 영국을 방문했다.[49] 그들 기술자 중에는 광산국의 드 갈루아가 있었다. 그는 보고서에서, 광산 입구로부터 타인 강의 선착장까지 석탄을 운반하는 목재 선로를 묘사한 다음 이것 때문에 앙쟁의 광산에서 일하는 마차꾼이 일자리를 잃지 않을지 우려했다(실제 앙쟁에서는 1830년대까지 이 선로를 사용하지 않았다). 또 교량도로국의 뒤탕이 있었고 그리고 공예원의 뒤팽 남작은 영국을 여러 번 방문한 다음 영국 산업에 관한 여섯 권짜리 책을 저술했다.

영국 기술에 특히 관심을 가진 프랑스 산업은 제철업과 제강업이었다. 그중에서도 특히 프랑스인의 호기심을 지배한 두 가지 사항은 철을 단련하기 위해서 탄소를 태우는 정련법과 목탄 대신 석탄을 사용하는 것이었다. 오늘날 역사가들은, 철공소 근방에 목탄 제조에 사용되는 풍부한 숲이 있던 그때, 프랑스에서 목탄을 석탄으로 대체하는 것이 과연 경제적이었는지에 대해서 상당한 논쟁을 계속하고 있다. 당시 프랑스는 수입 석탄에 대한 복잡한 관세체제 —— 다른 곳보다 철강산업 부근의 항구에서 세율이 더 높았다 —— 를 유지하고 있었는데, 이는 석탄가격이 부분적으로 인공적인 것이며 순수하게 부존자원만의 문제가 아니라는 점을 시사한다. 이 결론을 보강하는 사실은 1825년에 석탄을 사용하는 제철소의 절반이 영국인 소유였다는 사실이다.[50] 대규모 공장의 소유주들은 영국의 제철소를 방문했으며, 그중 일부는 뒤늦게 1849년까지도 계속 영국을 들락거렸다. 특히 베누아는 1839년부터 1849년 사이에 일곱 번이나 영불 해협을 건넜고, 어느 때는 한 번에 일곱 군데의 시설을 방문하기도 했다.[51] 어떤 이들은 영국 노동자들을 데리고 돌아왔지만, 잉글랜드와 웨일스를 방문했던 한 사람은 자기 고향에 남은 노동자들이 프랑스로 온 노동자들보다 훨씬 더 숙련된 정련기술을 가지고 있다고 불평했다.[52]

이 시기 프랑스와 영국의 실업가들 사이의 중요한 차이는, 프랑스의 성공한 제철업자들과 기계제작자들은 그들 자신이 그랑제콜을 졸업했거나 자신의 아들들을 그곳에 입학시키려고 했던 데 반해서, 영국의 경우는 대개 독학이었으며 아들들을 군사, 신학 혹은 다른 고등전문직 훈련을 위해서 옥스퍼드나 케임브리지로 보냈다는 점이다. 외국 방문은 그랑제콜의 추상적인 교육에 유용한 보완물이 되었다. (미국으로의 여로에서) 슈발리에의 첫 편지는 파리에서 런던으로 가는 도상의 철로를 이렇게 언급했다.[53]

파리에서는 철로에 대해서 이야기하지만 런던에서는 그것을 만든다.[54] 영국은 사업 기질과 그것에 동반하는 덕성, 즉 냉정, 절약, 꼼꼼함, 체계, 인내 등이 빛난다. 프랑스의 몫은 오히려 취향과 예술의 기질이다……

한편으로 이성, 다른 한편으로 상상력, 여기에는 에너지, 저기에는 추종을 불허하는 지력……[55]

……우리의 이웃에게는 타산적이고 야심적인 자부심, 권력과 부에 의해서만 보상받을 수 있는 정치가와 상인의 자부심이 있다…… 우리에게는 이상적인 소유, 박수갈채에 대한 갈망, 나라를 위한 영광을 소중히 여기는 공허하고 관념적인 자부심, 사람들의 찬탄만 받는다면 프랑스로서는 만족해 하는 자부심만이 있다……[56]

……노동과 생산의 문제에서 우리는 영국으로부터 많은 것을 배워 와야 한다…… 경영을 위한 본능…… 기반이 탄탄한 신용…… 협동정신이 그런 것들이다……[57]

……우리는 우리의 농업, 우리의 통신, 우리의 학교에 대해서 부끄러워하며, 또 우리 상업의 편협함에 모욕을 느끼며 영국으로부터 돌아왔다…… 파리에서 런던에 이르는 방문 행렬은…… 지금 교량토목국에서 정기적으로 소수의 기술자들을 보내고 있는 것처럼, 특히 산업계와 노동자들에게 하나의 교육기관이 될 것이다.[58]

방문의 중요성에 대한 한 가지 중요한 사례는 에른스트 구앵이었다. 그는 첫 번째로 이공계 학교 학생이었을 때, 다음에는 교량토목학교에 다닐 때 영국을 방문했고 마지막으로는 영국 일주를 통해서 그의 교육을 마무리지었다. 특히 맨체스터의 샤프 기관차 공장을 방문한 적이 있는데, 바티뇰에서 그 자신의 기관차 제조공장을 시작하기 전에 파리-오를레앙 철도를 위한 기관차들을 그곳에서 주문했다.[59]

모든 발명이 일방적으로 진행되는 것은 아니다. 필리프 드 지라르는 아마포 직조를 위해서 아마를 유연하게 하고 빗질하는 기계를 발명했다. 그러나 프랑스인들은 리즈에서 존 마셜이 성공적으로 그것을 채택할 때까지 그 기계를 이용하지 않았다. 보캉송은 복잡한 방식으로 비단을 짜는 직기를 발명했지만, 그것 역시 사용되지 않고 잊혀졌다. 1800년 조세프-마리 자카르가 유사한 기계를 발명했는데, 그는 공예원의 창고에 보관된 보캉송의 모델을 발견해서 두 가지의 장점을 결합시켰다.[60]

가난한 재봉사 티모니에가 개발한 재봉틀은 1831년까지 80대가 설치되었는데, 이 해에 다른 노동자들이 그 기계들을 파괴해 버렸다. 그는 또한 기계 하나를 런던 국제 박람회에 보냈지만, 너무 늦게 도착해서 전시품 선정 마감기한을 넘겨 버렸다. 그후 머지않아 그 발명은 미국의 호우와 싱어에게 넘어갔다.[61] 물론 화학(쿨만, 샤르도네), 유리, 판유리, 거울(생 고뱅), 자동차(볼레, 팡아르, 르바소르, 베를리에) 등에서도 성공적인 발명들이 이루어졌다. 그러나 이들 발명의 대부분은 더 늦은 시기에 이루어졌다.

영국의 기계 및 도면 수출금지가 해제된 1843년에도 영국으로부터 프랑스로의 기계 밀수는 여전히 계속되고 있었다. 수출금지 해제조치는 경쟁으로 인해서 프랑스의 기계산업을 훼손시켰다.[62] 1786년에 체결된 영국-프랑스의 이든 조약은 프랑스 혁명이 시작될 때까지 직물에 대한 프랑스 관세를 낮추었는데, 이로 인해서 노르망디의 직물산업이 유사한 타격을 입었다. 그러나 알자스의 직물산업은 영국과 멀리 떨어져 있었기 때문에 피해를 입지 않았다.

생시몽주의자들

1930년대 미국에서는 "기술주의(technocracy)"라고 부르는 운동이 있었는데, 그 운동은 경제 및 사회 문제들에 기술적 해법을 적용하는 데에 관심을 기울였다. 그것은 처음에 제한된 인기만을 누리다가 곧 일반 여론의 주목을 받게 되었다. 기술주의의 선례는 한 세기 전 프랑스의 생시몽주의에서 찾을 수 있다. 생시몽 백작 클로드 앙리 드 루브루아(18세기의 유명한 『회고록』의 저자인 생시몽 공작의 조카 손자)는 열여덟 살이었던 1778년 에스파냐를 방문했는데, 거기서 그는 공공 작업장, 은행업, 교육, 그리고 "협동정신"을 통한 경제발전을 관심 깊게 지켜보았다. 프랑스 대혁명 기간 동안 그는 국유재산(biens nationaux : 교회와 귀족에게서 탈취한 재산)에 투기해서 큰 재산을 모았으나 사회적 실험에 그것을 다 소진했고, 1825년에 죽기 전에 많은 지도적 지식인들에게 '전도'했다. 그의 작업은 프로스페르 앙팡탱이 계승했다. 그는 일종의 종교조직을 결성했으며, 실제 현실화되기 꽤 앞서서 수에즈 운하, 파나마 운하, 시베리아 횡단 철도, 영불 해협 지하 터널을 상상했다. 이 운동의 계승자들 사이의 개인적 관계는 불가피하게 깨졌지만 경제발전에 대한 관심은 계속 유지되었다. 감화된 사람들 중에 미셸 슈발리에는 1833년과 1834년 공공 작업장을 연구하기 위해서 런던을 거쳐 미국으로 갔고, 에밀 페레르와 이사크 페레르 형제는 은행이야말로 산업에 대한 자극과 통제의 주체라고 생시몽주의의 관심을 전환시켰다.[63] 페레르 형제는 같은 사조에 관심을 가지게 된 나폴레옹 3세와 친해졌고, 그에게서 크레디 모빌리에로 잘 알려진 장기투자의 허가를 얻었다. 론도 캐머런은 1851년 12월 나폴레옹 3세의 쿠데타 이후 1850년대 프랑스가 호황기를 맞이한 원인으로서 이 은행을 든다. 또 그가 보기에 이 은행은 유럽 전역에 세워지게 될 "유니버설 뱅크"(universal bank, 예금, 장단기 대부, 보험, 투자 등 모든 종류의 금융상품 및 금융활동을 한 곳에서 모두 제공하는 은행/역주) 패턴을 제공했다.[64] 크레디 모빌리에와의 경쟁 때문에 다른 은행들이 대부를 활발하게 해 준 것은 사실이다. 로스차일드 은행이 철도 건설에 대부한 것이 대표적인 사례이다. 철도산업은 은행들 사이의 분쟁 때문에 더 일찍 시작되지 못하고 1832년에 교량토목국의 르 그랑이 마련한 중앙집중화된 계획안에 따라서 1830년대부터 서서히 시작되었다. 더 큰 자극은 프랑스 은행으로부터 왔다. 이 은행은 이사들 사이의 진지한 논쟁을 거친 후에 철도채를 담보로 금융회사들에게 돈을 빌려 주었다.[65] 프랑스 은행은 철도 건설 사업만이 아니라, 오스만 남작이 넓은 대로(boulevard)를 뚫으면서 도시를 완전히 뜯어 고쳐 가고 있던 파리 시에도 대부했다. 그러나 마르세유나 보르도 시에 대해서는 유사한 대부를 거부했다.[66]

1850년대 초반의 호황으로 프랑스의 국제수지가 적자로 돌아서서 정금이 유출되었다. 그 결과 프랑스 은행의 관리들은 금의 지불을 정지하고 "강제 유통"이라는 수단에 의존할 가능성을 진지하게 숙고하게 되었다. 이 은행은 할인율을 6퍼센트까지 올렸다. 파리에서 공황상태가 벌어지고 1856년 10월 초 예금주들이 그들의 예금을 금으로 찾으려고 길게 줄을 서는 사태가 벌어지자 황제와 재무부 및 은행의 고위 관리들이 회동했다. 여기에는 공공사업부 장관이었던 피에르 마뉴, 1854년까지 크레디 모빌리에의 대표였던 아쉴 풀드, 그리고 에밀 페레르도 참여했는데, 그들 모두는 만일 지불중지 조치를 취하면 프랑스가 국제 재정거래의 중심이 될 기회를 잃어 버린다는 점을 근거로 황제에게 그 조치에 반대하는 조언을 했다.[67]

나는 19세기의 경제성장의 과정을 자세히 설명하지는 않겠다. 1850년대와 1860년대의 호황, 1870년대 배상금 지불로 인한 디플레이션, 1880년대 대불황 등이 제1차 세계대전까지의 전반적인 흐름이다. 나는 이전에 상당한 노력을 기울여 그런 연구를 한 바 있다. 그래서 성장기와 정체기를 나누

표 7-2 1851-1950년 프랑스에서 성장을 만드는 힘과 그에 저항하는 힘들

기간	성장 동력	성장 저항력과 마찰	효과는 미미하나 잠재력 있는 요소
1851-1875 활기찬 팽창	도시와 통신에 대한 정부 지출(1)[a] 철도 투자(1) 산업 은행(1) 국내 시장의 확대(1) *수출 확대(2) *수입 경쟁(2)	[b]석탄, 자연적인 교통수단에서의 자원 한계(2) 농업 노동력의 고정성(3) 정부 관심이 경제로부터 모험으로 전환됨(1) 은행가들의 다툼(3)	귀족적 가치 가족 기업 사회 분화 기술적 재능 느린 인구 증가
1875-1896 불황 (특히 1882-1894)	기술적 진보(3) 1881년 밀 관세(2)	*외국에서 수입된 밀 가격의 하락(1) 포도나무 필록세라 병(3) *사회적 균열(3) 1881년의 과잉 투기(3) *자원 제약(3) *느린 인구 감소(3)	알자스-로렌의 상실 프레시네 계획
1896-1913 완만한 성장	알자스-로렌의 상실(3) 철광석의 발견(2) 새로운 산업(2) *자본 수출에 힘입은 수출 붐(3) *1892년 멜린 관세(3)	가족 기업(3) *석탄 자원의 제약(3) *사회적 균열(3)	자본 수출 느린 인구 증가 경제에 대한 정부의 관심 결여
1919-1930 무질서하게 활기찬 팽창	정부 재건(1) 자본 도피와 그후의 저평가에 기인한 수출 증가(2)	1926년 자본 두피(3) 외환 정책(3)	사회적 균열 인플레이션 전시의 인명 손실 귀족적 가치 가족 기업
1930-1939 경제적 쇠퇴	*임금 비용의 증가(3)	프랑 가치의 방어를 위한 정부 정책과 디플레이션(3) 세계 불황(1) *사회적 균열(1) *독점(3) 가족 회사(2)	기술적 역량

표 7-2 계속

기간	성장 동력	성장 저항력과 마찰	효과는 미미하나 잠재력 있는 요소
1945-1950+ 경제적 재기	경제성장의 가치에 대한 전시의 합의(1) 정부의 규모와 주도권(1) *소득 재분배(2) 기술적 탁월성(1) *인구 증가(2) 확대된 농업 생산(3) 경쟁으로 인한 소기업의 감소(2)	인플레이션(2) 사회적 갈등(특히 알제리에 관한)(2) 제한된 자원(3) 전시의 파괴(3)	자원의 해외 투자(부분적으로는 원조로 보전됨)

출처 : *Economic Growth in France and Britain, 1851-1950* by Charles Kindleberger, Cambridge, Mass. : Harvard University Press.
a(1) 강한 요소, (2) 중간 요소, (3) 약한 요소.
b*별표는 다른 상황하에서는 반대로 작용할 수 있는 요소를 의미한다.

고 그 각각의 시기에서 성장을 만들어 내는 힘, 마찰을 일으키며 성장에 저항하는 힘, 그리고 어느 쪽 방향으로도 작용할 수 있는 잠재적 중요성을 가지는 다른 힘을 구분해 보았다(표 7-2).[68] 마지막에 언급한 힘의 한 사례는 앞에서도 설명한 바 있지만 길드이다. 그것은 훈련과 표준을 제공함으로써 한 산업의 초기에는 성장에 유리하게 작용하지만, 나중에는 독점적 규제를 요구하게 되고 기술변화에 저항하기 때문에 불리하게 작용한다. 다만 앞에서 언급한 책은 주로 1851년부터 1950년까지 다루었기 때문에 길드 사례가 제시되지는 않았다. 그 기간 동안의 적절한 사례로는 수출증가를 들 수 있다. 이것은 새로운 산업에서는 성장을 촉진하지만, 구식의 진부한 산업의 경우에는 생산확장을 할 때 에너지를 막다른 골목에 퍼붓는 결과가 된다.

제2차 세계대전 이후 프랑스의 화려한 성장에 대해서도 유사한 분석이 가능하다. 영광의 30년(1945-1975)은 경제계획과 생시몽주의의 부활 덕분이라기보다는, 전시 독일군 점령으로 인해서 야기된 심성과 사회적 가치의 변화 그리고 전후 "신인"의 등장으로 인한 것이다.[69]

그러나 이러한 문제들을 본격적으로 다루기 전에, 우선 19세기의 농업에 약간의 주의를 기울일 필요가 있다. 오브라이언과 케이더에 의하면 프랑스의 농업발전이 신중한 속도로 이루어지고 농장에서 교역과 산업으로의 이동이 느렸던 것은 영국의 산업화와 다른 경제발전 경로를 선택한, 어느 정도 의도적인 것이었다. 이는 경제적인 의미는 아니더라도 사회적인 의미에서는 근거가 있는 이야기이다.[70] 아서 루이스, 알렉산더 거셴크론, 윌리엄 니컬스, 로스토와 같은 더 이전의 분석가들은 농업 노동력의 이탈이 느렸던 이유로서 한편으로는 토지의 분할 상속을 들기도 하고, 다른 한편으로 프랑스의 전반적인 경제성장의 지체를 들기도 했다.[71] 파리와 같은 대도시에 인접한 농촌지역에서는, 젊은이들이 도시로 빠져나간 결과 노동력 부족과 높은 임금 때문에 농업 합리화를 할 수밖에 없었다. 상당한 진보가 이루어졌던 다른 지역들로는 낙농업에 전문화한 노르망디와 네덜란드의 효율적인 농업의 영향을 받은 북부지역을 들 수 있다. 그러나 전반적으로는, 농장에 거주하며 토지상속을 하염없이 기다리는 젊은이들의 "위장실업" 때문에 프랑스의 농업 생산성 증가가 지체되었다. 그들은 소비하는 것보다 덜 생산했지만 어쨌든 가족의 일원으로서 먹고 살아야 했고, 그래서 총수입에 더해진 그들의 한계생산은 아주 미미했다. 새로운 곡물들의 도입으로 18세기에 농업생산이 빠르게 증가했다. 1740년에서 1770년 사이에 들어왔던 감자는 주기적으로 발생했던 기근을 종식시켰다. 1770년과 1790년 사이에는 사료작물인 토끼풀과 옥수수가, 대륙체제 시기에는 사탕무가 들어왔다. 그러나 1780년대의 기후 불순 때문에 농민의 불안을 제거할 만큼 충분히 효과적이지는 않았다. 19세기에는 변화가 침체되었고, 농민들은 보불 전쟁과 1870년대 이후 교육이 확산될 때까지 대체로 근대 프랑스 사회 바깥에서 퇴보상태로 남아 있었다. 유진 웨버는 1800년 무렵부터 그 세기의 마지막 사분기까지 "농민에서 프랑스인으로"의 전환과정이 일어났다고 주장한다.[72] 경찰청과 도청 등의 문서보관소를 이용한 웨버의 연구는 오브라이언과 케이더의 낙관적인 견해를 수정했다. 프랑스 혁명 기간에 미터법 체계가 도입되고 1804년에 프랑 화가 도입되었음에도 불구하고 1870년 이전의 농민들은 70년 이상 피에(pied, 영미의 '피트'에 해당)와 리브르(livre)로 셈했던 것이다.[73]

19세기 후반에는 누에고치의 미립자병과 포도의 필록세라 병의 창궐, 그리고 세계적인 밀 가격 하락으로 농업이 큰 피해를 입었다. 밀은 프랑스 농민들의 가장 중요한 환금작물이었기 때문이다. 그러나 토지에 대한 사랑과 다음 세대의 가족들에게 토지를 물려주려는 경향 때문에 도시를 향한 농촌인력의 대탈출 —— 일찍이 1880년대부터 이 현상에 대한 불평이 널리 퍼져 있었지만 —— 이 지체되었던 것 같다. 일부 분석가들은 농촌을 떠나는 사람들이 적은 이유는 도시에서 노동수요가 적었기 때문이라고 본다. 그러나 다른 나라의 경우를 보면 농촌 사람들이 도시가 그들에게 오라는 손짓을 할 때까지 기다렸다가 도시 교외의 빈민촌(bidonvilles, favellas)으로 몰려가는 것은 아니다. 이를 보더라도 공급이 수요를 기다릴 필요는 없다는 것이 분명하다.

망탈리테

프랑스 대혁명에도 불구하고, 프랑스인들의 태도는 오랫동안 구체제의 귀족적 가치가 지배했다. 이러한 정신은 개인적인 차이에서 오는 자부심을 특징으로 한다. 남이 모방할 수 없는 자신만의 행위, 전쟁-스포츠-예술에서의 용감성, 살롱에서의 대화, 의복과 음식의 소비에서의, 심지어는 여성의 내실(內室)에서의 우아함……[74] 귀족들은 상업이 고상하지 않다고 여겼고, 그래서 지방 신사와 부르주아지 역시 그렇게 생각하기에 이르렀다.[75]

세브르의 도자기나 고블랭의 태피스트리 같은 왕실 매뉴팩처 상품에서 보듯이, 생산에서는 차별짓기가 그 목표였다.[76] 부르주아지는 성을 소유하고 귀족 신분으로 상승하기 위해서 부를 갈망했다. 그랑제콜의 졸업생들은 탁월성, 심지어는 거만함을 느낄 수 있을 정도로 지성을 갖추고 훈련을 쌓았다. 파리에서 가르친 바 있는 한 일본인 정신과 의사가 나에게 한 이야기에 의하면 프랑스 지식인들은 대화에서 재기 넘치고 결정적인 표현을 사용할 수 있도록 훈련받는다.

제2차 세계대전 이전의 부르주아 사회에서, 사업에 대한 관심은 가족을 수직적으로 확장하고 명문을 만드는 것에 집중되었다고 흔히 이야기한다. 이 주제에 대해서는 많은 연구문헌들이 있고, 또 그 안에 상당한 반증과 논쟁이 없지 않다. 이런 주장은 평균적인 사업가들이 성장과 이윤보다 가족의 소유권을 대대로 지키는 데에 더 관심을 가졌다는 것이다. 은행대부, 기업공개, 합병, 가족 구성원이 아닌 최고 경영인의 임명은 회피했다. 유동성 유지를 고집했고, 파산은 가문에 오점을 남기는 것으로 간주되어 무슨 수를 써서라도 회피했다. 나는 이에 대한 연구를 요약하고 잠정적인 판결을 내린 바 있다.[77] 물론 확증은 없으나, 어쨌든 프랑스 경제를 이야기할 때 적극적인 협동이 매우 드문 구성요소라는 것은 거의 의심할 바 없다.

영국이나 미국과 비교해서 "협동정신"의 결핍은 앞에서 생시몽주의의 교의와 관련해서 언급한 바 있다. 샤를 부데는 프랑스인들이 아마도 전 세계 다른 어느 나라 사람들보다도 창의성이 뛰어나지만 단결력이 부족하다고 주장했다.[78] 제시 피츠는 프랑스인들이 "학교 정신"이 결여되었다고 보았고,[79] 로렌스 와일리는 보클뤼즈 지방의 프랑스 농민들은 협동의 측면에서 취약하다고 보았다.[80]

이렇게 협동하지 못하는 무능력 혹은 협동하지 않으려는 태도에 대해서 하나의 예외가 있다. 피츠는 "의무불이행의 동료집단" 혹은 공동체라는 개념을 제시하는데, 그 속에서 동료들은 부모, 선생, 고객, 경쟁자에 대해서,

그리고 특히 납세와 같은 문제에서 정부에 반항하기 위해서 결속한다.[81] 스포츠와 게임은 프랑스 학교에서는 중요하지 않고, 동료의 결속에 실패한다.[82] 프랑스에는 이튼 학교의 운동장이 없었거나, 지금도 없다. 아마도 그랑제콜의 졸업생들이 이러한 관념에 대한 한 가지 예외일 것이다. 그들은 하나의 네트워크를 유지하며, 자신들이 "프랑스 경제활동의 대부분을 차지할 때까지" 졸업생끼리 서로 끌어 준다.[83] 프랑스인들의 의무불이행 행위의 두드러진 사례는 —— 물론 다른 나라의 부자들 역시 그렇게 하지 않는 것은 아니지만 —— 정부 위기 때마다 유동자산을 외국으로 빼돌리는 것이다. 프랑스에서는 1924년, 1936년(인민전선하에서), 그리고 1981년 미테랑의 사회주의 프로그램에 대한 반응으로서 이 현상이 두드러졌다.

전간기의 붕괴

전간기(戰間期)에는 명백한 반란과 혁명이 없었더라도 골드스톤이 이야기한 정부의 붕괴로 나아감으로써, 분배동맹들 간의 투쟁이라는 맨서 올슨 모델의 타당성을 입증해 준다. 산업, 농업, 노동, 중간계급, 자본가들은 세금에 저항했고, 재건과 전쟁 부채 상환이라는 부담을 함께 나누기를 거부했다. 연이어 교체되는 정부들은 세금을 제안했다가 패배하고, 그리하여 사임한 뒤에는 그 치명적인 처방을 반복할 새로운 정부에게 자리를 내주었다. 좌익 사회주의자들은 자본 징발을 계속 요구했고, 노동자들은 진을 쳤으며, 자본가들은 단기 정부채를 장기 정부채로 전환하기를 거부했고, 때때로 그들의 자본을 해외로 빼돌렸다. 단기간의 회복이 있었어도 결코 경제회복을 공고히 하는 데 기여하지 못했다. 한 재정사가에 의하면, 그것은

……30년대 프랑스의 어두컴컴하고 음산한 그림이었다. 이 나라의 경제는 "대공황"을 벗어나는 데 성공하지 못했고, 사회조직은 그 구조에

표 7-3 프랑스의 전전, 전쟁 중, 전후의 순재생산율 : 1935-1955년

연 도	비 율
1935-1939년	89.7
1940-1941년	79.5
1942-1945년	90.5
1946-1950년	131.0
1951-1955년	124.8
1956-1959년	126.25

출처 : INSEE의 연간 수치로부터의 평균냄, *Annuaire Statistique Rétrospectif*, 1961, p.51. 표 8.

얼어붙은 것처럼 보였으며, 정치 지도자는 파도를 잠재우는 대신에 자신들이 파도에 휩쓸려 떠다니도록 내버려 두었다. 혁신의 정신과 빠른 적응력은 마비된 것처럼 보였고······ 은행 업종의 지도집단은 투자와 제안의 능력이 결여된 것처럼 보였다.[84]

1940년 5월 독일의 공격이 닥쳐왔을 때, 군대도 주민들도 준비되어 있지 않았다. 1940년부터 1944년 혹은 1945년까지의 점령기간은 생활양식에 대한 프랑스인들의 태도에 심층적인 변화를 가져왔다. 그것은 1945-1946년의 "신인들"의 등장과 함께 일어난 일이다.[85] 그 변화는 인구동세학에서의 갑작스런 불연속성 때문에 거의 즉시 알아챌 수 있다. 그 동안 강력하게 지탱되던 프랑스의 농민의식은 세계 그 어느 곳에서보다 이 나라의 가족계획이 빨리 자리잡게 만들었다. 이는 나폴레옹 시대의 균등 상속법 이전부터 상당히 강했던 의식이었으나, 독일군의 군화 아래서 갑자기 무너졌다. '가임연령 여성 100명당 태어난 여자아이 수'로 측정하는 순재생산율은 표 7-3에서 보이는 것처럼 변화했다. 프랑스의 인구통계학 전문가인 알프레드 소비는 그 변화의 원인으로 1939년에 통과된 가족법을 든다. 가족법은 아이들 수에 비례하여 보조금 수령액이 증가하도록 만들었다.[86] 그러나 다른 전문가들은 그 변화를 1940년의 패배와 연결시키기도 하고, 독일 점령

의 가장 어둡던 날들에 시작된 프랑스인들의 삶에 대한 사고방식에서의 무뚝뚝한 변화와 관련시키기도 한다.[87] 이전에는 토지와 부를 분할하지 않기 위해서 아이들을 적게 낳고 그로 인해서 가족의 규모가 확대되지 않았으나, 이제는 현재의 즐거움을 위해서 더 많은 아이들을 가지려고 했다. 이 설명은 전후에 농장에서 교역과 산업으로, 그리고 작은 상점에서 더 큰 회사로 갑작스런 대규모 이동이 일어난 것으로도 확인된다. 프랑스의 농업인구는 1949년 750만 명에서 1954년 520만 명으로 감소했고, 그중 경제활동인구는 36.6퍼센트에서 27.4퍼센트로 감소했다. 1954년부터 1962년 사이에 또 다시 130만 명이 농촌을 떠났다(그러나 인구계산의 근거가 다르기 때문에 1954년 수치에서 이 수를 그대로 빼면 안 된다).[88] 또 다른 변화의 흔적은 중간직위 간부들의 나이가 매우 빨리 감소한 것이다. 1951년 노동부 장관의 보고에 의하면 이 집단의 최고 고용연령이 1898년 60세에서 1945년 50세, 1950년 45세, 1951년 40세로 감소했다.[89] 가장 좋은 측량법은 평균연령일 것이다. 그러나 정부관리들은 분명히 최고 연령의 하락에만 중요성을 부여했다.

영광의 30년

사고방식의 변화, 그리고 전시의 무능력과 페탱 정권에 대한 부역혐의로 인해서 탈락한 사람들 대신 신인들이 권위 있는 지위를 차지하게 되면서 지속 성장의 시기를 맞이하게 되었다. 제1차 세계대전 이후에 그랬던 것처럼 산업, 농업, 노동 모두가 재건의 부담을 나누어지는 데에 저항했기 때문에, 처음에는 인플레이션의 압박이 있었다. 농부들이 식량가격을 올리자, 이것이 임금상승을 위한 파업과 산업계의 가격앙등을 초래했으며, 세금인상이 어렵게 되자 정부재정이 적자가 되었다.[90] 이 목마 넘기 게임은 농부의 독점력을 파괴시킨 1950년 대풍작에 의해서 중단되었다. 계획입안은 자원배분을 과학적으로 결정하는 데에 기여하기보다는 단지 무조건적인 팽창의 권고에 가까운 것이었지만, 어쨌든 도움이 되었을 것이다. 그러나 그것은 체셔 고양이(이상한 나라의 앨리스에 나오는 고양이/역주)처럼 **계획화(planification)**라는 웃음만 남긴 채 차차 사라져갔다. 국유화된 산업에서 신인들은 기술주의와 생시몽주의의 전통으로 돌아가서, 화학, 항공기, 철도, 자동차, 송전, 공구생산에서의 혁신을 줄기차게 요구했다. 엄밀히 말하면 프랑스는 제2차 세계대전에서 패배하지는 않았지만, 그렇다고 승리했다고 말할 수도 없었다. 이 전쟁에 대해서라면 이 나라 사람들은 차라리 생각하지 않으려고 하는 측면들이 있었다. 제3장에서 언급했던 불사조 모델에 따른 집중적인 경제팽창과 올슨 모델의 긍정적인 측면은 과거 불행했던 시절로부터 눈을 돌리게 했다. 두 세기 이상 영국의 제2바이올린만 연주했던 프랑스는 전후 얼마 지나지 않아 —— 오브라이언과 케이더에게는 실례지만 —— 노인들이 인도하는 영국을 앞지르고 있었다.

영광의 시기는 한 세대로 제한되었다. 1970년대에 들어서서 세계적인 경기침체를 가져온 석유파동과 함께 성장률은 점차 하락했고, 과거의 분열들은 그 사이가 더 넓게 벌어졌으며, 새로운 분열들이 시야에 들어왔다. 학생과 노동자들은 1968년 5월과 6월에 봉기를 일으켰고, 소상인들은 정치가들에게 슈퍼마켓에 저항하는 푸자드(Poujade) 운동(1950년대 프랑스에서 시작된 것으로서 사회와 경제의 변화로 위협받게 된 중소상공업자들이 대기업과 정부의 자유주의 정책에 대항하여 그들의 권익을 옹호하려는 정치운동/역주)을 조직하라고 호소했다. 농민들은 값싼 식료품 수입에 반대하며 폭동을 일으켰고, 노동자들은 알제리 출신 경쟁자들과 사하라 사막 이남의 프랑스 식민지로부터의 이민에 반대하며 소란을 일으켰다. 영광에 대한 집착으로 인해서 드골은 (자크 뤼프의 도움으로) 세계통화인 달러를 공격했다. 세계언어로서의 영어(차라리 미국어라고 하는 것이 정확할 것이다)의 확산에 대한 프랑스인들의 저항은 비용이 많이 드는 것이었다. 그들은 국제연합 같은 조직에서 프랑스어를 사용하는 구성원들의 수를 유지하기 위해서 이전 식민지들에게 값비싼 지원을 해야만 했다.

1981년 사회주의자들은 새 정부를 조직했고, 즉시 국유화 프로그램을 시행하기 시작했다. 이들은 과거에 좌파 카르텔(Cartel du Gauche, 좌익 집단)이 국유화 프로그램을 시행하지 못하고 망설이다가 1926년에 재정문제 때문에 패배하면서 물 건너가게 되었던 실수를 바로잡는다고 생각했다.[91] 중간계급은 그들 나름대로 자본도피의 형태로 여기에 항의를 한 셈인데 이역시 변화를 일으켰다. 프랑스는 곧 국가 순환주기에서 (상대적인) 쇠퇴 단계에 들어갔다. 17세기까지 긴 시간을 되돌아볼 때 프랑스에서는 다른 나라 사례들처럼 장기쇠퇴에 뒤이어 장기상승이 일어난 적은 없으며, 단기간의 쇠퇴와 상승이 여러 차례에 걸쳐 일어나고 그 중간중간에 때때로 혁명과 붕괴가 개재해 있었다.

8

영국, 전형적인 사례

전형적인 사례

대영제국은 무역, 산업 및 금융에서 신속하게 성장하여 정점에 이르렀을 때 세계경제의 선두를 차지했다가 그 후 서서히 쇠퇴하는 국가 생명주기의 전형적인 사례이다. 통상적으로는 1760-1830년의 산업혁명을 중요한 기점으로 잡지만, 이와 연관된 시점들은 분석자에 따라서 다양하게 제기된다. 어떤 사람들은 정점을 1851년 런던의 수정궁(Crystal Palace)에서 개최된 만국박람회로 잡고, 다른 사람들은 그 이후인 1870년 혹은 1890년대로 잡는다. 쇠퇴는 1914-1918년과 1939-1945년의 양차대전으로 인해서 가속화되었는데, 혹자에 따라서는 양차대전을 하나로 묶어서 파악하기도 한다. 이러한 산업화 단계 전에 17-18세기에 무역의 증가단계가 있었고, 산업화 단계 이후에는 금융의 증가단계가 뒤따랐다.

이상의 것이 정통적인 공식화의 내용이다. 그러나 초기 무역의 증가시기를 제외한 모든 측면들이 수정주의 역사가들에 의해서 논쟁의 대상이 되었다. 1980년대에 폭발적으로 터져 나온 연구들은 18세기의 마지막 삼분기와 19세기의 첫 삼분기 동안에 있었던 산업성장의 혁명적인 성격을 부정했다. 앞에서 언급한 바와 같이, 19세기 중반에 선두를 차지하기 이전에 이미 17세기에 세계경제를 지배한 단계를 거쳤다는 주장도 있다. 최근까지도 계량경제학적 기법을 구사하는 일단의 경제사가들은 19세기 말과 20세기 초의 쇠퇴를 부정하지는 않지만, 그 쇠퇴가 기업가적 정력과 활력을 상실한 결과라는 일반적인 견해를 부정했다. 수학적인 모델들과 당대 자료를 통해서 그 당시 기업가들이 이익을 극대화하고 있었음을 "증명했다"는 것이다.

대체로 이 장의 내용은 영국의 경험이 제2장에서 제시한 모델에 부합한다는 전통적인 견해에 가깝다. 필자는 영국의 성장에 대해서 이미 저술한바 있는데,[1] 시간을 아끼기 위해서 거기에서 이야기한 내용들을 많이 이용했다. 먼저 표 3-2에서 제시한 것처럼 1688년부터 1780년까지 영국이 세계에서 지배력을 행사하는 주기가 있었다는 견해를 검토하고, 이어서 무역, 산업혁명, 19세기(여기에서는 1815년부터 1914년까지를 말한다) 영국의 금융 리더십, 쇠퇴의 시작, 마지막으로 현재의 상태를 다루겠다.

17세기

『경제성장의 단계들』에서 로스토는 "선행조건(precondition)"이라는 이름으로 "도약(take-off)" 이전에 대한 예비적인 개관을 한다. 여기에는 전통사회로부터의 이탈, 사회적 태도의 변화, 사회간접자본의 확립, 그리고 영국의 경우에는 산업혁명기의 발명들로 이어지는 전반적인 계몽주의 분위기, 그 가운데에서도 특히 과학의 발전 등을 들고 있다.[2] 무역을 통해서 많은 성취를 이루었는데, 이는 새로운 대륙들을 개방시킨 지리상의 발견들과 관련되어 있다. 앞선 장들에서 무역에 대해서 이야기할 때 지중해에서 시작해서 발트 해와 유럽의 북부 해안으로, 다음에 유럽의 남-북 무역으로, 마지막으로 16세기의 해외무역으로 강조점이 이어졌다. 영국은 지중해 무역을 제외한 다른 모든 무역에서 상당한 역할을 수행했지만, 그 사실만 가지고 세계적 지도력의 증거로 간주하기는 어렵다.

영국은 도전자였다. 그들은 동아시아에서 우위를 차지하려고 포르투갈, 프랑스, 특히 네덜란드와 경쟁했고, 서인도, 브라질, 남미 서부해안과 포르투갈, 에스파냐 사이의 무역에 불법으로 참여했고, 1588년 에스파냐의 무적함대를 격퇴했으며, 카디스 항을 공략했다. 그들은 지리상의 발견의 선구자들 가운데 하나여서, 북아메리카와 오스트레일리아, 뉴질랜드에 식민지를 획득했다. 그들은 레반트, 아프리카, 인도, 허드슨 만 특허 무역회사들을 설립했고, 토착민의 정복을 통해서 동인도에 식민지들을 획득했고, 유럽 식민세력들과 싸워 이겨서 서인도 제도, 뉴암스테르담 및 캐나다에 식민지를 확보했다. 1688년부터 1720년 사이에 런던은 재정혁명을 달성해서 엉성하고 군주의 변덕에 달려 있던 대부방식을 효과적인 정부채권 체계로 대체했다.[3)]

이러한 성과들에도 불구하고, 무역과 관련 산업(예를 들면 조선업)에서 네덜란드의 지도력을 간과하기는 힘들다. 영국 자신이 도전받기보다는 도전하는 위치에 있음을 의식하고 있었다. 영국이 인구는 더 많았지만, 세계 무역과 금융의 중심축은 암스테르담이었다. 이런 사정은 18세기 중반까지도 마찬가지였다.[4)] 『세계 무역에서의 네덜란드의 선두, 1585-1740』이라는 저서에서 조너선 이스라엘은 제4차 영란전쟁 시기인 1780년경에도 네덜란드가 여전히 앞서 있었다는 견해를 반박한다. 네덜란드의 무역은 이익이 더 높았던 동방 및 식민지 무역보다는 발트 해의 부피가 큰 적하물 무역에서 더 오랫동안 우위를 지켰고, 국제 대부에서는 더욱더 오래 우위를 누렸다. 1766년부터 1776년까지 10여 년에 걸쳐서 집필한 『국부론』에서 애덤 스미스는 네덜란드와 영국을 비교하는 언급을 몇 차례 했는데, 그 내용들이 모두 서로 부합하는 것은 아니다. 네덜란드는 영토 규모당 인구수에서 영국보다 크다.[5)] 네덜란드 무역은 특정 부문에서는 쇠퇴 중일지 몰라도 전반적인 하락은 없었다.[6] 네덜란드는 "유럽에서 단연 가장 부유한 나라"이자 "유럽의 해운업에서 가장 큰 몫을 차지하고" 있으며, "영국은 어쩌면 유럽에서 두 번째로 부유한 나라"이다.[7] "영국은 해외상업과 원거리 판매를 위한 제조업의 소재지가 되기에 적합한 자연환경을 갖추었고", "네덜란드를 포함한 유럽의 그 어느 나라보다도 이와 같은 산업에 전반적으로 유리한 법 체계"를 가지고 있다.[8] 스미스는 네덜란드 제조업자들의 몰락은 고임금 때문이라고 보았고, 또 고임금은 고비용의 전쟁을 치르는 과정에서 안게 된 거액의 채무에 대한 이자를 갚기 위해서 매긴 높은 소비세로 인한 것이라고 생각했다.[9] 동시에, 네덜란드 정부는 연리 2퍼센트의 이자로, 그리고 신용도가 높은 민간인들은 연리 3퍼센트의 이자로 차입한다는 점도 지적했다.[10] 스미스에게는 18세기의 첫 4분기, 첫 3분기 혹은 전반기에 영국이 아니라 네덜란드의 경제적 우위를 증명할 수 있는 상세한 자료가 부족했을지 모르지만, 그의 관점이 그러했다는 점은 반드시 고려해야 한다.

무역

1672년이나 1700년 혹은 1740년부터 네덜란드의 무역이 쇠퇴하면서, 17–18세기에 영국의 해외무역은 인상적으로 성장하고 있었다.[11] 무역의 성장과 함께 그 구성과 방향도 변했다. 영국의 수출품은 처음에는 양모, 이어서는 모직물, 모직물에서도 초기에는 대개 광폭(廣幅)의 천 혹은 커지(kersey) 천 등의 "구직물(old draperies)" —— 거칠고 골이 지게 짜인 모직물로 독일과 동유럽에 판매되었다 —— 에서 후기에는 "신직물(new draperies)" —— 베이(bay), 세이(say), 퍼스티언(fustian, 짧은 보풀을 한쪽에만 세운 능직〔綾織〕 면포) 등 가벼운 직물로서 30년전쟁 이후부터 남유럽과 레반트 지역이 주로 구매했다 —— 로 변했다.[12] 브로델이 인용하는 베네치아 문서에 따르면, 빠르면 1514년부터 영국의 커지 천은 "세계무역에서 가장 중요한 기반 가운데 하나"였다.[13] 이는 원료공급, 미완성 가공품, 그것의 개량을 확보하고, 이어서 완성, 마무리, 염색과 같은 마무리 공정을 네덜란드의 레이덴으로부터 배운 다음 마지막으로 완성품을 직접 판매하는 데로 나아가는 일반적인 과정이었다. 무역의 전환 역시 원재료 수출 —— 양모 이외에도 주석과 구리 —— 과 유럽산 완제품 수입으로부터, 원재료 수입 —— 철, 목재, 비단과 식민지 상품인 설탕, 담배, 인디고 —— 과 제조품 수출로 이행했다. 초기에는 유럽이 주요 수입원 및 수출시장이었으나 후기에는 식민지가 그 뒤를 이었고 더 뒷시기에는 미국, 남아공 등의 독립국들과 준-독립적인 자치령들이 식량과 원재료의 수입원이자 제조품의 판매지가 되었다.

초기 단계에서 정부는 양모수출권을 모험상인조합에게까지 확대하고 1598년 한자 동맹을 런던의 스틸야드로부터 추방하는 등 수출을 위한 지원을 했다. 원거리 무역은 대형선박 건조와 상당량의 재고품 확보에 필요한 거액의 자본을 모으기 위해서 회사를 만들어서 수행하게 되었다. 1555년 모스크바 회사, 1577년 에스파냐 회사, 1601년 결정적으로 동인도회사, 1605년 레반트 회사, 1670년 허드슨 만 회사, 1672년 왕립 아프리카 회사가 세워졌다. 얼마 후 1689년 이스트랜드(모스크바) 회사의 독점권이 철회되었고, 이제는 양모가 아니라 광폭천에 대한 권리였던 모험상인조합의 독점권이 취소되었다.[14] 무역은 민간 상인들에게 넘겨졌다. 정부의 통제 및 지원은 항해법에 국한되었다. 1651년 제1차 항해법은 클래펌의 소위 "1660년의 대항해법"으로 이어졌고[15] 선박세(사략선과 "도적, 해적 및 바다의 강도들"로부터 상선을 보호할 기금을 마련하기 위해서 1634년부터 각 시읍면에 부과된 세금), 어업 및 뉴캐슬-런던 간 석탄교역에 대한 보조금, 상선과 해군 복무를 위한 선원들의 양성 등이 이루어졌다. 프랑스와 마찬가지로 영국의 무역은 18세기에 급속히 발전했지만, 산업혁명 이전에 영국의 선두가 시작되었다고 말할 수는 없다.

로스토는 영국의 "도약" 시점을 다소 지나치게 명확하게 1783년으로 설정했다. 이 해에 조지 3세가 미국 식민지들의 독립을 승인한 파리 조약을 체결한 직후에, 바로 그 이전 식민지들로의 수출이 갑자기 급증했던 것이다. 애덤 스미스는 선견지명이라고 하지 않을 수 없는 한 대목에서 바로 이러한 가능성을 언급했다.

대영제국이 자신의 식민지들에 대한 모든 권한을 자발적으로 포기해야 한다고 제안하는 것은…… 세계의 어느 국가도 채택한 적이 없고, 채택할 리도 없는 조치를 제안하는 것이다…… 그러나 만일 그와 같은 조치가 채택된다면 대영제국은 즉시 식민지의 평화를 확립하는 연례비용으로부터 자유로워질 뿐만 아니라, 궁극적으로 영국을 자유무역에 단단히 붙들어두는 상업조약을 식민지들과 체결할 수 있으며, 이는 비록 상인들에게는 덜 유리하지만, 국민 대다수에게는 현재 영국이 누리는 독점보다 더 유리할 것이다.[16]

초기 영국 수출의 급팽창은 산업혁명기의 대표적인 상품인 면제품 ── 면제품은 미국 남부로부터 면화가 대량 수입된 훗날의 것이다 ── 보다는 요크셔와 리즈 등지의 모직물과 버밍엄의 못, 죔쇠, 금속단추, 철물류 등을 중심으로 이루어졌다. 1772년 미국은 영국 모직물 및 소모사(梳毛絲)의 5분의 1을 수입했으나, 1800년경에는 그 비율이 5분의 2가 되었다.[17] 유럽에 대한 수출로부터 미국 식민지에 대한 수출로의 전환은 신용평가나 장기신용 등의 새로운 조건에 따른 변화에 적응할 수 있는 새로운 회사들이 담당했다. 많은 옛 회사들이 파산하거나 그 소유주들이 은퇴했다. 1830년경에 아직 활동 중인 회사들을 주목하면 그 가운데 21개만이 1782년에 존재했던 135개의 상사들과 연관이 있었다.[18] 버밍엄의 미국에 대한 무역은 계속 성장하고 변화했다.[19] 이에 대해서 애덤 스미스는 셰필드 등지에서 생산되는 "유용하거나 필수적인" 제품들과 대조적으로 버밍엄의 생산품들은

"유행 및 기호" 제품들이기 때문이라고 생각했으나,[20] 이러한 구분은 지나친 것이다. 게다가 스미스는 산업혁명이 몰고 올 변화들을 예견하지 못했다.[21]

산업혁명

산업혁명의 실재 여부는 전체적으로 실제 경제적 중요성이 별로 없는 의미론상의 문제이다. 사실 이와 같은 지적은 거의 반 세기 전에 있었다.[22] 역사가들은 중세 암흑기, 르네상스, 중상주의, 계몽주의, 구체제 등과 같은 극히 포괄적인 지칭들을 사용하는 것에 대해서 의문을 제기해 왔다. 그러나 "명칭에서 결점을 찾는 것은 더 나은 명칭을 찾는 것보다 훨씬 더 쉬운 일이다."[23] 『산업진화』라는 제목의 책을 집필한 한 경제사가는 진화론적 발전도상에서 한 번의 단절이 곧 산업혁명(고유명사로서)이며, 이는 로마 제국의 멸망, 종교개혁, 프랑스 대혁명과 함께 세계사에서 불연속적인 변화를 초래했다고 썼다.[24] 이 말은 앨프레드 마셜의 『경제원론』[25]에 나오는 "Natura non fecit saltum"(자연에서 불연속성이란 없다)라는 명구와 대조적이다.

산업혁명의 혁명성이라는 이 문제에 대한 논쟁은 1980년대에 열기가 고조되어, 양편 모두 여러 유명한 경제사가들이 참여했다. 론도 캐머런과 크래프츠는 모두 언급하기 힘들 정도로 많은 논문들을 통해서, 특히 캐머런은 『세계경제사』[26]라는 저서에서 산업혁명의 신봉자들을 공격했다. 조엘 모키르, 하트월 혹은 로스토와 같은 초기의 지지자들은 산업혁명을 옹호했다. 캐머런이 이 문제를 논의하기 위해서 조직한 1987년 10월 뉴올리언스의 사회과학역사협회 대회에서는 많은 방청인들이 끼어들었다. 하나의 예를 들면, 폴 데이비드는 "지각할 수 있는 변화"냐 "지각할 수 없는 변화"냐에 많은 것들이 달려 있다고 지적했다. 그렇지만 그것이 사실이라면 어떤 이들은 다른 이들보다 지각하는 데에 뛰어나므로 연구자는 누구의 주장을 믿을 것인가 선택해야 한다. 앞서 언급했듯이, 애덤 스미스는 산업혁명을 대체로 의식하지 못하고 있었다.[27] 그러한 결론에 이른 필자의 논문은 특히 하트월에게서 공격받았다. 스미스는 아니라고 해도, 산업혁명을 의식하고 있던 이들이 존재했다는 점은 부정할 수 없다. 새뮤얼 존슨은 세상이 혁신을 따라 미쳐 가고 있다고 했다. "세상의 모든 사업들은 새로운 방식으로 수행되어야 한다." 와트와 같은 인물들은 1761년 브리지워터 공작의 운하에 매료되었는데, 이는 1793년 운하 열풍으로까지 이어지는 운하건설 파동 중의 한 현상이었다. 모든 계층의 인사들이 운하뿐만 아니라 버밍엄 근방 소호에 있는 볼튼 앤드 와트 증기기관 공장이나 그 인근의 에트루리아의 웨지우드 공장을 방문했다. 대표적인 인물을 거명하자면, 덴마크 국왕, 직공들로부터 비밀을 꾀어내려고 해서 웨지우드의 적대감을 불러일으킨 프로이센의 슈타인 남작, 벤저민 프랭클린, 새뮤얼 존슨, 부클뢰프 공작 등이 있다. 런던에서 웨지우드의 도자기를 판매한 토머스 벤틀리는 "새로운 정신에 참여했다. 운하 항해, 늪지 간척, 제조업자들을 위한 새로운 원료들, 개선된 산업공정들, 온갖 종류의 발명들이 그의 주의를 끌었다."[28] 1769년 에드먼드 버크는 활력이 넘치는 영국의 제조업 사례들을 수집했다.[29] "……거대한 변화가 일반인들의 정신 속에서 일기 시작했다. 지식, 연구, 추구의 목적이 변경된 시각에서 파악되고 변경된 가치를 획득했다."[30]

당대인들의 견해를 일단 무시한다면, 과연 "혁명"인지 아닌지의 여부는 대개 저축, 국민 일인당 소득, 수출 등을 측정하느냐 아니면 발명(invention)과 혁신(innovation)을 측정하느냐에 달린 문제이다. 아서 루이스와 로스토는 민간저축률이 18세기의 마지막 3분기에 5퍼센트에서 10퍼센트 내지 15퍼센트로 급상승했다는 사실을 지나치게 열광적으로 믿었다. 이러한 점에서 그들은 아마도 다음과 같은 애슈턴의 견해를 이어받았다고 할 수 있다.

표 8-1　영국의 성장률 추산치, 1700-1830년(연평균[퍼센트])

기간	농업	상공업	서비스업	국민 일인당 소득
1700-1760	0.6	0.7	0.8	0.3
1760-1780	0.1	1.0	0.8	0.0
1780-1801	0.8	1.8	1.3	0.8
1801-1831	1.2	2.7	1.4	0.5

출처 : Harley, 1986, p.683(Crafts, 1985의 재검토).

18세기 중반 경제발전의 속도가 빨라진 단 하나의 이유를 찾고자 한다면 —— 이렇게 하는 것은 물론 잘못이지만 —— 바로 이것[여태껏 역사가들이 제대로 강조하지 않은 요인으로서, 반 세기 이전에 있었던 이자율의 저하]을 살펴보아야 한다.[31]

산업혁명에 대해서 단 하나의 원인을 찾고자 하는 것이 잘못이라는 데에는 동의할 수 있겠지만, 설사 단 하나의 원인을 찾고자 한다고 하더라도, 그것이 이자율의 감소 혹은 저축률의 급증일 수는 없다. 최근의 연구에 의하면 저축률이 상승한 것은 사실이지만 그것은 국민총소득의 5퍼센트에서 6-7퍼센트로 매우 더디게 변화했다는 점이 분명히 밝혀졌다.[32] 크래프츠가 처음에 산업혁명의 실재성을 받아들이기를 망설였던 것은 표 8-1에서 드러나는 바와 같이 1700년과 1831년 사이에 거시경제의 성장률이 상대적으로 낮고 다른 분야의 성장률도 높지 않은 것으로 추산되었기 때문이다. 산업성장은 125년 정도 지속적으로 증가했지만 불연속적인 비율로 증가하지는 않았다.

이에 비해서 혁신에 대해서 살펴본다면 산업혁명의 존재여부를 뒷받침하는 증거가 더 많다. 애슈턴은 1760년대 이전에 영국에서 인정된 특허의 수가 연평균 12건을 넘은 적이 거의 없었으나, 1766년 31건, 1769년 36건으로 "돌연히"(abruptly : 필자의 강조) 증가했음을 지적한다. 그 직후에는 다소 감소했지만, 1783년에 64건으로 "갑작스러운"(sudden : 필자의 강조)

증가를 했다. 이후 미미하게 감소하다가 1792년에 다시 87건으로 뛰어올랐다. 이후 평균 67건으로 하락했으나 1798년부터 차차 상승하여 1802년에 107건으로 증가했다. 또 다시 1824년 180건, 1825년 250건으로 "치솟아" 올랐다. 이는 1776년부터 1825년 사이의 60년 동안 대략 2,000퍼센트의 증가에 해당한다.[33] 산업혁명의 존재를 부정하는 저서를 출판한 캐머런조차도, "18세기 마지막 3분기에 있었던 놀라운 여러 혁신들"을 언급했다.[34] 이 문제에 대한 최고의 저작들 중 하나를 쓴 조엘 모키르는 훌륭한 서문에서 신경제사(경제사를 계량경제학적으로 구성하려는 학파/역주)가 제기한 회의에도 불구하고 산업혁명이 살아 남았음을 분명히 밝혔다.[35] 크래프츠와 할리는 버그와 허드슨[36] 및 오브라이언[37]의 비판에 대응해서 연평균 추산치의 수정값을 제시했는데, 이 기회에 그들은 이전의 주장을 정정했다. 즉 그들은 1750년에서 1850년 사이에 영국경제가 근본적으로 변화했다는 사실을 부정하지 않았으며, 문제가 되는 101년 동안에 "영국경제의 성장은 역사적으로 유례가 없고 국제적으로 놀라웠다"라고 기꺼이 동의한다.[38] 비록 산업적 혁신들이 이전에 믿었던 것만큼 생산에 큰 영향을 미치지는 않았지만, "……그것들은 진정 산업혁명을 만들었다."

물론 모든 특허들이 똑같이 중요했던 것은 아니고, 돌파의 성격을 가지는 발명들은 세기말의 분출 이전에 일어났다. 1709년 에이브러햄 다비가 목탄을 석탄으로 대체했고, 뉴커먼의 증기기관도 같은 해에 출현했다. 1733년 존 케이가 비사(飛梭, flying shuttle)를 발명하고, 1764년 하그리브스의 제니 방적기가 출현했다. 이후 우리가 너무나도 잘 아는 발명들이 터져나왔는데, 이는 면공업, 증기기관, 제철뿐만 아니라 도기제조 및 금속제품(버밍엄에서) 제작에서도 마찬가지이다. 쇠퇴에 대한 서술에서 결정적으로 중요한 것은 앨버트 허쉬먼이 "연계(linkage)"라고 명명한 방식대로 하나의 성공이 다른 성공을 가져 왔다는 것이다.[39] 비사의 사용 결과 방직에서 이루어진 개선은 방적에서 병목현상을 야기했고, 이는 날실의 경우 리처드 아크라이트의 수력방적기를 통해서, 씨실의 경우 하그리브스의 제니 방적기를 통해서 해결되었으며, 후에 크럼프턴의 뮬 방적기를 통해서 두 가지 모두 해결되었다. 와트의 증기기관은 석탄수요를 증대시켰고 동시에 지하 깊이 파내려 간 탄광의 배수용 양수기에 이용됨으로써 공급 측면에도 일조했다. 윌킨슨의 보링 기계는 와트의 증기기관의 피스톤 제작에 사용되었다. 따라서 면직물 —— 이에 비해서 모직물의 생산성은 느리게 향상되었다 —— 과 제철업 및 증기기관에서 일종의 약진(leapfrog)이 일어났고, 이것이 19세기에 철도업으로 귀결되었다. 인구, 농업, 상업 및 운송에서의 "혁명들"이 시장의 너비와 깊이를 확대시켜서 산업생산을 더욱 자극했다.[40]

산업혁명기의 발명가들이 여러 계층 출신이며, 소수의 과학자들을 제외하고서는 종종 땜쟁이(tinker)로 불리는 비전문가들이었다는 점이 강조되기도 한다. 물론 프랑스의 기술교육이 그것에 대비될 것이다. 또한 그들 중 다수가 퀘이커 교도, 감리교도, 침례교도와 같은 비국교도들이었다는 점, 다시 말하면 영국 국교회에 속해 있지 않아서 정부 관직 임용, 군 고위직 진출, 옥스퍼드와 케임브리지 대학 입학, 전문직(의료부문은 제외) 종사로부터 배제되어 있었다는 점이 강조된다. 야망을 품은 자들은 한 방향에서 성공의 길이 막히면 다른 방향에서 성공을 추구한다. 심리학자인 데이비드 맥클러랜드는 아버지보다 강한 어머니 슬하에서 자란 남성들이 성공을 추구하는 정신분석학적 조건이라고 강조하면서, 이를 성취에 대한 욕구라고 명명했고,[41] 에버릿 하겐은 이러한 "성취욕(N-achievement)"이 엘리트 지위로부터 배제된 여러 집단들에 존재함을 발견했다.[42] 그러나 그러한 집단들이 경제주기를 따라서 대두하거나 쇠퇴하는지는 분명하지 않다. 성공적인 기업가들이 국교회에 들어오고, 시골 저택을 마련하고, 의회의원 및 법관직에 오르고, 자녀들이 엘리트 학교에 들어갈 수 있을 정도로는 영국사회가 개방적임을 고려할 때, 출세하려는 정력적인 국외자들은 아마도 후기보다 초기에 많았을 것이다.

『물질문명과 자본주의에 대한 보론』에서 페르낭 브로델은 "18세기 말부터 19세기 초까지 영국 산업혁명의 호황이 병목현상 없이 발전할 수 있었다는 점이 놀랍다"고 언급했다.[43] 내 생각에 이것은 문제를 전적으로 오해한 것이다. 성장은 거의 언제나 불균형적이기에 늘 병목현상을 일으킨다. 산업혁명을 설명하는 것은 생명력과 정력이 있고 여기에 더해서 필요한 공학적 기술까지 갖춘 인물들이 존재해서 병목현상을 돌파했다는 점이다.

19세기 말에 산업혁명이 상당히 진척되자 다시 병목현상에 부딪혔다. 그러나 이때 영국 기업가들은 대개 다른 이들이 그것을 해결해 주기를 기다렸다.

19세기

빈 회의로부터 1851년 만국박람회에 이르는 기간은 영국 무역과 산업의 경제적 성장 그리고 수출입 금융을 넘어서는 국제 장기대부의 시작으로 주목받을 만하다. 물론 대부분의 직물 및 금속 산업이 기계화되는 가운데에도 손베틀 방직 및 수공 못질 제작 등을 하는 후진 지역들도 있었다. 면직물업의 대대적인 성상으로 인한 면화 수요는 조지아 섬에서부터 구릉지대로, 이어서 앨라배마 및 미시시피로, 이후 텍사스와 캘리포니아로 면화 재배가 급속하게 확산되도록 만들었다. 직물용 섬유의 방적 및 방직을 위한 기계류도 급속히 증가했다. 국내수요가 둔화되자 직물 기계류 제조업자들은, 직물업자들이 수출할 수 있다면 자신들에게도 동일한 권리가 있어야 한다는 형평성을 내세우며, 기계류 수출 금지법의 철회를 위해서 투쟁했다.[44] 1828년 자유무역론자이자 무역위원장인 윌리엄 허스키슨에 의해서 수출 제한조치들이 완화되었다가 1843년에 완전히 철폐되었다. 개선된 와트 증기기관에 바퀴가 부착되고 도로에서 철로로 옮겨 갔다. 그리하여 1825년 스톡턴에서 달링턴에 이르는 노선에서 철도 열풍이 일어났다. 이

열풍은 전 세계로 확산되어서 1847년에 주식시장을 과열시켰다. 기관차 제조업자들, 기술자들, 금융가들이 철도를 해외로 가져갔다. 1850년경 영국은 "세계의 공장"이었다.[45]

만국박람회 방문객들 가운데서는 콜트(Colt) 회전식 연발 권총과 맥코믹 수확기와 같은 새로운 미국산 기계의 등장을 주의 깊게 본 사람들도 있었다. 1867년 파리 박람회에서는 영국의 산업 우위에 대한 회의감이 퍼지고 있었다.[46] 처치는 1850년부터 1873년까지가 "대(大)빅토리아 호황기"였지만 이런저런 산업에서 약세의 징조들을 보였으며, 1850-1860년대 재계의 행복감 때문에 "세계의 공장"이 후기 빅토리아 시기의 자기 만족감의 요람이 되었는지 모른다고 주장했다.[47]

산업과 반대로 무역에서는 세기 중반에 중요한 변화가 일어났다. 그것은 자유무역으로의 이동이었다. 윌리엄 허스키슨은 수입증가가 국내생산을 저해하기보다는 자극한다고 생각할 정도로 철저한 자유무역론자였다. 아닌 게 아니라 실제로 이러한 일이 일어났다. 1815년 이후 프랑스로부터 견직물 수입이 증가하자 맥클레스필드와 스피탈필드가 경쟁 때문에 가격을 인하할 수밖에 없었는데, 이는 산업적 활력을 전제로 한 일이었다. 곡물법은 워털루 전투 이후에 곡물가격을 유지하기 위해서 부과되었다. 1832년의 제1차 선거법 개정으로 하원에서 표결의 무게 중심이 "썩은 선거구"(의원이 민주적인 절차로 선출되기보다는 일개 귀족에 의해서 지명되는 선거구)를 가진 농촌 지역으로부터 도시 지역으로 이동하자, 수출시장을 추구하는 제조업측은 인내심을 잃기 시작했다. 곡물법 폐지에는 두 가지 직접적인 원인이 있었다. 한편으로는 1845년의 대흉작과 북유럽 및 아일랜드의 감자기근이 심했다는 점, 다른 한편으로는 낮은 식량가격이 제조업자들의 이익이 아니라 노동자층에 도움이 될 터이며, 타격을 받는 층은 농업노동자들이 아니라 지주층이라고 인식한 로버트 필 경 같은 사람들이 있었다는 점이다. 자유무역으로의 긴 도정은 1841년부터 1846년 사이에 이루어졌는데, 이 사이에 600개 이상의 관세가 철폐되고 1,000개 이상의 품목에 대한 관세가 "조세개혁" —— 세수는 얼마 되지 않으면서 징수비용이 높은 관세들을 제거하는 것 —— 이라는 표어 아래 인하되었다. 특히 무역위원회는 리처드 코브던과 존 브라이트의 능숙한 탄원 때문에 제조업자들의 입장으로 전향했다. 수입증가가 거의 자동적으로 수출증가를 가져온다는 흄의 법칙을 굳게 믿었던 정부는 영국의 양보에 대해서 타국이 반드시 상호관세인하를 하지 않아도 좋다고 생각할 정도였다.[48] 자유무역으로의 변화는 1846년 곡물법 폐지 직후에 목재 관세 및 항해법의 철회로 확대되었다. 항해법의 경우 그 동안 여러 나라들과의 쌍무협상을 통해서 무한히 복잡해져 있었는데,[49] 이제 보다 여유있는 방식으로 1860년 프랑스와 코브던-슈발리에 협정을 체결하여 프랑스 포도주에 대한 차별(에스파냐 및 포르투갈 포도주에 비해서)의 철폐와 영국 제조품을 위한 보다 넓은 시장을 맞교환했다. 궁극적으로 1860년대 글래드스턴 내각하에서 영국에서 생산되는 상품들, 특히 육류, 계란, 낙농업 제품 등에 남아 있는 관세들이 점진적으로 폐지되거나 급격히 축소됨으로써, 이제 와인, 브랜디, 설탕, 담배처럼 관세로 인한 보호 효과가 없는 물품에 대한 "세수를 위한 관세"만 남게 되었다.

항해법과 목재 관세의 철폐, 특히 영국에서 밀 사료로 쓰이는 귀리를 비롯한 곡물에 대한 관세의 철폐는 노르웨이 상선들을 이용한 스칸디나비아산 수출품을 증가시켰고, 이는 곧바로 북부 유럽 지역의 성장을 자극했다. 곡물법의 폐지에도 불구하고 1850년대에 영국은 급속한 기술발전에 따른 "농업의 성숙기"를 맞이했다. 생활수준의 향상이 든든한 아침 식사로 나타났다고는 해도 영국에서 곡물생산으로부터 육류 및 낙농업 제품으로의 전환은 아직 미미했기 때문에 덴마크와 네덜란드가 새로운 시장기회를 붙잡았다.

영국은 곡물과 기타 농산품에 대해서 자국 시장을 개방하는 것이 오히려 유럽 대륙을 농업에 전념하게 만들어서 경쟁력 있는 제조업으로의 전환을 더디게 했다는 소위 "자유무역 제국주의"의 혐의를 받기도 했다.[50] 영국의 선도적인 관세인하 이후 4반세기 후에 프랑스, 독일, 이탈리아 같은 국가들도 뒤따라 직접 혹은 쌍무협정을 통해서 관세를 인하했다. 영국의 자유무역 움직임이 전적으로 이기적이었는지, 혹은 국제평화체제(1856년 크림 전쟁 같은 우발적인 전쟁 발발만 있었다)나 금본위제처럼 공공선을 가져다 주는 요소가 있는지에 대해서는 여전히 논쟁 중이다. 흥미로운 것은 자유무역 정책이 제1차 세계대전 당시까지 흔들리지 않았고, 관세에 대한 반대는 심지어 1923년 노동당이 토리[보수당] 내각을 붕괴시킬 때에도 무기로 이용되었다는 점이다. 1880년대 곡물가격이 하락하자 스위스, 벨기에, 덴마크, 네덜란드를 제외하고 유럽은 자유무역에 대한 믿음을 잃었다. 당시 빠르고 경제적인 증기선들 그리고 곡물산지와 항구를 연결하는 철도로 인해서 캐나다, 오스트레일리아, 아르헨티나, 우크라이나, 미국의 저렴한 곡물이 유럽으로 유입되었던 것이다. 1871년 독일제국의 성립 이후 독일은 자유무역으로부터 후퇴하는 움직임에 앞장서서, 1879년 비스마르크의 유명한 호밀과 철에 대한 관세를 필두로 관세인상 정책을 폈다. 그럼에도 불구하고 영국은 자유무역에 집착했다. 이것은 경로 의존성, 혹은 1850년대 농업 성숙기의 영광에 대한 집단적인 기억, 혹은 다른 나라들이 영국상품에 대해서 관세를 부과하기 시작할 때조차도 자유무역이 자신과 국가에 이롭다고 확신했던 지배적인 제조업자층 때문일 수 있다. 1890년대 조지프 체임벌린이 주창했던 제국우선주의 움직임 가운데에는 일반관세를 부과하되 자치령 혹은 식민지들로부터의 수입품에 대해서는 관세를 줄이거나 폐지하는 조치들이 포함되어 있었다. 그러나 이러한 조치들은 당시에는 시기상조였으며, 1932년 오타와 무역회의 때에서야 비로소 실현되었다. 갈수록 영국의 단기이익에 반하는 데에도 자유무역을 고집하는 것은 집단적인 기억 혹은 제도적인 지체의 전형적인 사례이자 코스의 정리(the Coase theorem)의 반증이다.

금융

영국의 해외대부는 1815년 빈 회의 이후 바링 브러더스 사가 프랑스 정부의 전쟁배상금 지급을 위한 700만 프랑의 대부를 성사시키면서 시작되었다고 할 수 있다. 이 대부는 대성공이어서 하나의 전환점이 되었다. 유럽의 채무국들에 대해서 약간의 대부가 이루어지기는 했지만, 대대적인 금융거래가 일어난 것은 1820년대 라틴아메리카 식민지들이 에스파냐와 포르투갈로부터 독립을 쟁취한 후 이 지역 정부들이 런던에서 대대적으로 자금차입을 할 때의 일이었다. 그러나 이는 1825년의 파국적인 붕괴로 끝났다. 해외공채의 호황 및 붕괴와 평행한 움직임이 보험에서도 일어났다. 1830년대에는 국내 철도채권이 호황을 누렸다. 1840년대 바링 브러더스는 프랑스의 로스차일드 철도, 즉 북부 철도에 출자했다. 이 회사의 채권은 런던에서 파운드화로 발행되었고 주로 프랑스 투자자들이 구매했으며 런던 금융권은 프랑스 채권자들과 채무자들 사이를 중개하여 수수료를 챙겼다. 이는 프랑스인들에게 교훈이 되는 경험이었다. 이후로 프랑스의 투자자들과 철도 채권자들은 프랑스 프랑으로 직접 거래했다.[51] 1848년의 프랑스 2월 혁명으로 영국인 철도 노동자들이 공격당하고 한두 명이 살해되면서 유럽 대륙의 채권에 대한 영국의 관심에서 극적인 변화가 일어났다. 1830년에는 영국 해외투자의 66퍼센트가 유럽으로 향했으나, 1854년에는 55퍼센트, 1870년에는 25퍼센트, 1900년에는 5퍼센트에 불과했다.[52] 유럽으로 수출되는 면직물의 비율도 —— 조금 더 이른 시기부터 시작되었지만 —— 유사한 양상을 보였다. 1820년 유럽은 면직물 수출의 절반을 차지했으나, 1850년에는 16퍼센트, 1880년에는 8퍼센트, 1900년에는 6퍼센트로 떨어졌다. 이와 대조적으로, 아시아 —— 특히 인도와 중국, 자바를 포함해서 —— 로 향하는 면직물 수출의 비중은 1820년 6퍼센트에서 1850년 31퍼센트로, 1880년 54퍼센트로, 1900년 58퍼센트로 증가했다.[53]

일부 분석가들은 해외투자가 19세기 마지막 3분기 동안 영국 산업이 겪은 어려움의 원인이었다고 지목한다.[54] 대부분의 기간 자본의 해외유출 및 국내산업의 점진적 쇠퇴는 더 이상 위험감수(당시에 산업은 이렇게 간주되었다)를 하지 않고 외국 정부 및 철도에 대한 투자로 전환하는 증거였다. 이는 국내에서 정부와 철도에 대한 투자를 하는 것과 마찬가지이다. 1870년대 면방직 공장이 7만 방추(紡錘) 이상으로 확대되고 해운회사들의 경우 범선에서 증기선으로 전환하면서, 지역 자본 혹은 이윤의 재투자에 의존하기보다는 런던의 자본시장에서 자금을 구해야 했던 새로운 산업들이 등장했다. 몇몇 개인 기업들은 공개기업으로 전환하고 본래 소유주나 그들의 후손들이 받은 자금은, 특히 국내 경기침체시에, 해외로 투자되었을 가능성이 있다. 때때로 국내투자에 일대 붐이 일기도 했다. 1886년 10월 개인 기업이던 기네스 사가 성공적으로 주식을 공모한 후에 양조업계에 투자 붐이 일어난 것이 그런 사례이다. 이는 또한 1890년 붕괴로 끝난 아르헨티나 증권 붐과 병행하여 진행되었다. 1904년에서 1913년 사이에 해외 공채의 호황은 영국 저축의 절반 정도이자 국민소득의 5퍼센트에 해당하는 자금을 해외로 유출시켰다.[55] 선두를 차지하고 있을 때, 영국은 엄청난 규모의 자본을 유럽 밖의 세계로 보냈는데, 특히 대영제국, 미국 및 아르헨티나가 주요 대상국이었다. 계량 역사학자인 랜스 데이비스와 정치사가인 로버트 허튼백은 제국의 방어를 위한 비용이 중간계급 납세자에게 부과된 반면에 제국의 수익은 자치령과 식민지의 기업, 본국의 엘리트층이 누렸음을 증명하려고 했다. 공공재 이론에 따르면, 지도자는 위신을 누리는 대가를 지불하고, 무임승차자들 —— 이 경우 식민지와 자치령들 —— 은 실질적인 비용 분담을 피하게 된다는 것이다. 저자들은 이러한 현상이 1770년대 조지 3세와 노스 경이 모국의 방위부담 일부를 미국 식민지들에 과세하려다가 실패한 불행한 경험에서 비롯되었다고 본다.[56] 최근의 논문은 부분적으로는 통계를 근거로, 또 부분적으로는 제1차 세계대전 때에 제국이 영국을 방어하는 데 기여한 바를 과소평가한다는 생각에서, 데이비스와 허튼백의 결론에 의문을 제기한다.[57] 패트릭 오브라이언은 더 근본적인 질문을 제기한다. 그는 과시적이며 위신을 위한 기획에 불과했던 제국의 방어 때문에, 진정으로 우려할 사항이었던 유럽 대륙에서의 독일의 공격적인 기세를 봉쇄하는 문제에 주의를 기울이지 못했으며, 그러한 의미에서 역기능을 일으켰다고 주장한다.[58]

런던 자본시장이 국내산업에 유리하게 사용될 수 있었던 자본을 해외로 유출시키는 기능을 했다는 점을, 특히 위험-수익의 대조에 근거해서 증명하고자 하는 시도들이 있었다. 지멘스 사 같은 전기산업이나 몬드 사와 같은 화학산업에 해외자본이 투입되어 성공적인 실적을 올렸다는 것이 알려졌음에도 불구하고, 영국 국내의 위험 산업들은 자금을 빌리는 데에 어려움을 겪었다.[59] 윌리엄 케네디의 저서는 영국자본이 위험과 수익에 대한 신중한 계산을 바탕으로 국내와 해외 투자처 사이를 원활하게 오가지 못했음을 신랄하게 비판한다. 반면 마이클 에델스타인은 런던 자본시장에는 어떠한 편견도 없었다는 반대의 견해를 제시한 바 있다.[60] 연기가 너무 자욱하기 때문에, 화재가 있었는지 없었는지는 아마도 계속 논쟁이 될 것이다.

영국이 선두를 차지했을 때 중요한 금융상의 특징은 이후의 달러 본위제와 비교해서 종종 파운드 본위제라고도 불리는 국제 금본위제였다. 19세기 대부분의 기간 런던과 파리는 금융 라이벌이었다. 비록 프랑스인들은 19세기 초에 파리가 영국, 미국 및 유럽 대륙 사이의 결제 처리를 위한 청산소(clearing house)였다고 보지만,[61] 이는 믿기 힘들다. 프랑스가 국제 금융 중심지로서 대두하게 된 것은 도리어 1850년대였다. 하지만 1870년 프랑스 은행이 프랑스-프로이센 전쟁 와중에 금 태환성을 정지하자 그 지위를 상실했다. 배젓은 1870년 이전에는 유럽에 현금 저장고가 영국은행과 프랑스 은행 두 군데였지만 프랑스의 금 태환 정지선언 후 "현금 지불에 대한 모든 책임이……영국은행에 지워졌다"고 언급했다.[62] 영국은행은 1870

년 이전이나 이후에나 위기시 프랑스 은행을 비롯한 다른 중앙은행들에 도움을 요청했다. 하지만 그 날 이후부터 제1차 세계대전까지 영국은 대개 파운드화로 무역자금을 대는 세계 통화체제를 운영했다. 이러한 금융상의 역할은 세계를 자유무역으로 이끄는 역할이 종말을 고하기 시작할 때 맡게 된 것이다.

1900년 보어 전쟁은 영국의 선두와 관련하여 두 가지 의미에서 중요한 기점이 된다. 먼저, 전쟁의 장기화와 전쟁 도중의 영국군대의 좌절은 1960년대 베트남 전쟁이 미국의 자신감에 상처를 입혔듯이 영국의 자신감에 상처를 입혔다. 둘째, 런던에서 자금시장이 경직되었을 때 전쟁자금을 차용해야 했기 때문에 영국 재무부는 3,000만 파운드의 국채 가운데 일부를 뉴욕에서 발행했는데, 이는 런던의 우려를 자아냈다.[63] "미국에서는 뉴욕이 세계의 중심시장으로서 런던을 몰아낼 운명이라는 주장이 들리기 시작했다."[64] 제3장에서 언급했듯이, 1857년에 이미 이 비슷한 감정이 다소 빠르게 표출되기도 했다. 뉴욕의 국채는 남아프리카의 금이 정상적으로 런던에 운송되지 못하던 시기에 발생했던 현상이었다. 전쟁 이후 금 수송이 재개되면서 영국의 해외 대부도 다시 엄청난 호황을 누렸고, 근심은 가라앉았다.

산업의 쇠퇴

영국의 산업쇠퇴와 관련된 질문들은 "과연" 쇠퇴가 일어났는가, 그리고 일어났다면, "언제" 그리고 "왜" 일어났는가이다. 만일 쇠퇴를 기정사실화한다면, "왜"는 제2장에서 제시한 국가 생명주기의 뿌리에 이르는 문제이다. 이에 비해서 정확하게 "언제"를 설정하는 것은 도리어 부차적인 문제이다.

"과연"의 문제에 대해서는, 산업혁명에 대한 질문과 마찬가지로, 특정 산업에 대한 상세한 분석을 통해서 대답할 수 있다. 쇠퇴를 주장하는 연구자들은 리즈의 마셜 사나 웨일스 주석 도장업을 인용하곤 한다. 마셜 사는 세계의 선도적인 아마 방직업체였다가 한 세대 반 사이에 파산하여 청산되었다(이는 3대에 걸친 흥망성쇠의 전형적인 예이다).[65] 주석 도장업은 1870년대 통조림 및 휘발유가 특히 미국을 중심으로 널리 보편화되면서 괄목할 만한 수출 성장을 이룩했으나, 여기에 안주한 지방의 소규모 제조업자들이 금속판을 한 장씩 주석통에 담그는 생산방식을 변화시키는 데 실패함으로써, 미국에서 신속하게 새로운 공정(압연기 및 금속판을 주석통 속으로 당겨 굴리는 것)이 개발되자 추월당했다(이 공정은 맥킨리 관세 [McKinley tariff : 1890년에 미국으로 수입되는 상품에 50퍼센트의 종가세를 매겨서 주로 미국 농업을 보호하려고 한 관세정책/역주]의 소폭 증가로 자극받아 개발된 것이다).[66] 면직, 석탄, 제철 및 제강(철도와 지붕 재료를 위한 강판), 철도장비 등의 구(舊)산업에서 생산품 및 생산공정에서의 기술향상은 더디었다. 화학, 전기, 자동차 등 당시의 신(新)산업들은 흔히 해외 기업가들에 의존했다. 그렇지 않았던 분야인 가성 소다의 생산에서, 영국인 제조업자는 솔베이 공법으로 전환할 때에 이익이 명백했음에도 불구하고 무용한 르블랑 공법을 고집했다.[67] 자동차 산업에서 윌리엄 모리스 사와 같은 혁신적인 제조업자들은 자신의 조립공정에 필요한 부품들을 국내 기계공장에서 생산 조달하는 데 어려움을 겪자 그것들을 직접 생산하거나 미국에 주문해야 했다.[68] 그 간극은 쉽게 메워질 수 없는 듯했다. 영국 산업연맹에 의하면 1988년 영국 내 외국기업들의 생산성은 영국 기업들의 생산성보다 46퍼센트 높았다.[69]

예외도 있었다. 유리제조업에서 필킹턴 사는 1870년대 새로운 세대가 경영을 장악하면서 생산성을 향상시켰고[70] 재봉틀과 자전거 제작과 같은 새로운 산업들은 코번트리의 시계 및 리본 산업의 폐허 위에서 일어났는데, 전자의 경우 숙련 노동자들이 필요 이상으로 남게 되었고 후자의 경우 아예 비숙련 노동자로 전락하게 되었다.[71] 도료, 폭발물, 비누, 파슨즈

(Parsons) 증기 터빈, 조선업 등은 제1차 세계대전 전야에 분출했다가 전후 경쟁에서 밀려났다.[72] 하지만 이 시기 영국산업의 전반적인 상황은 암울했다. 석탄업, 제철-제강업, 면직업, 모직물 및 소모직물업, 장화 및 구두 제조업, 전기제품 산업, 화학산업, 해운업 등이 그러했다.[73] 독일산업과의 경쟁은 1887년 의회가 영국산 제품을 모방한 모조 수입품을 식별하려는 노력으로 원산지 표시법을 통과시킨 후〔도리어〕"독일산"이 품질의 증표가 되면서 특히 불쾌하게 느껴졌다.[74] 이러한 현상은 반 세기 후 미국에서 "일본산"의 이미지가 바뀔 때 똑같이 반복되었다.

언제 발생했는가

쇠퇴의 징조들과 생명력 저하의 반점(斑點)이 나타난 것은 최소한 1870년대부터였다. 그러나 "언제"의 문제는, 한 세기 전에 산업혁명이 있었는가 혹은 단지 느린 진화과정일 뿐이었는가의 문제와 마찬가지로, 어떤 기준 혹은 어떤 척도를 선택하느냐에 달려 있고 그 반증은 비교의 기초가 무엇이냐에 달려 있다. 불변가격 기준 국민 일인당 소득 증가율은 실제로 하락해서, 1820-1870년 기간 중 연간 1.5퍼센트였던 것이 1870-1913년 기간 중 연간 1퍼센트로, 다시 1913-1950년 기간 중 0.9퍼센트로 떨어졌으나, 1950-1973년 기간 중에는 2.5퍼센트로 —— 이는 1700년 이후 최고치이다 —— 다시 상승해서[75] 소위 황금기를 이루었다. 마지막에 언급한 수치는 영국 역사에서는 높은 편이지만, 일본은 그 세 배에 이르고, 독일, 이탈리아, 프랑스도 대략 두 배에 이른다는 사실과 비교하면 낮은 편이다.[76] 앞서 산업혁명에 대한 논쟁에서와 마찬가지로, 나는 천천히 변하는 총계들을 강조하기보다는 세계 수출시장에서 드러나는 국가 경쟁력과 발명 특히 혁신의 성과를 살펴보고자 한다. 한 국가의 경제적 선두가 해외의 대응을 야기할 때 수출시장 점유율이 어느 정도 감소하는 것은 불가피하다. 기술은 확산된다. 해외에서 경쟁적인 산업들이 생김으로써, 저품질 상품에서 시작하여 천천히든 혹은 신속히든 품질향상을 이룬다. 다른 국가들이 자신의 선도적인 제품들을 모방하는 대신에 자신이 해외에서 고안된 제품들을 모방하기 시작할 때 그 국가는 1부 리그에서 2부 리그로 떨어졌다고 볼 수 있다. 바로 1880-1890년대 영국의 자동차, 전기제품, 그리고 전부는 아니더라도 대부분의 화학제품에서 이런 사태가 벌어졌다.

논란이 분분했던 것은 조선업이다. 빅토리아 시대와 에드워드 시대에 조선업의 쇠퇴 여부는 비교의 기초에 따라서 달라진다. 전체적으로 보았을 때 조선업은 쇠퇴현상에서 예외였다. 영국은 제1차 세계대전 전에 군함 건조 때문에 그리고 선박 교체 업자들이 중고선박을 세계시장에 판매할 수 있는 능력 때문에 세계 선박 총 톤수의 60-80퍼센트를 생산했다.[77] 영국은 자신의 품질기준을 고집했고, 특화된 선박의 주문생산을 믿고 맡길 만한 숙련 기술자들이 있었기 때문에 유럽만이 아니라 궁극적으로는 미국과 일본의 고도로 조직화된 건조방식과 계속 경쟁할 수 있었다. 하지만 이러한 영국의 강점은 점점 사라져 갔다. 영국 해군이 19세기부터 기관설계 개선에 관심을 보였음에도 불구하고, 증기기관과 석탄 연료기관에서의 성공이 석유 및 디젤 기관의 성공으로 쉽게 전이되지는 않았다. 디젤, 식유 및 동력(석유기관으로 전기를 발생시켜 추진기를 회전시키는) 선박들은 제1차 세계대전 이전부터 스칸디나비아 국가들에서 개발되고 있었고, 일관작업 생산방식은 영국 이외의 국가들에서 수공업 방식을 대체하고 있었다. 게다가 영국의 조선 목공들은 목선이 철선에 자리를 내주어 보일러 제조공들이 자신들의 노동독점을 잠식하는 것에 대해서 저항했고, 다시 보일러 제조공들은 1900년 이후 미숙련 견습공들도 사용할 수 있는 기체(氣體) 공작기계들의 도입에 저항했다.[78] 제2차 세계대전 이후에 영국의 조선업은 의심의 여지 없이 경쟁력을 잃었다. 하지만 지역차가 존재해서, 야금술, 엔지니어링 및 조선업 사이에 어느 정도 수직적 통합을 이룬 클라이드, 타인,

벨파스트 지역이 잉글랜드 남부지역을 눌러 이겼다.[79]

아마도 가장 중요한 척도는, 경기상승기의 발명, 혁신, 특허와 정반대되는 것으로서, 기술적 문제들을 해결하는 데 실패하여 결국은 다른 데에서 해결했던 사례의 수이다. 나는 독일이 영국을 추월하는 과정을 연구한 저술에서 이러한 사례들을 상당수 수집했다.[80] 아래에서는 출처를 따로 밝히지 않고 다시 한번 요약하겠다. 1878년 영국에서 개발되었고 프랑스와 독일에서는 적극적으로 활용되었으나 1915년 미국인들이 기술적 문제들을 해결하기 전까지는 이스트 미들랜드에 질크리스트 토머스(Gilchrist Thomas) 공정의 도입이 지연된 것, 강철 제조업에서 코크스 정련로의 문제가 30년 동안이나 완전한 해결책을 찾지 못한 채, 1912년 개발된 터널형 도기 가마가 일반적으로 사용되는 데 40년이 걸렸던 것, 필킹턴 사의 판유리 공장에서 100인치 쌍정연삭기(twin grinder)와 연속쌍정광택기(continuous twin polisher)가 개발되는 데에 17년이나 걸렸던 것, 영국의 전기 기술자들이 3단 전류의 장거리 송신 가능성 입증에 대한 대응에 실패했던 것, 제임스 마셜이 아마직물 제조를 위해서 아마를 기계적으로 물에 적시는 공정을 슐룸베르거 소면기(梳綿機)의 이용으로 전환하려는 노력을 10년 넘게 하다가 결국 1874년 무위로 그쳤던 것, 브러시 사가 스웨덴산 터빈을 실험해 보고서 "고비용"이라고 판정하고 포기했던 것, 전기조명 업체들이 수많은 "초기 곤란"에 직면해서 단념했던 것 등이다. 산업혁명기를 잘 살펴보면 성공사례들과 나란히 이 같은 실패사례들을 발견할 수 있다. 18세기 마지막 3분기에 나타나는 병목현상은 여러 산업에서 대응을 야기했다. 그러나 1세기 후에는 병목현상이 나타났을 때에도 모두 다른 이들이 해결책을 찾아주기를 기다리는 듯했다. 산업혁명기에는 성공사례들이 지목되고 19세기 말에는 실패사례들이 부각된다는 사실 자체가 근본적인 변화의 표시로 간주될 수 있다.

이러한 지연과 실패들, 특히 제철 및 제강에서의 실패들에 대해서 주로 계량경제학자들이 여러 설명들을 제시했다. 예컨대 기존의 기술수준, 수요의 성격, 시장과 광산의 위치 관계 등이 제시되었다.[81] 이러한 분석들은 동태적인 모델보다는 필립스가 순전히 이론적인 측면에서 예증한 것과 같은[82] 정태적인 극대화 모형에 기초한 것이다.

제1차 세계대전 이후 영국의 지위를 보여 주는 추가적인 자료는 스키델스키 경의 권위 있는 케인스 전기이다.[83] 이 전기에 따르면 케인스는 영국 자본주의가 상속 원칙에 따라서 "제3세대 인물들"에 의해서 지배받고 있다고 보았다.[84] 그는 1930년대의 경기침체에도 불구하고 미국은 19세기적인 "유동성" ──이는, 내 판단으로는, 변화의 활력 혹은 변화의 능력과 같은 말이다 ──을 가지고 있어서, 동맥경화중에 걸린 영국경제와 대조된다고 보았다.[85]

게다가 케인스는 금융상의 지도력이 런던에서 뉴욕으로 옮겨가는 데 대해서 통탄하면서, 1920년대에 영국이 독일과 협력해서 세계의 미국화에 저항하기를 기대했다.[86] 그는 자신이 속했던 계급이 미국의 물질주의에 대해서 가졌던 일반적인 문화적 편견을 공유하고 있었고, 영국의 권력과 위신이 미국으로 넘어가는 것에 대해서 분노했다.[87] 그의 방대한 저작들 속에 그는 때때로 영국이 미국과의 협력을 단호하게 피하고 자신의 통화 본위제를 독자적으로 운영해야 한다고 주장했다.[88] 그는 1931년 9월 파운드화와 금의 연동을 거부〔영국이 금본위제를 포기〕했을 때, "단 일격에 세계의 금융 패권을 탈환했다"고 환호했다.[89] 물론, 나중에 그는 미국과의 협력으로 돌아섰다.

스키델스키 자신도 영국은 제3세대 국가라는 관점을 지지하면서 케인스를 "아마도 가을에 들어선 문명의 첫 번째 꽃"이라고 묘사했다.[90]

영국의 쇠퇴에 대한 분석 가운데 경제적인 측면을 넘어서 제국의 역할까지 분석 대상에 포함한 것은 패트릭 오브라이언이 내게 추천한 애론 프리드버그의 『지친 거인』이다.[91] 프리드버그의 분석은 영국정부가 무역, 금융, 해군 및 인도의 군사적 방어와 같은 중차대한 문제들에 대해서 고민하고 있던 1895년부터 1905년 사이 시기에 집중한다. 체임벌린이 제기한 무역 문제는 대영제국에 우대관세를 부과할지 여부였다. 금융 문제는 보어 전쟁의 비용으로 과도한 부담을 진 국가예산과 세수가 한계에 이르렀는지에 대한 것이었다. 브리태니아(대영제국)의 해상지배는 프랑스, 러시아, 독일, 미국, 일본의 전함 건조 때문에 위협을 받아 영국이 세계제국을 계속해서 방어해야 하는지 혹은 방어할 수 있는지, 아니면 대서양에서는 캐나다의 방어를 포기하고(미국과 대치할 경우), 태평양에서는 일본과 동맹을 맺을 것인가 하는 문제였다. 보어 전쟁의 승리로 인도로의 해로는 안정되었으므로 이제 군사적인 문제는 러시아의 내륙팽창에 대항해서 인도를 방어해야 할 필요성에 모아졌다. 모든 영역에서의 의사결정 과정은, 특히 국민소득 추산이 가능하게 되기 전까지는, 정보 부족의 어려움을 겪었다.

1905년 5월 일본이 쓰시마(對馬島) 부근에서 러시아 해군을 물리치면서 두 가지 군사문제는 극적으로 변하게 되었다. 유럽에서는 부상하는 독일의 군사적 위협에 대해서 프랑스 및 러시아와 동맹을 맺어서 대응하고자 했다. 그러나 프리드버그는 전체적으로 일관된 계획이 존재하지 않았고, 특히 경제적 영역에서는, 비록 자유무역론자들이 식량가격 인상 가능성을 근거로 제국 우대 정책에 대항해서 승리했지만, 어차피 관세가 해결책은 아니었다고 강조한다.[92] 자유무역론자들도 영국의 쇠퇴를 인정한다면 거기에 대해서 단지 한 가지 긍정적 제안을 가지고 있었는데, 그것은 교육이었다. 그러나 앨프레드 밸푸어 수상은 영국의 수출품에 대한 외국의 관세라는 문제에 대해서 교육을 거론하는 것은 부적당한 해결책이라고 비웃었다.

왜 일어났는가

쇠퇴의 시점을 달리해서 보면, 제1차 세계대전시 플랑드르 전장에서 유망한 젊은이들이 끔찍하게 학살된 것을 영국 쇠퇴의 원인으로 볼 수도 있을 것이다. 이는 납득할 만한 설명이라고 할 수도 있겠으나 —— 쇠퇴를 우연한 전쟁과 전쟁을 장기화시킨 군사적 아둔함이라는 외부적 혹은 외생적 요인의 영향 탓으로 돌리는 것 —— 쇠퇴가 그 이전에 시작되었다는 사실 때문에 이러한 해명은 기각된다. 여러 연구자들이 제시하는 —— 때로 서로 겹치는 —— 원인들로는 선두 주자의 불리함, 영국 사회의 아마추어 전통, 영국의 교육체계, 성공적인 기업가들과 그 후손들을 산업으로부터 공무 및 금융으로 빠져나가게 한 영국사회의 개방성, 더 효율적인 규모의 대기업으로 전환해야 할 필요성을 지연시킨 제도적인 경직성, 노동조합의 저항적 성격 등이 있다.

선두 주자의 불리함에 대해서 일부 경제학자들은, 만일 공장이나 기술 혹은 제도가 무용하고 비효율적이라면 언제든지 그것을 폐기해 버리고 새로운 것을 만들면 되지 않느냐며 조소를 보낸다.[93] 이것은 경로 의존성의 힘을 간과하는 것이다. 영국의 철도는 제2차 세계대전 이후 국유화될 때까지 비효율적인 석탄운반용 철도 차량을 보유하고 있었는데, 이는 노반과 기관차 소유자(철도회사들)와 석탄운반용 차량 소유자(광산들)가 분리되었기 때문이다. 수직적 통합이 되어 있었다면 철도회사가 차량들을 소유했을 것이므로 다른 나라들처럼 10톤 크기의 차량을 20-40톤 크기의 차량으로 교체했을 것이다.[94] 그러나 다른 여러 사례와 마찬가지로 이 경우에도, 영국의 철도가 사실은 효율적인 해결책을 가지고 있었다고 주장하는 수정주의 견해도 있다. 즉 광산으로부터 저장공간이 작은 소매 배급업자들에 이르는 수송거리가 짧았기 때문에 석탄수송에서도 오히려 작은 차량이 유용했다는 것이다.[95] 비록 그레이트 웨스턴 철도회사처럼 1890년대까지도 1846년에 정해진 궤간법의 표준 궤간 도입을 거부한 사례도 있었지만, 정부가 산업에 표준화를 강제할 수 있었다. 심지어 대기업이 그렇게 할 수도 있었다. 19세기에 영국에서 산업은 정확한 규격을 중시하는 육군 및 해군의 주문 외에는 정부로부터 거의 지도를 받지 않았다.

소규모 산업들은 대체로 혼자 힘으로 성장했다. 규격의 다양성은 각 철도와 시 당국에 소속된 기술자들이 자신의 생각대로 장비를 주문했기 때문에 더욱 확대되었다. 그 결과 200여 종류의 차축함, 40여 가지의 차량용 수동 브레이크가 생겨났고, 뒤늦게 도입된 자동 브레이크도 여러 종류가 있었다. 지역 당국들과 위원회들이 각기 자신의 표준을 고집했기 때문에 크기와 도안이 다른 맨홀 덮개가 200여 종이나 만들어졌다는 출처를 알 수 없는 주장도 있다. 전기산업에서는 지역마다 모두 자신의 기술 자문단을 지닌 회사들로 인해서 제1차 세계대전기에 이르면 70여 종류의 발전소들, 50여 가지의 공급체계, 24가지 전압 기준, 10가지 주파수가 존재하게 되었다.[96] 제강의 경우, 영국에서는 122종류의 구형단면(溝形斷面)과 산형단면(山形斷面)이 있었던 반면에 독일에는 34종류뿐이었다.[97] 농기계 제조에서도 "영국 제조업자들은 거의 믿을 수 없을 정도로 표준화를 이루지 못해서 세계 쟁기 무역의 대부분을 독일, 미국 및 캐나다 기업들이 차지했다."[98] 일부 산업에서는 생산자와 소비자 사이에 개입한 상인층이 너무나 두터워서 이들이 기술 향상을 저해했다. 이는 특히 면직물과 공작기계 분야에서 심했다. 맨체스터에서 제조업자들에게 해외 판매용 주문을 넣는 상인들은 30여 가지의 능직면(綾織棉)을 지정했지만, 소비자들은 기껏해야 세 가지밖에 구분하지 못했다.[99] 공작기계 제조업자들은 제품 판매를 위해서 중개인과만 거래했고, 중개인들은 사용자의 불만사항을 해결하거나 새로운 기계들을 위한 새로운 사용법을 찾는 데 거의 관심이 없었다.[100] 제조와 판매가 수직적 통합을 이루었더라면 공작기계 사용자들이 자신들의 사용 목적에 필요한 바를 제시하고 제작자는 합리적인 가격에 어느 정도 그러한 필요를 만족시킬 수 있는지를 살펴봄으로써 기술향상이 일어났을 것이다. 상인들은 사실상 소비자와 생산자 사이에 장벽을 둠으로써, 생산자에게는 "소비자는 이런 식의 것을 원하지 않소"라고 말하고 소비자에게는 "생산자는 그런 식의 것을 만들지 않소"라고 말하는 형국이 되었다. 영국산업의 비효율성이 규모와 기업, 그리고 수직적 통합의 결여에서 비롯되었다는 이전의 견해는 최근의 버나드 엘바움과 윌리엄 라조니크의 저작으로 보강되었다. 이들은 영국의 경제 및 사회 제도의 경직성으로 인해서 기업들이 시장은 물론 노동과 경영에 대한 통제를 획득할 수 없었다고 주장한다.[101]

이러한 엘바움-라조니크 접근법은 경로 의존성과 이미 특수하게 고정된 경제 조직체들이 변화된 환경에 적응치 못하는 어려움을 이론적 근거로 삼는 제도적 모형의 한 가지 특수한 변형이다. 이것 역시 제도들은 수요와 공급의 새로운 조건에 부합하기 위해서 신속하게 변화한다고 주장하는 코스의 정리에 반대되는 것이다. 그러나 원래 이 정리에는 "변화를 위한 거래비용이 높은 경우는 제외된다"는 예외 조항이 있는데, 이러한 예외는 이 정리를 거의 하나마나한 이야기로 만든다. 결국 제도들은 적응 비용이 낮고 적응이 쉬울 때는 적응하고, 적응 비용이 높고 적응이 어려울 때는 적응하지 않을 것이다. 커비는 엘바움과 라조니크가 영국경제에서 거의 나타나지 않는 한 가지 기업조직 형태에만 너무 초점을 좁혔다고 비판한다.[102] 조금 더 일반적인 공식화를 하자면, 쇠퇴가 일어난 이유는 성공적인 과거로부터 물려받은 다양한 경직성과 습관들 때문이며, 이러한 경직성과 습관들은 새로운 인물들의 수혈이 없는 한 너무 높은 거래비용에 직면하게 된다. 우리는 이를 "경제적 동맥경화증"이라고 부를 수 있을 것이다.

이러한 경직성에 대한 논의는 올슨의 주장과는 다르다는 점에 주의해야 한다. 올슨은 분배동맹, 다시 말하면 기득권에 초점을 두고 있지 다른 사고방식 혹은 최초의 출발 이후 방향 전환의 어려움에 대해서 말하는 것이 아니다. 앞으로 나아갈 방향이 설정되어 있다는 것과, 특정한 변화를 거부하기(혹은 지지하기) 위해서 동일한 이해관계와 유사한 생각을 가진 사람들끼리 연합하는 것은 다르다. 어떤 산업에서 경직성은 같은 일을 같은 방식으로만 한다는 것이다. 나라 전체로 보자면, 경제성장의 둔화는 면직물,[103]

철도, 아연도금 철판 지붕과 같은 구(舊)시장이 계속해서 팽창하는 데 실패했기 때문이라는 것이다. 세계의 소득이 증가할 때, 어떤 상품은 처음 도입될 때에는 소득 탄력적이지만, 일상적인 생활수준에 통합되면서 소득 비탄력적이 되고, 시간이 흘러 소득이 더 증가하면 수요가 감소하는 열등재가 될 수 있다(아연도금 철판 지붕이 대표적이다). 수년 전에 맥두걸 경은 자동차가 미래의 면직물이 될지도 모른다고 언급했다.[104] 엥겔의 법칙에 의하면 경제성장에 따라 과거의 산업과 서비스로부터 새로운 계통의 산업과 서비스로 전환해야 한다. 그러나 이는 구식 기업과 과거의 산업 전통으로는 이루기 힘든 일이다.

앞서 프랑스에 대해서 제시한 표 7-2와 비견될 만한, 1851년부터 1950년까지 영국의 경제성장의 동력 및 저항력에 대한 개요가 표 8-2에 제시되어 있다. 그 내용은 나의 과거 연구에서 따온 것인데[105] 이 복잡한 주제에 대한 보다 풍성한 논의를 원하는 독자는 30년 전의 저작을 직접 참고하기 바란다.

신사와 선수

산업혁명기의 발명에서 보이는 아마추어 전통에 대해서는 앞서 언급했다. 당시에 이는 매우 성공적이었다. 그러나 시간이 지남에 따라서 공정의 복잡성 그리고 많은 경우 제품의 복잡성이 증가하면서, 아마추어 정신을 가지고는 안 되게 되었다. 영국에서 기업가 정신의 실패에 대한 논문의 제목인 "신사와 선수(gentlemen vs. players)"는 이따금 열리는 아마추어들과 프로페셔널 선수들 간의 크리켓 경기에서 따온 것인데, 양자 사이에는 사회적 격차가 크다.[106] 신사들은 지방과 공무에서 지도력을 행사했지만, 2세대와 3세대에 이르면서 산업분야에서는 경영자들과 '가신(家臣)들'이 현장에서 지도력을 인계받았다. 점차 유능한 부하들이 가족 기업의 최상층으

표 8-2 1851-1950년 영국의 성장 동력 및 저항력

기간	성장 동력	성장 저항력과 마찰	효과는 미미하나 잠재력 있는 요소
1851-1875 활기찬 팽창	기술혁신(1)[a] b*해외수요, 금 채광, 자본수출로 인한 수출 증가(1) *전쟁(2) 농업 성숙기(3) *아마추어 정신(2)	정부 규제(3) *증권, 면방적에 대한 투기	기술교육의 부족
1873-1896 대불황	1885-1890년 자본수출(3) 무역조건으로 인한 실질임금 상승(2)	금 산출 둔화(3) 화폐 혼란(3) *해외공급, 농업제품의 확대(2) 초기 초과능력 및 높은 금융비용(2)	가족기업 아마추어 정신
1896-1913 완만한 팽창	*자본수출, 금 산출로 인한 기업의 수출수요(2) *전통산업에 대한 국내투자(2)	기업가층의 노화(3) 상인 및 시장을 통해서 결합된 전문화된 소규모 단위들(2) 기술능력의 지속적 부족(2) *아마추어 정신(2)	
1919-1931 침체	감가상각 누계(3) 전시 발명(2)	1919-1920년의 투기(2) 파운드의 과대평가(2) *영국산 직물, 석탄 및 선박에 대한 해외수요의 감소(2) 기술적 후진성(2)	전시 인력 손실
1931-1939 완만한 팽창	평가절하(2) *무역조건 개선 재무장(2) 전전(戰前) 구조에 대한 절망(1)	*수출 침체(3) 기술 약세(2)	

표 8-2 계속

기간	성장 동력	성장 저항력과 마찰	효과는 미미하나 잠재력 있는 요소
1945–1950+ 더딘 성장	해외원조(2) 신산업, 공학, 전기에 대한 투자(1)	전쟁으로 인한 지도력 소진(1) 공평분배 및 계급갈등 의 지속(2) 자산의 손실, 전시 부 채 증가(3) 제한된 기술역량(2)	석탄, 제철, 철도, 영국 은행 등의 국유화

출처 : Charles Kindleberger, *Economic Growth in France and Britain, 1851–1950*.
[a](1) 강한 요소 (2) 중간 요소 (3) 약한 요소
[b]*는 다른 상황하에서는 반대로 작용할 수 있는 요소를 의미한다.

로 승진하는 것이 어렵게 되었다. 고위층으로 진급하려면 기업 설립자의
후손들과 같은 사회적 집단 출신이어야 했는데, 이들은 명문 퍼블릭 스쿨
과 옥스퍼드 혹은 케임브리지 대학 졸업자들이었다.[107] 이 상속자-소유자
들은 투자 확대 혹은 새로운 계통의 연구를 위한 이윤의 재투자보다는 이
익 배당금을 유지하는 것에만 관심이 있었고, 때로는 수탁유가증권(trustee
securities)에 투자하기 위해서 기업을 공개하는 데에 관심을 보였지만, 설
립 초기와 같은 정력적인 경영을 전혀 보여 주지 못했다. 마틴 위너는 "산
업정신의 쇠퇴"를 영국문화와 연관지으면서, 영국을 베네치아 공화국에
비교한 스노와 마르크스주의자인 네언을 인용한다. 그는 한 대목에서는
"공고화된 행태를 깨려는 의지의 부족"을, 다른 대목에서는 나라 전체가
다른 선도국을 따라잡는 데는 관심이 없고 주로 민족의 관습과 낡아빠진
문서들만 지키려는 베네치아의 황혼을 언급한다.[108]

교육

쇠퇴를 문화의 탓으로 돌리는 것은 대개 퍼블릭 스쿨들과 옥스퍼드 및

케임브리지 대학에 대한 비판으로 귀결된다. 영국의 지도자들이 기술교육의 필요성을 인지하지 못한 것은 아니다. 만국박람회 당시에 빅토리아 여왕의 부군으로서 독일 태생인 알버트 공은 기술교육의 필요성을 역설했다. 초기에, 과학은 버밍엄 달〔月〕연구회나 맨체스터 철학-문학학회와 같은 일련의 지방 학회들을 통해서 발전했지만 이는 대개 아마추어적인 기반에서 이루어졌으며, 특정한 목적을 지향하는 연구는 에든버러 대학에서 주로 외국인들이 수행했다.[109] 그러나 19세기 중반부터 정부는 과학기술교육에 관한 여러 가지 조치들을 취하고 있었다. 1883년 기술교육에 대한 왕립위원회를 포함한 일련의 특별 위원회 및 왕립위원회를 구성했고, 1889년 기술교육법을 통과시켰으며, 1891년에 "위스키 세"를 재원으로 지정했다.[110] 공학은 1895년 교환과목으로 받아들여졌고 동시에 시험과목이 수학, 이론 및 응용화학, 야금학으로 확장되었다.[111] 패전 후 프랑스의 대응과 다소 유사하게, 영국은 1860년대 지방의 실용("붉은벽돌") 대학들을 설립하고, 제2차 세계대전 후에는 "판유리"〔신식〕대학들을 설립했다. 그러나 산업계 혹은 국가가 진정으로 교육에 관심이 있었는지에 대해서는 의심의 여지가 있다. 기술교육은 "우리"가 아니라 "그들"을 위한 것이었다. 프랑스에서 성공한 아버지들은 아들을 응용과학학교에 보냈으나, 영국에서는 이튼이나 해로를 거쳐 옥스퍼드 대학교나 케임브리지 대학교에 보냈다. 이러한 무관심은 19세기 말 이후로도 계속되었다. 코트그로브는 다음과 같이 쓰고 있다.

전간기(戰間期) 산업계가 기술교육에 대해서 보인 무관심과 과학 인력에 대한 낮은 수요는, 산업계가 전반적으로 과학연구에 대해서나, 또 과학을 생산에 응용하는 것에 대해서나 무관심했다는 점을 고려할 때 그리 놀랄 만한 일은 아니다.[112]

다시 금융산업으로

최근의 한 연구서는 영국의 쇠퇴가 문화적 결함으로 인해서 야기되었고 또 그 결함의 원인은 부분적으로 교육체계에서 비롯되었다는 관점을 강력하게 반박한다. 영국의 부와 부자들을 연구한 루빈스타인은 특히 영국의 교육체계가 반(反)기업적이라고 본 마틴 위너 등의 견해를 비판한다.[113] 『이코노미스트』에 실린 루빈스타인의 저서에 대한 서평에 따르면 —— 이 책을 집필하는 동안 내가 본 바는 그것뿐이다 —— 저자는 영국이 "인간적이고 합리적이며 성공적인 사회이면서도……사회적, 경제적 변화에 잘 적응했다"고 주장한다.[114] 루빈스타인은 교육에 대한 기존의 비판이 제조업에만 근거하고 있으며, 이는 다니엘 벨이 "탈산업사회(post-industrial society)"라고 부른 시대에는 잘못된 것이라고 반박한다. 청년은 번성하고 있는 시티(런던의 금융 중심지)에 맞게 성공적으로 교육받고 있다는 것이다. 『이코노미스트』는 이러한 주장을 전적으로 받아들이지는 않았다. 관련 기사는 아니지만 이 잡지에 함께 실린 다른 글에는 비록 영국이 물건을 만드는 데에서는 나아지고 있지만, 생산성, 창조성, 일반 노동자의 사회적 지위에서 선두 주자들을 따라잡기 위해서는 가야 할 길이 멀고, 특히 영국의 일반 노동자는 교육도 부족하고 기술도 빈약하다고 쓰여 있다.[115] 영국인은 서비스 산업에서 나아지고 있지만, 금융, 출판, 텔레비전 등은 세계 기준의 절반에도 미치지 못하며, 정부 부분은 거론할 것도 없다.[116]

루빈스타인의 비판에 대한 자세한 검토 없이 평가를 내리기는 힘들지만, 그의 비판은 다음과 같은 사실들을 무시하고 있는 것으로 보인다. 영국은 최근에서야 경영연구에 착수했고, 금융에 대한 규제를 풀어 영국을 유럽, 어쩌면 세계의 금융 지도국으로 만들 것으로 기대되었던 1986년 10월의 빅 뱅은 실패로 끝났으며(낙관론이 가신 후에 런던은 도쿄와 뉴욕에 뒤지는 자리로 떨어졌다),[117] 요즘 로이드 사는 끔찍한 보험 손실로 인해서 최악의 나날들을 보내고 있고[118] (비록 규모의 측정은 자산과 부채를 어떤 환율로 계산하느냐에 따라서 달라지기는 하지만) 영국의 은행들은 일본이나 미국의 은행들에 비해서 상대적으로 규모가 작다.

의미심장한 것은 파운드의 가치가 19세기의 대(對)달러 환율이었던 4.86 달러에서 순차적으로 평가절하되어 1.60달러까지 떨어졌다는 사실인데, 더구나 이 시기에 달러 자체도 측정하기 어려울 정도로 평가절하되었다는 점까지 감안해야 한다. 달러의 평가절하 정도는 금을 기준으로 하느냐(400 달러에서 21.67달러) 혹은 일본 엔화를 기준으로 하느냐(제2차 세계대전 직후 360엔에서 1993년 110엔으로 하락했다가 1995년 초에는 90엔까지 떨어졌다) 다른 통화를 기준으로 하느냐에 달라진다. 알렉 케언크로스 경과 아이켄그린은 1931년, 1949년, 1967년의 평가절하에 대한 연구서의 제목을 『내리막 길의 파운드화』라고 부쳤다.[119] 1976년의 외환위기 때에는 국제통화기금(IMF)의 원조를 받으면서 이 기관이 제시한 조건들을 받아들여야 했다. 이에 대해서는 캐슬린 버크와 케언크로스가 1975년 『월스트리트 저널』의 사설 제목 "대영제국이여, 안녕"을 본뜬 제목으로 집필한 연구서가 출판되었다.[120] 책의 제목이 반어적이었는지 혹은 냉소적이었는지는 알기 힘들다. 1992년 가을 또 한번 파운드 위기가 일어났으나 아직 이에 대한 연구서가 나오지는 않았다. 이 당시 단기 투기꾼 한 명은 자신이 10억 달러의 수익을 올렸다고 시인한다 ―― 혹은 자랑한다.

1973년 마침내 영국의 유럽 공동체 가입이 승인되었을 때 영국정부는 자신이 유럽에서의 우위를 다투는 프랑스와 독일 사이의 중재자로 부상하고, 행운이 따르면 런던이 유럽 통화체계의 금융 중심지로 떠오를 것이라고 크게 기대했다. 런던은 1960년경부터 시작된 유로-달러 체계가 점차 하나의 유로-화폐 및 유로-채권체계로 변모해 가는 과정에서 잘 해 나가고 있었다. 유망한 유럽 화폐체계가 형성되어 가는 가운데 야망을 가진 런던은 유럽 공동체의 본부인 브뤼셀, 언제나 야심만만한 파리, 프랑크푸르트와 경쟁관계에 들어서게 되었다. 런던의 강점은 유로-달러 및 유러-채권시장에서의 풍부한 경험이다. 한 가지 약점은 런던(파리도 마찬가지이지만) 금융시장의 참여자들이 프랑크푸르트나 그보다 더 작은 브뤼셀이 자랑하는 외국어 능력을 결여하고 있다는 점이다. 그러나 내 생각에 금융 중심지로서의 런던의 진정한 약점은 1870년에서 1914년 사이에 높은 지위를 누리게 했던 국내저축이 꾸준하게 유지되지 않았다는 점이다. 다른 국민들의 돈을 가지고 시장을 만들기란 쉽지 않다. 앞서 보았듯이, 직거래를 통해서 거래비용을 절약하고자 하는 불가항력적인 충동이 있기 때문이다.

정책

앞에서 언급했듯이 1950년부터 1973년까지 국민 일인당 소득 증가율이 연간 2.5퍼센트에 이르렀던 영국의 성장은 1700년 이래 어느 기간보다도 좋은 수치였으나, 다른 유럽 국가들과 일본 —— 비록 미국은 아니지만 —— 에는 크게 못 미치는 성장이었다. 일각에서는 이것을 전후 사회주의 정책의 탓이자 "지적 오류의 결과"라고 비난하며, 1979년 마거릿 대처(현재는 귀족작위를 받았다) 수상이 이끄는 보수당 정부가 집권하고 나서야 새로운 시작이 일어났다고 본다.[121] 수치가 실제 결과에 대한 증거라면, 다름 아닌 그 수치가 —— 비록 1970년대보다는 다소 좋지만 —— 1979년 이후 더욱 악화되었다는 사실을 직시해야 한다. 게다가 통화주의 및 민영화에 대한 영국의 이념적 헌신은 오히려 통화주의의 거부로 귀결되었고, 이와 함께 물가상승과 외환위기가 초래되었다. 매슈스는 정부정책이 1950-73년 영국의 "황금기"에 기여했다는 견해에 대해서 회의적이었으나[122] 후에 그러한 평가로부터 어느 정도 물러섰다.[123] 영국의 정책이 제2차 세계대전 이후의 좋은 시절 혹은 나쁜 시절에 대해서 책임이 있건 없건 간에, 그러한 정책은 일반적으로 이념적이기보다는 실리적인 경향을 띠었다.[124] 체크랜드는 영국정부의 정책이 19세기 중반에는 자유방임으로 기울어지고, 이후에는 덜 자유방임적이었으나, 실제로는 대체로 표류했다고, 즉 비체계적이고 부주의하고 즉흥적이고 단편적이고 불명확하고 지도원리를 결여하고 있었다고 말한다.

개인과 국가의 노화현상은 필자에게 오래 전에 친구들이 폭소를 터트리는 것을 보고 무엇이 그렇게 웃기냐고 물었던 일을 상기시킨다. 친구 둘이 "아이젠하워 대통령은 아버지와 같은 인물이 아니라 할아버지와 같은 인물이야. 그가 우리를 위해서 할 수 있는 일이 아니라, 우리가 그를 위해서 할 수 있는 일이 중요하지"라고 말했다. 그러자 세 번째 친구가 "그는 아무 말썽도 안 일으키잖아"라고 덧붙였다. 영국은 할아버지 단계에 들어섰을런지도 모르겠다. 영국은 제국을 상실하고, 미국과의 특별한 관계를 잃고, 유럽과의 관계에 대해서 불확실해하며, 유럽의 지도국은 분명 아니면서도 영광스러운 과거 때문에 단지 '여럿 가운데 하나'인 상태에 대해서는 어색해하고 있다. 필자가 본 가장 우울한 평가는 제조업에 대한 『이코노미스트』의 다음과 같은 보고였다. "한 가지 부의 척도, 즉 국민 일인당 국내총생산(GDP)에 따르면, 영국은 세계 20위권 밖으로 밀려날 위험에 처해 있다."[125]

결론적으로, 영국이 세계경제의 선두에 이르렀다가 다음 단계에 쇠퇴한 것은, 대체로 강렬한 생명력이 점차 경직성과 변화에 대한 저항에 잠식당한다는 내재적인 경향을 좇는, 국가 생명주기 개념에 잘 부합한다.

9

지각생 독일

영국 추월하기

제2차 세계대전 중에 나는 군대의 폭격목표 선정을 위해서 독일의 산업을 연구할 기회가 있었고, 전후에는 잠시나마 독일의 경제재건에 관여하게 되었다. 그러나 내가 처음으로 집중해서 독일 경제사를 연구한 것은 1971년 가을에 킬의 세계경제연구소에서 몇 달을 보낼 때였다. 이후 1974년 1월에 에든버러 대학에서 몇 차례 세미나를 거친 후, 두 부분으로 된 「독일의 영국 추월, 1806-1914년」[1]이라는 논문을 썼다. 그 시절 이후로, 나는 일반적인 유럽 재정사 관련 부분을 제외하고는 독일사의 연구물들을 깊이 있게 들여다보지는 않았다. 그래서 나는 이 장의 내용들이 최근 독일 경제사의 연구 결과와 논쟁을 빠트리고 있으며, 따라서 조심스레 읽혀야 한다는 것을 알고 있다.

1975년의 논문에서 독일 관련 부분은 다음과 같이 나누어졌다.

도제 독일, 1806년에서 1848년
직인 독일, 1850년에서 1871년

장인 독일, 1873년에서 1913년

이것은 물론 길드 체제에서 따온 비유일 뿐이다. 즉 장인제(mastery)는 영국에 대한 독일의 경제적 경쟁과는 아무런 상관이 없다(길드 체제에서 최종 직위가 master라는 것이지 영국을 눌러 이긴 승리자로서의 master가 된 것은 아니라는 의미/역주). 위의 연대는 임의적인 것이며 대개 정치적 근거에서 선택되었다. 1806년에는 나폴레옹이 예나에서 프로이센을 패배시켰고, 그 결과 귀족들은 경제발전에 지대한 관심을 가지게 되었다. 이는 패전이 신인들을 등장시키고 새로운 경제적 결의를 낳는다는 맨서 올슨의 설명에 부합되는 것이다. 1848년은 유산된 부르주아 혁명의 해로, 프랑크푸르트에서 핵심내용이 빠진 채 작성된 헌법은 프로이센 군주제의 권력을 제한하는 데 실패했다. 1871년에는 프랑스와의 전쟁에서 승리했고, 또 프로이센의 주도 아래 제국이 형성되었다. 1913년은 제1차 세계대전 바로 전 해였다. 이 장에서는 극심한 인플레이션과 불황, 아돌프 히틀러가 집권했던 치명적인 전간기, 제2차 세계대전과 경제기적(Wirtschaftswunder), 마지막으로 유럽 통합에서 신(新)독일의 역할을 다룰 것이다(마지막 단계에서 세계의 틀이 아니라 서유럽의 틀에서 경제 선두를 추구하지는 않을 것이며 그것이 받아들여질 가망도 없다).

아래에 서술하는 간략한 역사 —— 나는 1970년대 초의 연구를 반복하려는 것이 아니므로 —— 에서는 1890년경부터 1913년까지 독일이 영국의 세계경제의 선두에 도전하는 것을 특히 강조하며, 독일의 궤적이 제2장에서 설명한 국가 생명주기 모델을 유사하게 따르지 않는다는 것을 분명히 밝히고자 노력할 것이다(반대로 영국은 그 모델을 잘 따른 예이다). 이 주기는 근대 이전에 유사한 선례가 있었다. 빌헬름 칼텐슈타들러는 폭넓은 역사적 관점에서 이렇게 썼다.

……13세기까지 한자 동맹의 구성원들은 매우 활기차고 역동적인 사람들로서, 길드에 강제로 편입되기를 원치 않았고 따라서 자본 집약적인 사업을 수행하는 데 성공했다. 14세기에는 이러한 태도가 바뀌어서 안전하게 부를 누리려는 욕구와 반자유주의적인 경향에 집착했다.[2]

반대 방향으로 시간을 뛰어넘어가 보자. 『워싱턴 포스트』의 2인치짜리 단편 기사가 『보스턴 글로브』에 "콜, 경쟁력 촉진을 꾀하다"는 표제 아래에서 반복되었는데, 그것은 국가 경쟁력을 강화하기 위해서 국가 전체의 사회, 경제, 교육 체제를 철저히 조사하려는 110쪽짜리 독일 계획서를 일컫는 것이었다. 그것을 쓴 사람들은 행동이 필요하다고 주장했다. 그 이유는 실업 증가, 높은 세금, 짧은 노동시간, 노동력의 노령화 때문에 독일이 "세계경제의 최고 위치"를 상실할 위험에 처해 있기 때문이다.[3] 그러나 "세계경제의 최고 위치"는 유사한 수많은 자리들 중의 하나이지 독일 혼자서 차지하고 있는 자리는 아니었다.

독일에서는 책의 제목과 대학의 학과 명칭에 종종 '사회사'와 '경제사'를 결합해서 사용하는 관행이 있다. 사회변동이나 심성 같은 요소들은 앞에서 설명한 국가 생명주기에서 종종 전면에 자리잡곤 했지만, 독일만큼 경제적 경로에 사회발달이 결정적으로 중요했던 곳은 없었다. 그것은 정치사뿐 아니라 산업, 관세, 통화, 경제의 역사에 모두 적용된다. 독일과 외국의 역사가들은 독일이 제2차 세계대전 이후까지도 지역간 혹은 경제적 계급들간의 갈등을 평화적이고 민주적으로 조정하는 데 무능력했다고 비판한다. 누구나 완벽한 정치가로 생각하는 오토 폰 비스마르크는 1879년의 "호밀과 철" 관세에 대한 의결을 끌어 낸 솜씨로 칭송받는데, 그것은 융커들이 도시와 산업을 모두 싫어했기 때문이다. 그러나 융커들이 한 세대도 채 지나지 않아서 루르의 철강공업이 추구했던 전함 건조 사업을 지원하게 된 이유는 도시와 산업에 대한 증오가 영국에 대한 증오로 대체되었기 때문이다.[4] 원래 경제를 논하는 데에 '증오(hatred)'라는 말은 거의 쓰이지 않지만, 독일사에서는 예외적으로 종종 발견된다.[5] 제1차 세계대전 이후 정치적 살해가 창궐하여 —— 4년 동안 376건이 일어났다 —— 카를 리프크네히트, 로자 룩셈부르크, 쿠르트 아이스너(바이에른 정부 수반), 카를 가라이스(바이에른 의회 부의장), 그리고 전국적인 차원에서 유명했던 인물로 발터 라테나우와 마티아스 에르츠베르거 등이 희생당했다.[6] 에르츠베르거는 정치 신인으로서 활기차고 정력적으로 공화주의적 정책을 추구함으로써 두려움의 대상이 되었으며, 황제 빌헬름 2세와 연관된 집단들 —— "관료, 장교, 융커, 성직자, 산업가" —— 의 증오의 대상이 되었다.[7]

모자이크 독일

독일은 나폴레옹 전쟁 이전에는 355개의 영방(Land)과 1,476개의 자율적인 제후령으로 구성되어 있었다.[8] 나폴레옹 정복 전쟁으로 라인 강 서안은 1801년에 프랑스에 병합되었다. 나폴레옹은 1803년에 112개의 제후령 —— 세속화된 두 개를 제외하면 모두 종교적 제후령들이었다 —— 을 제거하고 대부분의 소규모 도시와 읍의 정치적 독립성을 종식시킨 뤼네빌 협약을 강제로 부과했다.[9] 나폴레옹은 또 길드를 폐지하고 도로를 몇 개 건설했다. 1815년의 빈 의회는 이러한 변화들 중 상당수를 추인해서, 결과적으로 구체제의 정치적 단위들을 느슨한 연방(Bund)으로 조직된 새로운 39개의 독립적인 영방으로 축소시켰다. 그 이후 1871년까지 서서히 그 다양한 영방들이 프로이센의 주도하에 독일 제국으로 통합되어 갔다. 프로이센은 1818년에 자신의 경계 내에서 관세를 통합했는데, 그 영역은 18세기의 정복 이후 슐레지엔과 작센을 포함했고 동유럽으로부터 서쪽의 라인란트까지 뻗어 있었다. 1834년에는 관세동맹(Zollverein)의 형성과 남부와 북부 간의 통화협정, 그리고 뒤이은 통화 단일화에 따라서 추가적인 통합이 이루어졌다. 1851년에는 환어음에 대해서, 1856-1858년에는 도량형에 대해서, 1857-1861년에는 상법에 대해서 동일한 법률이 합의되었다.[10] 프로이센이 1871년에 프랑스에 승리함으로써 독일의 통일은 완결되었고 —— 1866년에 프로이센에 패배할 때까지 대독일주의의 주도국으로서 프로이센에 도전했던 오스트리아는 제외되었다 —— 알자스와 로렌의 획득으로 영토가 더욱 확대되었다. 프로이센의 탈러는 마르크로 이름을 바꾸어 제국의 통화단위가 되었다. 1875년에는 제국은행이 설립되었다. 한자 동맹 도시들은 세계무역의 이해관계 때문에 정치적으로 가능할 때까지 관세동맹에 대해서 거리를 두었지만, 그중 마지막까지 남아 있던 함부르크도 1879년에 보호관세가 성립되자 1881년에 마침내 굴복했다.

교역

독일의 제후령들은 작은 단위들로 나뉘어져 몇몇 도시를 제외하고는 부유한 상인층을 발전시키지 못했다. 아우크스부르크와 뉘른베르크는 이미 살펴본 대로 베네치아와 집중적으로 거래했다. 푸거 가문과 같은 독일 남부의 은행가들은 안트베르펜, 리옹, 세비야와 거래했다. 그러나 한자 동맹의 주요 도시들은 그와는 상이하게 발달했다. 뤼베크는 토마스 만이 『부덴부르크 일가』[11]에서 묘사한 것처럼 서서히 몰락했다. 동프로이센과 단치히에서의 곡물, 목재, 조선용 물자의 수출은 일찍부터 네덜란드 상인들이 지배했다.[12] 함부르크는 주로 영국과 거래했고, 브레멘은 면화와 커피를 취급하는 대서양 횡단 거래를 발달시켰다. 해안에서 멀리 떨어진 프랑크푸르트와 같은 무역 및 금융 도시는 헬무트 뵈메가 묘사했듯이 함부르크와는 다르게 성장했는데, 전자에는 로스차일드와 같은 궁정 은행가가 살았고, 후자에는 외국무역에 특히 관심을 둔 상인-은행가들이 살았다.[13] 함부르크에서는 응집력이 있고 공화주의적이며 과두적인 상인계급이 도시를 지배했으나, 프랑크푸르트에서는 그렇지 않아서 상인이 두 집단으로 나뉘어 있었다. 한편으로 은행가와 도매상인들은 관세동맹에서 벗어나 국제교역의 계속을 원하는 "영국당"을 형성하고 있었고, 다른 한편으로 300명의 소상인은 국내교역과 정기시, 화물취급업, 지역 산업과의 밀접한 협력 등에 초점을 맞추고 있었다. 그 가운데 후자 집단이 승리함으로써 프랑크푸르트는 일찌감치 관세동맹에 참여했다.[14] 라인란트에서는 네덜란드 상인에 의지해서 원(原)산업 혹은 가내수공업이 시작되었지만, 점차로 자신의 국제무역을 관장하게 되었다.

주변지역과 달리 독일 내부적으로는 소상점주는 있었지만, 원거리 무역에 종사하는 상인은 소수에 불과했다. 그 원인 중 일부는 열악한 상태의 통신, 도로, 수상교통 그리고 내륙도시들이 부과하는 수많은 강상(江上) 통행세였다. 30년전쟁의 파괴도 원인의 일부를 제공했다.[15] 브로델은 독일 상인의 지위를 빼앗은 것은 17세기에 프랑크푸르트 정기시에서 두각을 드러내기 시작한 유대 상인들이었다고 보았다.[16] 데이비드 랜디스는 위그노, 영국인, 그리스인, 그리고 "누구보다도 유대인"이라는 식으로 외부인 모두를 포함하여 그 목록을 확대시켰다.[17] 귀족과 부르주아는 상업을 천시했고, 특히 부르주아는 상인계급에서 제후에 의존하는 관료계급으로 변화하기 시작했다.[18] 독일의 중앙에는 길드가 주도하는 "고향 마을"들이 있었는데, 이들은 자신의 경계를 지나가는 상품에 세금을 부과하고 철저하게 규제하며, 외부인을 경계했다. 직인은 편력시대(Wanderjahr)를 거친 후에는 장인자격을 얻기 위해서 고향에 돌아와서 일했다. 이들은 결혼하려면 허가를 받아야 했다. 공장에서 일하거나, 생산자가 알지 못하는 사람들에게 팔리는 대량 생산 물건을 만드는 것은 실패의 표시였다.[19] 서부와 남부의 고향 마을들은 농민들로 둘러싸여 있었는데, 이들은 1786년에 "정신적, 육체적으로 게으르고, 머리는 텅 비었고, 우둔하고 추잡하고 술꾼이며, 노예처럼 비굴한 데다 악의적이고 심술 많고 증오하고 빈정대고 권위에 적대적"

이며 "절약하지 않고, 미래에 대한 생각이 없고, 음란함에 지배된다"는 특징을 가진 것으로 묘사되었다.[20) 이 농민들은 자신의 땅을 경작하지 않는 귀족과 교회로부터 땅을 임대하여 경작했다. 이것은 그룬트헤어샤프트 (Grundherrschaft)라는 체제로서, 귀족계급인 융커가 농노들을 직접 부려서 자신의 땅을 경작하는 엘베 강 동쪽의 구츠헤어샤프트(Gutsherrschaft)와 대비된다. 길드와 더불어 두 체제 모두 나폴레옹 전쟁에 의해서 파괴되었다. 프랑스가 거의 20년을 지배한 라인란트에서는 변화의 정도가 더 컸다. 서부와 남부의 다른 지역에서도 나폴레옹의 법령들이 독일을 봉건주의로부터 변화시키는 데 상당한 효과를 보였다. 프로이센에서는 예나의 패배와 가혹한 부담을 강요한 틸지트 조약(1807) 후에 슈타인 남작, 하르덴베르크 공작을 비롯한 여러 인물들이 주요 개혁을 시도했다. 이 개혁은 농민에 대한 봉건적 구속을 철폐하는 것이었지만, 농민이 그 대금을 치르거나 경작하던 토지의 3분의 1을 포기해야 하는 것이었다. 1819년경이면 개혁은 농업에 관한 한 사실상 실패했다.

산업정책

다른 방면에서도 변동이 있었다. 베를린, 브레슬라우, 본에 새로운 대학이 설립되었고, 기존의 대학들은 더 커졌다. 김나지움이 개혁되었고, 할레와 괴팅엔 같은 기존 대학들은 신학과 철학 같은 분과에서 수학과 과학으로 중심이 옮겨갔으며, 연구조사를 강조하는 빌헬름 폰 훔볼트의 영향이 크게 작용했다.[21) 그와 동시에, 현대적으로 말하자면 산업정책이라고 부를 수 있는 "산업진흥(Gewerbefoerderung)"이 시작되었다. 페터 보이트는 나폴레옹 전쟁 기간에 리에주의 코커릴 공장에 숙사를 할당받았을 때 산업에 관심을 가지게 되었다. 그는 1816년에 베를린에서 프로이센 재정부 산하 통상산업국장이 되었고, 해외, 특히 영국 여행에 대한 보조금 지급, 공업연구소에서의 청년 훈련, 기술자 재정 지원, 사업 발족, 외국 기계류 수집과 모방 그리고 그 원본을 기업가에게 제공하는 일 등을 주요 내용으로 하는 산업육성 계획을 시작했다. 우선 그 자신이 영국, 벨기에, 홀란드를 여행했다. 산업과 경제를 주제로 하는 토론과 논문 출판을 하는 살롱이 베를린에서 항시적으로 열렸다. 보이트가 사업 발족을 도와 준 주도적인 독일 산업가 중에는 영국인 기계공의 아들로서 벨기에에서 일하던 코커릴 형제, 증기기관과 기계류를 제작하던 F. J. 에겔스, 증기기관 제작에서 기관차 제작으로 전업한 아우구스트 보르지히가 있었다. 1841년에는 독일에서 20대의 기관차가 운행 중이었는데, 모두 외국에서 수입한 것이었다. 그 해에 보르지히는 자신의 첫 제품을 생산했다. 그는 1844년에 44대, 1847년 말에는 187대의 기관차를 생산했다. 아헨, 스토르카데, 막데부르크에도 독일 제조업자들이 있었다. 1854년에는 외국 기관차 수입이 전혀 없었는데, 이 해에 보르지히는 독일에서 판매된 69대 중 67대를 생산했으며, 추가로 폴란드에 6대, 덴마크에 4대를 수출했다. 이야말로 수출로까지 발전한 효율적 수입대체의 고전적 모범이었다.[22]

케쿨레와 리비히가 게-뤼삭과 베르톨레 밑에서 화학 연구를 하기 위해서 1830년대에 프랑스를 방문한 것에 대해서, 나는 앞에서 프랑스의 은행기법에 독일 은행가들이 관심을 두었던 사실과 아울러 언급한 바 있다 (제7장).

산업정책은 연구소, 박람회, 학생과 사업가에 대한 보조금 지급 이상의 것이다. 바덴에서는 특허와 독점에 대한 시상, 목회(木灰, 비누 재료)와 넝마(종이 재료)의 수출을 금지하는 등의 원료 공급 원조, 지역 시장을 보호하기 위한 수입관세, 공장 설립 허가제(그나마 자주 거부되었다) 등이 이와 관련되었다.[23] '산업정책(Gewerbefoerderung)'에서 '산업자유(Gewerbe-freiheit)'로의 이행은, 비록 독일의 다른 곳에서는 매우 빠른 속도로 진행되었지만, 이곳에서는 나폴레옹 전쟁부터 1862년까지 두 세대가 걸렸다. 어쨌든 이 이행에는 관세동맹도 일조했고, 또 1815년 프랑스에 알자스를 빼앗김으로써 바덴의 경제적 관심이 스위스와 프랑스로부터 북쪽으로 돌려진 사실도 한몫 했다. 결국 산업정책은 서로 상충하는 이해관계가 경쟁하고 서로 중첩되는 인가를 내줌으로써 너무나 복잡해져서, 차라리 그 체계를 완전히 폐지하고 새로 시작하는 것이 더 쉽다는 것이 분명해졌다. 대략 같은 때에 영국이 항해법을 폐지시킨 것이나, 최근에 브루킹스 연구소의 고(故) 조지프 피치먼과 뉴저지 주 상원의원 빌 브래들리와 같은 사람들이 미국의 소득세에 대해서 제안하는 정책들이 바로 이와 같은 것들이라고 할 수 있을 것이다.

관세동맹

산업이 급성장한 1850년대 이전 시대에 독일은 여러 다양한 통합단계를 거쳤다. 운하, 표준 도량형, 점진적 통화 단일화는 1818년의 프로이센 국내관세 철폐 및 더 넓은 지역에 걸친 관세동맹과 아울러 이미 언급했다. 관세동맹의 목표가 프로이센의 주도하에 독일 통합을 이룬다는 정치적인 성격의 것이라는 견해가 일반적이다. 물론 교역 영역을 넓히고자 하는 상업적 목표도 있었다. 그러나 롤프 둠케는 소규모 제후공국들이 프로이센과 합류한 이유는 재정적인 것이었음을 증명했다. 1836년까지 합류한 이들 국가들이 내부 경계를 제거함으로써 780마일("Meilen")에 달하는 관세 경계를 유지하는 데 드는 비용을 덜어 주었다. 그 비용은 밀수가 횡행했던 당시 1마일당 2,000탈러에 달하는 것으로 평가되었다.[24] 관세수입을 징수액(이것은 수출입항을 갖춘 프로이센에 유리했을 것이다)이 아니라 인구를 기준으로 각 영방별로 나눔으로써 제후들은 의회 표결에 의존할 필요가 없는 수입을 확보할 수 있었다.

1848년 헌법

독일사에서 20세기의 재앙을 초래한 결정적인 단계가 언제인가에 대해서는 논란이 끊이지 않는다. 프리드리히 마이네케는 슈타인-하르덴베르크 개혁이 역전된 해인 1819년을 "19세기의 불행의 해"로 지목했다.[25] 다른 이들은 1848년에 프로이센의 부르주아가 프랑크푸르트에서 새 헌법을 작성하면서 군주제를 제어할 수 있는 기회를 놓쳐 버린 것을 지적하기도 한다. 프리드리히 빌헬름 4세는 철도체계의 대두와 교통의 성장에 따라서 직업과 사업의 자유에 대한 요구가 커짐으로써 큰 압력을 받고 있었다. 파리와 빈의 혁명은 독일 국가들로 불똥이 튈 위험이 컸다. 1846년의 감자 마름병과 이듬해의 곡물흉작은 쾰른과 베를린에서 폭동을 부추기는 요인이 되었다. 대표적인 사건이 1847년의 "감자 반란"이라는 3일간의 소요사태였다. 또 선거를 통해서 선출된 제헌의회가 프랑크푸르트에서 회합을 열고 있을 때, 1848년의 산업불황에 영향을 받은 노동자들과 군대 간에도 몇 차례 충돌이 있었다.[26] 왕은 군대 통수권을 의회에 양보하는 헌법에 동의하지 않았다. 중간계급은 대두하는 프롤레타리아의 위협을 두려워하여 뒤로 물러섰다. 크레이느는 이 갈등이 "지난 100년간" 독일 내부의 역사에서 핵심적인 사건이라고 불러 마땅하다고 서술했다. 부르주아와 중간계급의 실패에 더해서 1866년에는 비스마르크가 의회의 동의 없이 제정되었던 과거의 군대개혁을 소급해서 승인하는 사후승인 법안을 프로이센 의회에서 억지로 통과시켰다. 자유주의의 굴복은 일부는 폭도에 대한 두려움, 일부는 분열된 목적 때문이었지만, 또한 국가의 위대함을 향한 욕망 앞에서 "국내적인 목표들을 굴복시키는" 중간계급의 경향 때문이기도 했다.[27]

독일인은 19세기 중반 이후부터 점차 프랑스, 벨기에, 특히 영국에 대한 열등 콤플렉스를 극복했다. 라인란트의 중간계급은 김나지움, 기술교육, 신용, 상업적 성공, 좋은 결혼 등의 방식으로 사회적 위신을 높여 갔다.[28]

루르의 상인들은 대독일운동과 팽창주의에 전적으로 참여했고, 심지어 노동자들도 독일이 세계적 열강이 되어야 자신들에게 이익이 된다고 보았다.[29] 라인란트 – 베스트팔렌 지방에서는 귀족화에 대한 저항이 약화되었고, 많은 성공한 상인들이 산업활동을 그만두고 토지를 구입한 후 귀족적인 활동에 완전히 몰두했다.[30]

1850년대

산업정책, 관세동맹 그리고 독일 철도체계 정비는 1850년에서 1857년까지 경제적 활력이 폭발적으로 분출하는 길을 열었다. 다른 요인들도 있었다. 영국의 곡물법 폐지는 곡물 수출 붐을 가져왔다. 특히 벨기에와 프랑스에서 루르로, 그중에서도 비철금속 분야로 자본이 유입되었다. 다름슈타트, 베를린, 함부르크에서 차례로 은행들이 설립되었고, 쾰른, 라이프치히, 베를린에서는 다른 은행들이 조직화되거나 재조직화되었다. 함부르크와 브레멘에서는 이미 1840년대에 해운에서 소규모 한자 도시들을 따라잡고 난 이후, 이제 범선에서 증기선으로의 변화와, 특히 미국 이민의 급격한 증가 때문에 더욱 자극을 받았다. 미국 이민은, 다소 미심쩍은 자료이기는 하지만, 1840년대에 47만 명에서 1850년대에는 107만 5,000명으로 급증했다.[31] 증기선 항로는 세 가지가 있었다. 하나는 브레멘에서 직항하는 것이었고, 또하나는 대륙의 홀란드와 셰르부르를 경유하는 것이었고, 마지막 것은 함부르크에서 리버풀로 가는 것이었는데, 어떤 이들은 돈이 모자라서 리버풀에 남기도 했다.[32] 매크 워커는 관습적인 정설을 많이 교정해 준다. 이민의 동기는 지식인이 주도한 것도 아니었고 이민자들이 주로 농민들로 구성된 것도 아니었다. 요금을 지불하려면 얼마간의 돈이 필요했다. 독일 서부와 남부의 이민 중 상당수는 장인들로서, 그들은 1840년대 이후 독일의 미래에 대한 믿음을 잃고 "무력감, 불안감, 불만"을 느끼고 있었다.[33]

급속한 경제성장과 함께 이민자의 수가 크게 떨어져서, 1854년의 25만 명에서 1855년의 10만 명으로 줄었다.[34]

라인란트, 베스트팔렌, 베를린, 작센, 슐레지엔에서 산업의 고용이 증가함으로써, 자신의 삶을 개선시키기 위해서 저비용으로 단거리 이동을 하는 기회가 많아졌다. 프로이센의 도시 인구(2,000명 이상의 읍에 거주하는 사람을 뜻한다)는 1849년에 전체 인구의 27퍼센트에서 1861년의 32퍼센트로 늘었다고 하는데, 이 32퍼센트라는 수치는 계산방식과 시기를 고려하면 과소평가된 것으로 보인다.[35] 라인란트–베스트팔렌 지방에서는 겔젠키르헨, 샬케, 휠렌이 1850년대에 촌락에서 대도시로 성장한 것이 눈에 띈다.[36] 에센은 크루프 사가 그 지역의 점결탄(粘結炭)을 이용하여 철강생산을 늘렸고, 철도, 조선, 중장비, 무기 등의 대규모 철강수요에 따라서 인구가 1850년의 8,800명에서 1870년에는 5만2,000명으로 증가했다.[37] 1850년대, 1860년대, 그리고 심지어 1870년대에도 도시로의 인구이동은 지역적인 것이었다. 엘베 강 동쪽에서 루르 지방으로의 대규모 장거리 이주는 1880년대와 1890년대에 밀 가격의 하락과 철강생산 확대 이후에 생긴 일이다.[38] 라인란트의 직물 생산 읍들에서는 비교적 소규모의 내적 이주를 경험했는데, 이는 바르멘(직물)과 겔젠키르헨(철강용 석탄) 주민의 기원에 대한 쾰만의 비교연구[39]에서 확인할 수 있다.

1860년대의 세 전쟁의 승리는 행복감을 가져 왔고, 이것이 주택건설 붐과 회사 창설 시대(Gründerzeit)에 걸맞는 증권가격의 상승을 초래했으나, 이것은 부분적으로는 50억 프랑의 전쟁배상금으로 막대한 양의 정금이 유입되고 따라서 국가와 지방 자치체의 부채를 갚을 수 있게 된 덕분이기도 했다.[40] 1873년의 증권가격의 대하락은 경기하락을 드러냈지만, 소위 "대불황(great depression)"은 독일에서는 유럽 다른 지역에 비해서 미약했다.

호밀과 철에 대한 관세

1818년의 통합 이후 프로이센의 관세는 낮은 수준이었다. 1834년에 관세동맹이 채택한 것도 바로 이 저율의 프로이센 관세였다. 1840년대에는 다른 국가들과 보조를 맞추기 위해서 몇몇 품목에서 약간 상향 조정을 했지만, 1846년 영국의 곡물법 폐지와 1860년의 코브던-슈발리에 조약으로 전(全) 유럽적인 자유무역의 움직임이 생기자, 관세동맹은 프랑스, 이탈리아와 쌍무조약을 맺으면서 거기에 동참했다. 오토 폰 비스마르크 수상은 경제문제에 관심이 거의 없었으나 오스트리아를 곤경에 빠뜨릴 수 있다는 이유 때문에 관세동맹의 저관세를 승인했다. 오스트리아는 자국의 많은 산업을 보호해야 했기 때문에 관세동맹에 참여할 수 없었으며, 독일 통일의 주도권을 두고 프로이센과 경쟁했다. 1866년 오스트리아와의 전쟁에서 승리하고 탈러 가 길더에 대해서 승리하자 비스마르크 수상은 더 이상 저관세에 관심이 없었다. 산업은 이전에는 중간재를 더 싸게 구입하기 위해서 낮은 관세를 선호했지만, 이제는 스스로 더 많은 중간재를 생산하고 있었다.

전 세계적으로 평야지대에 철도체계가 완성된 데다가 증기선이 곡물을 더 싸게 유럽으로 운송할 수 있게 됨에 따라서 곡가가 낮아지자 독일은 영국 시장을 상실했다. 1856년에서 1860년까지 영국 곡물수입 가운데 독일이 25퍼센트를, 미국이 18퍼센트를 차지했으나, 1871-1875년에는 그 비율이 각각 8.2퍼센트와 40.9퍼센트로 바뀌었다. 1879년에는 미국의 비율이 68.2퍼센트까지 올라갔다.[41] 1867년에 관세동맹 조직의 유연성이 증가함으로써 더 쉽게 변화를 이룰 수 있었다. 1876년에 강력한 자유무역주의자이자 비스마르크 내각의 총무처 장관이었던 루돌프 폰 델브루크가 사임했는데, 자신의 뜻이었다기보다는 밀려났음이 거의 확실하다. 람비는 1873년 이후의 경제적 쇠퇴를 1879년 관세의 기본 원인으로 꼽는다.[42] 1878년

6월의 황제 암살미수 사건은 민족주의 감정에 불을 질렀다. 1879년에 함부르크에서 1,000명의 상인이, 그리고 베를린에서 75개 도시 대표들이 대규모로 회합을 가졌음에도 불구하고, 철과 곡물에 대한 관세가 높아졌다. 비스마르크는 호밀과 철의 동맹, 즉 "기사 영지와 용광로의 동맹(Rittergut und Hochofen)"을 만든 바 있었다. 도시와 산업에 대한 융커의 반대는 국부(國富)의 성장에 의해서, 그리고 융커 계급 자신의 부와 권력의 약화 때문에 침식되었다. 19세기 말에는 동부 여섯 개 주의 토지 소유자 중 3분의 1만이 귀족이었는데, 이는 융커들이 1820년대와 1880년대의 농업불황 때문에 피데이코미스(p.107 참조) 규제에도 불구하고 상승하는 중간계급에게 토지를 판매할 수밖에 없었기 때문이다.[43]

비스마르크는 1880년대에 산업과 농업 간의 관계 이외의 두 문제에 몰두했다. 그 중 하나는 질병(1883), 사고(1884), 노령(1889)에 대한 노동자 보험이었다. 뵈메는 이러한 조치가 노동조합의 보호, 여성과 아동의 노동시간 제한, 최저 임금제, 기업정책에 대한 발언권을 지속적으로 추구했던 노동자들의 감정을 누그러트리는 데 실패했다고 주장한다.[44] 두 번째는 지체된 독일 통일 때문에 놓쳐 버린 식민지에 대한 관심이었다. 벨기에 국왕 레오폴드가 부유한 콩고를 정복한 이후 열린 1885년의 베를린 회의에서 독일의 불편한 심기가 표현되었다. 이런 상태 이후로도 이 문제는 오랫동안 지속되어서, 1920년대와 1930년대에 히얄마르 샤흐트는 종종 이 문제를 다시 언급했다.

제정 러시아와 경제적 분쟁들이 일어났다. 독일 은행가 집단은 1887년의 증권담보대부 금지조치(Lombardverbot : 고아 지원단체의 기금을 러시아 채권에 투자하는 것을 금지하는 조치) 이후 대부를 중단했으며, 그 결과 1890년대에서 1913년까지는 프랑스 대부업자들이 독일을 대신했다. 엘베 강 동쪽의 농업 문제는 루르와 해외로의 대규모 농민 이주를 낳았는데, 이는 1880년대에 130만 명으로 절정에 달했다가 1890년대의 새로운 호황에서는 53만 명으로 떨어지고 1901–1910년에는 다시 28만 명으로 떨어졌다.[45] 이민의 경기대항적인 동향(호황기에 감소하고 불황기에 증가하는 동향/역주)은 자본의 흐름과 맞아떨어졌다. 독일은 국내의 투자수요가 절정에 달하자 러시아뿐 아니라 라틴 아메리카 대부분에 대해서도 대부를 중단했다. 예를 들면 아르헨티나에 대한 영국의 대부는 1890년 바링 위기(영국의 유서 깊은 은행 중 하나인 바링이 1890년에 유동성 위기에 몰렸다가 영국은행의 지원으로 살아남/역주)까지 증가했던 데 비해서 독일의 대부는 감소했다.

영국에 대한 태도

독일은 1890년대에 영국에 대한 강력한 경쟁자로 대두했다. 두 국가의 경쟁은 1780년까지 거슬러올라가는 전통이 있지만, 리처드 틸리는 19세기 내내 독일의 산업은 영국과의 경제적 관계에서 이득을 보았다고 주장한다. 영국으로부터 방적용 면사를 구매하고, 품질관리를 배우고, 기술지식을 습득하고, 자본을 들여왔기 때문이다.[46] "1840년대에는 영국적인 것은 모두 환호를 받았다."[47] 그러나 이 문장 바로 다음 구절을 보라. "그러나 제국이 성립된 이후에는 그에 대한 반발이 일고 영국에 대한 모든 개념은 영국을 16–17세기 이래 세계를 지배해 온 유럽이라는 꼭두각시 극장의 악마 같은 연출자로 보는 것이었다."[48] 이미 살펴본 바와 같이, 1850년대의 경제 급성장으로 인해서 독일의 경제계가 프랑스, 벨기에, 특히 영국에 대해서 가지고 있던 열등감에 종지부를 찍었다.[49] 다른 연구자는 민족적인 열등 콤플렉스를 30년전쟁까지 거슬러올라가서 찾았다.[50] 칼러는 두 세기 반 후에 독일인이 영국의 광대한 식민지와 상업제국을 보면서 이러한 열등 콤플렉스가 더 커졌다고 본다. 독일인은 자신들이 속았고 바보 취급을 당했다고 느꼈다. 프로이센은 근면의 윤리로 국가를 세웠고 유럽에서 가장 효율적인 정부를 소유했으나[51] 그런데도 독일의 지위가 낮은 것은 잘못되었다는 것이다.

이 모든 이유로 비스마르크의 실각 후 1890년대에는 분노가 일기 시작 (혹은 재시작)했다. 그때는 또한 윌리엄스의 저서 『메이드 인 저머니』[52]가 입증하듯이 독일의 상승하는 상업과 해군의 경쟁 때문에 영국이 방해를 받게 된 때였다. 독일인의 정서적인 동요는 보어 전쟁에 의해서 더욱 증대되었다. 독일은 보어인을 동정하고 영국인에 대해서 분개했다. 케르는 영국이 트란스발에서 승리하지 않았다면, [독일의] 보수당(융커)은 자신들이 선호했던 육군과는 달리 산업계의 전쟁도구라고 여겼던 [독일의] 함대 확장에 결코 동의하지 않았을 것이라고 보았다.[53]

영국에 대한 혐오는 계속되었다. 제국은행 총재인 루돌프 폰 하벤슈타인은 1914년 9월 25일에 아마 제국은행 위원회에서 행한 듯한 한 연설에서 자신들의 적은 영국이며, "우리의 경제적 개화와 우리의 세계무역의 성장과 해상력의 성장에 대한 영국의 질투와 악의는 결국 세계전쟁의 기본 원인이다"라고 말했다고 전해진다.[54]

추월

공적 인물들이 즐겨하는 취미는 누가 최초인지를, 때로는 어느 정도로 앞선 것인지를 선언하는 것이다. 피에르 베나르스는 독일 산업화에 대한 자신의 뛰어난 명제에서 그런 선언을 세 가지 제시했다. 독일은 1820년쯤에 기계주의를 향한 경로에서 최소한 반 세기 정도 뒤져 있었다. 프로이센에서는 약간의 진보가 있었지만, 그나마 초보적이었다.[55] 1856년 말, 쾰른의 은행가인 구스타프 메비센은 독일은 프랑스와 영국보다 100년 뒤져 있었지만 이제 다름슈테터 은행(그가 1853년에 설립한 것이다) 덕분에 그들을 넘어섰다고 말했다.[56] 베나르스는 독일 경제성장에 대한 외국의 영향을 서술한 장에서 독일의 기여도 마찬가지로 대단했다고 기술했다. 외국 자본과 설비가 주도했지만, 독일은 20년 만에 50년 이상의 격차를 좁혔다. 문맥상으로는 그 20년이 정확히 언제 끝나는지 명확하지 않지만, 1850년대인 것으로 보인다.[57] 프리드리히 엥겔스를 인용한 다른 문헌에서는 독일이 1860년에 아직 영국의 기준을 따라잡지 못했지만, 과거와는 완전히 달라졌다고 말한다.[58]

한 세대 후에는 독일의 상대적인 지위가 더욱 급속히 변화했으며, 특히 전기, 화학, 자동차, 기계류, 심지어는 몇몇 직물 분야와 같은 새로운 산업에서도 큰 변화가 있었다. 세계 철강생산에서 독일의 비중은 1880년의 15퍼센트로부터 1913년의 24퍼센트로 상승한 반면, 영국의 비중은 31퍼센트에서 10퍼센트로 하락했다(1913년에 미국은 42퍼센트를 차지했다.)[59] 영국의 소규모 독립기업들 —— 레버, 립튼, 쿠르톨스와 같은 몇몇 탁월한 예외를 제외하고 —— 과는 대조적으로 주도적인 독일 기업들은 규모가 크고 카르텔이나 수직적 통합으로 조직화되어 있었는데, 이는 엘바움과 라조니크가 영국의 기업계에서는 결여되어 있는 요소로 꼽은 것들이다(제8장 참고). 1875년에서 1914년까지 영국 영사관 보고서에 대한 한 연구는 영국의 마케팅에서의 여러 가지 결점들을 밝혀냈다. 언어실력의 부족, 시장조사 미비와 상품수요에 대한 적응 실패, 신용기간의 제한, 주문량이 많지 않으면 판매를 꺼리는 경향, 외국 도량형이나 외국 화폐로 표시하려고 하지 않는 태도 등……[60] 정작 영국인들 자신은 독일의 외국 거주 주재원들을 뻔뻔하고 상도의를 모른다고 비난했다. "언제나 상점주인일 뿐 상인은 결코 아니다."[61] 그러나 독일의 시장 개척은 제법 빠르게 규모를 키워 가기는 했지만, 영국 식민지와 자치령에서 별다른 효과를 보지 못했고, 라틴아메리카의 주요 시장에서 영국의 주도적 지위를 넘어서지 못했다.[62]

영국의 해운업과 은행업은 산업과 무역에서보다는 독일의 경쟁을 더 잘 따돌렸다. 물론 해운업에서 독일은 상당한 수익을 올렸다. 영국은 대서양 최단시간 횡단에 주는 블루리본 상을 처음에는 1897년에 건조된 '빌헬름 대제' 호에게, 그 다음에는 1900년에 건조된 '도이치란트' 호에게 빼앗겼다가, 1906년에야 '모리타니아' 호로 되찾았다. 독일과 영국을 포함한 국제 해운 회의가 구성되었으나, 정당한 지분이 어느 정도인지 결정하는 문제를 두고 결렬되었다. 호프만은 1914년경에 영국이 독점을 상실했지만, 여전히 해상 주도권을 잡고 있었다고 주장한다.[63] 1901년의 『데일리 텔레그래프』는 더 광범위한 지역에 걸친 영국의 금융과 해운에 대해서 이와 유사한 감정을 약간 다르게 표현했다. "가 버린 것은 우리의 독점이다. 아직 가지 않은 것은 우리의 우월함이다."[64] 호프만은 그와 관련된 문단에서 함부르크-미국 항로(Hapag)의 유력한 해운업자인 함부르크의 알베르트 발린을 인용한다. "영국인은 구습에 물들어 있고 보수적이어서, 그들이 투자한 엄청난 금액의 돈만 아니라면 무시해 버려도 될 정도였으리라."[65]

영국과 독일의 금융경쟁은, 함부르크 은행들처럼 런던을 경유하는 방식이 아니라 독일의 무역에 직접 금융을 제공하기 위해서 1872년 도이치 은행을 설립한 때까지 거슬러올라간다. 그리고 무역금융에서의 격차를 줄이기 위한 계획은 제국이 건설되기도 전인 1869년으로 거슬러올라간다. 유명한 전기설비 제조업자의 조카인 게오르크 폰 지멘스가 이 은행 운영자로 결정되었는데, 그는 자신의 "목표는 독일의 수출입 무역을 영국으로부터 독립시키는 것이고, 그 일을 성취한다면 이는 어떤 지역을 정복한 것만큼이나 위대한 민족적 과업이 될 것이다"라고 썼다.[66] 도이치 은행은 처음에 함부르크와 브레멘에 지사를 설립했는데, 이는 해안지방과 내륙지방의 외환 관행의 차이를 고려했기 때문이다. 다음에는 런던에 다른 두 독일의 은행들과 함께 합동 자회사를 설립했다. 이 자회사는 1872년 가을에 런던에 직속 지점이 개설되면서 포기했는데, 이러한 직속 지점은 10년 동안 독일의 은행에서 유일한 경우였다. 도이치 은행은 1871년의 연례보고서에서 런던의 우월성과 독일 내에 존재하는 여러 통화 —— 이것은 마르크로 통합되기 전의 일이다 —— 때문에 독일과 해외 시장 사이에 직접적인 관계를 만들기가 어렵다고 불평했다. 위신을 세우기 위해서 도이치 은행은 손해를

감수하고 외환을 독일해군에 팔았다.[67]

직접 외환거래를 하려던 초기의 의도는 회사 창립 시대의 호황으로 인해서 일단 미루어졌고, 도이치 은행은 당분간 국내산업으로 초점을 돌렸다. 얼마 뒤 도이치 은행은 이탈리아에서 새로운 은행의 발족을 도우며, 해외지점을 세우고, 영국과 프랑스와 경쟁하면서 중동에서 대부업을 하고, 해외채권을 발행하는 등 다양한 방식으로 해외업무를 재개했다. 그러나 엄청난 성공만 거둔 것은 아니어서, 도이치 은행은 중국과 일본에 초기에 세웠던 자회사들을 철수시켰으며, 파트너들 중 일부에게는 해외 합병사업을 경영할 수 있도록 했다. 얼마 후, 폰 지멘스는 베를린 한 곳에 모든 해외사업을 집중하려는 생각을 포기했고, 그 대신 분산과 특화를 선택했다.[68] 전기, 화학, 기계류에서와는 달리, 금융, 상업해운과 해군의 무기산업에서는 독일이 영국을 채 추월하지 못했다. 독일은 양지 바른 곳에 한 자리를 얻었지만, 결코 지배적인 자리는 아니었다.

그러한 노력은 국내와 해외에서 중요한 결과들을 낳았다. 국내에서는 보수주의자, 농업 경영인, 관료, 학자들[69]이 일부는 공공연히, 일부는 무의식적으로 영국에 대한 사회적 열등감을 느끼고 있었기 때문에, 영국이라는 압도적이고 경제적으로 우월한 적에 대해서 아예 거부하게 되었다.[70] 그러나 케르는 더 나아가서 이렇게 이야기한다. 비록 대외정책이 국가의 주요 현안으로 선포되었지만, 위에 언급한 집단들로서는 프롤레타리아를 억누르기 위해서 영국에 대한 증오가 필요했다. 프롤레타리아는 여전히 지배당하고 있기는 했지만, 그들의 사회적, 정신적 반란이 급증하고 있었다. 해외에서는 세계지배에서 자신의 "정당한 몫"을 차지하려는 독일의 욕구가 이웃 나라들을 고민에 빠뜨렸으며, 그 결과 이웃 나라들은 서로 협동하여 독일을 포위했다.[71] 급기야 사라예보의 우발적인 불꽃이 제1차 세계대전의 큰불을 일으켰다.

전간기

여기에서 제1차 세계대전의 여러 역사적 사실들, 즉 벨기에와의 협약을 위반한 슐리펜 계획, 티르피츠 제독의 아이디어로서 영국을 굶주리게 해서 전쟁에 승리하려고 한 무제한 U 보트 작전 ── 이것은 마치 제2차 세계대전 때 공군 원수 아서 해리스가 독일도시에 대한 대규모 폭격을 통해서 독일 내로 공격해 들어가지 않고도 독일을 패배시킬 수 있을 것이라고 믿었던 것과 유사하다 ── 혹은 독일은 국내전선에서, 특히 유대인에 의해서 "배후의 단검(stab in the back)"을 맞지만 않았더라면 전쟁에서 패배하지 않았을 것이라는 믿음 같은 사항에 대해서 설명할 필요가 없을 것으로 본다. 전쟁은 그렇지 않아도 사회계급간의 날카로운 대립으로 왜곡되었던 독일의 국가 생명주기를 더욱 변경시켰다. 생명주기 모델보다는 오히려 혁명과 붕괴를 고려하는 골드스톤의 모델에 가까워졌다. 프랑스 혁명이 포퓰리스트 나폴레옹을 낳은 것과 같이, 바이마르 공화국의 붕괴는 히틀러를 등장시켰다. 1933년 2월 아돌프 히틀러가 제국 수상직을 차지하게 된 책임을 따진다면 전범과 전쟁배상금 조항을 포함하였던 베르사유 조약, 1919-1923년의 전후 물가상승, 1932년 5-6월에 노동인구의 15퍼센트에 달하는 150만 명의 실업을 초래한 1928-1932년의 불황 등에 나누어 지울 수 있을 것이다. 베르사유 조약은 이 책의 연구범위를 넘어선 것이지만, 나는 케인스의 논쟁적인 저서 『평화의 경제적 결과』[72]는 아무리 잘 쓴 책이라고 해도 베르사유 조약의 결함을 과장하고 있다는 점만은 지적하고 싶다.

독일의 인플레이션은 경제적으로 매우 흥미롭다. 이는 단순히 잘못된 통화정책에서 유래한 것인지, 아니면 독일의 계급갈등이라는 숲 깊숙이 원인이 숨어 있는 것인지 하는 질문을 제기하게 한다. 아래에서 논의할 제2차 세계대전 이후 독일의 통화 재건과 비교해 보면 대조는 분명해진다. 제1차 세계대전 이후의 인플레이션에 대해서는 깊은 통찰력과 대단한 섬세함을 갖춘 글들이 수천 쪽 이상 쓰여졌지만, 내가 보기에 문제의 핵심은 전쟁 직후의 독일사회가 재건과 배상이라는 무거운 짐을 부담할 능력이 있었는가 하는 것인데, 결국 그것은 다시 말해서 부담을 함께 나눌 정도로 충분한 국민통합을 이룰 수 있었느냐의 문제가 된다. 베르사유 조약 이후에 확정된 배상금은 사실 거액이었다. 케인스가 계산한 100억 달러라는 금액은 베르사유 조약 당시 내부적으로 고려되었던 400억 달러에 비해서 견딜 만한 것이었으며, 실제로 1921년 4월 배상위원회가 합의한 330억 달러에 수출관세를 추가한 액수(42년 동안 분할 지불)보다 훨씬 더 합리적인 것이었다.[73] 그러나 문제는 지불하려는 의지가 있는가였다.

통화학파는 독일 인플레이션의 원인에 대해서 제국은행이 마르크를 초과 발행했기 때문이라고 주장하는 반면, 구조학파는 경제의 여러 부문들이 부담을 나누어 가질 능력이 없었기 때문이라고 믿는다. 그 두 가지 이론에 대해서는 여러 가지 수정이 가해졌다. 통화학파 내에서는, 미국을 필두로 외국자본이 유입되면 큰 부담 없이 배상금을 지불할 수 있었지만 외국자금이 본국으로 되돌아가거나 독일 자금이 외국으로 유출될 때는 물가상승이 가속화되었다는 지적이 있다. 구조 이론에서는 인플레이션과 디플레이션 상황에서 어떤 집단 —— 중소산업, 상업, 농장주, 공무원과 법률가, 교사를 포함한 전문인, 숙련공 혹은 미숙련공 —— 이 이익 혹은 손해를 보았는가 하는 질문이 제기되었다. 정치적 주류집단은 전쟁으로부터 별로 영향을 받지 않은 채 살아 남았고, 그들 사이의 상호 반목 역시 마찬가지였다. 1921년 봄에 자본유출이 극에 달했는데, 그와 더불어 1921년 8월 에르츠베르거가 암살되었고, 더 심각한 사건으로서 1922년 6월 재무장관 발터 라테나우가 암살되었다. 대립하는 이해관계들을 넘어서서 예산을 짤 만큼 강한 사람은 아무도 없었다. 함부르크-미주 라인의 중역으로서 자기 회사를 대표하여 연합국과 성공적으로 협상을 한 바 있는 빌헬름 쿠노의 주도하에 초당파적인 정부를 구성하려던 시도는 비참하게 실패했다. 물론 쿠노는 그다지 대단한 인물은 아니었다. 모리츠 본은 그가 특급 호텔에서 아주 유능한 접수직원이 될 수 있었을 정도의 매력적인 인물이었다고 보았다.[74] 쿠노는 1922년 11월에서 1923년 8월까지 재임했다.

프랑스(벨기에와 함께 1923년 1월 루르를 점령했다)에 대한 저항과 장기적인 투쟁에 대한 준비라는 문제가 닥치자, 쿠노는 확실히 실패했다. 이것은 상당 부분 제국의회의 부르주아 정당들, 그리고 산업 이해집단들의 태도 때문이었다. 이들은 정부의 정책이 진정한 정책에 기반을 두도록 준비하지 못했다. 이 집단들은 제국의 재정체계가 완전히 붕괴하는 순간까지 예산의 균형과 세제의 수정을 방해했다.[75]

나는 제1차 세계대전 이후의 독일 인플레이션에 대한 다양한 측면의 주장들을 되풀이할 생각이 없지만, 이 책의 주제와 관련하여 결정적으로 중요한 두 가지만 언급하겠다. (1) 노조와 산업계 모두 비타협적인 태도를 보였다. 가령 하루 8시간 노동문제와 관련해서, 노동자들은 1918년 11월 9일 혁명에서 이것을 얻어냈는데, 철강업계의 후고 슈틴네스와 같은 산업가들은 이에 대해서 공무원 노조, 국유철도 노조, 석탄 노조 등의 강력한 개별 노조들과 함께 이것이 인플레이션을 유발하는 요인이라고 비난했다. (2) 1871년 제국의 설립 때부터 시작된 독일금융의 분권적인 성격은 전쟁기간 거의 내내 재무장관이었던 카를 헬페리히에 의해서도 거의 변경되지 않았다.

후고 슈틴네스는 통화개혁보다 노동시간 연장이 독일의 안정화에 더 중요하다고 보았다. 그래서 전전(戰前)의 하루 10시간 반 노동을 회복하면 독일이 다시 한 번 세계시장을 휘어잡게 될 것이라고 생각했다.[76] 독일재정의 분권-중앙집중 문제는 결국 1919년 여름에 마티아스 에르츠베르거가 다시 제기했다. 그는 중앙정부가 소득세를 징수하도록 만들었다. 독일에서 세수의 분할은 제국 42퍼센트, 주(洲) 22퍼센트, 자치시 36퍼센트였던 것이 각각 70퍼센트, 10퍼센트, 22퍼센트로 변화되었다. 분권화는 평화 시에는 가치가 있지만 전시 같은 긴급한 상황에서는 장애이다. 나폴레옹 전쟁 당시의 네덜란드 경우처럼 양자 사이를 왔다갔다하는 것은 쉽사리 이루어지는 일이 아니다.

도스 안에서 1931년까지

나는 렌텐마르크와 더불어 인플레이션이 종식되었던 직후인 1920년대 말의 소규모 경기상승, 도스 안, 라이히스마르크의 제정, 유입자본에 근거한 독일 경제생산의 상당한 증가 등에 대해서 상세히 살펴보지는 않을 것이다. 뉴욕에서 초과 모집된 도스 차관의 성공은, 가끔 예기치 못한 금융상의 성공들이 대개 그런 것처럼, 뉴욕에 외채 발행의 붐을 일으켰다. 독일로 유입된 자금의 상당 부분은 산업뿐 아니라 지방자치체의 각종 개선작업에도 사용되었는데, 이는 당시 제국은행 총재였던 샤흐트에게는 실망스러운 일이었다. 1928년 3월경에 시작된 뉴욕의 주식 붐은 미국인 투자가들의 관심을 외채에서 국내 주식으로 돌렸고, 그 결과 독일, 라틴 아메리카 국가들, 오스트레일리아 등 외국차관에 의존했던 나라들로 들어가던 자본의 흐름이 끊겼다. 독일과 오스트리아의 은행들은 가능한 대로 단기융자에 의존했고, 또 자신의 현금을 다 투입하여 소유 주식의 가격을 지탱하는 매우 위험한 일도 감행했다.

1930년대 불황의 배경 가운데 더욱 근본적이었던 것은 1914년 이전에 유럽에서 구매했던 많은 제품들에 대해서 1925년 이후 세계 각지에서 생산을 확대한 가운데 유럽이 회복되었다는 점이다. 국제 상품가격은 1925년부터 하락하기 시작했고 1929년 10월 말에 뉴욕 주식시장이 붕괴했을 때 더욱 하락했다. 1929년에서 1939년 전쟁발발까지 또는 최소한 그 직전의 군비확충까지의 불황에 대해서, 주로 미국 대통령 후버, 영국 재무장관

필립 스노든, 프랑스 수상 피에르 라발, 독일 수상 하인리히 브뤼닝이 맹목적으로 금본위제에 집착하여 긴축적인 재정 및 통화 정책을 폈기 때문이라는 견해가 널리 받아들여지고 있다. 이 주장은 가격수준이 별다른 역할을 하지 않는 케인스식의 분석에 의거한 것이다. 이러한 시각의 맹점은 1925년부터 세계적으로 물가가 점차 떨어지다가 뉴욕 은행들이 주식시장 붕괴에 대한 대응으로 상품 중개인들에 대한 신용대부를 제한하자 더욱 급격히 물가가 하락한 데에 따른 부채 디플레이션의 힘을 경시하는 것이다. 1931년에 스털링 파운드의 가치가 30퍼센트 감소되고 이와 반대로 달러, 프랑, 라이히스마르크의 가치가 40퍼센트 증가(增價)되자 세계의 가격은 다시 큰 충격을 받았다.[77] 더 세밀한 분석에 따르면, 특히 가격이 탄력적이고 또 정책이 추가적인 가격하락을 기대하도록 만드는 상황에서는 긴축정책이 소비와 가격 모두에 영향을 끼칠 수 있다.[78] 이런 점을 무시하고 화폐 환상에 근거하여 가격변동을 무시하는 것은 엄청난 실수이다. 가격하락은 은행에 타격을 주어 정부정책에 관계 없이 대부를 제한하도록 한다.

이 모든 것을 염두에 둔다고 하더라도, 표준적인 유형과 차이가 나는 독일의 국가주기에 대한 이 설명에서 흥미로운 것은 최근 독일 역사학계에서 제기된 다음과 같은 문제이다. 즉 브뤼닝이 독일에게 배상금 지불능력이 없었음을 보여 주려는 목적으로 긴축정책을 추구했는데, 과연 이것 외에 대안이 있었겠는가 하는 것이다. 브뤼닝은 제국은행의 내규에 의해서, 그리고 더 일반적으로는 도스 계획의 계약에 의해서, 그리고 1931년 7월에 외국 은행가들과 맺은 채권거치협정에 의해서 속박되어 있었다는 주장이 제기되었다. 이 협정으로 독일은 단기채무를 상환하지 않아도 되는 6개월 동안의 지급유예 기간을 허락받았고, 또 라이히스마르크로 표시된 외채 부담을 가중시킬 우려 때문에 외환 평가절하를 하기 어렵게 되었다. 말하자면, 브뤼닝에게는 다른 대안이 없었다.[79] 이 견해는 뛰어난 독일 경제사학자 크누트 보르하르트가 일련의 논문 —— 대개 독일어로 쓴 —— 에서 지지하고 있다.[80] 이 논쟁은 10년 이상 계속되어 왔다.

영국이 금본위제에서 이탈하기 1주일 전인 1931년 9월, 정부가 공공사업을 벌이고 그 재원을 제국은행의 특별대부로 마련해야 한다고 주장하는 독일 경제부의 빌헬름 라우텐바흐의 각서를 두고 벌인 논쟁의 회의록이 최근에 발견됨으로써 이 질문에 대한 새로운 조명이 가능해졌다. 이 논쟁에는 오이켄, 콜름, 나이서, 뢰프케, 살린과 같은 저명한 경제학자들, 전직 재무장관이었던 사회주의자 힐퍼딩을 포함한 전-현직 정부대표들이 참석했다. 토론은 활기차고 뜨겁다 못해 극적이었는데, 중간중간 자신의 기관이 권한을 침해당할 위기에 처했다고 생각한 제국은행 총재 한스 루터 및 그외에 확인되지 않는 여러 사람들이 개입했다.[81] 그 논쟁은 장차 독일과 세계의 운명을 좌우하게 될 문제로서 정말 셰익스피어적인 극적 특징을 띠고 있었다. 브뤼닝은 참석하지 않았고, 다른 몇몇 정부 고위관료들도 대부분 자신들의 업무 때문에 불참했다. 그러나 나중에 "케인스 이전의 독일의 케인스"라고 불리게 될 라우텐바흐는 계획안을 제출했는데, 이 계획안은 브뤼닝이 "결승점을 100미터 앞두고" —— 전쟁배상금을 없앤 1932년의 로잔 회의를 말한다 —— 사임한 뒤 1932년에 폰 파펜에 의해서 실행된 것과 거의 동일한 내용이었다.

브뤼닝의 정책이 어느 정도로든 엘베 동쪽의(즉 융커의) 농업 이해관계에 영향을 받지 않았겠는가 하는 논쟁이 있다. 융커의 이해관계는 1933년에 대통령 힌덴부르크가 히틀러의 수상 취임을 막지 못하도록 한 데에도 한몫을 한 바 있다. 나는 이 문제에 대해서 평가하기에는 지식이 부족하다. 알렉산더 거셴크론[82]에 따르면, 융커들은 오랜 세월 동안 유복한 삶을 누렸고, 전쟁, 강화, 번영, 불황, 인플레이션, 자유무역, 관세를 모두 이겨내고 살아 남았는데, 이것은 어려운 시절에 정부의 도움으로 대출을 받고 인플레이션 시기에 부채를 갚는 식의 여러 수단을 이용한 결과이다. 그러나 이런 주장은 1820년대와 1880년대의 농업 불황기에 융커들이 토지(Güter)

를 상실한 점을 과소평가한 감이 없지 않다. 다른 한편 이 주장은 제2차 세계대전 이후 독일의 동쪽 경계를 오데르-나이세 선을 따라서 확정한 결과 소련이 독일영토 내에 존속하던 융커의 영역을 점령하도록 함으로써, 마치 프랑스에서 기요틴이 재정가와 관직 보유자들을 말살시켰던 것과 마찬가지로 지배계급을 최종적으로 끝장냈다는 점을 강조한다.

이미 언급했듯이, 히틀러의 대두에 대해서는 여러 가지가 원인으로 제시되어 —— 베르사유 조약, 인플레이션, 실업, 독일인의 특성 등이 대표적인데, 이것들은 히틀러의 등장을 너무 결정론적으로 보게 한다 —— 마치 미지수보다 설명변수가 더 많은 방정식 같다. 히틀러의 과잉팽창 정책은 나폴레옹, 루이 14세, 펠리페 2세의 정책과 매우 유사하다. 이는 인간의 기본적인 조건의 일부로서, 이처럼 세계를 뒤흔드는 정도는 아닌 약간 덜 충격적인 형태로는 금융시장에서 만날 수 있는 거품이 있다. 그러나 제3장에서 설명한 호황 뒤에 정기적으로 전쟁이 일어난다는 골드스타인 모델과 같은 것을 근거로 히틀러의 등장을 1933년부터 1939년까지 일어났던 독일 생산의 약진에 대한 반응이라고 보기는 어렵다.

전쟁, 포로수용소의 유대인 처우에서 분출된 잠재적 증오, 정치범이나 점령지에서 추방한 사람들에게 빈약한 음식만 제공한 채 죽을 때까지 강제노동을 강요하던 공장노동 등에 대해서는 지면 부족으로 논의를 생략하기로 한다.[83]

전쟁 직후의 시기

소련의 대규모 지상군 부대의 투입과 더불어 연합국에 의한 독일의 패배는 독일사에 새로운 국면을 가져왔다. 이 새 국면은 기묘하게도 미군 점령부대에 대한 합동참모본부(JCS)의 명령으로서 미국에서 시작되었다. JCS 1067이라는 이 명령은 탈나치화, 무장해제, 민주화 등을 규정했을 뿐 그외에는 "점령군을 위험에 빠트릴 수 있는 질병과 불안정을 방지하는 데에" 필요한 정도 이외에는 독일인의 생활수준을 높이는 조치들을 취하지 말도록 했다. 이것은 루스벨트 대통령의 재무장관이었던 모겐소 2세의 계획을 반영한 것인데, 그는 여러 동료들과 마찬가지로 유대인 출신이었다. 모겐소 계획의 핵심은 독일을 산업국가로부터 농업국가로 되돌려서, 남서부 흑림지대(슈바르츠발트)의 뻐꾸기 시계와 하르츠 카나리아(카나리아의 한 품종/역주) 정도만 만들 수 있게 한다는 것이었다. 강제수용소에서 600만 명의 유대인, 폴란드인, 러시아인이 나치의 잔악한 손에 죽었다는 사실이 드러나면서 일어난 반(反)독일 정서의 물결을 생각해 보면 그러한 태도는 쉽게 이해할 수 있다. 그러나 이 계획은 오래 지속되지 않았다. 아울러서 독일을 1871년 이전의 모자이크 상태로 되돌리고 자르, 루르 및 기타 자원이 풍부한 지역들을 연합군이 무기한 점령해야 한다는 프랑스의 견해도 오래가지 않았다. 상품과 용역의 판로와 자본재의 원천인 독일경제에 대한 나머지 유럽의 의존성 때문에 어떤 행동노선도 적용되지 못했다.

나는 포츠담 합의를 자세히 설명하지는 않았다. 그 회담에서는 배상금 문제가 지역별로 원만하게 처리되지 않음으로써 소련의 점령지역과 나머지 세 서구국가의 점령지역을 분리하는 것으로 끝났다. 소련은 배상금을 지불받는 대신 자본설비들을 뜯어 갔고, 그러한 광범위한 약탈행위가 실제 큰 소용이 되지 않자 생산품을 배상금으로 요구했다. 그리고 소련, 영국, 미국, 프랑스 네 나라에 의한 점령구역을 단일한 단위로 처리하지 못했고, 특히 교역과 통화 문제에 대해서 서구의 세 점령지역끼리 서로 의존해야 했다. 서구 점령지역만이 아니라 대부분의 서유럽에서 1946-1947년에 한파가 닥쳐서 운송기관의 발을 묶었고 다음해에는 홍수 때문에 봄밀 추수를 망침으로써 상황이 악화되었다. 유럽에 대한 원조는 국제연합 구제부흥기구(UNRRA), 37억5,000만 달러의 영국 대부(1946년의 영미금융협약), 연합국 해방지역에 대한 군사적 지원, 독일 점령지역 구제자금(GARIOA) 등으로 제공되었다. 1947년 봄에는 독일에서 교외와 도시 간의 거래가 붕괴되었고, 담배와 사적 물물교환이 비효율적인 방식으로 화폐를 대체했다. 게다가 모스크바에서 서방 주요 국가들과 소련 간의 외무장관 회의가 개최되었지만 배상금 문제와 네 점령지역을 하나의 단위로 취급하는 문제를 해결하는 데 실패했다.

국무장관 조지 마셜은 1947년 4월에 미국으로 돌아오면서 사회주의 국가를 포함한 유럽 국가들의 경제회복을 위한 새로운 협력 계획을 제시하고, 미국은 합리적인 협력 협약을 통해서 그것을 보조하겠다고 제안했다. 1948년 4월에 경제회복법이 의회를 통과했고 1952년 6월까지 유럽 부흥계획에 참여한 국가들에게 141억 달러 이상의 보조금이 제공되었다. 그러나 원조자금으로 구입한 상품의 사용처에 대해서 미국이 감독하겠다는 것을 내정간섭이라고 여긴 동유럽 블록은 이 계획에 참여하지 않았다. 마셜 플랜이 점차 궤도에 오르는 것과 동시에 독일의 화폐개혁이 세 서방 점령지역에서 시행되었다. 이것은 1946년 5월의 콜름-다지-골드스미스 보고서에 의해서 계획의 윤곽이 잡혔지만 네 점령지역에 이것을 적용시키는 협약을 기다리느라 보류되었던 것이었다.

화폐개혁과 그에 뒤이은 자본과세에 대한 세부사항들 역시 살펴볼 필요가 없을 것이다. 10라이히스마르크가 새로운 1도이치마르크가 될 때 화폐와 모든 형태의 부채에 대해서 불균등한 분배 효과가 나타났기 때문에, 자본과세로 이를 조정하려고 했던 것이다. 마셜 계획의 실시와 화폐개혁에 뒤따른 극적인 경제회복은 경제학자들 그리고 더 일반적으로 정책입안자들에게 여러 흥미로운 질문을 제기했다. 화폐개혁은 가령 1920년대 초와 같은 시기에 시행되었다면 그 시절의 인플레이션을 통제했을 수도 있는 기술적인 문제였는가? 화폐개혁이 성공한 것은 1920년대의 고착상황을 초래한 여러 이해집단들이 힘을 잃었기 때문이었는가? 즉 국경이 서쪽으로 이동하면서 융커 계급이 토지를 박탈당하고, 노동자와 소농이 1930년대에

나치의 정책에 의해서 힘을 잃고, 군대, 산업계, 공무원은 패전과 히틀러에 대한 굴종으로 불명예를 당했기 때문인가? 혹은 독일이 외국열강에 점령당했기 때문에 화폐개혁이 가능했던가? 어떤 이들[84]의 생각처럼 마셜 계획에 의해서 미국의 원조가 대량으로 제공되기 이전에 경제회복이 충분히 진행되고 있었으므로, 마셜 계획의 독일원조는 별것이 아니었던가? 혹은 원조가 약속되었고 그 원조가 도착하여 공백을 메울 것이라는 사실 자체가 독일 제조업자들에게 자신들이 복귀할 수 있다는 확신을 줌으로써 원재료와 부품의 공급을 유발했던가?[85] 화폐개혁이 실시되었을 때 바로 보고되었던 즉각적인 생산증대는 상당한 정도로는 눈속임에 불과했다. 기업들은 고정된 가격에 가치 없는 화폐를 받고 제품을 판매해야 했을 때에는 생산량을 축소 보고하고 생산품을 감추어 두었다가 나중에 물물교환을 했다. 양화(良貨)의 도입과 함께 재고가 백일하에 드러났고 생산수치는 상향 수정되었다. 그러나 화폐개혁을 시행하고, 1939년 10월 전쟁발발 때 임의적으로 고정된 가격 대신 시장에서 변동하는 가격이 도입되고, 또 마셜 계획이 최소한 제한된 정도로나마 도움을 주었으므로 1950년부터 경제기적이 이루어졌다. 1950년 6월 한국전쟁의 발발은 독일의 국제수지를 악화시켰는데, 이것은 은행의 규제철폐와 동시에 일어났다. 기업들은 원재료 가격이 상승하자 막대한 금액을 대부받아서 외국 원재료를 대량으로 구매했다. 유럽 결제동맹으로부터 독일의 신용차입이 증가했다.[86] 점차 가격이 안정되고 독일의 성급한 구매는 성공적이었다고 판명났다. 이제 서독경제는 경제기적 단계에 들어갔다.

경제기적

독일의 경제회복은 신인(新人)들의 작품이었다. 앙케이트 조사를 통한 탈나치화는 불가능한 것은 아니지만 어려운 문제로 밝혀졌다. 그러나 정치에서나 사업에서나 나치의 대외 공격성에 긴밀하게 연관되었던 사람들은 은퇴했다. 콘라트 아데나워 수상은 1950년 유럽 석탄철강공동체(ECSC)와 1957년 로마 협약에서 합의된 유럽 경제공동체(EEC) 등을 주도하면서 프랑스와의 긴장완화(데탕트)를 적극 추구했다. 독일의 교역은 바깥을 향했다. 오랜 세월 동안 자급자족 시기를 거친 후에, 기업에서 두각을 나타내던 사람들은 외국여행을 위해서 수출 관련 직책에 지원했다. 한편으로 급격히 낮아진 생활수준을 재건하기 위해서 국내에서 노력하던 사람들, 또 다른 한편 동독지방에서 피신오거나 추방당한 사람들, 폴란드와 체코슬로바키아의 이전 독일권에서 쫓겨난 사람들, 소비에트 점령지역에서 서쪽으로 이주한 망명자들로부터 에너지가 분출되었다. 이 물결은 소비에트 점령당국이 장벽 —— 장차 1989년 11월에 극적인 효과를 보이며 무너지게 될 —— 을 세운 1961년 8월까지 점점 커졌다. 자신의 삶을 재건하고자 열망하는 가난해진 중간계급 출신 숙련 인력의 유입은 독특한 활력을 제공했다. 게다가 이탈리아와 그리스에서, 그리고 후에는 유고슬라비아와 터키에서 약간의 숙련 노동자 그리고 대부분을 차지하는 비숙련 노동자들 —— 소위 손님 노동자들 —— 이 대규모로 몰려와 독일의 임금을 낮추었다. 그 결과 판매증가로 수익이 증가되고, 그것이 다시 투자증가와 더 높은 생산성을 가져왔다. 이런 긍정적인 피드백 과정은 외국 노동자들을 흡수할 수 있는 사회적 한계점에 이를 때까지 지속되었다. I. G. 파르벤과 같은 오래된 카르텔과 독점들은 깨졌다.

영국이 1949년에 파운드를 평가절하하자 독일정부는 도이치마르크를 하향 조정했다. 그 수준에서는 마르크가 달러에 대해서 저평가되었고, 무역흑자가 누적되었다. 이렇게 마련된 외환의 일부는 채권거치협정 시대부터 쌓인 오랜 부채를 정리하는 데 사용되었다. 또 독일의 국방비 지출은 제한되어 있었고 소련의 공격으로부터 독일의 안보를 지키는 일은 대부분 미국이 맡았기 때문에, 독일은 자국에 주둔하는 미군부대의 지원요청에 응했다. 이스라엘에게는 대개 조립식 주택이라는 현물로 배상금을 지불했다. 독일경제의 회복력을 보여 주는 놀라운 사례의 하나는 1956년에 수입관세를 줄임으로써 수출흑자를 줄이려고 한 시도를 들 수 있다. 이 조치는 실패로 돌아갔는데, 그 이유는 수입은 증가했지만 수출은 더욱 증가했기 때문이다. 이것은 수입이 수출을 낳는다는 흄의 법칙의 사례이자, 수입증가가 수출증가를 낳을 것이므로 상호 관세삭감이 불필요하다는 1840년대 영국인들의 신념의 실례가 되었다. 독일은 다른 유럽 국가들과 마찬가지로 생활수준에서 급속히 영국을 따라잡았다. 그러나 이전 시기의 두 번의 실패 이후 독일은 경제적, 정치적 선두를 추구하지 않는 것으로 보였고, 심지어 많은 이들이 미국이 쇠퇴하고 있다고 볼 때에도 미국의 주도권을 따르는 데 만족했다.

유럽의 독일

유럽의 여타 국가와 마찬가지로, 독일의 호황은 1973년경까지 계속되었고 황금기로 불리게 되었다.[87] 독일은(그리고 세계의 다른 편에서는 일본이) 다른 서유럽 국가보다 빨리 성장했고, 또 이 모든 나라들이 미국과 영국보다 훨씬 더 빨리 성장했다. 그럼에도 영국 역시 이 시기를 황금기라고 여겼는데, 그것은 이때의 성장률이 자료를 통해서 알 수 있는 역사상 그 어느 시기보다 높았기 때문이다. 모두가 함께 성장했다는 사실만으로 제2장에서 논의한 국가 성장주기에 대한 고찰이 무효화되지는 않을 것이다. 그러나 그 경험은 상승하는 국가들이 필연적으로 기존의 경제적 선두를 차지하고 있는 선도국에 도전한다는 명제에 상당한 의문을 일으켰다. 일본도, 독일도 서방에서의 주도권을 두고 미국에 도전하지 않았으며, 주도권 경쟁이 미-소간 초강대국 투쟁 내에 국한되더라도 만족했다. 그러는 중에 점차로 서독은 유럽 내의 여타 지역에 눈을 돌리게 되었다.

전후 유럽에서 프랑스가 관심을 가졌던 것은 지도국 역할을 맡는 것이었다. 경쟁자인 영국에 대한 두려움 때문에 1963년에 드골 대통령은 영국의 EEC 가입 신청을 거부했다. 그러나 이후에 독일이 성장하여 경제력과 경제규모가 커지는 것을 보자 프랑스는 기꺼이 영국과 다른 국가들을 유럽자유무역지역(European Free Trade Area)에 들어오도록 용인함으로써 독일의 지배력을 희석시키고자 했다. 이외에도 환율과 유럽 중앙은행의 구성에 관한 추가적인 문제들이 있는데, 그에 대해서 프랑스와 독일 간에 잠재적인 의견 불일치가 있었지만 독일의 의견이 우세하게 될 것으로 보였다.

서유럽과 세계경제에 대한 독일의 정책은 동독과의 관계 때문에 더 복잡해졌다. 만약 독일이 끊임없이 동쪽을 바라보지 않았다면 유럽 통합을 더 강하게 추진했을 것이다. 1989년 장벽이 무너지고 동독이 서독에 합병되자, 동방정책(Ostpolitik)이 압도적으로 최우선적인 것이 되었다. 이때 동독 마르크와 서독 마르크를 일대일의 비율로 교환한 것은 큰 실수였다. 이것은 정치적으로는 이해할 수 있는 일이지만, 경제적으로는 재앙에 가까운 실수로서 동독 노동자들의 실질 수입을 그들의 생산성에 비해서 훨씬 높게 만들었다. 사회주의 국가였던 동독 노동자의 생산성은 노동과 저축에 대한 유인이 거의 없었던 30년(장벽 구축 이후를 기준으로 할 때) 혹은 40년(소련의 점령 이후를 기준으로 할 때) 동안 계속 침체해 있었다. 서부 독일의 생산성은 원래 동부 독일보다 훨씬 높았었다(19세기의 베를린, 라이프치히, 드레스덴과 같은 몇몇 고립된 지역만이 예외였다).[88] 그런데 서독의 급속한 성장과 동독의 무기력, 게다가 그나마 활력적인 시민들의 대거 서방이주로 인해서 그 차이는 더욱 커졌다. 동독의 수입과 생활수준을 유지시켜 주려고 했던 본 정부의 예산은 적자가 되었고, 연방은행은 물가상승을 우려하여 통화긴축 정책을 썼으며, 이것은 다시 동독만이 아니라 서독에서도 실업을 야기했다. 동시에 독일의 거대화와 소련의 위협의 종결, 그리고 미국경제의 몰락 가능성은 독일로 하여금 더욱 단호한 자세를 가지게 했다. 이러한 자세가 두드러지게 나타나는 것으로서, 독일 외교관들이 프랑스식 관행을 본받아서 심지어 모임의 모든 사람들이 영어를 잘 할 수 있을 때조차 독일어로 말하려는 경향을 들 수 있다.[89] 일본과 마찬가지로 독일은 이제 영국, 프랑스, 중국, 러시아와 대등하거나 그보다 우월한 자신의 경제적, 정치적 힘에 걸맞게 유엔 안전보장이사회의 상임이사국 자리를 원하고 있다.

독일의 노화

나는 『사라져 가는 기적』[90]을 읽어 보지는 못했지만 그에 대한 서평[91]을 보았는데, 그 책에서 헤르베르트 기르쉬, 칼-하인츠 파케, 홀거 슈미딩은 1973년부터 임금 인상에 비한 생산성 위축, 임금 인상에 대한 노조의 끈질긴 요구, "그리고 정치 및 경제의 우선권이 단순한 물질적 진보를 추구하는 것에서 벗어나 삶의 질을 높이고 사회정의를 더 많이 이루는 방향으로 옮겨져야 한다는 합의"[92]와 함께 독일경제가 내리막길에 접어들었음을 지적했다. 이 책이 동독경제를 서독경제에 통합하는 일이 얼마나 어려운지 명백하게 드러나기 전인 1991년에 쓰였다는 점이 중요하다. 서평자가 썼듯이, 이것은 통일로 인해서 1948년에서 1978년까지 경험했던 것과 같은 제2의 경제기적이 찾아오리라는 그들의 낙관적 견해에 의심을 가지게 한다.[93] 한 책을 서평 —— 비록 탁월한 경제사가가 쓴 것일지라도 —— 만 가지고 판단한다는 것은 어리석은 일이겠지만, 나는 그 세 저자가 제2장의 국가주기와 크게 다르지 않은 모델을 암묵적으로 상정하고 있다고 추정한다.

더 최근의 역사연구 중에, "이행기의 독일"을 주제로 한 『다이달로스』 1994년판이 있다. 여기에서 많은 논문들, 특히 쿠르트 라우크의 논문은 독일의 노화라는 주제를 다루고 있다. 대부분의 논문들은 낮은 생산성, 높은 실업률, 인구 붕괴 같은 문제점들을 안고 있는 동독을 흡수함으로써 야기된 문제들 때문에 경제회복의 길을 찾는 것이 엄청나게 복잡하게 되었다는 것에 동의하고 있다. 코카와 라우크는 둘 다 변화하는 세계환경에서 독일이 새로운 자리를 찾아야 한다고 강조했는데,[94] 이것은 오직 생산성이 세계적인 경쟁력을 가지게 될 때에만 가능할 것이다.[95] 그러기 위해서 노동시간은 주당 35시간 이상으로 올리고 휴가는 5주 이하로 줄여야 하리라고 주장했는데,[96] 이는 이 장 초반부에 언급된 슈틴네스의 견해와 같은 것이다.

나는 이 장 초반부에, 경제부가 작성하고 콜 내각이 승인한 한 보고서를 언급했다. 그 내용은 높은 실업률, 높은 세금, 짧은 노동시간, 경직된 관료, 노동력 노화로 인해서 독일이 "세계경제에서 최고의 위치를 상실할" 위험에 처해 있으며, 이를 해결하기 위해서는 근면한 노동과 시간 엄수, 공동체 정신이 필요하다는 것이었다. 이러한 견해를 반박이라도 하듯이, 『뉴욕 타임스』는 도이치 은행 총재 힐마르 코퍼와의 인터뷰에서 독일은 상황을 너무 비관적으로 보고 있다는 견해를 유도했다.[97] 코퍼는 비관론의 근거로 1993년의 생산량 감소, 1994년의 성장이 거의 없을 것이라는 전망, 실업률 증가, 37.5시간의 짧은 노동시간, 6주의 휴가(공휴일과 종교축일을 포함해서), 세계 최고수준의 노동생산비용, 언제나 독일 경제회복의 추동력이었던 수출에 타격을 주는 해외의 경기침체 등을 들었다. 그러나 이러한 부정적 요소들 때문에 독일이 마이너리그로 강등되지는 않는다고 그는 주장한다. 그는 "독일의 정치적, 사회적 안정, 강력하고 안정적인 통화, 높은 수준의 교육과 기술을 가진 노동력"과 같은 강점들을 언급했다. 해결책은 이것이다. "우리는 모두 더 많이 일해야 한다. 너무나 간단한 일이다."[98]

너무나 간단한 일일지 모른다. 다른 한편, 아마도 독일경제는 그 이전의 많은 국가들처럼 어느 정도 경직화되고 있는지도 모른다.

10

미국

1976년 직전에 『포린 어페어스』는 내게 미국 건국 200주년을 기념하여 200년에 걸친 미국의 대외 경제정책에 대한 기고를 요청했다. 결과는 이 잡지의 1977년 1월호에 게재되었고, 또 뉴욕의 외교문제심의회에서 발행한 책[1]에 유사한 논문들과 함께 실렸으며, 세 번째로는 내 논문집[2]에 포함되었다. 나는 개략적으로 훑어보는 것 이상으로 그 문제를 또 다시 서술할 필요를 느끼지 못한다. 나는 이 장을 "황금시대"가 끝난 1968년 혹은 1971년 혹은 1973년(전환점을 어떻게 잡느냐에 따라 다를 것이다)부터 시작하고자 한다. 나는 미국의 국가주기 —— 고립에 처해 있던 작은 나라로부터 세계의 패권 혹은 지도력을 주창하는 나라로 이행했던 궤적 —— 는 이전의 시론에 맡기고, 최대한 간략하게 요약을 한 뒤에 논란 중인 미국 쇠퇴의 시점 문제에 초점을 맞출 것이다.

1776년부터 1976년까지 지난 두 세기 동안 미국은 영국의 식민지배를 벗어난 후 세계의 제반 문제들로부터 비켜서 있기를 바라던 작은 나라로부터 출발하여 느리지만 확실하게 세계문제에 개입하는 지도세력이 되었다. 그 움직임의 주요 특성은 다음과 같다.

- 남부의 아프리카 출신 노예들이나 백인 채무노예들을 제외하면 귀족 계급이나 하층계급이 없었다. 즉 이 나라는 시작부터 대부분이 중산 층이었던 것이다.
- 13개의 식민 주에서 시작하여 프랑스, 에스파냐, 멕시코로부터 획득 한 영토를 덧붙인 광활한 땅은 높은 토지/노동 비율을 달성할 수 있었 다 ; 노동자는 언제든지 일을 그만두고 서부로 떠나서 땅을 일굴 수 있 었으므로 고임금이 가능했다 ; 그리고 노동력 절약의 혁신에 대한 강 한 인센티브가 존재했다.
- 19세기 중반의 대량 이민, 즉 1846년 감자 기근 당시의 아일랜드인들, 몇 년 후의 독일인들 그리고 1880년대부터 유입된 남동부 유럽인들 은, 아서 루이스 경의 유명한 모델을 따라 미국을 무제한적인 토지가 공급되는 발전국가로부터 노동이 무제한적으로 공급되는 발전국가로 전환시켰다.[3]
- 목재, 선박, 담배, 면화, 설탕으로 이루어진 초기의 수출 주도형 성장 이후, 산업 보호관세와 더불어 북부의 수입대체 움직임은 노예 문제 를 둘러싼 남북 간의 불화에 또 하나의 문제를 추가했다. 이를 계기로 1860년대에는 각 주들 사이에 처참한 전쟁(남북전쟁)이 발생했다.
- 노동절약적인 제조업에서 해외투자가 시작되었다.
- 철도와 서부 정착의 확산으로 땅값이 싼 프론티어가 소멸되었다.
- 트러스트의 유행과 이에 따른 반트러스트 정책이 추진되었다.
- 1854년 일본에서의 페리 제독의 흑선(黑船)의 압박, 1898년의 미국-에스파냐 전쟁, 쿠바의 독립 획득과 푸에르토 리코와 필리핀에 대한 미국 보호령화, 덧붙여 1900년 중국의 의화단 운동과 같은 국제문제 에 대한 개입이 늘어났다.
- 영국과의 "특별한 관계"와 독일의 무차별 잠수함 공격으로 인해서 제 1차 세계대전에 뒤늦게 참전했다(1917).

- 제1차 세계대전 이전 및 전쟁 중에 대량 생산기술이 확립되었다.
- 1918년 11월 이후 베르사유 조약과 국제연맹 참가를 거부하고, 동맹국들에게 전쟁 채무 변제를 고집했던 반면 독일의 배상금 문제에는 초연한 자세를 유지함으로써 국제문제에서 책임 있는 역할을 맡기를 거절했다.
- 1920년대 자동차와 전기의 시대가 도래했고 그에 따라서 주택과 산업의 입지조건이 변화했다.
- 1928년 봄부터 시작된 버블에 뒤이어 1929년 주식시장이 붕괴했고, 이후 불황이 심화되어 전 세계적으로 물가와 무역에 격심한 압박을 가했으며, 특히 1930년 6월 홀리-스무트 관세(1930년 공화당 소속 리드 스무트 상원의원과 윌리스 홀리 하원의원이 주도해서 통과시킨 법안으로, 자국 산업보호를 내세워 관세를 미국 역사상 최고 수준인 50퍼센트까지 인상했다/역주)에 의하여 더욱 악화되었다.
- 국제경제 문제에 점점 책임감 있게 참여하게 되며, 제2차 세계대전 이후에는 강한 세계경제의 지도력을 획득했다. 동맹국에의 무기대여(Lend-Lease), 국제연합 구제부흥사업국(UNRRA), 영국차관에 대한 유리한 청산 방식(British loan), 동맹국과 패배한 적국들 모두에 대한 원조, 국제통화기금(IMF)과 국제부흥개발은행(IBRD)의 브레튼-우즈 체제가 정착되었다. 마지막으로 유럽 부흥계획(마셜 플랜)(그리고 여기에 더해서 일본에 대한 원조)을 통해서 유럽 국가들이 무역, 산업, 금융에서 긴밀한 협조를 하도록 추진했다.
- 관세와 무역에 관한 일반협정(GATT)에 서명하고 제3세계의 발전을 위한 원조를 했다.
- 1989년의 붕괴까지 "냉전" 시기 사회주의권에 대한 봉쇄정책을 실시했다.

"20세기 미국과 세계경제" 라는 별개의 논문에서 나는 미국의 대외 경제 정책이 세계경제 지도자로서 마땅히 주의를 기울여야 하는 중요한 기능들을 따라서 어떻게 발전했는지를 보여 주는 개요표를 작성했다 : 재화 시장, 외환 시장, 자본의 흐름, 각국 거시경제 정책의 조정, 금융위기시에 최후의 신용공여자 역할을 하는 것 등이 그런 중요한 기능들이었다.[4] (표 10-1). 이러한 관심영역들은 1930년대의 세계 대공황에 대한 연구로부터 비롯되었다. 나는 1931년 5월 오스트리아에서 시작하여 이 나라 저 나라로 전파된 뱅크 런(bank run : 금융기관이 부실화되었을 때 예금자들이 일시에 예금을 인출하려는 사태/역주) 당시 영국은 최후의 신용공여자 역할을 떠맡기에는 경제적으로 너무 약했던 반면 미국은 (그리고 프랑스는) 그 역할을 맡기 꺼렸다는 점 —— 공황의 기간, 범위, 심도 등을 고려할 때 —— 이 공황의 원인이라고 생각한다.[5] 제2차 세계대전 이후에 미국의 태도는 바뀌었다. 미국은 1971년경까지는 이러한 기능적인 영역들에서 강력한 역할을 떠맡을 수밖에 없었으나 그 이후에는 점점 덜 몰두하게 되었다. 나는 이 표를 한 페이지에 표시할 수 있도록 내용을 과감하게 요약했다. 표가 제시하는 대부분의 내용은 이 시대의 경제사를 공부하는 사람들에게는 잘 알려진 것이다. 그렇지 않은 사람들은 원래 논문으로부터 더욱 충실한 설명을 얻을 수 있을 것이다. 앞에서 제시한 간략한 요점 정리와 함께 이 표를 일별하는 것으로 우선 황금기의 끝인 1970년경까지를 정리하는 것으로 하고 이제 그 다음 시기부터 시작할 수 있다. 이 시점부터 세계의 선도적 경제세력으로서 미국이 쇠퇴하는 징조가 나타나기 시작했다.

1945년 혹은 1950년부터 대략 4반세기 동안 지속된 황금기는 미국의 경제적 우위가 전혀 도전받지 않았던 시기이기는 하지만, 그와 동시에 다른 나라들의 따라잡기와 미국 내부의 쇠퇴 징후가 함께 나타난 때이기도 했다. 항공, 컴퓨터, 전자공학, 제약, 인간의 달 착륙을 가능하게 한 관성 유도 장치, 컴퓨터 단층사진과 같은 의료기기 등의 신산업에서 1950년대의 큰 격차는 다음 10년 동안 좁혀지기 시작했다. 특히 독일, 일본, 스웨덴, 스위스 그리고 여기에 더해서 프랑스와 이탈리아가 중요한 국가들이다. 미국으로부터 세계의 산업 국가들로 향하는 대규모 직접투자는 장-자크 세르방 슈레이버가 『미국의 도전』[6]에서 묘사했던 "과도한 외국화"의 두려움을 초래했다. 그러나 그것은 점차 둔화되었으며 오히려 외국인의 미국 내 직접투자가 그 뒤를 이었다. 더욱 의미심장한 것은 생산성의 둔화, 저축의 감소, 연방예산과 국제 경상수지 계정의 쌍둥이 적자, 다니엘 벨이 "탈산업국가"[7]라고 일컬었던 제조업에서 서비스업으로의 전환, 그리고 특히 금융에의 몰두이다. 이것은 재화보다는 자산의 판매와 구매, 그리고 제조업에서 신상품과 신공정을 개발하는 대신에 새로운 금융수단을 개발하거나 옛것을 부활시키는 데에 전념하는 것이다.

생산성

많은 선진국과 저발전국가들이 1950년 이후에 생산성에서 미국을 많이 따라잡았다는 데 대해서는 일반적으로 합의하지만, 얼마나, 언제, 그리고 왜 그러한지에 관한 일련의 질문들이 여전히 남아 있다. 첫째로 측정의 어려움이 존재한다. 특히 산출을 측정하기 어려운 서비스 업종에서 노동자당(혹은 노동자-시간당) 생산성으로 결정할 것인지 혹은 자본을 고려하여 총요소생산성으로 할 것인지, 또 그렇다면 물적 자본만으로 할 것인지 혹은 노동자들의 훈련에 포함되는 인적 자본까지 할 것인지, 그리고 이것을 어떻게 측정할 것인지, 또 "토지" 혹은 자연자원에도 주의를 기울여야 할 것인지 말이다. 자원을 기초로 하는 재화들이 수출품 목록에서 수입품 목록으로 점점 더 이동하는 데에서 알 수 있듯이, 옛날 미국이 누렸던 자연자원의 풍요로움은 부족함으로 바뀌고 있다.[8]

얼마만큼 생산성이 둔화되고 있는지는 전적으로 기술적인 문제로서, 방

표 10-1 미국의 대외정책과 세계경제 : 20세기

기능	1901–1914년	1919–1929년	1930–1939년	1945–1970년	1971–1990년	비고
상품 시장	고율의 보호관세 1913년에 완화	반덤핑 관세. 1927년 함의의 관세 휴전무시 스티븐슨 고무 계획에 대한 저항	무책임한 홀리-스무트 법 1934년 호혜통상협정 중단 시작	ITO, GATT 딜런, 케네디 등의 여러 라운드. 전시용 비축 상품을 시장에 판매 함동참당구 비관세 장벽	쌍무적 수출제한 다름무역성유협정 공 "쇼크루(shocku)" 아랍 석유수출국기 구의 수출제한조치	케파트 조항에 의한 쌍무적 보복 위협 상품 협정의 이용배 반 일반특혜관세
외환	금본위제하에서 "자동조절"	뉴욕 연방준비은행이 유럽의 협조에 관심	토머스 수정안 금값 변화 세계경제회의의 실패 삼국통화협정 은 가격 급등	브레튼 우즈 영국 차관 마셜 플랜 금 풀제 스왑 G–10 SDR	달러 화 10퍼센트 평가절하 호의적 무시 1982–85년의 교평 가를 수정하기 위한 루브르 합의	연벨 등 금본위제 지지 달러 화 대표둑? 유동성 문제가 제기 되지 않음
자본의 흐름	만기 채무 해외직접투자 개시	도스 공채 보수출 급증 1928년 뉴욕 주식시 장의 붐으로 중단	채무불이행 만연 캐나다를 제외하고 는 모든 해외대출 중단	수출입 은행 세계은행 발은행 이자평형세 신용자융규제계획 규제지시계획	"1971년 범죄" 이후 주변국가들에 대한 은행융자의 지속을 강하 은행대부 제3세계 재무에 대 한 베이커 제획 재무부 제권, 부동 산, 주식으로 대규 모 자본유입	베이커 장관의 은행 융자의 지속을 강하 게 요청 1987년의 검은 월요 일

통화-재정정책 조정	전시 금 불태환 정책	영국은행과의 조정을 미약하게 시도	IMF	너무 작고 너무 늦음	마셜 플랜 기타	카터 프로그램 기관차론	미국은 일본의 수출주도형 성장 전략 수정을 설득하지 못함
금본위제	1927년 오그던 밀스 재무장관 주최하의 중앙은행총재 회의.		OECD 및 제3작업부		스왑, 파리 클럽	정상회담의 성과 미약	독일의 라인플레이션 정책 완화를 설득하지 못함
앙드르리지 위원회			재무장관회의.		G-10		오늘날 책임 소재 불분명
연방지불준비법					바젤 협약		
최후의 신용공여자	고립주의			세계경제회의의 방해행위		1982년의 멕시코 위기	
불필요	전쟁 채무 변제 고집					1975년 바젤 의정서	

이들 항목들에 관해서는 제12장 논의 참조.

출처 : Kindleberger, 1989, pp.290-291.

금 말했듯이, 사용되는 척도에 따라서 좌우된다. 섬유, 자동차, 철강과 같은 저기술 산업인지 혹은 항공, 컴퓨터, 정밀기기와 같은 고도 기술산업인지, 논의의 대상이 되는 산업에 따라서 많은 것들이 결정된다. 하나의 척도는 공산품 무역수지이다. 그러나 이때 무역수지가 전반적으로 1980년대에 일어난 상당히 큰 환율 변화에 영향을 받는다는 점을 고려해야 한다. 환율은 레이건의 "호의적 무시(benign neglect)" 시기로부터 1985년 9월의 플라자 합의까지 상승했다가 이후에는 1980년대 말까지 떨어졌다. 도표는 1978년과 비교해서 1991년에 자동차, 기타 소비재, 의류, 일용품에서 1991년에 상당한 수입초과가 있었고 고도 기술의 재화, 특히 컴퓨터와 정밀기기의 미국시장을 외국인들이 점차 많이 차지하는 것을 보여 준다.[9] 그러나 모든 것을 다 잃은 것은 아니다. 자동차 산업은 지난 몇 년 동안 많은 수의 중간 관리자들과 감독 인원을 해고하고, 제2차 세계대전 중에 항공기 생산을 위하여 건설된 미시간 주 윌로 런의 포드 회사 시설과 같은 비효율적인 공장들을 폐쇄하는 "다운사이징"을 통하여 상당한 효율성 증가를 달성했다. 철광석을 사용하는 대규모 종합제철공장은 점차 줄고 대신 소비 중심지 부근에 위치한, 철광석 대신에 파쇄를 사용하며 그중 다수가 석탄 대신에 전력을 이용하는 더 작은 단위 설비들이 늘어났다.[10] 서비스 산업, 특히 금융 부문에서는 몇 년 동안 노동자들을 해고하지 않고 컴퓨터와 같은 사무기기들을 증가시켰으나 1987년 이후에는 산출의 감소 없이 점점 더 많은 인원을 감축해 왔다. 폴 데이비드는 제조업에서 전기기계 사용이 상당한 비용 절감을 이루는 데에 80년 이상 걸렸던 사실을 언급하면서, 발명과 자본설비에 대한 투자는 궁극적으로 생산성 증가를 가능하게 하지만 대신 상당히 오랜 시간이 걸린다고 이야기한다.[11] 특히 분자 생물학이나 유전공학 회사들은 많은 벤처 자본을 흡수하면서 급속도로 성장하지만 아직까지는 이윤을 보여 주지 못하고 있다. 그들의 약속은, 정말이라면, 미래에 놓여 있다.

나는 대체로 1964년[12]부터 시작되어 1980년대 말까지 계속된 미국의 생산성 쇠퇴가 다시 역전되고 있다는 가능성은 일단 제쳐두고, 그것에 선행하는 쇠퇴에만 초점을 맞출 것이다. 첫째로, 쇠퇴는 절대적인 것이 아니라 상대적이었다. 전쟁 중에 지체되어 있었던 나라들이 전부는 아니라도 몇몇 산업에서는 미국을 따라잡고 추월했다.[13] 많은 사람들의 견해에 따르면 기술은 공공재라서 그것을 효율적으로 적용시킬 수 있는 능력을 가진 사람들은 누구나 무상으로 혹은 거의 무상으로 이용 가능하다.[14] 리처드 넬슨과 개빈 라이트는 미국이 아마도 "생산성과 일인당 국민소득에서 2위나 3위, 어쩌면 5위로까지" 추락하는 과정에 있을지도 모른다는 가능성을 염두에 두면서도, 기술과 혁신을 통한 기술개선을 세계적 공공재로서 강조한다.[15]

미국의 생산성에 대한 두 가지 중요한 분석 사례로는 윌리엄 보멀, 수 앤 베이티, 에드워드 울프의 책[16]과 마이클 더투조스, 리처드 레스터, 로버트 솔로로 이루어진 MIT 팀의 책[17]을 들 수 있다. 전자는 기술상의 상대적인 쇠퇴를 경제적 둔화의 다른 요소들, 즉 저축과 투자의 감소, 자본수출의 확대, 과학과 공학에 대한 관심을 군사로 돌리는 것, 교육에 대한 불충분한 관심, 그리고 아마도 자연자원의 부족 등에 연관시킨다.[18] MIT의 연구는 제너럴 모터스, IBM, 유에스 스틸, LTV, 시어스, 그리고 다른 많은 대기업의 사례를 통해서 주목받게 된 부실경영에 초점을 맞춘다. 이들 중 몇몇은 손실을 극복하기 위하여 1990년대에 과감한 노력을 단행했다.

상당히 기이한(bizzare, 프랑스어 단어에 걸맞게 프랑스에서 제시된 것이다) 견해에 따르면, 미국의회가 1971년에 초음속 비행기 개발에 필요한 자금지원을 거부했을 때, 미국은 기술적 우위에 대한 투쟁을 포기했다고 한다.[19] 1992년 4월 의회 증언에서 로스토는 기술혁신에 관심을 가졌던 몇 안 되는 미국 지도자들 중 한 명이었던 케네디 대통령이 우주 프로그램(NASA)의 책임자였던 제임스 웹에게, 제2차 세계대전 중에는 평화적으로도 이용 가능한 군사적 발명이 많이 나왔는데 평화시의 군사훈련을 통해서는 혁신이 거의 나오지 않는 이유가 무엇이냐고 질문했다고 진술했다.[20] 사회주의권이 붕괴된 이래로 더욱 최근에는 국방성 내 군사단위인 미국방 위고등연구계획국(DARPA)은 군사적 연구 및 개발이 평시 목적으로 전환 될 수 있는 방도를 탐색하고 있다.

1960년대 이후의 생산성 하락에 대한 설명들로는 부실경영(종종 제도의 동맥경화증이 진행 중이라고 묘사되는)과 더불어 OPEC이 주도한 1973년 과 1979년의 유가상승과 같은 외부적 충격들, 또 기업들로 하여금 자신의 연구개발비를 줄이게 했던 1970년대의 폭발적인 인플레이션, 그리고 특히 장기보다는 단기에, 재화나 서비스보다는 자산의 매매에 전념하는 금융에 만 매달리는 미국의 태도도 포함한다.

저축

미국 국내자본의 투자 둔화는 생산성 쇠퇴에 대한 하나의 설명이 된다. 일부 원인은 미국 법인기업의 해외투자에 기인하지만, 그것은 미국 내로 유입되는 외국인 투자 —— 종종 신기술과 함께 —— 로 인해서 어느 정도 상쇄된다. 미국 국내투자에 사용될 수 있는 법인의 저축은 아마도 약간 줄 어들었을 것이다. 더욱 의미 있는 것은 미국적 가치의 징표인 가계저축이 1960년대의 9–10퍼센트로부터 —— 사실 이때도 이미 각각 20퍼센트와 15 퍼센트에 가까웠던 일본과 독일의 저축률보다 상당히 낮았지만 —— 1980 년대에는 3–4퍼센트로 하향이동한 것이다. 그나마 이 저축의 상당 부분은 자발적 형태가 아니라 계약 형태인 보험증서와 연금으로 된 것이다. 가계 부채, 즉 마이너스 저축은 1965년의 3,590억 달러에서 1988년에는 거의 3 조3,000억 달러에 육박했는데, 1985년에는 증가속도가 약간 더 빨라졌 다.[21] 이러한 수치들은 명목가격으로 나타낸 것이다. 인플레이션 —— 이 자체가 대출을 촉진시키는 역할을 한다 —— 요소를 가지고 보정하면 증가율은 낮아진다. 성공한 사업가였던 어윈 밀러는 미국경제를 비판하면서, 현재보다 미래를 먼저 생각하곤 했던 나라가 더 이상 그렇게 하지 않는다고 말했다.[22] 저소득층에서 저축이 쇠퇴하는 것은 부분적으로 인플레이션 시기, 특히 대학 교육비용과 의료비용이 증가하는 시대의 생활고의 결과이다. 소득분배의 왜곡이 심화되면 상위 20퍼센트 소득계층의 저축은 증가해야 할 텐데, 그렇지 않았던 것으로 보인다. 1981년 레이건 대통령의 감세 계획은 저축을 늘리고 그로 인해서 투자를 늘리기 위한 것이었다. 그러나 그것은 실패했다. 한계조세부담율(소득증가분에 대한 과세율/역주)이 70퍼센트에서 28퍼센트로 내려간 것을 보면(다만 부시 대통령하에서 약간 올라갔다) 가계부문에 남게 된 소득은 소비에 사용된 것으로 보인다. 저축이나 투자가 아니라 두 번째나 세 번째 주택 장만, 여행, 사치스러운 의류, 자동차, 보석류, 요트 등에 사용된 것이다. 저축의 일부는 인수합병 자금, 양도, 기업 양도에 따른 기업 유가증권의 재정(裁定) 거래와 같은 "투자" 기회를 이용하기 위하여 유동성을 유지하는 형태로 보유되었다. 다시 말해서 생산을 위한 자본설비에 투자되기보다는 자산 거래를 위해서 유동적으로 보유되었다는 것이다.

소비에 관한 라이프-사이클 가설이라는 강력한 이론이 있는데, 가족의 소득이 처음에 증가했다가 이후에는 줄어들기 때문에 젊었을 때는 저축을 하고 늙으면 그것을 소비한다는 내용이다.[23] 이러한 패턴은 1971년 이후 미국의 가계저축 쇠퇴에서 예시된 바대로, 제2장에서 이야기한 국가 생명 주기에도 잘 적용된다. 그러나 계량경제학적 조사 결과 그것을 가족에 적용시키는 데에는 어려움이 있었다. 이론적인 차원에서 볼 때 만약 그 패턴이 유용하다면 개인 혹은 결혼한 부부들의 은퇴 후 여생에 대하여 지급되는 연금을 모두 다 써 버리려는 요구가 상당히 크리라고 기대할 수 있을 것이다. 그러나 실제 이러한 식의 지출에 대한 관심은 적었는데, 그것은 아이들에게 돈을 남겨 주려는 유산 동기 때문으로 생각된다. 둘째로 유년기에 대해서나 노년기에 대해서나 모두 그 패턴에는 문제점들이 있다. 오늘날의 젊은이들은 저축하기보다는 교육, 주거(저당권 설정을 통하여), 일용품, 소비를 위하여 신용 카드, 할부융자, 외상거래 계정 등으로 대출을 받는다. 이중 일부는 중년기나 그 이후에 완전히 변제하고, 따라서 그때부터 저축을 하기도 한다. 노령층의 소득은 생활비 증가에 따라 연동되어 있는 사회보장의 지원을 받는데, 그것은 노동인구로부터 은퇴인구로의 이전 지출이 된다. 그렇게 중요한 점은 아니지만, 의료 지출, 여행, 외식과 같은 서비스에 대해서는 아마 그렇지 않다고 해도, 재화에 대한 노인들의 기호가 줄어드는 경향이 있다.

라이프-사이클 가설이 개별적인 미국사회의 가족에 적용되는 데에는 어려움이 있다고 하더라도, 미국 전체에 대해서는 잘 들어맞는다. 미국은 성숙하고 튼실한 성장기 동안에는 저축 수준이 높았으나, 지금은 나이가 들면서 저축이 둔화되었다.

저축이 감소한 세 번째 원인은 연방예산 적자의 폭발이다. 1981년에 대대적인 감세정책을 통해서 저축과 투자, 국민소득을 증가시키고, 그럼으로써 U자형 래퍼 곡선에서 예측된 것과 같이 낮은 세율에도 불구하고 전체 수세액은 늘어나게 한다는 의도였지만, 그런 정책에도 불구하고, 아니 어쩌면 그 때문에 예산적자가 발생했다. 사회보장 이전지출이나 보건비와 같은 항목들의 지출은 계속 증가해 왔다. 군비 혹은 방위비 지출은 줄어들지 않았고, 오히려 전략방위구상(SDI, "스타 워즈" 프로그램)의 착수를 계기로 팽창했다. 많은 사람들이 보기에, 연방정부는 도로, 교량, 수로, 댐, 하수도 체계 보수나, 유독성 폐기물에 의하여 오염된 장소 관리, 공항과 같은 새로운 기반시설에 대한 투자에 소홀하다. 그 때문에 그 비용이 각 주나 지역에 떠넘겨져서 쌓이게 되었다.

미국의 과도한 방위비 지출이 소련을 경쟁적으로 내몰았다는 주장을 할 수도 있을 것이다. 소련은 그것을 다룰 만한 행정적인 역량 부족 때문에 붕괴했으므로 결국 미국의 군비증강 노력을 정당화할 수도 있다. 이것을 가지고, 소련 붕괴로 인한 상당한 "평화 배당금"이 그간 지연되었던 관리에 사용될 것이라고 말할지 모른다. 그러나 소련의 붕괴는 옛 유고와 소말리아, 중동 등 세계의 여러 지역을 불안정하게 만들었으며, 군비지출을 급격히 줄이려는 미국 정부의 의지를 한발 물러나게 했다. 게다가 미국의 군비조달 감축으로 실업이 가중될 위험에 처한 지역에서 저항이 생겨나고 있다. 클린턴 대통령의 적자 감축안이 1993년 상원을 통과했다. 이는 상원 표결에서 가부 동수를 기록한 이후, 상원 의장인 부통령 앨버트 고어의 단독 투표에 의해서 가결되었다. 공화당의원들은 당파적 행동을 취하여 모두 그 조세법안에 반대표를 던졌고, 상당수 민주당 의원들 역시 행정부가 양보안을 제시했는데도 마찬가지의 행태를 보였다. 1981년에 감세에 동의하는 것은 쉬운 일이었으나, 이 조치가 실패였다는 것이 입증되었음에도 불구하고 12년이 지난 후에는 아주 미미한 정도나마 방향을 바꾸는 것이 그토록 어려웠다. 고용주 분담금이나 건강유지기구(HMOs) 회원의 자격이 없는 사람들에게도 혜택이 돌아가도록 '보편적 보상범위'(universal coverage : 전국민을 의료보험 대상으로 하려는 계획/역주)를 제공하려던 —— 물론 그렇게 하려면 조세수입이 필요하다 —— 클린턴 대통령의 보건계획이 의회에서 부결됨으로써 두 번째 위기가 닥쳐 왔다.

유능한 경제학자 로버트 아이스너의 견해에 따르면 연방정부의 적자는 지나치게 강조되고 있다. 그는 공식적인 수치들로부터 연방정부에 의해서 축적된 자본자산, 각 주 및 지방 정부에 의해서 관리되는 잉여금, 그리고 인플레이션 세(인플레이션 곱하기 국민소득)를 제했다. 그렇게 함으로써, 그는 1,550억 달러에 이르는 1988 조세년도의 연방 적자를 440억 달러의 흑자로 전환시켰다.[24] 대외자산부채잔고(balance of international indebtedness) —— 외국인들이 미국 내에 보유하는 소유권과 자산의 가치 대 미국인이 해외에 보유하는 소유권과 자산의 가치 —— 에 관하여 그는 다른 측정상의 난점들을 찾아냈다. 금의 시장가치는 온스당 400달러에 가까운데 이를 원가로 계산하면 온스당 41달러인 것처럼, 시가나 대체원가(replacement : 결산일의 시가/역주) 대신에 원가로 평가했기 때문에 왜곡이 심해진 것이다. 그런 점을 고려한 결과 그는 1987년의 3,680억 달러에 달하는 부채초과를 시가에 근거해서는 590억 달러의 자산 초과로, 혹은 대체 원가에 근거해서는 1,160억 달러의 자산초과로 바꾸어 놓았다. 대외자산부채잔고는 매우 불만족스런 개념이지만, 1981년 1,410억 달러로부터 1987년 마이너스 3,680억 달러로 변화해서 무려 5,090억 달러나 (미조정) 포지션이 악화한 것은 아이스너의 방식을 사용해도 크게 달라지지는 않는다. 즉 시가로 계산할 때 1980년의 3,900억 달러 흑자로부터 1987년 590억 달러 흑자로 상황이 악화된 것(3,310억 달러만큼 악화된 것이다), 혹은 대체원가로 계산할 때 1980년의 5,270억 달러 흑자로부터 1160억 달러 흑자로 악화된 것(4,100억 달러가 악화되었다)[25]을 알 수 있다. 척도 만큼이나 수준도 불만족스럽지만, 어쨌든 일관된 근거로 변화를 측정하면 손실이 있었음은 분명하다.

국제수지 적자

국제수지상의 어떤 두 항목을 바로 연결시키거나 국내 소득계정의 한 항목을 —— 국제수지상의 항목과 같은 —— 국제 부문의 것과 연결시키는 것은 경제학 초학자가 저지를 법한 오류이다. 일반균형 이론에서는, 앨프레드 마셜의 직유법을 사용하자면, 그릇 속에 놓인 공들의 위치와 같이 모든 항목들이 모든 항목들을 결정한다. 만약 연방 적자가 줄어든다고 해도, 연방 지출의 감소나 조세의 증대는 부분적으로 다른 저축의 감소에 의해서 상계될 것이기에, 그 감소분만큼 국제수지 적자가 개선되는 것은 아니다. 그럼에도 불구하고 국내저축의 증가는, 소비의 증가를 상쇄하지 않는다면,

아마도 경상수지 계정에서 국제수지를 개선시키리라는 것은 자명한 이치이다.

경제학자들은 일정량의 수입감소나 수출증가가 있더라도 바로 그 액수만큼 국제수지가 개선되지는 않는다고 본다. 왜냐하면 수입대금에서 전용되거나 수출에 의해서 늘어난 지출은 국내의 소득과 소비를 증대시키고 그것이 다시 수입의 증가를 낳을 것이기 때문이다. 그러므로 경제학자라면 국제수지 항목상의 어떠한 변화가 일어난다고 해도, 다른 것들이 동일한 상태로 남아 있지 않을 것이므로, 그것을 국제수지 전체의 변화와 동일시하지는 않는다.

이상의 논의를 근거로 수출을 확대시키는 생산성의 개선과 지속적인 혁신이 국제수지 개선과 연결된다는 강력한 주장이 있다. 새로운 수출은 즉각 국제수지를 개선시킨다. 국내 소득계정을 통하여 그 영향력이 전달되면, 국제수지는 적어도 부분적으로 역전될 수 있지만 고도로 발전 중인 경제에서는 일시적인 수출 흑자와 함께 새로운 혁신이 출현할 것이다. 또 세 번째 혁신이 일어나면 세 번째 일시적인 흑자가 생길 것이다. 모든 결과들이 합쳐져서 국제수지를 개선시킬 것이다. 반대로 부문별로 하나하나씩 비교우위를 상실해 가고 있는 경제에서는, 일시적인 적자는 축적되어 경상수지계정의 균형을 더욱 악화시키기에 이를 것이다. 1981-1985년 환율의 평가절상, 그 이후에 일어난 평가절하, 미국의 인플레이션과 유럽의 실업, 일본으로부터 나온 일련의 역동적인 혁신들처럼 경상수지계정에 영향을 주는 여러 요소들이 있다는 것을 생각할 때, 이 모델에 부과될 중요성을 판단하기란 쉽지 않다.

국제수지를 결정하는 요소로서 환율이 어느 만큼 중요한 요소인가는 경제학자들 사이에서 상당한 논란거리였다. 어떤 경제학자들은 환율은 결코 저평가되거나 고평가되지 않으며 오직 구매력 평가에 밀접히 따른다고 주장하는데,[26] 이 견해는 널리 받아들여지지는 않았다. 반면에 다른 경제학자들은 미국의 적자는 1980년대 초부터 주로 2년의 시차를 두고 작동하는 고평가에 의해서 발생되었으며, 1987년의 루브르 협약 이후의 평가절하 이후 흑자로 전환되는 과정에 있든지 혹은 적어도 그러한 방향으로 가고 있다고 주장한다.[27] 내 판단으로는 경상수지계정을 전체 저축과 전체 투자 간의 차액과 연결시키는 흡수 모델이 주요한 연산식(演算式)이기는 하지만, 일시적인 효과들이 어떤 기능을 해서 국내외에서 상당히 중요한 기술 혁신이 일어나도록 하는 동태적 모델도 고려해야 한다.

금융

생산성 증가율이 주춤하면서 금융으로의 강력한 이동이 시작되었다. 이 현상은 새로운 것은 아니다. 이탈리아 도시국가들도 무역과 상업에서 금융으로 옮겨갔다(피렌체와 제노바는 베네치아보다도 더 심했을 것이다). 브뤼주, 안트베르펜, 암스테르담, 런던의 경우도 마찬가지였다. 미국에서는 일찍부터 은행업에 대한 관심이 컸다. 미셸 슈발리에는 미국인들이 새로운 도시를 건설할 때에는 첫째로 술집이 딸린 여관을 짓고, 다음으로는 우체국과 집 몇 채, 교회, 학교, 인쇄소를 짓고, 그리고 나서는 은행을 지었다고 1834년에 기록했다. 아직도 곰과 방울뱀이 마을에 어슬렁거리던 그 당시에 말이다.[28] 그는 또 펜실베이니아 주 포트 카본에 대해서는 여러 저술에서 세 번이나 언급했는데, 그곳에는 서른 채의 집과 비포장도로 위의 불탄 나무 그루터기밖에 없었지만, "예금과 할인 사무소, 셔킬 은행"이라는 표지판이 있었다고 한다.[29] 슈발리에에 의하면 토머스 제퍼슨은 그 시기를 '은행광기(bancomania)'의 시대였으며 도박이 만연했던 시대였다고 묘사했다. 그렇다면 1980년대의 양태가 전혀 새로운 것만은 아니다. 그러나 그 것은 1945년에서 1975년까지 보였던 미국식 행동으로부터는 상당히 벗어난 것이다. 1980년대는 기업의 다각적 통합이나 차입금에 의한 회사 매수,

인수합병, 선물과 옵션 계약, 일괄 가격 제공(bundle up)의 융자금 판매 및 신용 카드와 할부와 기타 여러 유형의 채권 등 일련의 금융혁신이 이루어졌다. 투기열풍은 부동산 투자신탁, 제3세계 부채, 뮤츄얼 펀드, 정크 본드 사이에서 오갔다.

네덜란드에 대한 연구에서, 클라인은 금융이 최악의 직종은 아니지만(내가 생각하기에 이 말은 도덕적인 의미를 띠고 있다) 사회분열을 일으키는 것이라고 말했다고 한다.[30] 상인과 기업가들이 은행가나 증권 거래인들만큼의 규모로 돈을 벌기란 어렵다. 애덤 스미스는 정상적이고 기초가 확립된, 그리고 잘 알려진 업종들을 투기와 대조하면서, 전자에서는 장기간의 근면, 검약, 주의의 결과가 아니라면 큰 돈을 벌기가 어려운 반면에 투기를 통해서는 종종 "떼돈"을 벌 수 있다고 이야기했다.[31] 19세기 영국에서 최고의 부자는 광대한 토지와 도시의 재산을 물려받은 귀족들이었고, 그 다음은 사업이나 금융업(당시 이 둘은 서로 구별되지 않았다)에 종사하는 사람들이었다. 그렇지만 제조업과 산업에서 부를 축적하는 것은 드문 일이었다.[32] 시기심과 경쟁심리가 만연한 세계에서, 유형의 물건을 생산하지 않고 종이 쪽지를 다룸으로써 금융 전문가들이 부자가 되는 것을 지켜보게 되면 다른 사람들도 더 큰 보상을 요구하게 될 것이다. 사실 "만족(satisficing)"이 사람들 생각의 중요한 기초이고 그래서 남보다 조금 앞서 있을 때 떠나는 것이 일반적인 상황이라면 더 많은 것을 요구할 유인이 거의 없었을 것이다.

막대한 초과이윤이 존재할 때 더 복합적인 난점이 생긴다. 텔레비전 주파수는 원래 지원자들에게 무상으로 지급되는 것이었는데, 이것을 이용한 사람들은 텔레비전 광고로 막대한 이윤을 창출했다. 당연한 추세로 스포츠 팀의 소유자들은 방송국에서 자신들의 게임을 방영하는 가격을 인상했고 방송국과 광고주들이 얻는 이익의 상당 부분이 그들에게 돌아갔다. 운동선수들과 그들의 에이전트들이 개입하게 되었으며 초과이윤이나 수익의 상당한 몫을 놓고 흥정이 벌어졌다. 인기 있는 경기종목에서는 팀플레이보다 개인성적 위주가 되었고, 운동선수들이 평생계약을 체결하던 제도는 자유 계약 제도(free agent) 위주로 변해 갔다. 선수들은 수습기간 이후에 자신의 서비스를 경매시장에 내 놓을 수 있게 된다. 한 투수가 다른 투수보다 더 높은 액수의 계약을 체결하게 되면, 다른 투수는 기분이 상해서 더 많은 액수를 요구하게 된다. 아마도 악랄한 금융 컨설턴트를 만나서 자신의 금융상의 무지 때문에 악용당하는 일만 없다면 조기 은퇴해서 살 수 있을 만큼 매년 수백만 달러씩 받고 있다고 하더라도 말이다. 팀플레이는 운동경기에서뿐만이 아니라 전문직에서도 시들해졌다. 예컨대 법률사무소에서는 피고용 변호사일 때뿐만 아니라 공동 경영자로서도 초기 몇 년 동안은 돈을 조금밖에 받지 못하다가 오히려 고객을 끌어 올 능력이 떨어지게 된 고참 경영자가 되면 돈을 더 받는 것이 관례이다. 1980년대 미국에서는 젊은 변호사들이 그들이 얻어낼 수 있는 모든 것을 위하여 투쟁했으며, 그 시도가 실패할 경우 떨어져 나와서 새로운 법률회사를 세웠다. 회계, 건축, 금융, 광고 부문에서도 이와 유사하게 동료의식의 실종 현상이 나타났다. "스타 시스템"은 학문세계에도 마찬가지여서, 뛰어난 연구자들(뛰어난 교육자들이 아니라)에 대한 경쟁이 이루어진다. 그들에게는 높은 봉급뿐만이 아니라 강의나 행정업무와 같이 대체로 저평가되고 있는 의무 부담을 줄여 주겠다는 조건이 제시된다. 승자 몰아주기(winner-take-all) 게임이 빈번해짐으로써 스타들과 평범한 고용자들의 보수 차이가 커지면 의욕을 저하시키고, 내부 승진이나 연공 서열제와 같은 더 안정적인 제도들을 파괴시키고 있다.

금융으로 몰려 가고, 스포츠와 전문직에서 스타를 부각시키는 것은 결국 제조업에서 더 높은 봉급, 부수입, 스톡옵션과 같은 이익, 많은 퇴직금과 해고 위로금에 대한 압력을 가했다. 봉급이나 옵션이 기업의 주식에 달려 있는 한, 장기 성장이 아니라 단기 소득 계산서로 초점이 옮겨갈 수밖에 없다. 조세제도는 자원배분을 왜곡시켰다. 왜냐하면 대체로 자본수익에는 소득보다 낮은 세율이 매겨지며, 많은 금융인들은 자본수익을 과세 대상에서 아예 배제시키기 위하여 노력했기 때문이다.

더구나 소득과 부에 몰두함에 따라서 한편으로는 도박이, 다른 한편으로는 사기와 부정행위가 판치게 되었다. 브레너는 로토와 같이 당첨 가능성이 희박하지만 대박을 터뜨릴 수도 있는 도박은 그 속에서 유일한 기회를 발견하는 저소득층의 전술이라는 이론을 발전시켰다. 가난한 사람이라도 산술적으로는 중하층 혹은 최하층으로부터 위쪽으로 한번에 탈출할 수 있다는 것이다.[33) 내가 이전에 언급했듯이 사기의 양상은 두 가지이다. 하나는 인플레이션이나 버블이 일어날 때처럼 위험을 감수하려는 유혹이 널리 퍼지는 시기에 발생한다. 그때에는 많은 사람들이 부자가 되기를 열망하므로 그런 사람들을 이용하려는 유혹을 억누르기 힘들어진다. 다른 하나는 이미 위험을 감수했다가 그 위험에 빠져 버린 사람들이 자신들의 손실을 보상하고 잘못을 숨기고자 사기를 치는 경우이다.[34) 고(故) 프레드 허쉬는 ── 정확한 참고 문헌 사항은 잃어 버렸다 ── 미국을 포함하여 전 세계가 도덕자본(도덕적 유산)을 소진시키지 않았는지 질문을 제기했다. 이는 1980년대의 미국을 두고 한 말이라고 이해될 법하지만, 세계가 언제 그만큼 도덕자본을 가지기나 했었는지 의심할 만도 하다. 아마도 도덕자본의 스톡은 순환적으로 움직이는 것 같다. 독일의 어느 경제사가는 18세기의 동인도회사가 세계 역사상 가장 부패한 조직이었다고 과감히 이야기했다.[35) 만약 금융범죄에 주기가 존재한다면, 이반 보이스키, 마틴 시걸, 마이클 밀켄, 찰스 키팅과 그의 동료들이 활약한 1980년대가 두드러질 것이다. 경영학 대학원에서 윤리과목을 개설하면 금융을 통해서 쉽게 돈을 벌어 보려는 사람 수가 아마도 줄어들게 되지 않을까 하는 생각도 든다. 그러나 윤리학자들의 생각에는 그것은 개인의 일생주기에서 이미 늦은 시기일 것이다.

양극화

팀플레이의 쇠퇴와 도덕관념의 약화 가능성 때문에 미국사회가 더 양극화된 것은 아닌가, 상이한 계급, 인종, 소득집단, 성별, 서로 다른 민족적 기원을 가진 미국인들, 경영자와 노동자들 사이의 타협이 더 힘들어지는 것은 아닌가라는 질문이 제기되고 있다. 빈부격차의 확대, 상승하려는 사람들에게는 발판을 제공하고 추락하는 사람들에게는 쿠션이 되었던 중산층의 감소로 사회적 유대는 줄어들게 되었다. 강제 버스 통학(흑-백 학생 통합책), 적극적 조치(affirmative action : 소수자 우대정책), 전반적인 인종 통합 노력 등의 조치들에 대한 가난한 백인들의 저항은, 보스턴의 흑인-아일랜드인, 로스앤젤레스의 흑인-한인, 뉴욕 크라운 하이츠 지구의 흑인-하시디즘 신봉 유대인들 사이에 존재하는 것 같은 적대적 흐름의 중요한 부분이다. 제1차 세계대전 전의 이민 물결(아시아인들을 제외하고)에 수반하여 생긴 인종의 용광로에 대한 믿음은 점점 시들해지고 있다. 물론 상당한 진보가 있었던 것도 사실이다. 제1차 세계대전 때의 인플레이션은 처음으로 흑인남성들을 북부의 공장으로 데려왔다. 제2차 세계대전 때의 인플레이션은 흑인여성들이 가내노동의 굴레로부터 벗어나서 사무실과 상점의 화이트칼라 업무로 옮겨갈 수 있는 기회를 제공했다. 유대인 출신의 전문직업인에 대한 차별은 학생회나 교수진, 학교 대표자, 법률 사무소, 특히 유대인들을 차별해 왔던 교외 주택지구에서 보이는 것처럼 거의 완전히 사라졌다. 야심적이고 근면한 아시아인들은 우수성에 기초하여 앞서 나갔다. 그러나 저소득 계층의 문제는 여전히 남아 있다. 또 근본주의, 정치 일반, 종교, 낙태, 여성주의와 관련된 이데올로기적 반감은 사라질 기미를 보이지 않는다. 사람들은 의무를 기꺼이 이행하기보다는 권리를 요구하고 있다. 교통사고나 위험한 의료행위 사고에 대한 보상을 받기 위한 소송이 미국에 너무 빈번한 점을 보면, 사실 이 세계는 대체로 좋건 나쁘건 운에 좌우되는 카오스의 세계이며 장인이 되기 위해서는 연습이 필요하다는 점을 미국사회가 잊어 버린 듯하다.

각종 단체들이 조직되고 자신들의 목표달성을 고집하면서 올슨이 말하는 "분배동맹"이 되거나 자기 이익을 위해서 타협을 회피하게 되면 사회적인 어젠다는 차단된다. 1993년의 조세 개정안은 아주 근소한 차이로 부결되었다. 그러나 러시 림보(극우 방송 프로그램)나 팻 뷰캐넌, 팻 로버슨(근본주의 우익 목사), 정치계에서는 로스 페로와 그들의 무수한 지지자들, 더불어 1994년 11월 선거에서의 공화당 "혁명"은 마셜 플랜 시대에 힘을 발휘하던 사회적 유대가 적어도 일시적으로는 증발해 버렸다는 점을 시사한다. 사람들의 태도는 완고하고 비타협적이며 뻣뻣하다.

물론 정치 스펙트럼에서 자유주의 쪽에 있는 많은 "생각하는" 사람들은 상당히 이데올로기적이고 불관용적이라는 점을 덧붙여야 할 것이다. 이들에 대한 비판은 중상모략으로 귀결되었으며, 그들은 "정치적으로 옳다"는 이유로 공격을 당했다.

자본의 흐름

통상적인 정의에서 국제수지상의 기초수지는 재화와 용역의 수출입을 의미하는 경상수지 계정이 장기자본 유출입에 의해서 정확하게 상쇄된다는 것을 의미한다. 즉, 경상수지 흑자는 장기자본의 유출로, 경상수지 적자는 장기자본의 유입으로 정확하게 상쇄되는 상태이다. 이때 단기자본과 금 거래는 제로라고 가정한다. 단기자본은 금과 마찬가지로 화폐의 등가물로 여겨진다. 만약 금의 유출이 그 나라의 대외 단기 자본수지 감소 혹은 해외 거주자들에 대한 단기 순채권의 증가와 같다면, 기본적으로 균형상태에 있다고 판단한다. 그런데 1950년대에 이런 방식의 이해에 변화가 생겼는데, 처음에는 미국정부가, 나중에는 세계 각국이 미국의 세계에 대한 채권과 세계의 미국에 대한 채권을 구분하기 시작했다. 전자는 장기자본 —— 반드시 균형적 항목일 필요는 없겠지만 —— 으로서 일종의 투자로 생각되었던 반면, 후자, 즉 세계의 미국에 대한 채권은 마치 언제든지 인출 가능한 은행예금과 같은 것으로서 훨씬 더 유동적인 성격으로 파악했다. "유동성 수지(liquidity balance)"의 정의가 변함으로써 역사 기록에도 변화가 찾아왔다. 외국인들이 자국의 달러 밸런스를 증대시키기 위하여 미국으로부터 장기 대부나 원조를 받아들였으므로 1950년대 말에 미국은 기초수지 계정상 균형 혹은 흑자가 아니라 계속 20억–40억 달러의 적자 상태였다고 생각되었다. 이러한 결론에 대하여 소수의 경제학자들은 미국이 나머지 세계에 대해서 은행으로 기능하고 있었으며 돈을 해외에 투자하고 있었다는 근거를 들어 의문을 제기한다.[36] 미국이 투자했던 자금 중 일부는 차입국의 유동성을 증대시켰다. 이중 일부는 재화와 용역을 구매하는 데에 사용되었지만 나머지 일부는 남겨 두어서 대외무역의 증가로 인한 유동성 필요에 대비했다. "은행"으로서의 미국은 적자를 보지 않았다는 것인데, 이는 은행이 예금과 동시에 대부와 투자가 늘어날 때에 적자가 아닌 것과 같은 이치이다.

미국 당국은 이러한 소수 경제학자들의 견해에 전적으로 동의하지는 않았으며, 그래서 해외원조를 미국 상품수출에 관련시키거나 자본수출을 제한하는 일련의 조치들을 취했다. 하나의 조치가 실패할 경우 곧 다른 조치가 시행되었다. 이자평형세(Interest Equalization Tax, IET : 각국의 이자율 차이를 노려 국내외로 유출입되는 투기자본의 활동을 막기 위해서 국내외의 금리차를 세금으로 환수하는 조치/역주), 또 이자평형세를 증권 발행뿐만 아니라 은행 대부금에도 적용시키려는 고어의 수정안, 비금융 법인들의 대외투자를 대상으로 하는 자발적 신용제한 계획, 이러한 법인들의 대외투자 제한을 명하는 강제 신용 계획(MCP), 달러 보유자에게 안정된 환율을 보장하는 외국 중앙은행에 대해서 발행하는 루자 본드(Roosa bonds) 등이 그런 것들이다. 그러나 어느 것 하나 성공하지 못했다. 세계 자본시장은 다양한 파이프들로 연결되어 있기에 그중 하나를 막아 버리면 다른 것들이 더 빨리 흐르도록 압력을 받게 된다.

1960년대 중반 미국 재무부는 특별인출권(SDRs = special drawing rights)을 만듦으로써 국제통화기금의 잠재력을 증대시키려고 했다. 종종 "종이 금(paper gold)"이라고 불렸던 특별인출권은 국제수지 결제에 사용될 수 있었다. 이 특별인출권은 대체로 IMF 출자비율에 따라서 각국에 할당량이 정해졌다. 미국의 목적은 자신의 국제적 책임의 증대와 보조를 맞추어 국제준비를 차츰 증가시키는 것이었다. 왜냐하면 새로운 금 생산은 더 이상 뉴욕이나 포트 녹스(미국의 금괴 보관 장소/역주)로 유입되지 않았던 반면, 다른 나라의 중앙은행들은 달러 보유량이 증가함에 따라서 점점 더 많은 금을 얻으려고 노력했기 때문이다. 세계은행의 역할을 했던 나라를 위한 새로운 준비통화라는 것이 물론 의미가 없지 않았지만, 정치세계에서는 일국을 위한 '종이 금-특별인출권'은 각국을 위한 '종이 금-특별인출권'과 함께 작동해야 했다. 세계적으로 준비통화가 부족하지 않다는 것이 곧 인식되었다. 준비통화 부족은 막대한 달러 채무를 지고 있는 미국에게만 진실이었던 것이다. 따라서 만병통치약은 소멸하게 되었다.

한편으로는 손쉬워진 범대서양 교통의 결과로, 다른 한편으로는 몇몇 우연의 결과로 형성된 유로 달러 시장의 발전과 함께 1960년대에 자본시장에 또 하나의 큰 변화가 일어났다. 우연적 요소 중에는 첫째, 미국의 외국 정기예금에는 국내 정기예금보다 약간 높은 이자가 주어졌다는 점이다. 그 결과 국내 정기예금을 미국 은행들의 해외지사로 이전시킨 다음 국내예금이 아니라 해외 예금으로서 뉴욕에 돌아오게 하는 것이 유리해졌다. 두 번째로 뉴욕에 예치한 달러가 런던에 예치한 달러보다 압류 위험이 더 크다는 소련의 두려움이다. 여기에 유럽과 미국 동부 사이의 시차도 추가적인 인센티브로 작용했다.

유럽과 미국이 유로달러 시장을 통하여 긴밀하게 연결되기 시작한 1970 년대에 미국의 연방준비제도가 경기부양을 위하여 이자율 인하를 단행한 것은 심각한 오류였다. 분명히 이것은 리처드 닉슨 대통령의 재선을 도우려는 의도였을 것이다. 당시 독일은 인플레이션을 억제하기 위하여 통화긴축정책을 폈고, 그러자 뉴욕으로부터 유로달러 시장으로 자금이 흘러 들어가 그곳의 이자율을 낮추었다. 처음에는 독일 내의 외국기업들이, 다음으로는 독일기업들이 과거에 더 높은 이자로 빌렸던 차입금을 되갚기 위하여 유로달러 시장에서 돈을 빌렸다. 연방은행은 도이치마르크로 팔린 달러를 살 수밖에 없었고, 그것들을 다시 유로달러 시장에 예치시켰다. 이자율은 세계적으로 낮아졌으며, 일찍이 1920년대에 그러했듯이 라틴 아메리카 국가들을 필두로 제3세계에 대부하는 흐름이 만들어졌다. 이러한 광기는 10년간 지속되었는데, 1982년 8월 멕시코가 채무불이행의 위협을 할 때가 되어서야 미국 은행가들은 그것이 지나쳤다는 것을 분명히 인식했다. 처음에는 레이건 대통령 시대의 재무장관 제임스 베이커가, 다음에는 부시 대통령 시대의 재무장관 니컬러스 브래디가 각 은행들에게 대부에 관해서 재협상하고, 계속 대부를 시행하라고 압력을 가했다. 이것은 대부가 갑자기 중단되면 대부자의 지출이 급격히 줄어서 경기후퇴가 발생했던 역사적 경험에 비추어 보면 현저한 발전이었다.

달러

외국 중앙은행에 대한 루자 본드의 제한적 발행을 제외하고는, 다른 어떤 통화도 아니고 가치가 계속 하락하는 달러로 대출하는 데 대하여 전반적인 혐오감이 존재하지 않았다는 것은 역사적으로 놀라운 일이다. 유럽 회계 단위나, 앞서 언급했던 국제통화기금 특별인출권, 또 1980-1990년대의 유럽 화폐 단위인 에퀴(ECU)처럼 합성 통화로 거래하려는 시도가 몇 차례 있었다. 그러나 어떤 것도 성공을 거두지는 못했다. 합성 통화는 소비되기 전에 국내 화폐로 환전해야 하는 불편을 감내해야 했다. 평가절하에 대하여 보호조치가 제공되었음에도 불구하고, 이러한 점은 합성 통화로 표시된 채권에 불리하게 작용했다.

게다가 독일이나 일본 중 어느 누구도 외국인들에게 도이치마르크나 엔을 사용하도록 강권하지 않았으며, 초기에는 오히려 그것을 만류하려는 조치를 취했다.[37] 금본위제로 복귀하려는 프랑스의 시도는 드골 대통령의 연설이나 자크 뤼프의 논문, 또는 1965년에 10억 달러, 1966년에는 5억 달러를 금으로 태환하려는 프랑스 은행의 조치 등의 예를 통하여 입증된다. 그러나 학생과 노동자의 항쟁이 있었던 1968년 5-6월에 대규모로 자본유출이 일어났을 때 프랑스가 모자라는 부분을 메우기 위하여 금을 사용하기보다는 달러를 빌려 오려고 하자 신용을 잃게 되었다. 몇몇 일본인 투자자들은 달러 채권투자를 미국 내 부동산 투자로 전환했다가 상업용 부동산 버블에 발목이 잡혔고 그로부터 손실을 입었다. 1985년 워싱턴에서 열린 회의에서 데이비드 헤일은 일본인의 불합리한 행태에 대하여 조리 있게 언급했다. 일본에서는 주택 부족이 심각한 데도 일본인들은 오랫동안 살지도 않는 미국의 아파트와 콘도에 많은 돈을 투자한다는 것이다. 1968년 금 창구(금 시장에 대한 당국의 교환 창구/역주) 폐쇄, 10퍼센트 수입세, 1971년 금 가격의 완만한 상승 그리고 1973년 고정 평가의 포기 이후 미국 달러는 국제통화로 기능하기에는 결함이 있는 수단이 되었다. 그럼에도 불구하고 적절한 대안이 없었으므로 달러는 계속 사용되었다. 석유와 같은 상품은 달러로 가격이 매겨졌다. 금도 마찬가지인데, 금은 화폐가 아니었을 뿐만 아니라 —— 다시 330달러로 내려가기는 했으나 —— 온스당 850달러의 높은 거품 가격으로 상승했던 값비싼 상품이 되었다. 세계는 파행적인 본위통화인 달러를 계속 사용했다. 더 나은 것이 없었기 때문이다. 미국의 달러 공급과 GATT에서의 관세인하 요구 그리고 자본유출이 1945년부터 1970년경까지 세계경제의 부흥을 이루었으며, 결국 황금기를 가져왔다는 주장도 제기되었다.[38] 1973년 이후 달러 가치의 불확실성은 이러한 세계 경제성장의 버팀목들 중 하나를 제거해 버렸다.

해외에서 미국에 계속 돈을 빌려 주고 투자를 하는 부분적인 이유는 사회주의권의 붕괴, 소련의 몰락, 유고슬라비아 내전으로 인해서 정치적, 군사적으로 유럽의 위상이 불안정해졌기 때문이다. 미국은 생산성이 하락하고 적자 문제를 해결할 역량을 잃어 왔고 소득분배가 악화되었지만, 어쨌든 혁명이나 침략의 위협을 받고 있지는 않다.

정책

이라크의 쿠웨이트 공격에 맞대응하여 1992년 걸프 전을 개전하면서 유럽 국가들과 일본에게 재정지원을 요구할 때 부시 대통령이 한 변명은 미국이 의지는 있지만 돈은 없다는 것이었다. 조지프 나이는 이 말을 뒤집어서, 미국은 돈은 있지만 의지가 없으며, 실제로는 부유하고, 다른 나라와 비교해 보아도 조세 부담이 과도하지 않지만 다만 바보같이 행동할 뿐이라고 단언한다.[39] 많은 분석가들은 예산균형을 이루기 위해서 무엇을 해야 하는가 하는 문제에 대하여 거의 이구동성으로 같은 내용을 충고한다. 생산성, 저축, 투자 증진 그리고 생산적 기업가 정신의 자극, 다시 말해서 필요한 모든 것은 의지일 뿐이다. 헨리 나우는 쇠퇴를 아예 막을 수 없다는 구조적인 모델과, 미국이 선택을 할 수는 있지만 쇠퇴를 피하고 지도력을 유지하기 위해서는 명확하고도 자신감 있는 목표를 필요로 한다는 선택 지향적 모델을 구분한다.[40] 리처드 로즈크런스는 미국이 경제력과 세계경제의 선두를 유지할 만한 잠재력을 지녔지만 위기에 의한 충격요법으로 생명력을 되찾을 필요가 있다고 이야기한다. 위기를 통하여 미국은 자신의 잠재적인 사회적 에너지를 이용하고, 새로운 사회적인 협동을 만들어낼 것이다. 그 위기는 주식시장의 폭락, 달러의 붕괴, 혹은 1930년대 공황 같은 것을 의미한다고 한다.[41] 이러한 생각은 프랑스가 재정상의 봉건제도를 해소하고 중앙집중화된 단일체를 건설하는 데에 일조했던 1789년의 바스티유 공격과 같은 대단히 극적인 사건이 네덜란드에는 부재했다는 사이먼 샤마의 언급(제6장을 보라)을 떠올리게 한다.

미국의 상황을 개선시키기 위한 대부분의 충고에는 대개 감세를 통해서, 즉 재정경제학자들이 "조세지출"이라고 부르는 것을 통한 혜택을 통해서 저축자, 기업가, 연구자들에게 인센티브를 주자는 내용을 포함하고 있다. 1981년 레이건 대통령의 실험은 충분치 못했다는 의견이 제시되었다. 기업가들은 자본-이득에 대한 과세의 감면이나 폐지를 요구한다. 이런 조언을 하는 사람 모두가 앞으로 일어날 투자에 대해서만 이것을 적용하자고 주장하지는 않는다. 만약 어떤 정해진 시점 이후 모든 자본 이득에 대해서만 세금이 부과되지 않는다면 포트폴리오를 재구성하기 위한 엄청난 자산 판매와 주식 가격 급락, 심지어 공황까지도 초래될 것이다.

교육은 경제적 성과를 개선시킬 잠재력에 관련된 분야라고 생각된다. 특히 전반적으로 낮은 문자 해독률을 높이고 구체적으로는 계산력을 향상시키는 것이 중요하다. 좋은 대학에 입학하기 위해서 치열한 경쟁을 하며, 오랜 시간을 학교에서 보내고 높은 수준의 학업성취를 보이는 일본의 중등과정은 미국의 관행과 좋은 대조를 이룬다. 그러나 일본에서는 일단 좋은 대학에 들어가기만 하면 학문적 열정이 급격히 감소하는 현상도 함께 주목할 필요가 있다. 미국식 제도에서는 교육기회가 부족한 가난한 가정 출신의 학생들이 다수인 도시의 학교들 —— 그리고 폭력, 총기, 마약으로 점철된 —— 이 큰 주목을 받는다. 그러나 강제 버스 통학을 제외하고는 성공적인 치유책이 알려지지는 않았다. 아주 일찍이 유치원 이전 단계의 아이들에게 교육에 대한 흥미를 주입시키는 헤드 스타트를 권하는 의견도 있다. 다른 의견은 대학교 당국이나 대학생들이 도심에 사는 어린이들을 개별 지도하고 용기를 주자는 것이다. 초등학교와 중등학교의 개선 필요성은 대단히 명백하다. 미국의 학업 성취에서 조만간 변화가 생길 전망은 희미할 따름이다.

대학 차원에는 만족도가 훨씬 높다. 연구 중심 대학 문제를 특집으로 한 『다이달로스』에서 여론조사 결과를 보고한 케네스 프리위트에 따르면 미국 여론은 의학(표본의 50퍼센트), 과학계(40퍼센트), 교육(34퍼센트)에 대하여 "대단히 큰 신뢰"를 표시한 반면, 정부의 행정분야(19퍼센트), 의회(16퍼센트), 노동조직(16퍼센트)에 대해서 더 적은 표를 던졌다.[42] 한편, 같은 잡지에서 유진 스콜니코프는 오늘날 이공계 대학이 고급 공학 디자인과 학문적 성취를 강조하는 반면 실질적인 제조 디자인과 훈련은 부차적인 지위로 떨어뜨렸다고 주장했다.[43] 위생공학, 섬유기술, 지리, 그리고 (동식물) 생물학과 같은 학문 분과들은 교과과정에서 제외되었고 토목공학 혹은 재료공학과 같은 현존하는 분과에서는 이론을 강조하고 실습이 다소 소홀해졌다. 매사추세츠 공과대학에서는 최근 학생들에게 금융이나 컨설팅 대신 제조업에서 일할 수 있도록 훈련시키려는 노력을 한 바 있다. 이는 졸업생들에게 막연하게 넓은 시장성보다는, 더욱 효율적인 기업가 정신이 필요하다는 믿음에 부응하는 것이다.

미국은 쇠퇴 중인가?

반쯤 빈 것인가, 혹은 반쯤 찬 것인가? 물론 답변은 사실과 대치되는 논거에 따라서 좌우된다. 즉 주어진 상황을 어떠한 이론적인 대안과 견주어 보는가 말이다. 낙관주의자들은 다른 나라들이 잘못하고 있는 사실을 더 주목한다. 그들은 독일의 경제기적이 시들해지고 있고 성장이 쇠퇴하는 조짐이 발견되는 데에서,[44] 혹은 1990년 일본의 주식시장 거품이 붕괴하는 데에서 위안을 얻기도 한다. 그러나 다른 사람들은 1990년대를 1950-1960

년대(베트남 전쟁이 미국의 유일무이함에 대한 확신을 흔들어 놓기 전까지는 말이다)와 비교하면서 상심한다.

나는 쇠퇴의 징후를 덧붙이고자 한다. 보호관세와 보조금에 대한 요구, 정부의 호의를 위해서 경쟁하는 이익집단들의 강력한 로비, 생산성 성장의 쇠퇴, 낮은 저축률과 높은 수준의 국가, 기업, 가계의 부채, 그리고 금융, 산업, 스포츠, 연예 부문의 스타들의 소득 증대와 하층의 실질 소득 감소, 도박의 증가 그리고 비록 자료는 빈약하지만 사무직 범죄의 증가, 국제연합의 평화유지 활동에 대한 부채증가에서부터 걸프 전과 같이 미국이 주도하는 노력들에 대한 분담금 요구 증가 등 국제경제 영역에서의 책임감의 약화, 그외의 여러 가지 것들을 고려할 때, 나는 비관주의자들의 편에 서 있다. 『이코노미스트』 특별호에는 "미국 개관 : 노쇠한 나라"라는 제목이 붙여졌다.[45] 다이아나 핀토의 "대(大)유럽의 현저한 변화"라는 글은 "유럽에 살고 있는 사람들은 미국이 점점 덜 중요해지고 그 의미가 줄어들며, 다가올 몇 년 동안 상황은 더욱 악화될 것이라는 느낌을 감지하고 있다"고 이야기한다.[46]

단연코 그런 대답만 있는 것은 아니다. 클린턴 대통령이 1994년 1월 유럽을 방문했을 때, 『뉴욕 타임스』는 "미국 리더십에 대한 향수"라는 프랑스 국제관계연구소 부소장인 도미니크 무아지의 말을 인용했다.

……우리는 미국으로부터 자극과 보장을 바라고 있습니다. 미국이 발로 걷어차지 않는다면 우리는 움직이지 않는다는 것을 애석하게도 깨달았기에 자극이 필요합니다. 또 유럽이 다시금 위험한 장소가 될 수 있기 때문에 보장이 필요합니다. 그리고 우리는 홀로 있으면 안전하게 느끼지 않습니다.[47]

더구나 뉴저지나 코네티컷 등 동부의 주지사들이 조세에 반대하는 이익집단들을 억누르고 전국총기협회와 같은 무시무시한 로비 활동에 맞서는 강력한 리더십을 보여 주고 있다. 효과를 보는 데에 시간이 오래 걸리는 혁신에 대한 투자는 결국 분발을 촉진하고 회복력이 생기도록 할 것이다. 도박꾼이 아니라 가능성을 평가할 줄 아는 사람으로서, 나는 동맥경화와 쇠퇴 쪽으로 변화 방향이 잡힐 것으로 예측한다. 그리고 폴 크루그먼의 책 제목에서 약속된 것처럼 『기대가 감소된 시대』[48]로 갈 것이다.

11

다음 차례는 일본?

일본경제에 대한 나의 지식은 영국, 프랑스, 독일 이외의 유럽 나라들의 경제에 대한 지식보다 더 피상적이며, 이 연구주제에 관한 내 장서도 제한되어 있다. 그럼에도 불구하고, 일본이 과연 21세기에 세계경제의 선두를 차지할 차례인지 질문을 던져야 한다. 물론 질문은 던졌으나 답은 결코 충분치 않았다. 일본은 1950년 이후 사반세기 동안 주도적인 산업국가들 가운데 가장 빠르게 성장했다. 그럼에도 불구하고 1990년대 일본은 다른 국가들과 마찬가지로 문제들을 가지고 있는 것으로 보인다. 이 문제들은 다른 국가들과 동일한 것(유럽의 실업, 미국의 생산성 증가의 후퇴)이 아니라 그 나라 고유의 것인데, 이 때문에 이 나라가 곧 선두를 차지하리라고 스스로 기대하던 전망이 위태롭게 되었다.

일본은 물리적인 측면에서 영국과 닮았다. 육중한 대륙에서 분리되어 있는 섬나라로서, 석탄을 제외하면 (그리고 이 나라의 초기 역사에 등장하는 구리, 은, 금을 제외하면) 천연자원이 거의 없다. 이 나라는 풍부한 어장과 교역의 필요성이라는 이점이 있는데, 특히 후자는 부를 획득하고 또극대화할 줄 아는 상인계급을 형성시켰다. 그러나 이 나라는 대규모 식량 수입의 필요성 때문에 어느 정도의 위험성을 안고 있었다. 국방 문제에서는 바다의 장벽이 큰 도움이 되었다. 그리고 문화적 정체성은 늘 외국인들을 배척함으로써 보전되었다.

제1차 세계대전 이전

1542년에 찾아온 포르투갈인들은 일본의 고립을 깬 최초의 유럽인이었다. 그러나 그들은 동행했던 예수회 인사들(이중에는 성 프란체스코 사비에르도 있었다)이 일본인들을 기독교로 개종시키려고 했기 때문에 추방되었다. 나가사키 항 한 곳으로 거류지가 제한되었던 네덜란드인들은 도쿠가와 시대였던 1600년경에 쫓겨났다. 흥기하는 상인계급과 함께 경제성장이 일어났지만, 부채를 진 귀족 다이묘(大名)와 사무라이(侍), 억압받는 농민들 때문에 사회구조가 취약했다. 이 구조는 1854년 페리 제독의 흑선(黑船)이 도착할 무렵에는 붕괴되기 시작했던 것으로 보인다. 그 이후에 외국인들을 몰아내려는 시도를 했으나 포격에 직면해서 결국 패배했다. 안팎으로부터 공격받은 쇼군(將軍)의 막부(幕府)는 1867년 무너졌고, 1868년 아직 소년이었던 메이지(明治) 천황의 "왕정복고"가 뒤이어 단행되었다. 이때부터 일본인들은 서양을 따라잡기로 결심했고, 부국강병과 기업 활성화를 도모했다.[1]

1885년경부터 경제성장에 가속도가 붙었다. 1870년부터 1913년 사이에 일본은 미국이나 독일보다 더 급격히 성장하지는 않았지만, 표 11-1에서 보이는 것처럼 성장률은 영국과 프랑스를 추월했다. 제1차 세계대전까지의 시기 동안, 일본은 1881년 단일 통화를 수립하고, 1882년 중앙은행[日本銀行]을 설립했으며, 1897년 금본위제를 채택했다. 정치적, 경제적 외교 정책은 공격적이었다. 일본은 1876년 한국에 통상조약을 강요했고, 1894-1895년 제1차 중일전쟁[清日戰爭]에서 중국을 공격했으며, 1904-1905년에는 러시아를 공격했다. 1905년 러시아와의 해전에서 승리한 이후에 한

표 11-1 국민총생산 지수, 1900, 1913년

(1870 = 100)	1900년	1913년
미국	349	585
독일	225	330
일본	206	281
영국	184	224
프랑스	160	200

출처 : Maddison, 1989, 표 B-1, p.119로부터 계산한 것.

국은 실질적인 보호국이 되었고, 1910년에 합병되었다. 중국과의 전쟁 이후 조약을 통해서 대만도 식민지화했다.

1920년대

일본은 제1차 세계대전에 제한된 해전에만 참전했지만, 1920년 3월 주식시장 붕괴와 상품가격 폭락에서 벗어나지 못했다. 특히 주요 수출품이었던 비단과 면직물 가격이 급락했다(특히 비단 제품은 레이온의 개발로 피해를 입었다).[2] 1920년 7월, 230개의 회사가 파산했다. 일본은행은 경제질서 회복을 위해서 2억4,000만 엔(2엔당 1달러로 계산하면 1억2,000만 달러)을 마련함으로써 최후의 신용공여자로서 기능했다.

뒤이어 찾아온 1923년 9월 1일의 대지진은 14만 명의 인명을 앗아갔고, 한 해 국민소득의 42퍼센트에 해당하는 5,150억 엔가량의 손실을 입혔다.[3] 일본은행은 지불기한이 도래한 기존의 상업증권의 대체물로 특별 발행된 "지진증권"을 할인함으로써 또다시 구원자가 되었고, 피해지역에 신용을 제공했다. 이 증권을 대량 소지하게 된 여러 은행들은 그에 기반해서 터무니없이 대부를 늘렸다. 그러나 1927년 그 증권들의 기한이 연장되지 않았을 때 금융위기가 찾아왔다. 처음에는 와타나베 은행(渡邊銀行) 하나가 몇 시간 동안 문을 닫는 것으로 시작했지만, 이는 다른 은행들에서 소요가 일어나게 만드는 데 충분히 긴 시간이었다. 32개의 은행이 1927년 4월과 5월에 문을 닫았고, 그 해 말까지 45개가 추가로 문을 닫았다. 경제의 손실은 군부를 강화시켰다. 그들은 점차 정부 속으로 들어갔으며 결국 정부를 장악했다.

1929년 10월 뉴욕 주식시장의 붕괴 이후 몇 주 만인 1930년 1월, 일본은 금본위제로 돌아가는 치명적인 실수를 저질렀다. 엔화의 평가절상과 상품 중개인들에 대한 신용 할당은 일본상품의 가격에 큰 압력을 가했고, 특히 비단은 파운드당 1929년 9월 5.20달러에서 1930년 6월 3.56달러로, 12월에는 2.69달러로 떨어졌다. 비단은 1929년 일본 수출금액의 36퍼센트를 차지했고, 농촌수입의 거의 5분의 1과 농민의 현금 유출입의 상당 부분을 차지하고 있었다. 1929년과 1930년 사이에 비단 수출은 7억8,100만 엔에서 4억1,700만 엔으로 거의 절반 가까이 감소했다. 그 결과 일본은행이 입은 금 손실은 디플레이션 압력을 증가시켰고, 이것이 다시 군부를 강화시켰다. 직관적으로 케인스주의자였던 대장상(大藏相, 재무장관) 다카하시 고레키요(高橋是淸)는 군사비 지출을 삭감함으로써 인플레이션을 억제하려고 시도하다가 1936년에 암살되었다.

1937년 7월 제2차 중일전쟁이 발발했다. 1939년 유럽에서 전쟁이 터졌을 때, 일본은 독일, 이탈리아와 추축국 조약에 참여했고, "대동아공영권(大東亞共榮圈)"을 선포했으며, 인도차이나에 군대를 파견했다. 1941년 4월, 소련과의 불가침조약이 체결되었다. 군부는 1941년 10월의 쿠데타로 완전히 정부를 장악했다. 그리고 1941년 12월 7일 항공모함 탑재기들로 진주만의 미국 해군기지를 폭격했다. 필리핀의 미군 시설과 싱가포르의 영국해군에 대한 공격도 병행되었다. 자원이 부족한 일본의 군사력 증강 계획에 필요한 원유와 고철의 수출을 제한했던 미국의 정책이야말로 적대 행위였으며, 진주만 공격은 그에 대한 대응이었다는 것이 일본의 주장이었다.

전쟁의 초기 단계에서, 일본은 아시아와 태평양의 섬들을 신속하게 점령해 갔다. 그러나 점차 전선이 고정되었고, 1945년 5월 유럽에서 전쟁이 종결된 후 도쿄 및 일본의 다른 주요 도시들에 대한 폭격, 1945년 8월 히로시마와 나가사키의 핵 공격이 이어지자 일본은 항복했다. 군인 사상자는 (실종자를 포함하지 않더라도) 최소한 155만 명에 달했다. 민간 사상자에 대한 공식 추정치는 (오키나와에서의 민간인 사망을 포함하지 않더라도) 30만 명 사망, 2만5,000명 실종, 14만5,000명 중상으로 총 47만 명에 달했다.[4]

1945년부터 한국전쟁(1950년 6월)까지

일본의 연합국 점령은 거의 전적으로 연합국 최고사령관(SCAP) 더글러스 맥아서 장군 지휘하의 미군에 의해서 수행되었다. 일본의 재건 노력에 반대하는 첫 지령은 실제로 패전국 독일에 대해서 내려진 통합참모본부(JCS) 지령 1067에 적용된 공식과 유사해서, 점령세력의 활동을 방해할 만한 질병과 불안사태를 막는 데에 필수적인 정도로만 일본을 원조한다는 것이었다.[5] 1945년 9월, 일본정부는 굶주림을 덜기 위해서 식량과 가솔린을 간절히 요청했다. 1946년 봄, 상황이 심각해지자 미국정부는 강경했던 태도를 완화해서, 주로 미국의 농업잉여에 의한 식량을 제공했다. 오래지 않아 탈군사화, 민주화와 함께 경제재건이 미국정부의 목표가 되었다. 중국에서 공산주의자들이 승리한 이후 동아시아의 경제적 안정에 일본의 재건이 필수적인 것으로 여겨졌기 때문이다. 면화는 상품신용공사의 잉여분이 선적되었다. 또 점령지역 구제자금(GARIOA)과 함께 수출입은행이 자금을 제공했다. 그리고 독일에서는 채택되지 않은 새로운 프로그램인 점령지역 경제부흥원조(EROA)가 시행되었는데 이는 유럽의 마셜 플랜에 필적하는 것이었다.[6]

연합국 최고사령관은 재건을 위한 개혁 이상의 것을 수행했다. 군사력 유지 금지조항을 포함한 새 헌법이 작성되었고 토지개혁과 교육개혁이 시행되었다. 강력한 카르텔의 일종으로서 미츠이(三井)와 미츠비시(三菱)로 대표되는 재벌(財閥)은 해체 명령을 받았다. 그러나 이 조치들은 1952년 4월 강화조약에서 완화되었다. 새로운 회사들이 새로운 산업으로 진입했으며, 특히 한국전쟁 동안 급속히 성장했다. 라디오와 텔레비전에서 소니, 전자공학에서 히타치(日立), 자동차에서 도요타와 닛산 등이 대표적인 기업들이다.

하마다(浜田宏日)와 카스야(米白谷宗久)는 1950년대 혜성과 같이 떠오른 일본경제의 성장의 원인으로 화폐개혁을 꼽는다. 그들은 우선 랄프 영의 화폐개혁안을 받아들였지만, 그것이 불충분한 것으로 입증되자, 화폐경제학자 집단의 전문가였던 조지프 다지의 화폐개혁안을 수용했다. 그는 1949년 화폐공급을 축소시키는 정책을 폈고, 달러당 360엔이라는 낮은 환율을 고정시켰다.[7]

1950년 6월, 북한의 공격에 대해서 미군이 주축이 된 유엔 군이 남한을 방어하게 된 한국전쟁은 미국의 일본 정책에 현저한 변화를 가져 왔다. 맥아서 장군은 연합군 최고사령관으로부터 야전부대의 지휘 사령관으로 직무가 변경되었다. 일본경제에 대한 미국의 무관심은 경제회복에 대한 강한 열의로 대체되었다. 그것은 주한미군에 대한 병참공급을 위해서 동해 너머 일본의 전략적인 위치가 중요해졌기 때문이었다. 일본의 국제수지 자료는 "정부"라는 항목에서 열 배의 증가를 보이는데, 그것은 대개 군사물자 조달을 의미한다(표 11-2).

이러한 급박한 압력에 대해서 일본이 대응 역량을 지닐 수 있었던 이유는 일반적으로 패전 이후에도 전체 경제가 잠재적인 활력을 띠었기 때문이다. 그것은 인플레이션에 대한 조기 통제, 높은 저축과 정부보조금에 따른 값싼 자본, 저렴하고 숙련된 노동이었다. 저축률에 대해서는 뒤에서 다룰

표 11-2 일본 국제수지 중 "정부" 항목(100만 달러)

1947	0	1952	788
1948	19	1953	803
1949	49	1954	602
1950	63	1955	511
1951	624	1956	505

출처 : Hamada and Kasuya, 1993, 표 7.9, p.171.

것이다. 저렴한 노동력의 출처는 두 군데였다. 첫째, 농민들의 이주, 둘째, 제대군인의 귀환과 동아시아, 특히 만주에서 철도노동자로 일하던 많은 일본인들의 강제송환이 그것이다. 츠루(都留重人)는 일본이 "특이하게 탄력적인 노동공급"의 혜택을 받았다고 지적했다. 동원 해제된 710만 명, 본국으로 귀환한 260만 명, 군수산업 징용으로부터 돌아온 160만 명 등 모두 1,000만 명 이상의 노동자들이 전쟁 관련 활동으로부터 풀려났다.[8] 그는 그들 다수가 강건했고, 어느 정도의 기술을 가지고 있었다고 평가한다. 즉시 고용될 수 없었던 사람들은 지방으로 돌아갔다가, 점차 산업노동력으로 공급되었다. 하마다와 카스야는 교육을 잘 받은 사람들을 이용할 수 있었기 때문에, 일본경제는 무제한의 노동공급을 전제로 한 아서 루이스의 성장 모델을 따를 수 있었던 것이라고 덧붙인다.[9] 맥아서는 초기 단계에서는 노동조합과 단체교섭을 권장하고, 나아가서 1945년 12월 노동조합법에서 파업권을 인정했으나, 정부 공무원 노동자들이 민간기업에 상응한 임금인상을 주장했던 1947년 1월 총파업을 금지시켰다. 한 미국인 문관은, 이 총파업 금지 조치가 점령기간에서의 분수령이 되었다고 논평했다.[16] 일본인들은 '한계'가 있어야 한다는 것을 깨달았다는 것이다. 그러나 일본인들은 장차 1980년대 후반 주식시장과 부동산 거품에서 다시 자신들의 한계를 잊게 된다.

무역과 산업

고미야 류타로(小宮隆太郞)에 따르면 한국전쟁 발발 이후 일본의 국제무역 경험은, 상이한 비교우위의 기반들, 국제수지, 그리고 일반적인 일본인의 관점에서의 무역정책에 따라서 세 가지 별개의 기간으로 나뉜다. 물론 많은 미국과 유럽의 분석가들은 세 기간 내내 일본 정부와 산업이 수출만 지원하고 수입을 저지했다고 믿고 있지만 말이다.[11)]

1950년부터 1967년까지의 첫 시기에, 일본의 수출은 직물, 의류, 도자기, 장난감, 가정용품 같은 노동집약적인 상품이 지배적이었다. 이는 비단으로 대표되는, 전간기에 이 나라가 누렸던 비교우위와 기본적으로 동일한 노선이었다. 여기에 외국에서 훔친 기술을 원용했다. 재봉틀 회사는 그 상품에 "Seager"라는 인장을 찍음으로써 "Singer"로 기만한 다음, 국내시장에서 2만5,000엔에 파는 것을 해외에서는 1만 엔에 팔았다.[12)] 일부 싸구려 물품의 생산자들이 우사(Usa)라는 마을을 만들어서, 물품에다 "Made in Usa"라고 찍어서 미국의 원산지 표시 규정을 혼란스럽게 만들었다는 소문도 있었다. 비록 저축 수준은 높았지만, 재건의 수요가 너무 커서 이 시기 동안 늘 자본이 부족했다. 1달러당 360엔의 환율은 저평가된 것이었다. 무역은 수입초과였고, 여기에 해운업에서의 수입초과도 더해졌다. 그러나 한국전쟁을 위한 미국의 조달 노력은 1950년대 대부분의 기간 동안 이것을 상쇄했다. 일본은 "수출 아니면 죽음"이라는 입장을 채택하면서, 수출을 지원하고 필수불가결한 것만 빼고 그 나머지는 수입을 억제했다.[13)] 수출에 대해서는 저리의 대부와 특혜 조세를 제공했다. 일본은 그 기간 중에 GATT에 가입했지만 열의는 없었고, 1965년에 끝난 케네디 라운드에서 요구된 일괄 관세인하에 대해서도 많은 예외를 주장했다. 고미야 류타로는 미국 역시 GATT에 대한 열의가 크지 않았으며, 일본과 많은 다른 나라들의 참여가 조약에 의한 것인 반면, 미국은 오직 협정에 의해서만 가입했다는 주장을 펼쳤다.[14] 그러나 내 기억에 의하면 사정이 달랐다. 1948년 아바나에서 합의된 국제무역기구(ITO)의 헌장 초안에서, 미국 이외의 나라들은 심각한 국제수지 적자, 해결하기 힘든 실업난 등 너무 많은 예외들을 주장했다. 미국의회는 미국이 규칙에 묶여 있는 동안 세계의 나머지 나라들이 예외 조항들을 이용해서 이익을 얻으리라는 구실을 들어 그 조약의 비준을 거부했다. 국무부는 의회를 통해서 그 조약을 비준받는 것이 불가능해지자 ITO에서 GATT로 전환했는데, 그것은 기술적으로 '조약'이 아니었으므로 의회의 승인을 필요로 하지 않았다.

고미야에 의하면 미국은 면직물 수입의 압력을 크게 받다가 이른바 수출 자율규제 협정(Voluntary Export Restraints)의 체결을 강요했는데, 이전 시기에는 분명히 일본에게 시장을 개방했음을 인정한다. 이 수출 자율규제는 1955년에 처음 일본에 대해서 부과했다가 곧 다른 국가들에게도 적용되었다. 유럽 국가들은 일본의 수출을 더 오랫동안 막아냈다. 이 기간 내내 일본은 수출업자들과 수입업자들에 대해서 행정지도를 했고, 가격을 규제했으며, 국내 회사들 사이의 시장 점유율 변화를 막으면서 내부경쟁을 억제했다. 고미야가 주장했듯이, 일본은 자유시장의 원칙들을 믿었기 때문이 아니라, 세계 공동체의 완전한 구성원으로 받아들여지고 그 속에서 주요한 역할을 하기를 원했기 때문에 GATT에 가입한 것이었다. 자유화는 신중하고 느렸으며, 오직 외부압력에 대한 대응으로서만 진행되었다. 자유화의 몇 단계들은 이후에 역전되었다.[15] 표면적으로는 많은 자유화 조치들이 취해진 것처럼 보이지만, 사실은 어떤 회사도 투자하려고 하지 않는 분야(술집과 당구장) 혹은 일본의 수출이 강한 비교우위를 드러내는 산업(강철, 시멘트, 모터사이클, 면, 합성섬유 방적)에서만 외국회사들의 투자를 100퍼센트 허용하는 식의 위장에 불과했다.[16] 그러는 동안 일본은 외국으로부터 대개 라이선스 계약을 맺어서 기술을 획득한 다음, 국내에서 그것을 자체 개발했다. 외국인의 직접투자는, 중요한 기술 부분을 라이선스 계약으로 획득할 수 없었던 몇 가지 경우에만 허용되었다. 일반적인 경우는 합작회사 방식으로 시작했다가 외국기술을 흡수하고 나면 파기했다.

고미야가 1968년부터 1975년 사이로 보았던 두 번째 시기는, 저렴한 노동을 활용한 생산으로부터 자본집약적이고(이거나) 고도의 기술과 품질통제가 구현된 생산으로의 전환과정이었다. 풍부한 자본을 사용한 경우는 강철과 선박을 들 수 있고, 품질이 중요한 경우로는 자동차 이외에도 카메라, 라디오, 텔레비전, 가정용품, 시계 등을 들 수 있다.

강철과 해운은 밀접하게 관련되어 있었다. 제2차 세계대전 이전에는 2만 톤 이하의 화물선으로 철광석, 석탄, 강철을 수송하는 데에 높은 비용이 들기 때문에, 대양을 가로지르는 무역이 상대적으로 적었다. 따라서 중공업은 대개 자신의 대륙 내부로 한정되었다. 그러나 전후에 배수량 25만 톤이나 30만 톤에 이르는 초대형 유조선과 20만 톤의 광석 운반선이 건조되어서, 철강산업은 면직물과 모직물처럼 가고 싶은 곳이면 어디로나 갈 수 있는 산업이 되었다. 이 산업은 깊은 흘수(吃水)의 배들을 정박시킬 수 있는 항구가 있는 어느 곳에나 자리잡을 수 있게 되었다. 일본의 공장에서는 미국의 고철, 혹은 브라질이나 오스트레일리아의 철광석으로 쉽게 강철을 생산할 수 있었고, 그 생산물을 뉴올리언즈에서 하역하고 미시시피 강과 오하이오 강을 따라 피츠버그까지 운송하는 방식으로 미국에서 판매할 수 있었다. 일본은 그 강철을 원료로 이러한 초대형 수송선들을 건조하는 데에서도 개척적이었고, 콘테이너 선박, 화물 트럭과 자동차 수송용 선박(한 해치로부터 한 번에 한 대씩 차량들을 내리고 올리기보다는 롤-온-롤-오프 방식의 차량 수송선)과 같은 여러 종류의 해양수송 선박들의 혁신도 이룩했다. 세계무역의 폭발적 성장은 부분적으로 GATT 협정에 기반하여 성공적인 다자간 협상들을 체결함으로써 관세장벽을 낮추었기 때문이기도 했지만, 또한 운송의 저렴화 때문이기도 했다. 이로써 중공업 제품의 무역 범위가 확대되었다. 오래지 않아 일본은 오스트레일리아 북서부에서 철광을 새로 개발했다. 츠루는 결코 국수주의자가 아니었지만, 1950년에 시작된 일본 제철공장의 근대화로 인해서 통상산업성(MITI)이 1951년부터 1955년 사이에 강철 생산을 열 배 증가시키는 계획을 수립하게 되었고, 그에 따라서 1955년의 940만 톤에서 1974년의 1억1,710만 톤으로 생산량이 증가했다는 사실을 강조한다. 1975년 세계 최대의 용광로 20개 중에서 13개가 일본에 있었으며, 그것들은 또한 일관방식에서도 다른 공장들을 뛰어넘었다. 통산성만이 아니라 산업에 자금을 융자하는 은행들 역시 과도한 경쟁을 우려했다. 1965년 일본은 행정지도를 통해서 상위 2개 제철소(야하타와 후지)를 합병하여, 유에스 스틸보다 거의 1,000만 톤이나 더 큰 3,250만 톤 규모의 세계 최대 제철회사를 만들었다.[17]

바다를 통한 대량 화물의 운송비용 감소와 더불어, 항공기의 발전 덕분에 시간에 민감한 상품의 수송가격이 저렴해지고 그 속도가 빨라졌다. 또 사람들의 여행이 원활해지면서 직접 면담을 통해서 합의가 잘 이루어진 점도 들 수 있다.

1960년대 말과 1970년대 초반은 세계무역이 융기했던 시기였다. 런던 금 시장을 위한 공적인 지원(금 시장 가격을 억제하려는 것/역주)은 1968년에 중단되었다. 1971년 8월 닉슨 대통령은 미국에서 금 창구(외국 당국과의 금-달러 교환/역주)를 닫고, 미국으로의 수입에 대해서 10퍼센트의 과징금을 부과했으며, 그 해 12월에는 달러를 10퍼센트 평가절하했다. 일본인들은 이를 닉슨 "쇼크(Shock)"라고 부른다. 더 직접적으로 일본을 겨냥한 두 번째 쇼크는, 1973년에 미국 정부가 국내의 가격안정을 위해서 일본의 주요 수입품이었던 콩의 수출을 중단했던 것이다. 1973년 봄, 달러는 국제통화기금(IMF)의 기본 원리를 해체하면서, 변동환율제로 이행했다.

세계는 석유수출국기구(OPEC)의 석유 금수에 의해서 다시 일격을 맞았다. 원유가격이 배럴당 3달러에서 12달러로 인상되었다. 일본은 수입 석유에 크게 의존하고 있었기 때문에 즉각적인 반응은 일종의 준공황상태였지만, 곧바로 석탄생산과 수력발전을 확대하고 원자력과 아라비아 석유회사에 투자하면서 어려움을 피해갈 길을 찾는 일에 착수했다. 달러의 가치하락으로 달러당 360엔에서 265엔까지 엔화 가치가 올라갔다. 이와 함께 유가의 급상승으로 전체 수입에서 석유가 차지하는 비율이 1970년 21퍼센트에서 1975년 44퍼센트까지 상승했다. 그 후 1979년의 원유가격 쇼크로 1981년에는 그 수치가 51퍼센트까지 올라갔다.[18] 그런데도 국제수지에서의 경상계정은 1974년(그리고 다시 1980년)에만 일시 적자를 보였을 뿐이었다. 일본경제는 비범한 회복력을 과시하며 곧바로 회복되었다.

세 번째 시기인 1975년 이후, 비교우위는 자본집약적인 생산으로부터 "조직과 경영의 기술, 지적이고 협력적인 노동, 정보의 효율적인 사용, 한 품목에서 다른 품목으로의 자원 이동의 유연성"을 구현한 생산으로 이동했다.[19] 고미야의 주장은 대단히 야심적인 논평으로 이어진다 : "일본은 이러한 종류의 기술에서 다른 나라들의 선두에 설 것이고, 장차 상당 기간 동안 꽤 광범위한 제조업 분야에서도 그렇게 될 것이다."

이 시기 내내 미국과의 무역 마찰이 고조되고 있었다. 미국의 협상가들은 더욱 커져만 가는 자국의 무역적자 원인을 일본의 수출장려와 수입제한 탓으로 돌렸다. 일본의 관리들과 학자들은 전후 초기에는 그러한 정책을 추진했음을 인정했지만 그 다음 시기부터는 그렇지 않았다는 근거를 두 가지 제시했다. 첫째, 오랫동안 규제철폐와 관세삭감이 진행되어 왔다. 미국의 비난은 쌀과 같이 정치적으로 중요한 몇몇 경우만 제외하면 더 이상 유효하지 않다. 둘째, 국제수지 적자는 미시경제적 변수가 아니라 보호, 보조금, 비능률적인 분배와 같은 거시경제적 변수에 기인한다는 주장인데, 이는 설득력 있는 경제적 주장이다(그러나 이것은 비교우위의 지속적인 변동이 수출급증과 수입급감을 초래하는 일시적 요동을 일으키는데, 이때 일시적 흑자를 실현시키는 혁신들이 계속 이어지게 되면 결국 수출초과로 귀결될 가능성을 무시하는 것이다). 1990년 미-일간 구조 문제와 일본의 경상수지 흑자 문제를 논의하기 위한 고위 경제회담이 열렸는데, 미국측은 일본의 '계열사(系列社)'의 관행을 비롯한 보조금과 보호를 비난했고, 일본측은 미국의 낮은 가계저축과 크고 제어하기 어려운 정부적자를 지적하는 것으로 끝났다. 또한 일본 대표들은 때때로 "당신들도 마찬가지 아니냐"는 반론을 온건한 태도로 들이밀곤 했다. 고미야는 비관세 장벽들(NTBs)이 미국에서 증가하고 있지만 일본에서는 줄어들고 있다는 사실을 지적하고, 그 예로 일본 국수와 같은 제품을 미국에 수출할 때 부딪히는 성가신 수입절차를 언급한다.[21] 일본의 수출초과와 미국의 수입초과의 주요 원인들은 미시경제적인 것이 아니라 거시경제적인 것이다. 일본의 경우 국내투자를 초과할 만큼 높은 저축률을 보이지만 미국의 경우 기업투자와 정부의 재정적자에 비해서 낮은 저축률을 보이는 것이다.

거시경제적인 논쟁은 미국 경제학자들을 분열시켰다. 『경제전망학회지』는 로버트 로렌스와 개리 색슨하우스의 논쟁을 게재했다. 전자는 특히 일본의 무역회사들이 가격에서 볼 때 수입하는 것이 유리할 때에도 외국 수입업자에 대해서 자기 계열사 제조업자들 편을 든다는 점을 (그리고 수출을 지원한다는 점을) 강조했다. 반면 색슨하우스는 일본에 수출하려다 좌절한 미국 기업의 이야기는 정규분포 곡선의 끝부분(평균에서 멀리 떨어진 지점) 같은 것으로서 큰 의미가 없으며, 일본에 대한 미국의 방해요소도 존재한다고 주장했다.[22] 더 나아가서 색슨하우스는, 이전의 재벌처럼 계열사 제도도 서서히 고민거리가 되어 가고 있고, 거기에 속한 회사들의 범주나 목록은 어떠한 명확한 의미가 없다고 주장했다.

일본에 대한 특별한 비난은, 다른 선진국들과 달리 동일 부문 내의 교역을 거의 하지 않는다는 점이다. 다른 나라들은 차별화된 제품들을 서로 많이 거래한다. 일본은 매우 많은 공산품을 수출하지만, 수입은 거의하지 않는다. 문제는 이것이 정부나 기업의 강력한 정책의 결과인가 혹은 제한된 자연자원을 가진 이 나라의 비교우위의 반영인가 하는 것이다. 이에 대해서 계량경제학적 테스트를 해 보았으나 모두 설득력 있는 결과를 제공하지는 못했다. 또 다른 성가신 문제는, 일본의 수출업자들이 엔화가 평가절상되었을 때 외국통화 표시 가격을 올리는가, 즉 고정된 국내가격을 새 환율로 환산하는가 아니면 시장 점유율을 유지하기 위해서 외국가격을 그대로 유지하여 높은 국내가격과 낮은 외국가격 사이의 차이를 수용하는가 하는 것이다.

이와 유사하게 근본적인 견해 충돌의 사례가 1991년 국제 정기간행물에 한 번 등장한다. 한 일본인 경제학자가 통산성의 "국제 협력 프로그램"에 대해서 자세히 설명했다. 통산성이 행정지도를 통해서 국익을 위해서 기업의 수출을 1993년까지 3분의 1, 2000년까지 절반을 줄이고 수출 대신 해외직접투자를 하도록 압박하고 있다는 것이다.[23] 그러나 한 이탈리아인 일본경제 연구자는 일본에서의 수입대체가 행정지도 때문이 아니라 시장의 자발적인 요인에 의한 것이라고 주장한다. 일본 기업들은 국내 생산품이 더 뛰어나다고 믿기 때문에, 외국 맥주, 위스키, 파스타를 덜 구입한다는 것이다(맥주의 경우 산토리나 기린 비어를 더 높이 평가하는 것이다). 이 견해에 따르면, 미국이 쇠락하는 산업들을 보호하는 데에 몰두하는 동안, 일본은 전망 있는 산업들을 촉진시키고, 쇠락하는 산업들을 폐쇄하거나 아시아각국으로 이전시킨 결과 성공을 거두었다.[24]

일본과 가장 두드러진 대조를 보인 나라는 영국이다. 제2차 세계대전 이후 일본은 무역상품 구성을 계속 변화시켰는데, 물론 수입보다는 수출에서더욱 그러했다. 대조적으로, 빅토리아 후기와 에드워드 초기에 영국은 수출제품 구성을 그대로 유지한 채 다만 경쟁적인 시장에서 덜 경쟁적인 시장으로 이전했을 뿐이다.

일본산업의 활력에 대해서 한 가지 더 지적할 사실은, 1970년대 후반과 1980년대 중반에 엔화가 평가절상되었으나 그에 대해서 '염려하지 않는' 태도를 보인 점이다. 초기에 엔화는 달러당 291엔에서 241엔까지 가치가

318

올라가서 25퍼센트 평가절상되었다. 그 후 1980년에는 일본은행의 안정화 노력에도 불구하고 218엔까지 올라갔다. 미국인 관찰자들은 일본의 산업이 평가절상을 달러 가격에 반영하지 않고 옛 수준을 유지하고 있다고 비난했다. 그러나 대장성의 고위 관료인 교텐(行天豊廣信)이 제시한 일본의 견해는, 엔화 상승이 일본 산업계에서 비용 합리화를 더 진척시키고 엔화 표시 가격 하락으로 나아가게 한다는 것이다.[25] 5년 후인 1985년 9월의 플라자 합의(1980년대 일본의 수출이 과도하게 많으며 일본의 엔화가 실제보다 저평가되었다는 비난이 일자 1985년 뉴욕의 플라자 호텔에서 선진 5개국〔G5〕재무장관과 중앙은행 총재들의 연석회담에서 엔화 가치를 끌어올리자고 결정한 합의사항/역주) 이후, 달러 대비 엔화 가치가 1986년 5월에 171, 6월에 165, 7월에 154로 오를 때, 교텐은 일본 산업과 국민들이 걱정하지 않는 것에 놀라움을 표현했다. 국민들은 교역상품의 가격하락으로 이익을 보았고, 기업들은 그 변화를 해외투자와 더 가혹한 산업 합리화의 자극으로 받아들였다.[26] 그 역동적인 대응은 1956년 관세를 낮추었던 독일의 반응과 똑같은 것이었다. 그때 수입이 증가했지만 수출은 더욱더 증가했고, 무역수지는 더 큰 수출초과가 되었다.

해외 직접투자

일본에서 공장을 짓거나 구입하려고 시도했던 미국 회사들이 직면한 어려움들에 대해서도 마찰이 일어났다. 일본에서 규제를 해제하는 속도가 느리고 다소 불성실한 점, 또 외국기술을 흡수하고 나면 합작회사를 해체해버리는 점에 대해서는 앞에서 언급했다. 1970년대와 1980년대 일본의 해외 직접투자의 분출은 외국의 수입제한과 엔화의 평가절상에 대한 한 가지 대응 방안이었다. 많은 회사들은 이른바 "스크루 드라이버 공장들"이었다. 즉 규모의 경제를 통해서 일본에서 부품들을 생산한 다음 이것을 현지에서 조립하려고 했다. 그러나 완성품 가치의 45퍼센트 이상이 현지에서 제조되어야 한다고 규정한 로컬 콘텐트(Local-content) 법 때문에 그것이 불가능해졌다.[27] 일본의 생산조직 기술은 이니셔티브가 최상층 경영자로부터 아래로 내려오기보다는 오히려 아래에서 위로 올라가는 방식, 생산성과 품질 관리조, 재고 상태로 묶여 있는 자본을 줄여 주는 저스트-인-타임 부품 인도 등을 포함한다. 그런데 사회적 상호작용과 긴밀한 집단적 유대가 일본처럼 강하지 않은 외국의 문화에 이런 것들을 이식하기란 쉽지 않을 것으로 보인다.[28]

일본은 제2차 세계대전의 패전으로 외국투자를 상실했다. 그 직후부터 일본은 민간과 정부의 협력으로 천연자원 —— 알래스카의 펄프, 브라질의 철광석, 아라비아와 인도네시아의 석유 —— 에 대한 투자를 시작했고, 비철금속 광산에 대한 투자가 그 뒤를 이었다. 1960년대 가장 큰 투자분야는 광산업이었는데, 그것은 1970년대에 제조업에 이어서 두 번째로 큰 부문이 되었다.[29] 1981년 4월부터 1993년 3월까지 12년 간의 자료는, 1,040억 달러의 제조업, 750억 달러의 금융과 보험, 400억 달러의 상업, 220억 달러의 운송업에 비해서 오직 190억 달러의 광산업 투자를 보여 준다.[30] 츠루는, 태평양 지역의 지도자 지위가 미국에서 일본으로 넘어간 1975년 이후의 일본인 투자자들을, (본국으로부터 송금을 받아 생활한 19세기의 영국인들과 전혀 닮지 않은) 현재 오스트레일리아에 거주 중인 일본인 산업 거물들과 비교한다.[31] 오스트레일리아에 대한 일본의 투자는 철광, 벌채, 펄프 공장과 같은 천연자원을 훨씬 넘어서, 일본인 관광객의 휴양을 위한 호텔과 골프 코스를 포함한 부동산으로 나아갔다. 정부는 민간투자자들과 함께 10만 명의 주민을 위한 주거공동체인 "하이테크 도시" 건설에 5조 엔의 투자를 제안했다. "일본의 투자는 오스트레일리아 경제의 모든 측면으로 확산된다."[32] 고미야는 일본의 직접투자가 아직 "미숙한 상태"여서 큰 이익을 얻지는 못했다고 보았다.[33] 1986년 10월 런던의 금융 규제완화라는 "빅뱅"에 대한 대응에서 일본의 은행들의 실패는 특히 실망스럽다.

일본 은행업의 해외 이전은 부분적으로 국내 규제를 피하려는 시도였다. 그것은 또한 국내에서 저렴한 자본을 조달하는 능력 때문에 가능한 것인데, 이 때문에 다케다 마사히코(武田眞彦)와 필리프 터너는 그 이동을 "인위적인" 것이라고 불렀다.[34]

일본의 은행들은 자산규모로 볼 때 세계 최정상의 자리를 차지하게 되었다. 『포춘』은 1992년 세계 정상급 은행들의 순위를 매긴 적이 있는데, 다른 나라의 은행 하나를 거명하기 전에 여덟 개의 일본 은행들을 열거했고, 11-20위 사이에도 일본의 은행들이 다섯 개나 더 있었다. 어떤 환율로 계산하느냐 하는 문제 때문에 비교가 다소 어렵지만, 자산규모 4,760억 달러의 다이이치칸교 은행(第一勸業銀行)은 2,170억 달러 규모의 미국 최대 은행인 시티코프(Citicorp)의 두 배 이상이다. 그러나 일본 은행들은 다른 나라 은행들에 비해서 대부 이자와 예금 이자 사이의 차이가 작기 때문에, 국내외 모두 이윤이 두드러지게 크지는 않다.[35] 그 차이가 작다는 점은 은행 대부자들과 예금주들에게는 이익이었다. 1984년과 1989년 사이의 기간 동안 그랬던 것처럼, 부동산과 주식시장의 버블이 붕괴했던 그 이후의 해에도 이윤율은 급격히 감소해서 의심의 여지 없이 마이너스가 되었다.

교육과 "봉급쟁이"

일본이 급격하게 상승하여, 세계경제의 패권경쟁에서 미국을 앞질러 가거나 그렇게 하려고 위협하는 것을 지켜보는 사람들이 많이 거론하는 주제 중 하나가 교육이다. 일본의 학생들은 미국의 보통 젊은이들보다 학교에서 더 오랜 시간 공부하고, 수학을 더 많이 배우며, 일반적으로 그들의 평생직업을 위해서 더 잘 훈련받는다고 여겨진다. 일본의 학교교육은 매우 경쟁적이고, 게다가 정규교육 체제를 보충하는 사설 입시학원들도 많다. 부모들은 자녀들이 공부 잘 해서 명문대학에 입학하도록 압박한다. 많은 사람들의 생각에 14세에서 18세까지의 학생들에게 인생은 지옥이다. 그 학생들은 매우 지친 상태에서 대학에 입학하기 때문에, 대학입학 후 4년 동안 긴장이 풀린 채 산다. 그 후 일류 기업에 취업하는 것은 단지 어떤 대학 출신이라는 사실에 기반해 있다.

······고등학교 고학년은 "입시지옥"이라고 불린다. 그것은 학생들의 시력과 건강을 해치며, 그들의 정신은 전혀 개발되지 않는다. 그러나 그들이 회사생활이라는 다른 형태의 지옥에 떨어지기 전에, 대학생들은 4년의 승인된 해방 기간을 만끽한다.[36]

성공적인 대학 졸업자들이 갈망하는 바는 대기업에 고용되어서 은퇴할 때까지 로봇처럼 일하는 "봉급쟁이(salaryman)"가 되는 것이다.[37]

원래 정원의 두세 배나 되는 사람들로 꽉 들어찬 도로, 공원, 집, 사무실, 열차, 극장, 식당, 병원 등이 있는 지옥 같은[도시 도쿄에서 일하는] 봉급쟁이들은 직장에서 두 시간 거리 이상 떨어진 곳에 살고, 아침 7시 정각에 집을 나서서 매일 밤 11시에 되돌아온다. 토요일을 포함한 주중에는 가족끼리 저녁 식사를 하는 법이 없다. 일본에서 가족생활은 선두를 차지하기 위한 경주가 빼앗아 갔다.[38]

그렇게 늦게 귀가하는 이유 중 대부분은 —— 최소한 남자직원들 사이에서는 —— 긴밀한 유대를 위해서 근무시간 이후에 종종 있는 회식 때문이다. 그것은 기분풀이의 일종이 아니라 종종 과로사로 귀결된다. 과로사(過勞死)는 일하다가 죽는 것을 뜻하는 일본어로, "일본의 국제업무 종사자 가운데 높은 발생률"을 보인다.[39] 줄리엣 쇼어는, 미국인들은 장시간 일하고 때로로 두 개의 직업을 가지고 있으며, 여자들의 경우에는 추가적인 가사노동 때문에 과로하고 있다고 주장한다.[40] 만약 그 판단이 옳다면, 그 불행한 처지로 가는 교육의 길은 일본의 상황과 비교할 때 훨씬 더 느슨한 것으로 보이며, 아마도 최적의 효율성을 얻기에는 너무 느슨한 것으로 여겨진다.

계열

계열이라는 주제는 이미 언급한 바 있다. 첫째로 전전(戰前)의 재벌의 대체물로서, 그리고 두 번째로 일본의 무역구조와 국제수지 형성에서 그것들의 중요성에 대한 로버트 로렌스와 개리 섹슨하우스 사이의 논쟁에서 설명했다. 계열사의 범위는 저렴한 자본의 공급으로 더 넓혀졌다. 대부분의 수평적인 계열은 무역회사 및 제조업 회사들과 함께 은행과 보험회사들을 포함한다. 이것들은 물론 일반 국민들부터 저축을 모아서 자기네 계열사들이 사용할 수 있도록 제공한다. 여기에는 한 가지 방어적인 동기도 관련되어 있다. 금융을 상업 및 생산과 결합시키는 수직적 통합은, 마치 제철회사가 철광과 탄광을 소유하는 것에서 더 안정감을 느끼는 것처럼, 상업 및 생산이 문제에 처했을 때 금융으로부터 차단되지 않도록 보증해 준다. 그러나 고미야는 계열사에 속하는 보험회사에 대해서 상세하게 논하면서, 이 회사는 시장상황에 따라서 움직일 뿐이며, 시장가격을 도외시하고서 같은 계열사들에게 보조금을 지급하는 행위는 소유주들이 허락하지 않는다고 주장한다.[41] 계열 내의 비(非)금융적 회사들은 보험회사가 보유한 주식과 채권을 통해서, 그리고 은행이 제공하는 단기대부를 통해서 자금을 조달받지만, 그들이 더 잘할 수 있다면 자유롭게 탈퇴할 수 있다. 그러나 모든 연구자들은, 예컨대 계열 내의 무역회사가 구매를 할 때 다른 회사들, 특히 외국 공급자들에 비해서 자신의 계열사들을 더 선호하는지 여부를 단정하기 어렵다는 데에 동의한다.

"오르그웨어"

이탈리아 출신 일본학자 지아니 포델라는 하드웨어나 소프트웨어와 유사한 말로서, 조직(organization) 관습을 의미하는 "오르그웨어(orgware)"라는 매력 없는 표현을 만들어냈다. 그 용어는 '계열'도 포함하지만, 그보다는 일반적으로 회사들의 조직의 관습을 뜻한다. 오르그웨어를 정의하자면, 회사들의 제도, 규정, 행위로 구성되어 있고, 대부 담당 부문의 대부율과 차입율 사이의 좁은 폭, 저스트-인-타임 부품 인도, 종신고용, 품질 관리조 및 다른 생산방식들, 특히 상부로부터 하향식으로 내려오는 경영방침보다는 생산물과 공정에서 변화를 도입하는 상향식 품의(稟議)의 방식을 포함한다.[42] 이러한 종류의 의사결정은, 많은 수가 참여하는 투표가 시간을 잡아먹는 것처럼, 때때로 너무 느린 것으로 여겨진다. 그러나 『저팬 업데이트』에 기고하는 미국인 저널리스트 타냐 클라크는 그렇지 않다고 생각한다. 그녀는, 임원들이 품의서를 준비해 두고, 관련된 각각의 개인들이 동의한다면 그것에 서명하고, 그렇지 않다면 토론을 하게 된다고 이야기한다.[43] 그 시스템은 나에게 미국 국무부에서 이루어지는 일반적인 업무 수행상의 정책형성을 상기시킨다. 현장으로 발송되는 전문이나 메모는 가장 하위급 부서에서 작성되어 동급 혹은 상위 부서에서 재가를 받은 후에야 정식으로 발송된다. 국무장관의 대리서명을 하는 권한은 결정권자보다 훨씬 아래쪽에 있다. 관련된 직원들의 합의를 얻는 것을 무시한다면 다음날 발신 통신문의 사본들이 배포될 때 드러나게 된다. 클라크는 일본의 체제가 유연하고 상호작용적이며 잘 작동하는 이유는 정보의 부드러운 흐름, 권위의 광범위한 수용, 그리고 어느 정도는 신뢰 때문이라고 주장한다.

그러나 이 체제는 1990년 부동산과 주식가격의 붕괴 이래로 어느 정도 파국의 위험에 처해 있다. 츠루의 『일본의 자본주의』는 "이중 가격 혁명"을 논하고 있다. 그것은 한편으로 1973년과 1979년 석유가격의 상승을, 다른 한편 1980년대 부동산 가격의 붐과 그에 뒤이은 붕괴를 의미한다.[44] 전자는 클라크가 "일본의 기본적인 안내등"이라고 불렀던 요소를 강화했다. 제한된 천연자원을 가지고 있고, 고립, 빈곤, 굶주림에 의해서 위협받는 작은 나라로서 자기 자신을 생각하는 것, 그러한 공포는 그 나라로 하여금 큰 뜻을 품거나 자신의 성공을 즐기는 것이 불가능한 채 단조로운 반복을 유지하게 한다.[45] 내가 이용하는 정보의 출처는 대개 『뉴욕 타임스』와 미국의 학자들에게 무료로 공급되는 영어로 된 일본 정기간행물에 한정되어 있는데, 그것은 어느 정도 선전의 목적을 띠고 있을 수 있다. 1993년 여름 그 두 가지 모두는, 일본이 자신의 관료주의(행정 지도)를 억제하려 하고 있고, 종신고용과 연공서열보다는 실적에다가 봉급을 연결하기 시작했으며, 공해, 인구과밀, 주거, 과로에 대해서 걱정하고 있다고 보고했다. 많은 사람들은, 일본이 전지구적 경제팽창으로부터 그 나라 시민들의 복지로 강조점을 옮겨야 한다고 말하고 있다.

일본의 저축

일본의 경상계정에서의 국제수지 흑자는 세계의 나머지 나라들 특히 미국에 비해서 상대적으로 높은 저축률의 결과이다. 저축을 모으는 데 계열의 보험회사와 은행들이 한 역할은 이미 언급한 바 있다. 미국과 가장 대조되는 점으로서 일본정부는 전후 대부분의 기간 동안 재정흑자를 유지해 왔는데, 이는 무엇보다도 헌법에서 방위비 지출을 금지했기 때문이다. 국내총생산 대비 가계저축은 미국의 3-4퍼센트와 비교하여 거의 15퍼센트의 수준에 이르렀다.

이러한 높은 비율을 설명하기 위해서 많은 이유들이 제시되었다. 첫째는 여름과 겨울에 각각 보너스를 지급하는 17개월 봉급 체제이다. 밀턴 프리드먼의 항상소득 가설(恒常所得假說)에 따르면 사람들은 대개 항상적 소득을 소비하는 반면 가외의 수입은 저축한다. 보너스 달의 봉급이 바로 그와 같은 가외의 소득이라고 할 수 있다. 비록 합리적인 기대 그리고 보너스역시 정규적으로 받는다는 성격으로 인해서 그것들 역시 항상적 소득과 같은 것으로 여겨질 만한데도 말이다. 또 다른 유인은 민간 금융기관의 저축구좌 하나와 우체국 구좌 하나에 대한 면세조치이다. 우체국은 10년 약정예금에 높은 이자율을 제공하지만, 실제로는 6개월 후부터 구좌로부터의인출을 허용한다. 우체국에 축적된 기금은 정부가 쓸 수 있으며, 기업은 오직 간접적으로만 쓸 수 있다. 따라서 이 예금은 높은 수익률만이 아니라 정부보증까지 누리게 된다.[46] 또 다른 요인으로는 빠르면 55세, 아니면 60세에 직장을 떠나는 조기퇴직과 원시적인 사회보장 체제일 것이다. 일본인들은 퇴직 이후를 위해서 저축을 해야 한다. 그외에도 신용 카드의 늦은 도입, 주택 구입 때의 높은 첫 할부금, (대부를 망설이게 하는) 대부금 이자에대한 소득세 공제의 결여 등도 저축을 진작시키는 요인들이다.

이러한 설명들에도 불구하고, 일본의 높은 개인 저축률은 여전히 수수께끼로 남아 있다. 츠루는 그의 책의 해당 장을 쓰던 당시로 여겨지는 1970년대의 "높은 가계저축 성향"을 언급하고 관련 수치들을 제시했지만,[47] 그것의 기원을 설명하지는 않았다. 하마다와 카수야에 의하면, 일본인들은 일찍이 1950년대부터 GNP 가운데 저축이 차지하는 비율이 두 자리 수였다.[48] 츠루는 일본의 저축률이 높은 이유가 도쿄를 비롯해서 일본전체의 높은 토지가격 때문이라고 본다. 높은 토지가격은 개인의 주택 구매를 어렵게 만드는 정도를 넘어서서, 1980년대 후반의 지가 상승 붐 때는사실상 전혀 불가능하게 만들었다. 젊은 사람들은 집 한 채를 얻기 위해서열심히 저축하고, 나이 든 사람들은 부분적으로 그러한 자녀들을 돕기 위해서 저축한다.

그러나 현재 저축률에서 변화가 진행 중이다. 빌 에모트는 현재의 일본을 "소비자, 행복 추구자, 연금 수령자, 투자자, 투기꾼들"의 나라라고 부른다.[49] 그는 노동자들이 55세의 퇴직 이후에도 계속해서 일하게 되고, 사회보장 제도가 개선된다면, 가처분소득 중 저축이 차지하는 비율이 16퍼센트(1980년 18퍼센트)에서 8퍼센트로 떨어질 수 있다고 단언한다.[50] 기대수명은 1975년에 남성 71.73세와 여성 76.89세에서 1990년에 각각 75.86세와 81.81세로 상승했는데, 이 또한 저축률 저하의 한 요소이다. 그러나 인구통계학 이상의 것이 관련되어 있다. 츠루에 의하면 대개 상속받은 재산으로는 집 한 채를 사는 데에도 충분하지 못하기 때문에, 젊은 세대는 지금 값비싼 수입 자동차를 사고 외국여행에 거리낌 없이 낭비하면서 "삐뚤어진" 과시소비로 방향을 바꾸고 있다.[51]

주택 마련에 드는 높은 비용은 단지 토지가격 때문만이 아니다. 건축 비용 또한 매우 높아서 제곱미터당 18만 엔 이상에 이르는데, 미국에서는 그 수준의 3분의 1(450달러에 해당)에 불과하다.[52] 한 전문가에 따르면, 그것은 목수, 미장이 같은 건축 인부들이 비효율적이라서 그런 것이 아니라, 산업과 일본사회의 구조 심층에 원인이 있다. 건축양식과 건축규정의 변화(특히 지진내항력의 기준), 표준화의 결여, 불규칙적인 모양의 작은 주택구획 같은 요인들 때문에 같은 면적의 집을 짓는 데에 일본에서는 미국에서보다 열 배의 노동-시간[人時]이 소요된다. 그렇다고 해도 물론 토지가격이 주된 장애물이었는데, 벼농사 종사자에 대한 보조금과 특히 1980년대의 투기 때문에 토지가격이 높게 유지되었다. 츠루는 1989-1990년부터 일본 정부가 얕은 해안지대를 개간함으로써 새로운 토지를 만들고 도시의 기능들을 그곳으로 옮기는 정책을 취한 외에도, 자본 취득세의 인상, 휴한지에 대한 과세, 토지개발 의무제와 같은 투기억제 정책을 강구하기 시작했다고 설명한다. 부동산 가격의 붕괴가 이러한 헨리 조지(토지는 기본적으로 공유재이며 따라서 지대를 세금으로 환수하여 자본주의 사회에서의 분배 왜곡을 수정해야 한다는 토지단일세론을 주장했다/역주) 방식의 대책들을 후퇴시켰는지는 지금까지 분명하지 않다.

버블

1980년대 말의 부동산 및 주식시장의 버블 —— 그것은 결국 1990년에 터졌다 —— 은 일본의 금융규제 자유화 그리고 대장성(MoF)과 일본은행 (BoJ) 사이의 긴장의 결과였다.[53] 자유화라고 할 때 그것이 엄격한 규제하에 있던 일본의 금융체제가 심한 금융 억압을 받다가 급작스럽게 탈출한 것이라고 생각해서는 안 된다.[54] 자유화의 속도는 신중했고, 따라서 시장이 각각의 단계에 적응할 시간은 충분했다. 한국에서의 규제철폐가 왜 금융대란으로 이어졌는가에 대한 맥키넌의 설명을 보면 규제철폐의 순서가 대단히 중요하다는 것을 알 수 있다. 국제금융상의 규제철폐가 무역과 외환관리상의 규제철폐에 앞서 이루어지는 것이 최선이다.[55] 한국과 달리 일본에서는 이러한 문제가 일어나지 않은 것 같다.

일본에서 자유화는 느렸고, 주로 외국(특히 미국)의 압력의 결과로서 적어도 1970년 이래로 진행 중이었다.[56] 1985년 9월 플라자 합의 이후에도 계속해서 가치가 떨어지고 있던 달러를 안정시키기 위해서 1987년 2월 루브르 협정을 맺은 이후에, 일본은행은 할인율을 사상 최저인 2.5퍼센트로 낮추었고, 실질 소득이 4.4퍼센트에서 6.6퍼센트로 증가하고 있던 그 시기에 화폐공급을 연간 10-12퍼센트로 증가시키는 것을 허용했다. 하마다는, 상품가격이 안정적이었기 때문에, 일본은행이 자산가격의 동향에 대해서는 우려하지 않았다고 말한다.[57] 대장성은 루브르 협정의 당사자였지만, 달러 안정을 위한 재정정책의 시행을 망설이면서, 그 부담을 일본은행에 떠넘겼다.

1987년 10월 19일 뉴욕 주식시장의 가파른 폭락은 일본은행의 금융완화 정책 시행을 더욱 부추겼다. 도쿄 증권거래소에서는 주식가격 급등과 함께 거래량이 상승했다. 니케이 지수는 1986년의 대략 12,000에서, 1988년의 27,000, 1989년의 39,000으로 세 배 이상 상승했다가, 1992년 15,000까지

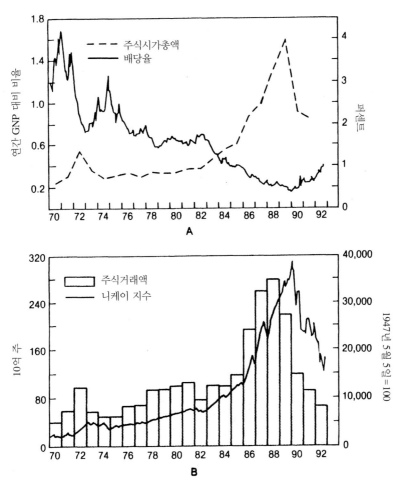

그림 11-1 도쿄 주식시장. A. 주식시가총액과 평균배당율 B. 연간 주식거래액과 니케이 지수. 1992년 수치는 상반기 수치를 가지고 환산한 것이다.

출처 : Takedo and Turner, 1992, graph 8, p.53, Tokyo Stock Exchange *Fact Book 1991* and national data에서.

붕괴한 다음 20,000선에서 회복되었다(그림 11-1을 보라). 나는 부동산 가격에 대한 자료를 가지고 있지는 않지만, 그것도 유사한 방식으로 움직였을 것으로 이해하고 있다. 은행과 보험회사들은, 실제로든 기대수익으로든, 토지, 건물, 증권 등의 직접 보유에서만이 아니라 금융시장 주변의 투기적인 금융기관들에 대한 대부에서도 심각한 손해를 보았다. 그러한 하락을 통해서, 대규모 투자자들의 손실을 벌충해 주고, 증권가격을 조작하고, 분식회계를 통해서 손실을 은폐하는 것과 같은 몇 가지 의심스런 금융업무들이 폭로되었다.[58] 동시에 금괴로 가득 찬 금고를 가진 관리가 있을 정도로 고위 정치인들에게까지 부패가 침투해 있다는 것이 드러났다.

1993년 10월, 니케이 지수가 15,000의 저점에서 20,500으로 상승했을 때에도 『이코노미스트』의 한 특파원은 일본의 금융재난이 가라앉지 않았다고 보았다. 실제로 기업이윤은 매우 낮아서 니케이 지수의 주가수익 비율은 78이었는데, 그것은 주식가격이 몹시 고평가되어 있다는 것을 암시했다.[59] 앞으로 수익이 15퍼센트 하락하리라는 전망이 나오자 그 비율은 100으로 상승했다. 도쿄에서의 임대료는 20퍼센트 떨어졌다. 일본의 주식에 투자하기 위해서 1980년대 중반 많은 뮤추얼 펀드를 조성했던 외국인의 열광은 사라졌다. 그 기사는, 일본의 은행들이 부실채권을 효과적으로 처리하지 못하고 있으며, 매월 1,000개의 회사들이 파산하고 있다고 적고 있다.[60] 특히 이 회사들은, 자본에 쉽게 접근할 수 없었지만, 일본의 전체 일자리 중 5분의 4를 제공해 온 중소기업들이었다. 게다가 1993년의 『이코노미스트』에 따르면, "대기업들이 안정되고 관료적이 되었기 때문에, 일본이 경제적 무기력에서 벗어나기 위해서 필요로 하는 활력의 대부분은 중소기업들로부터 나올 것이라고 통산성은 판단하고"[61] 있는 데도 말이다.

일등 일본?(Japan as Number One?)

주식과 부동산 가격에서의 거품 붕괴와 뒤이은 (미국이 보기에) 부드러운 경기후퇴는, 일본의 방향전환 문제를 제기했다. 일부 정치 지도자와 기업 지도자들이 생각하기에, 로봇처럼 일하여 경제 거인이 되고 세계시장 점유율 확대, 심지어 선두를 차지하기 위해서 무조건 앞으로 나아가기보다는, 국내문제로 방향을 돌릴 때가 온 것이다.

나쁜 공기, 나쁜 물, 오염된 토양, 호흡기 질환, 카드뮴 및 수은 중독, 소음…… 등의 문제들은, 전(全)지구적인 경제확장으로부터 시민의 복지로 강조점을 이동시키고, 교육, 복지, 임금, 의료 서비스, 도시 하부구조, 가족 및 공동체 생활, 외국인 노동자의 지위에 더 집중하도록 만든다.[62]

사실 이러한 의제들은 미국에 더 어울릴 것처럼 보인다. 소니 사의 회장이자 영향력 있는 경영자 조직인 경단련(經團連)의 부회장인 모리타 아키오(盛田昭夫)와 같은 산업 지도자는, 지금은 일본의 기업가들이 세계 나머지 지역의 관습에 더 가깝게 다가가고, 효율성과 경쟁에 덜 집착해야 할 때라고 생각하고 있다.[63] 1993년 하반기에 『뉴욕 타임스』는 종신고용, 연공서열 체제, 무역에 대한 감독, 행정지도하의 관료지배 같은 것들이 변화해가고 있다는 내용의 도쿄발 특파원 보고들로 채워졌다. 원래 일본인을 대상으로 쓰인 글 가운데 선별하여 번역 게재한 다음 미국에서 유통되는 한 일본 정기간행물의 대표적인 기사는 "관료주의적 지도의 무거운 손을 치우다"[64]이다. 그 기사는, 일본이 안정된 물가, 미국에 비해서 소득 분배 왜곡이 그렇게 심하지 않은 명백한 "자산 초강대국"이지만, 천국에도 문제가 있듯이, 단조로운 생활양식이 물질적 풍요를 상쇄하고 있다고 진술한다.

그러나 미국에서 접할 수 있는 일본인들의 생각으로부터 적절히 판단해보건대, 분명 모든 일본인들이 이렇게 생각하는 것은 아니다. 일본이 가능한 모든 방식으로 팍스 아메리카나(Pax Americana, '미국의 평화')를 후원해야 한다고 말하는 사람이 있는가 하면,[65] 일본이 구경꾼 노릇을 멈추고 자신의 계획을 공식화하며, 유엔을 강화하기 위해서 노력하면서 안전보장이사회 상임이사국 자리를 요구해야 한다고 주장하는 사람(아사히 신문 미국판의 편집위원회에서 일하고 있는 외교 특파원)도 있다.[66] 실제로 일본의 일부 세력은 경제 문제보다는 영토 문제, 특히 1945년 소련에게 빼앗긴 쿠릴 열도의 반환 같은 문제에 집중하고 있다. 상당수의 사람들은 일본의 이해가 놓인 곳은 쇠락하는 유럽과 미국의 경제가 아니라, 아직 덜 발전된 지역인 아프리카, 그리고 그보다 더 확실하게는 남아메리카와 극동, 그중에서도 특히 중국이라고 주장하고 있다.

나의 직관은, 1950년부터 1985년 사이에 폭발했던 일본의 생명력이 점차 사라져 가고 있으며, 경제사상 유례가 없는 경제성장의 분출 궤적이 잠시 곰퍼츠 곡선을 벗어나서 도약하고 있는 것처럼 보였지만, 이제 속도를 줄여 가면서 점차 익숙한 패턴을 따라가고 있다는 것이다. 부패의 폭로로 인한 정치적 변화는 불확실성과 신뢰 상실을 암시하고 있으며, 종종 대외적 공격성 속에서 분출하곤 했던 예전의 복잡한 열등감으로 되돌아가는 것으로 보인다.

나는 이러한 이유 때문에, 일본은 미국이 여태껏 해 왔던 대로 위엄과 그에 따른 책임을 동시에 지닌 세계경제의 승인된 지도자 역할을 계승하지 못할 것이라고 예상한다. 그러나 그 예상은, 은유적으로 말하자면, 작은 글씨로 쓰인 공중위생국장의 통상적인 경고와 같은 것이다. '내 의견은 지금까지 여러 차례 틀렸다.' 하여튼 나는, 위엄 있는 지위를 차지하기 위한 경제적 경쟁이 큰 전쟁으로 이어질 것이라는, 역사로부터 이끌어낸 이 우발적인 카산드라의 예언을 다시 논증하여 정당화시키지는 않겠다.

현재 『이코노미스트』의 편집자인, 박식한 에모트는, 노화가 일본의 강국으로서의 잠재력을 제한할 것이라고 보면서, 만일 미국이 적자 감축에 성공하고, 가처분소득 중 저축의 비율을 7.9퍼센트까지 회복하면서, 호혜주의의 강요가 없는 자유무역주의를 고수할 수만 있다면 "일등" 자리를 되찾을 수 있을 것이라고 생각한다. 그의 생각에 만일 미국이 일등이라면 일본은 확실한 이등이 될 것이다. 두려워해야 할 것은 심판이나 안내자 없이 미국, 일본, 유럽이 세력균형을 이루게 되는, 지도자가 없는 세계이다.[67]

12

결론

이 결론은 두 부분으로 되어 있다. 한 부분은 국가주기와 특히 노화를 다루고, 다른 부분은 세계경제의 선두 계승의 성격을 다룬다. 이것은 제2장과 제3장을 반복한다고 볼 수도 있다.

국가 생명주기

나는 1993년에 이 책을 쓰기 시작할 때부터 다른 경제학자가 "국가 생명주기"에 대한 책을 준비하고 있다는 것을 알았다. 그는 나와 마찬가지로 역사적 차원에서 고찰하지만, 그리스와 로마까지 거슬러올라가고, 500년과 200년의 주기를 다루며, 근대로 접어들면서는 50년의 주기를 주장한다.[1] 크리스토스 아타나스는 또 국가와 인간의 비유에 관심을 가졌고, 성인 호모 사피엔스의 생산적인 생명주기를 50년으로 상정했다. 그는 나에게 다니엘 J. 레빈슨의 저서 『인간 생애의 계절들』[2]을 소개했었는데, 그 책에서는 인간 삶의 범위를 유년기와 사춘기(22세까지), 성인 초기(17세에서 45세), 성인 중기(40세에서 65세), 성인 후기(60세에서 85세), 성인 말기(80세이후)로 나누었다. 생물학적인 기능이 절정에 달하는 것은 20세에서 40세까지이다. 20세가 되면 사람은 키, 힘, 성기능, 심폐기능, 생물학적 활력 일반이 최상에 달하며, 지성, 기억력, 추상적 사고에서 절정에 이른다. 삶의 이러한 양상은 대개 40세까지 안정적으로 유지되는데, 레빈슨은 직관적으로 40세가 결정적인 시기라고 본다. 물론 어떤 사람들은 30세부터 쇠퇴하기도 한다. 레빈슨은 여성의 폐경과 같은 어떤 속성을 찾아서 남성에게 변화를 가져오는 요인을 발견하고자 했으나 실패했다.[3] 한참 뒷부분에서 그는 원시인이 40세에 죽었다는 사실을 거론하고 나서 책을 끝맺었지만,[4] 이 사실과 현대인에게 40세가 전환점이라는 사실을 관련시키지는 않았다. 40세가 지나면 활기가 조금 떨어지기는 하지만, 육체와 정신의 힘은 여전히 활동적인 삶을 이끌기에 충분하다. 탐욕, 분노, 고집, 야망 같은 젊은이의 충동은 중년이 되어서 모두 사라지지는 않으나, 더 잘 통제할 수 있게 된다. 그러나 많은 사람들에게 중년의 삶은 점진적이거나 급격한 정체의 과정이 된다.[5]

이러한 다소 확정적인 진술을 제한하는 것은 물론 한편으로는 폭넓은 다양성에 대한 인식, 다른 한편으로는 과연 평균적인 개인으로부터 평균적인 국가를 추론할 수 있는가 하는 상당한 의심이다. 그럼에도 불구하고 시사하는 바는 있다. 모든 민족과 국가들은 서로 다르지만, 성장과 노화와 관련해서는 공통된 특징을 가지고 있다.

최소한 '젊은 시절'에는 각 국가는 마치 사람과 마찬가지로 자신을 독특하다고 여긴다. 그 증거는 쉽게 수집할 수 있다.

"사람들은 대개 흙, 공기, 물, 불을 혼합해서 단순한 제품을 만들지만, 피렌체인은 교황 보니파키우스 8세가 1300년에 말한 바에 따르면 제5원소이다."[6]
"에스파냐인은 고유한 종(種)(sui generis)이다."[7]

"포르투갈인은 고유한 종(種)(sui generis)이며, 유럽인이나 에스파냐인과 달리, 유일한 존재이다……포르투갈인의 유일한 성격은 특수한 후기 식민시대의 인간성을 만들었다."[8]

"장차 그 천재성으로 널리 알려질 이 나라의 가장 뛰어난 발명은 바로 그 자신의 문화였다……네덜란드인은 새로운 정체성을 창조했다."[9]

"홀란드는 호이징하의 1941년 책에서 모든 면에서 독특한 경우로 제시된다. 그 독특성은 설명될 수 없음이 분명하다. 그러므로 그것은 존경되어야 하는 것이며 신의 선물로 묘사된다."[10]

"프랑스인은 무의식 중에 루이 14세로부터 유럽 대륙에 대한 우월감을 물려받았다."[11]

"프랑스인은 과거에 자신의 독특한 경제적 '균형'을 자랑했다. 이것은 그들의 사회적 구별감에서 중요한 요소였다."[12]

1980년대에 독일 경제사학자들은 독일 근대화의 특수한 경로(Sonderweg)에 대해서 논의했는데, 그들은 독일의 시대정신(Zeitgeist), 문화, 집단 정체성, 경제를 연결시켰고, 특수한 경로가 신화인지 실재인지 여부를 두고 논쟁을 하기도 했다.[13]

미국의 예외주의는 영국에서 열린 한 회의의 주제였다. 거기에서 (여러 다른 사람들 가운데서도) 세이무어 마틴 립세트와 다니엘 벨이 논문을 제출했다.[14] 벨은 예외주의가 독특성과 다르다고 주장했는데, 모든 국가들이 어느 정도로는 독특하지만 미국은 멀리 토크빌에 이르기까지 예외적인 것으로 묘사되었다는 것이다.[15]

일본은 "기묘하고 비정상적인 국가"로 널리 인식되며,[16] 일본인 자신들은 "일본이 다른 국가들과 다르게 되는 것은 가능한가? 일본이 다른 국가들보다 훨씬 우월하게 되는 것이 가능한가?"와 같은 질문들을 제기한다.[17]

책을 읽는 중에 이리저리 긁어모은 이러한 사례들 중에는 브뤼주, 안트베르펜, 영국에 대한 목록은 없다. 그 이유는 내가 이러한 착상을 가지게 된 것이 최근이어서 과거의 모든 자료를 다시 읽을 시간이 없었기 때문이다.

젊은 국가들은 독특하다고 느끼며 앞을 바라보는 것에 주목하라. 그들은 나중 단계에 이르면 자신의 예외주의에 대해서 확신이 줄어들고, 이전에 누렸던 한두 번의 황금시대를 향수 어린 눈으로 뒤돌아보는 경향이 있다.

교역, 산업, 금융

국가주기의 평범한 진행은 교역, 산업, 금융의 순서이다. 각각은 자신의 내적 발전단계를 가지고 있다. 첫 단계에서 교역은 경쟁적이고 공격적이며, 불명예스러운 수단을 통해서라도 외국의 기술을 습득할 준비가 되어 있고, 배우는 과정에서는 자신의 제품을 외국 것으로 위장하곤 한다. 성장은 종종 수출지향적이며, 가끔 외국제품과의 경쟁에서 수입대체적이 되기도 한다. 유치산업의 육성을 위해서 보호무역 조치가 강구된다. 나중 단계에서는 수출 압박이 성장에 해로울 수도 있다. 예를 들면 영국과 대영제국은 혁신적인 활동을 위해서 가능하다면 관심을 다른 분야로 돌려야 했을 때에 염색산업을 유지하기 위해서 압박을 가했다. 그런 상황에서는 보호조치는 비록 가끔 제한된 정도로는 징크스에서 벗어나려고 노력하는 산업에 제공되기도 하지만, 대개는 노후산업들을 위한 것이 된다.

이와 유사한 주기가 산업에서도 나타난다. 초기에는 모방적이되 변화하는 당시 조건에 대해서 적응력을 보이다가 곧 혁신적이 된다. 점차 생존자들은 더 성장하고, 변화에 저항하며, 방어적이 되고, 다른 이들의 혁신을 따라가곤 한다. 한 국가의 모든 산업이 동시에 성장과 몰락의 주기적 국면을 맞이하는 것은 아니지만, 충분히 많은 산업들이 그렇게 되는 경향이 있어서, 그 결과 산업계 전체에 적용될 수 있는 주기적인 유형이 만들어진다.

이 책에서 한 차례 이상 언급했듯이, 길드와 같은 제도들은 초기에는 생산기술을 확산시키고 품질의 표준을 정하는 등의 긍정적 역할을 했지만, 나중에는 가격유지를 위해서 생산을 규제하고, 구태의연한 기준을 고집하고, 저비용-저품질이 소비자와 생산자 모두에게 더 유리할 때에도 개선이나 공정 변화에 저항하면서 성장을 저해하는 존재가 된다. 슘페터는 카르텔과 독점도 혁신과 성장에 공헌한다고 칭송했으나 이 역시 오직 초기단계에서만 공헌하며 나중에는 저항적으로 변한다.

금융의 주기는 단기 혹은 때로 장기 자본대부를 통해서 교역과 산업을 촉진하는 것으로 시작해서, 궁극적으로는 자산거래, 그리고 생산보다는 부 자체에 대한 집착으로 이행한다. 상인과 산업가들은 '위험 감수자'를 졸업하여 금리 수취인 신분이 되고 활력은 침체된다. 수입 중 소비의 몫이 증가하고 저축은 감소한다. 다양한 이해집단들이 그들의 관심사에 대해서 정치적으로 의사표출을 하게 되는데, 이것이 과도하다 보면 효율적인 정부의 행위를 가로막게 될 것이다. 소득 재분배는 점점 뒤틀려서 빈익빈 부익부로 향한다. 부자들은 정치권력에 훨씬 더 많이 접근할 수 있기 때문에, 국방비, 전쟁배상금, 기간시설, 기타 공공재와 같은 국가적 부담을 —— 윤리적으로 생각해 볼 때 —— 적절하게 나누어 맡아야 할 때 이에 대해서 저항하기 쉽다.

전형적인 경우, 한 국가는 초기에는 더 많이 분권화, 연방화, 다원화되기 쉽다. 그러나 근대 에스파냐와 프랑스는 아마 예외가 될 것이다. 다원주의는 주도권 경쟁을 유도하는 데에 유용하다. 이것은 경제적 노력에만 해당되는 것이 아니며 오히려 예술, 음악, 문학에 더 잘 적용된다. 발달단계가 진전되면서 부쩍 강력해진, 그리고 때로는 서로 갈등하는 지역적 이해관계를 조정하기 위해서 더 많은 중앙의 지도가 필요해진다. 이것은 성취하기 어려운 일일 수도 있다. 네덜란드는 만약 조세의 집중화를 이루었다면 영국, 프랑스, 1780년 이후의 프로이센, 나폴레옹의 강압 등에 더욱 강력하게 저항할 수 있었겠지만, 일곱 주가 그것을 가로막았다.[18] 분권화되어 있던 독일의 금융에 대한 에르츠베르거의 개혁은 재건, 배상금, 물가상승 등의 난제에 대응하기 위해서 필요했던 것이었음에도 불구하고, 늑장을 부리는 재정관료들과 부자들의 방해를 받았으며 결국은 1921년 8월에 그가 암살당함으로써 끝났다.[19] 이러한 에르츠베르거의 노력을 두고 펠드먼은 그를 "원기왕성하고, 힘이 넘치며, 기력이 풍부하고, 낙관적이며", "바이마르 공화국뿐만 아니라 근대사의 어느 정부에서도 찾아보기 힘든 정력과 기술"을 가지고 있었다고 평가했다.[20] 경제성장이 계속되면 상인과 정부관계자 모두가 변화에 저항하는 단계에 이르게 된다. 맨서 올슨과 포스탄이 이미 지적했듯이, 동맥경화 현상을 억제하는 하나의 길은 때로는 깊은 상처를 남기는 패배로 인해서 구시대의 사람들이 물러나고 그 자리를 신인들이 넘겨받는 것이다.

제7장에서는 프랑스가 국가 생명주기의 한 예외라고 말했는데, 그것은 프랑스 혁명기에 정치체계가 붕괴한 것, 나폴레옹의 패배, 1848년 혁명, 1871년 코뮌, 제2차 세계대전 당시 미미했던 프랑스의 역할 때문이었다. 독일과 일본 역시 부분적으로 예외가 되는데, 그것은 맨서 올슨이 처음 지적했듯이,[21] 제2차 세계대전의 패배 때문이다. 그러나 50년 후 두 나라는 모두 전형적인 동맥경화 현상 속으로 미끄러져 들어가고 있는 듯이 보인다.

내게 정치학에 대한 배경지식이 있었다면 왜 어떤 나라에는 양당 정치가, 어떤 나라에는 더 많은 수의 정당 혹은 정당의 분파들이 있는지에 대해서 내 나름의 주장을 펼 수 있겠지만, 나에게는 그런 지식이 없다. 헌법상에 정기적인 선거를 규정하여 투표에 의해서 집권정당이 갈릴 수 있다면, 우리는 낡은 정치인이 은퇴하고 경쟁 정당의 새로운 인물이 그 뒤를 이음으로써, 경제적 몰락을 억제하는 데 필요한 새로운 인물들의 등장이 제도적으로 보장될 것이라고 생각해 볼 수도 있을 것이다. 정확히 이유는 댈 수 없지만, 내 생각에는 그러한 일은 벌어지지 않는 듯하다.

쇠퇴의 원인

제2장에서 설명했듯이 인간은 대체로 어느 한 순간에 기력이 쇠퇴하며, 신문의 부음 기사에서는 흔히 특정한 건강상태나 신체기관의 기능부전을 사인(死因)으로 언급하곤 하지만, 사실 가장 그럴듯한 설명은 그 사람의 때가 다 지나간 것이며 만약 언급된 특정 원인이 발생하지 않았더라도 얼마 안 가서 다른 원인 때문에 사망하리라는 것이다. 그렇게 쓴 이후 나는 이웃의 병리학자와 대화할 기회가 있었는데, 그는 내 생각이 그렇게 틀린 것은 아니라고 말해 주었다. 그의 말에 따르면, 부검을 하다 보면 명백한 사인을 결정하는 것이 거의 불가능한 경우가 많다는 것이다. 가족에게 알려야만 하거나, 신문사나 통계자료를 수집하는 보건당국에게서 직간접적으로 압박을 받을 때, 병리학자들은 종종 손에 잡히는 수많은 악당 후보들 중 하나를 골라낸다. 질병이나 상처가 없는 경우에도, 뇌, 신경, 근육이 모두 시간이 흐름에 따라서 세포를 잃게 되는데, 특히 운동을 하지 않았을 경우 더욱 뚜렷하다. 운동을 별로 하지 않거나 아예 하지 않는 경우, 처음에는 활기차게 걷고 뛰었던 사람들이 시간이 흐르면서 점차로 지팡이, 보행기, 휠체어, 침대로 이동하는데, 그러한 쇠약에 특별히 두드러지는 원인이 따로 있는 것은 아니다. 세월이 지나면서 그들은 자연스럽게 폐렴으로 사망할 것이다. 다만 오늘날 설파제의 사용으로 폐렴으로 인한 사망은 어느 정도 제외될 수 있다. 물론 질병과 상해는 넘쳐나지만 생애 주기는 궁극적으로는 신체가 '낡게 되어서', 심지어 그러한 외부적 개입이 없더라도 끝나는 것이다.

이러한 위험한 비유를 하는 이유는 국가의 몰락이 상해와 질병 같은 외부 원인 —— 전쟁, 과잉팽창, 신진 강대국들과의 날카로운 경쟁 —— 때문인지, 아니면 노화과정과 같은 내부 원인 때문인지 알아 보고자 하기 때문이다. 내부 원인으로는, 조세와 공동부담에 저항하는 분배동맹을 만드는 것, 낮은 생산 수익률과 저조한 혁신적 창조, 정부 및 대기업과 개인이 변화에 저항하는 것, 국가의 영웅이 생산에서 소비로 옮아 가거나 혹은 자산의 시세조작을 통해서 부의 축적자가 되는 것, 조세수입과 정부지출을 맞추지 못해서 생기는 인플레이션, 혹은 조세를 소득집단 사이에서 합당하게 할당하지 못한 까닭에 돈을 찍어 내는 것, "네덜란드 병" 혹은 "에스파냐 병", 즉 사회의 한 부문이 부유하게 되고 다른 부문들은 자신의 생산능력 이상의 수입을 요구하는 현상 등이 있다.

쇠퇴를 재촉하는 이러한 원인들은 결코 상호 배제적인 것도 아니며 노화된 경제에서만 발견되는 것도 아니다. 오늘날 일본(그리고 이탈리아)의 악명 높은 부패는 오랜 계보를 가지고 있다. 미국은 말할 것도 없다(예를 들면 1980년대의 저축대부조합의 붕괴를 들 수 있다). 나는 일찍이 한 독일 경제사학자가 동인도회사를 이 불명예스런 거래의 정점 —— 달리 이야기하면 차라리 저점 —— 으로 지목했다는 것을 언급한 적이 있다.[22] 1620년대 영국의 과시소비에 대한 토머스 먼의 비난은 길게 인용할 만한 가치가 있을 만큼 충분히 생생한 그림을 그려 준다.

〔영국은〕 우리의 명예로운 관행과 연구를 떠나서 쾌락을 좇았고, 최근에는 담배와 차(pot)에 취해 있는데, 짐승처럼 연기를 빨며 건강을 마셔 버려서 죽음이 많은 이들과 대면하고 있다……이 모든 것의 총체는 이것이다. 담배와 차, 파티, 패션, 나태와 쾌락에 우리의 시간을 허비하는 것은 신의 법에 반대되고 다른 나라들의 관습과도 다른 것으로서 우리의 몸을 여자처럼, 우리의 지식을 얄팍하게, 우리의 재화를 빈약하게, 우리의 용기를 약하게, 우리의 상업이 운을 잃고 적에게 저주를 받도록 만들었다……

풍요와 힘이 한 나라를 사악하게 하고 시야를 좁게 하고, 빈궁과 결핍은 백성을 현명하고 근면하게 만든다……[23]

비록 먼이 말한 것 중 "흡연"에 관한 것은 오늘날 더 이상 맞지 않고,

"pot"라는 단어도 오늘날 젊은이들과는 다른 의미로 사용하며(위의 글에서 pot는 차를 의미하지만 오늘날에는 마리화나를 지칭한다/역주), 여성화되었다는 것을 비난의 뜻으로 사용하는 것을 볼 때 오늘날의 성에 대한 태도와도 다르지만, 그의 신랄한 비난은 소비에 대한 과도한 관심이 성숙한 경제에만 제한된 것은 아님을 말해 준다.

외부적 원인

국가 쇠퇴의 원인을 질병이나 상해 같은 외부적 원인과 신체의 전반적인 노화과정 같은 내부적 원인으로 나누는 것은 자의적이고 애매모호한 일이다. 예를 들면, 전쟁은 외부로부터 자신이 공격당했다고 믿는 나라에서는 최대의 외부 요인으로 간주될 수도 있지만, 역사가들이 거듭해서 보여주었듯이 전쟁 책임이 어느 한 편에게만 있다고 명백하게 못 박을 수는 없으며, 오히려 그 책임은 정도의 차이는 있지만 모두에게 공유되는 것이다. 예컨대 1780-1784년의 제4차 영란전쟁과 1790년대 프랑스가 네덜란드를 공격하고 점령한 것은 네덜란드의 쇠퇴에 최후의 일격을 가했지만, 내적 몰락의 징후들은 이미 오래 전부터 분명히 나타나 있었다. 나는 전쟁이 경제성장 주기에 내재해 있다는 골드스타인의 견해[24]에는 반대하지만, 전쟁이 일반적으로 젊은 국가의 성장속도를 높이고 늙은 국가의 쇠퇴를 재촉한다는 그의 주장은 정말 명백한 사실이다.

그밖의 외부적 원인으로는 충격이 있는데, 특히 지리적 발견과 과학기술의 발명은 지평을 넓히기도 하고 기존 활동들을 잠식하기도 한다. 1492년 콜럼버스의 신대륙 발견, 포토시의 은광 발견, 캘리포니아 및 오스트레일리아와 란트 지방(Rand : 남아프리카의 금광 지역/역주)의 금광 발견 등은 보통 외부적 충격으로 여겨진다. 그러나 피에르 빌라르는 콜럼버스의 일기에 금을 언급하는 부분이 65군데나 된다는 점을 지적하면서 그의 항해 목적이

15세기의 지금(地金) 부족현상에 대한 반응이었다고 주장했다.[25] 여성 스타킹에 비단 대신 나일론을 사용하게 된 것은 1930년대 일본 경제성장에 치명타를 가했다. 1973년과 1979년의 OPEC의 원유가격 인상 또한 이 범주에 들어간다.

그러나 외부적 변화가 경제성장을 촉진할 것인지 지체시킬 것인지는 그 경제가 변화에 어떻게 반응하는가에 달려 있다. 어떤 경우는 생명력, 에너지, 유연성으로 귀결될 수도 있고, 반대로 무기력과 마비로 귀결될 수도 있다. 수년 전 나는 한 나라가 교역조건 —— 수입품과 수출품의 상대가격 —— 에 몰두하는 것 자체가 쇠약의 표현으로서, 마치 한 개인이 쉬지 않고 자신의 체온, 맥박, 혈압을 재는 것과 같다고 쓴 바 있다. 최적의 조건에서는 국가가 수입품과 수출품의 가격변화에 대응해서 자신의 자원을 재편성하여, (비용 하락 때문이라면 별 문제가 아니겠지만 그 이외의 이유로 가격이 내릴 때) 가격이 하락하는 제품으로부터 가격이 안정되거나 상승하는 제품을 향해서 자원배분이 변화한다.[26] "변화능력"은 교역조건의 변화에 적응하는 데에 필요한 요소이며 동시에 내부적 요소들에 의해 제한되는 것이다.

쇠퇴의 외부 원인과 내부 원인은 폴 케네디의 『강대국의 흥망』[27]에서 두드러진 "과잉팽창"이라는 개념에서 다시 보게 된다. 이 개념은 물론 새로운 것은 아니다. 제프리 파커는 『플랑드르 군대와 에스파냐 도로, 1567-1659』[28]에서 윌키스라는 사람의 말(1587년 7월)을 인용해서 제사(題辭)로 썼다. "이러한 행위를 유지하는 데에 가장 어려운 문제는 국가의 세금과 자산을 통해서 유지해야 하는 전비와 병사의 수를 어떻게 할당할 것인가 하는 데에 있다."[29] 파커는 나아가서 에스파냐가 네덜란드의 반란을 진압하기 위해서 노력한 것에 대해서 이렇게 서술한다.

전체적으로 에스파냐에는 네덜란드와의 전쟁이 끝없이 계속되고 그

비용이 국고가 감당하기에 너무 막대하게 커질 가능성을 기꺼이 인정하려는 사람이 거의 없었다. 윌키스 씨가 언급했듯이 가용자원을 고려해서 전쟁지출을 할당하는 문제는 16세기의 거의 모든 국가의 정부가 도전했다가 패배한 것이었다. 그 시절의 정치는 "상인의 저울"로 측량되는 경우가 거의 없었다. 그래서 플랑드르 군도 아무리 비용이 많이 들더라도 모든 저항이 붕괴될 때까지 네덜란드에 대해서 최대한의 군사적 압력을 지속하도록 명령받았다……물론 그 대가는 파멸적이었다……[30]

이 진술은 "너무 많은 궁전, 너무 많은 전쟁"이라는 루이 14세의 유언, 베트남 전쟁에 대한 L. B. 존슨 대통령의 태도, 독일 참모의 일반적인 모토인 "Geld spielt keine Rolle"(문자 그대로는 "돈은 아무 역할도 하지 않는다"라는 뜻이지만 더 직설적으로 이야기하면 "비용은 신경 쓰지 마!")를 연상시킨다. "상인의 저울"은 프랑스 귀족의 가치관을 연구하는 사회학자 제시 피츠에게 "그의 부하들은 상관을 존경한다", "〔전쟁에서〕 결코 숨지 마라", "잔돈을 세지 마라"는 모토들을 생각나게 한다.[31]

오늘날의 과잉팽창의 사례는, 미국이 나머지 세계에 대해서 핵우산을 제공하느라 너무 무리했다는 널리 퍼진 비판에서 발견할 수 있다. 미국은 2-3개의 대양 함대를 유지하고, 중동, 소말리아, 아이티, 그리고 이전에는 과테말라와 파나마에서 세계의 경찰 역할을 했고, 아마 장차 보스니아와 구소련에서 떨어져 나온 국가들에 대해서도 그런 역할을 하게 될 것이다. 여기에는 제9장에서 언급한 바 있는 의지-지갑의 문제(will-wallet problem)가 있다. 제2차 세계대전에서 국가수입의 절반을 사용할 수 있었던 이 나라는 만약 기꺼이 충분한 세금을 낼 의지만 있다면 매우 다양한 경찰 활동을 감당할 수 있을 것이다. 비판은 그리고 싶지 않은 쪽에서 나온다. 목적에 대한 의지만으로는 부족하다. 수단에 대한 의지도 있어야 한다. "우리는 감당할 수 없다"는 말은 우리가 돈을 써야 할 다른 분야들이 너무 많다는 것 혹은 그 나라 —— 행정부나 의회뿐 아니라 압력집단과 유권자를 포함한 나라 전체 —— 가 그 목적만을 추구하기 위해서 다른 것들을 포기하지는 않겠다는 것을 간접적으로 말하는 방법이다.

앞에서 말한 것은 목적에 대한 의지를 다룬 것은 아니다. 혹은 부시 대통령이 일본, 사우디아라비아와 같은 중동 국가들, 그리고 그외에도 여러 나라들에 모자를 돌리며 미국이 결정한 정책에 필요한 돈을 그 모자 속에 집어넣으라고 요구했던 때처럼 다른 이들이 수단을 제공할 것에 대한 기대 혹은 바람을 다루지도 않았다. 물론 그 정책들은 돈을 내도록 요구받은 국가들에게 혜택을 줄 것이다. 경제 선두를 차지한 대부분의 경우, 예를 들면 영국과 같은 경우, 그 국가는 연합의 지도자로서 다른 국가들을 고용해서 싸우도록 만들고 대신 보조금을 지불하곤 했다. 그러나 미국이 주도하는 '사막의 폭풍' 작전에서는 역할이 전도되었다.

내부적 원인

위험 회피, 소비 증가, 저축 감소, 생산 수익 감소, 혁신 감소, 과세 저항, 부채 증가, 지대 선호, 네덜란드 병을 낳는 질투, 투기 거품, 도박, 부패, 정부와 기업의 관료 증상 증가, 변화에 대한 적응 거부 등과 같은 쇠퇴의 내부적 원인을 다시 설명하고 싶지는 않다. 그러나 두 가지 점만은 다시 지적하고 싶다. 하나는 카드월의 법칙이며 —— 이에 대해서는 조엘 모키르가 일련의 흥미로운 논문을 썼다[32] —— 다른 하나는 연방적/중앙 집중적 혹은 다원적/계서적 조직 문제이다.

제3장의 기억을 되살려 보면, 카드월은 어떤 국가도 2-3세대 이상 기술 혁신의 첨단 위치에 머무를 수 없다고 했다.[33] 이것은 근본적으로 경험적인 발견일 뿐 이에 대한 이론적인 근거를 제공하지는 못했다. 그 과업은 조엘 모키르가 떠맡았는데, 그는 변화에 대한 저항이 러다이트, 차티스트, 길

드, 노조, 오래된 카르텔, 낙후산업뿐 아니라 덜 조직화된 집단과 개인에 의해서도 나타난다고 지적했다. 이러한 세력들로서는 "시대의 산물인 특수 기술", "순응력이 떨어지는 자산"(모키르가 이렇게 불렀다)이 혁신되면 오히려 자신들이 손해를 입게 될지 모르므로 그런 위험한 상황의 도래를 미리 예방하는 경향을 보인다.[34] 이 주장은 올슨의 "분배동맹"에 크게 의지하고 있지만, 일반적인 기득권 문제에까지 확대되었고 영국의 경우에는 "향수 어린 낭만주의"까지 포함한다.[35] 모키르는 혁신이 네트워크 기술과 호환되지 않는 경우를 인정했는데, 이미 언급한 석탄 운반 차량에 대한 시장의 실패가 대표적인 사례이다. 석탄 운반 차량은 철도회사가 아니라 탄광회사의 소유였기에 너무 작아서 효율이 떨어졌음에도 교체하지 못했다. 이는 시장이 비용과 수익의 분할에 대해서 교섭할 능력이 없으며, 변화로부터 발생하는 수익을 내재화하기 위해서는 수직적 통합이 필요한 경우이다.[36] 논지의 핵심은, 한 국가가 어느 정도 기술발전을 이루면, 지속적인 변화를 가로막는 저항이 만들어진다는 것이다. 그러나 유럽이나 세계와 같은 더 큰 규모에서 살펴보면, 늘 새로운 지역에서 새로운 출발이 생김으로써 낙후자들을 위협하여 적응하도록 강요하고, 따라서 전체적으로는 진보가 유지된다.

연방/중앙집중의 문제는 혁신과 그 속도 저하의 문제만이 아니라 더 일반적으로 상업, 정부, 군대, 대학 같은 조직 문제를 포괄한다. 특히 소규모로 시작해서 점차 커지는 모든 제도들이 문제가 된다. 작은 것이 아름다울 수도 있고 아닐 수도 있지만, 효율적이지 않으면 사라지게 된다. 모키르는 도시국가가 아마 가장 효율적인 경제단위인 듯하지만 —— 베네치아나 제노바뿐 아니라 오늘날의 홍콩과 싱가포르를 보라[37] —— 그것이 확대되면 문제가 시작된다고 했다. 느슨한 연방구조는 물론 잘 작동할 수도 있으나, 상당한 규모의 성장이나 거대화가 시작되면 권력, 의무, 권리를 최상층과 아래 단위들 사이에 어떻게 분배할 것인가 하는 문제가 생긴다. 물론 주변

환경에 따라서 많은 것이 달라진다. 상황이 안정적이라면 연방구조가 잘 작동할 것이다. 그러나 만약 상황이 긴장과 변화 혹은 창조적 변화의 기회로 가득 차 있어서 구성요소들 사이의 조정이 요청되거나, 하나 혹은 그 이상의 요소들을 서로 다른 방향으로 움직이도록 지휘할 필요가 있다면 중앙의 결정이 필요할 것이다.

딜레마는 이것이다. 안정적인 시기에는 장인의 본능과 낮은 수준의 혁신적 능력을 이끌어내기 위해서 분권화가 선호된다. 반면에 위기나 중대한 변화의 시기에는 중앙의 지도가 필요하다. 그러나 중앙이 너무 크게 성장하면 관료주의적 경화가 시작되어 그 다음 위기에 대응할 중앙권력의 능력을 저하시킨다.

제너럴 일렉트릭은 20세기 중반의 뛰어난 회사였다. 여러 자회사들이 발전기, 항공기 엔진, 그리고 냉장고 및 식기세척기와 토스터 같은 전자제품을 생산해서 수익을 올렸지만, 별 기능을 하지 못하던 본사는 컴퓨터 사업을 장악할 기회를 놓쳐 버렸다. 제너럴 모터스의 성공 요인은 장기적으로 보면 앨프레드 P. 슬론 2세 회장 아래의 중앙집중화에 있었던 것이 아니라 시보레, 뷰익, 올즈모빌, 캐딜락에게 독립권을 준 분권화에 있었다. 그러나 경쟁이 심해져서 몇몇 종류의 엔진과 몇몇 부품을 표준화함으로써 비용을 줄일 수 있게 되었고, 독일, 영국, 오스트레일리아, 남아프리카 연방의 자동차 공장에 대한 투자는 물론 디젤 기관차와 전자제품에도 기업통합의 열기가 확산되었을 때 문제가 발생했다. 정부와 대학에서처럼 중간관리자층이 커졌고 찰스 디킨스가 『막내 도리트』에서 번문욕례청(繁文縟禮廳, Circumlocution Office : 디킨스가 만든 용어로서 절차가 까다롭고 비능률적인 관청을 비꼰 말/역주)을 묘사하면서 "서식 채우기, 문서교환, 회의록 작성, 비망록 만들기, 서명, 앞뒤로 옆으로 지그재그로 옆길로 부서(副署)하기"[38]라고 불렸던 작업이 나타났다.

군대에서 개별 사병 이상의 단위들 —— 분대, 소대, 중대, 대대, 연대,

사단, 군단 —— 의 수가 세 개를 넘어갈 경우에는 하급단위들을 쪼개고 그 위에 추가로 상급단위를 두어야 제대로 운영할 수 있다는 것이 밝혀졌다. 그래도 상급단위와 하급단위 사이의 불일치 가능성은 여전히 남는데, 상급 단위는 더 넓은 지평을 살피는 데 비해서 하급단위는 근접한 현실과 더 밀접하게 접촉하기 때문이다. 조지 C. 마셜 장군(나중에 국무장관)은 '국지성(localitis)', 곧 하급단위의 근시안을 두려워했는데, 그는 전후 점령 독일에서 연합국 관리이사회의 미국 대표인 클레이 장군이 유럽 전역에 미치는 파급효과는 충분히 고려하지 않고 독일 경제와 정치 문제에만 관심을 기울였던 것을 염두에 두고 있었다.

대학의 경우에는, 최고 행정기구로 자금을 집중시켜서 발전을 도모할 것인지 아니면 하부의 학부, 연구소, 대학, 실험실로 돈을 보낼 것인지가 문제가 된다. 이 문제는 1910년 앤드루 웨스트 학장과 당시 프린스턴 대학 총장이던 우드로 윌슨 사이에서 웨스트가 모금한 200만 달러를 누가 통제할 것인가를 둘러싸고 벌어진, 널리 알려진 한 분쟁에서 제기되었다. 이 돈은 새 캠퍼스를 조성하기 위해서 대학원에서 써야 할 것인가 아니면 대학 전체를 위해서 써야 할 것인가? 윌슨은 졌고, 뉴저지의 주지사 선거에 출마하기 위해서 총장직에서 은퇴하였으며 1912년에는 미국 대통령에 출마했다. "모든 통은 스스로 서야 한다"는 하버드 대학교의 표어는 각 학부와 학과가 자신이 조성한 돈으로 필요한 비용을 충당해야 한다는 말이다. 그러나 이 경우 법률전문대학원이나 경영대학원과 달리 기금조성 능력이 없는 신학과나 고전학과와 같은 분과에서는 어려움에 빠지게 되며, 대학이 지식 분야의 왜곡 위험을 감수하면서 앞으로 달려 나가야 할 것인지, 아니면 취약부분을 지원해서 그 분야의 수준이 올라가도록 투자해야 할 것인지 하는 문제에 봉착한다. 닐 루덴스타인 총장의 1992-1993년 보고서에서는 다른 대학들이 돈과 학생을 모집하는 데 어려움을 겪는 학과들을 없애 가던 그 시기에, 오히려 균형을 잘 잡기 위해서 중앙집중적인 통제로 한 걸음 더 나아갈 것을 제안한다.

　연방주의를 일반 원리로 받아들이건, 얼마간의 중앙집중화가 —— 특히 새로운 상황에 따라 방향 변화가 요구될 때 —— 필요하다고 믿건, 변화는 어렵다. 사실 이사크 얀 알렉산더 호췰과 요한네스 골드베르그가 이끌던 18세기 말 네덜란드의 경우나,[39] 1921년 마티아스 에르츠베르거가 재무장관으로서 독일 조세체계를 개혁하고자 했을 때처럼, 변화가 불가능한 때가 종종 있다.[40] 내가 간단하게나마 알고 있는 한 경우는, 1939년에 로월과 시루아가 이끄는 캐나다의 한 위원회가, 이미 폐물이 되어 버린 1867년의 영국령 북아메리카 법에 의해서 규정된 재정권한의 분배체제를 재조정하고 특히 돈을 모으고 지출하는 몇몇 권한을 주 수준에서 자치령 수준으로 옮기려고 시도한 것이다. 심지어는 이런 정도의 변화 시도마저 실패했다.

　계서적으로 조직된 기관에서 분권화된 (혹은 연방적인) 기관으로든 혹은 그 반대 방향으로든 변화하는 것은, 대학이나 소규모 회사와 같은 비교적 작은 조직에서는 어느 정도 쉽게 실행되지만, 거대 기업이나 국가 전체에서는 훨씬 더 어렵다. 게다가 모든 조직체계는 엔트로피, 즉 경직성의 증가라는 숙명을 안고 있다. 몇 년 전 국무부에서 나는 직원들이 지리적인 구분으로부터 기능적인 구분으로 혹은 그 반대 방향으로 자주 —— 대략 10년마다 —— 재편성됨으로써 최상의 기능을 수행하는 것을 보았다. 지역 정치 전문가는 늘 필요할 테지만, 교역, 국제금융, 석유, 통신, 해운 등에 대해서 전반적으로 일하는 경제학자 역시 어떤 체계에서나 필요할 것이다. 지역 전문가든 경제 전문가든 너무 오래 지배하면 한쪽 방향으로 심하게 기울어져서 활동이 부진하게 된다. 패전과 같은 충격을 통해서 새 얼굴을 얻을 수가 없다면, 낡은 얼굴들을 주기적으로 뒤섞는 것이 차선책이 될 것이다.

　경제와 정치의 세계에는 작은 단위가 큰 단위로 집적되고 통합되는 움직임이 있는 반면에 분해되는 방향으로의 움직임도 있다. 구소련과 유고슬라비아 같은 최근의 두드러진 사례말고도, 조금 더 거슬러올라가면 제2차 세계대전 후의 영국, 네덜란드, 포르투갈, 벨기에 제국의 해체를 들 수 있고, 프랑스와 일본 제국 역시 어느 정도로는 그런 사례에 해당한다고 볼 수 있다. 게다가 에스파냐의 바스크와 캐나다의 퀘벡 분리 운동, 영국에서 웨일스와 스코틀랜드의 자치운동 역시 결코 중요성이 떨어지지 않으며, 뉴욕 시에서 탈퇴하려는 움직임을 보이는 스태튼 아일랜드도 아마 여기에 포함될 수 있을 것이다. 중앙집중화와 분권화는 지역적이고 전국적인 수준에서, 그리고 또한 세계적인 수준에서 지속적으로 긴장관계에 있는 움직임이다.

유럽 연합에서는 그 문제가 "보완성"의 문제로 제기되었다. 이것은 어떤 기능은 연합의 수준으로 끌어올리고 어떤 것은 구성 국가들의 수준에서 유지하는가를 결정하는 것이다. 논의는 주로 정부 기능의 견지에서 이루어지며, 범주는 스필오버(spillover : 지방정부가 제공하는 공공재의 이익이 행정구역의 경계를 넘어가는 현상/역주)에 있다. 한 국가의 노동, 보건, 치안은 다른 국가에는 별로 영향을 끼치지 않으며, 따라서 이 분야에서의 규제는 각 나라에 맡겨도 안전할 것이다. 반면에 이민은 스필오버 효과를 가지고 있으므로 연합에 의해서 규제되어야 한다. 카르텔이나 반독점 정책의 경우를 보면, 한 국가 내에서의 기업인수 행위는 그 결과로 생긴 기업의 규모에 따라서 외국에 영향을 끼칠 수도 있고 그렇지 않을 수도 있겠지만, 여러 국가에 걸쳐 있는 단일 산업 내의 기업 합병이나 인수가 이루어진다면 영향을 미칠 가능성이 높다. 유럽 정책 연구 센터의 주장에 따르면, 보완성의 의미는 반드시 사안별로 이해해야 한다.[41]

독자적인 기준 중 하나는 타이밍이다. 평화시에는 경제가 전향적으로 움직이고 분권화, 연방적이고 다원적인 자치의 기반 혹은 보완성이 촉진될 것이다. 위기의 시대에는 중앙집중화나 리더십이 요구되거나 조정이 필요할 것이다. 언제 어디서나 중앙집중화를 선호하거나 분권화를 선호하는 것은 비현실적이다.

정책

국가 생명주기가 의도적 행위에 의해서 근본적으로 바뀔 수 있는지, 그리고 적절한 정책의 결과로 회복력을 복원하여 위협적인 국가경제의 쇠퇴를 회피하거나 연기시킬 수 있는지 여부에 대한 질문이 남아 있다. 제2장에서는 질병이나 상해에 대해서 의료기술의 개선으로 인간의 생명주기를 연장시킬 수 있다는 점을 시사했다. 외부 요인이 전혀 간섭하지 않는 경우, 레빈슨이 성인 말기라고 부른 시기, 즉 80세 이후에는 의료기술의 도움으로 수명을 늘리지는 못하더라도 삶의 질은 개선시킬 수 있다.[42] 헨리 나우는 성장과 쇠퇴를 한편으로는 "구조 이론"의 견지에서, 다른 한편으로는 "선택-지향 모델"의 견지에서 분석함으로써 이 문제를 제기했는데, 전자에서는 변화가 어찌할 수 없는 것인 반면, 후자에서는 —— 나우 자신이 그렇게 믿는 바이지만 —— 정책을 적용함으로써 변화에 저항할 수 있다는 것이다.[43]

많은 경제 전문가들은 경제 쇠퇴를 저지하고 반전시키는 처방전을 가지고 있다. 최근의 한 책에 대한 서평을 예로 들어 보자.

리블린의 개혁 의제는……우리의 경제침체의 원인에서 직접 나온 것이다. 생산성 저하의 문제를 해결하기 위해서 그녀는 민간공장과 설비, 노동기술, 그리고 기초연구를 신기술에 응용하는 부문 등에 대한 투자를 늘릴 것을 제안한다. 소득 불평등을 줄이기 위해서는 노동 생산성 개선도 필요하겠지만, 경제적 하층계급을 주류 경제에 끌어 들여 성장의 몫을 나누어 가지도록 만들기 위한 진지한 노력이 반드시 필요하다. 이 목적을 위한 리블린의 제안은 신기술을 사용하는 노동에 필요한 기본기술들을 강조하는 공교육 개선이다. 국민 저축률을 높이기 위한 리블린의 조언은 단순하다. 연방의 재정적자를 줄이라는 것이다. 의료보장

비용을 억제하기 위해서, 그녀는 체계 전반에 걸친 비용 통제를 선호하는데, 이것은 공적 기관이든 사적 기관이든 모든 경비 지불자(의료기관)에 대해서 상환율을 설정하는 것이다.[44]

이 서평에 따르면, "이러한 수단들은 정치적 과정, 즉 예산삭감, 억제, 재배분, 감축, 그리고 아마도 증세 등을 필요로 할 것이다. 정치과정이 교착상태에 빠져 있다면 그 어느 것도 가능하지 않을 것이다"라고 했다. 그는 더 나아가서 이러한 어려움들을 관통하여 리블린의 제안을 실현하는 길은

미국의 각 주들에 생명력을 다시 불어 넣어서 스스로 경제정책을 결정하는 독립된 중심지로 만드는 것이다. 연방정부와 주정부 사이의 재정 책임의 선을 다시 그어야 할 것이다. 연방정부는 적자를 줄이고 국민의료보장의 확대에 따른 위기에 대처해야 한다. 국세를 주정부에 보조함으로써, 주정부는 생산성 향상을 위한 프로그램을 마련해야 한다.[45]

이 프로그램은 너무나도 엄청난 것으로 보인다.

서평자의 요약에 의지해서 200쪽짜리 책을 한두 문단으로 걸러내는 것은 부당한 일이다. 그러나 위와 같이 심하게 압축된 프로그램이라도 자신의 활에 줄을 하나밖에 가지고 있지 않은 —— 통화공급 고정, 혹은 전면적인 반독점 정책, 혹은 일본의 통산성이 했던 것과 같은 산업정책 적용, 혹은 소득정책 추진, 혹은 금본위제로의 환원 등 —— 경제 전문가들의 것보다는 훨씬 앞선 것이다. 그럼에도 불구하고 이 제안은 『이상한 나라의 앨리스』에 나오는 붉은 여왕이 이야기하는 "아침 식사 전에 해야 할 여섯 가지 불가능한 일"을 연상시킨다. 진정한 교육개혁, 소득분배 교정, 생산성 및 저축과 투자의 향상, 비경제적인 보조금 축소, 균형예산, 전체 국민이 이용할 수 있으면서도 재정적으로 문제가 없는 의료보험 제도 등을 이루려

고 노력해 볼 수도 있을 것이다. 그러나 현재의 정치권력 상태에서는 모든 개혁마다 정치 헌금을 통해서 입법부에 영향력을 끼치는 강력하고 자금이 풍부한 로비스트들의 심한 저항을 받게 될 것이다. 냉소적으로 보이고 싶지는 않지만, 이와 같은 광범위한 개혁 프로그램은 분명히 유토피아적이라고 평하지 않을 수 없다.

시오도르 모란은 열강의 수가 둘에서 하나로 줄어든 세계에서 미국의 안보를 위한 무역정책을 논하는 책을 썼는데, 그 책의 첫 번째 장은 미국의 몰락을 뒤집는 내용이다. 거기에서 미국의 몰락은 "최소한 원칙적으로는 분명히 역전 가능한" 것이다.[46)]

> 필요한 거시경제 정책들(소비 억제, 저축과 투자 장려, 연방정부 적자 축소)은 비교적 분명하다. 어려움은 그러한 정책을 어떻게 이해하느냐 하는 정치적 과업에서 생긴다……〔냉전이 끝난 후〕확실하고 현존하는 위험이 사라진 편안한 상황에서, 규율, 희생, 합의된 목적을 요구하는 불편한 해결책에 대한 필요는 매우 적어 보인다.[47)]

미국이 자신의 경제적, 정치적 문제를 똑바로 직시하고 싶어하지 않는 원인을 '심층적인 침체'(deep-seated malaise : 카터 대통령은 이 말을 썼다가 놀림을 당했다)보다는 냉전의 종식으로 생긴 편안함에 돌리는 것은 논점을 회피하는 것이다. 1990년을 기준으로 보면, 합의된 목표를 위한 규율과 자발적 희생은 이미 10년도 전에 없어져 버린 것이다.

국가들이 크게 분발하여 놀라운 일을 이룩하는 시기도 있다. 1871-1872년에 프랑스가 프로이센에게 전쟁배상금을 지불한 것을 생각해 보라. 핀란드가 소련에게 1944년에 그리고 다시 1945-1947년에 전쟁배상금을 지불한 것도 마찬가지이다. 독일과 일본은 제2차 세계대전 후 경제기적을 일으켰다. 1945년 이후 전쟁으로 약화된 동맹국과 패전국들을 돕기 위한 초당파적인 미국의 노력도 그러하다(그 노력은 마셜 플랜에만 국한되지 않았다). 이러한 노력들은 전시와 끔찍한 곤궁에 처했을 때를 제외하고는 찾아보기 힘든 정치적 통일성을 요구한다.

대개 모든 나라들은 의학적으로 질병과 상해라고 부르는 것, 즉 외부적 사건으로 조성된 위기에는 더 잘 대응하지만, 점진적인 몰락에는 그렇지 못하다. 한 국가가 "젊을" 때, 그리고 생명력, 에너지, 정력이 넘칠 때에는 외부적 위기에 더욱 잘 대처하지만, 나중에 무감각해졌을 때에는 그렇지 못하다. 국가 생명주기의 말기 단계에서 내부적 몰락 원인을 이전과 똑같이 성공적으로 극복할 수 있을지는 더욱 의심스럽다. 고(故) 칼도 경이 영국의 경제적 난관을 극복하기 위해서 옹호한 관세보호 정책은 젊음의 샘이나 몽키 그랜드(monkey glands : 원숭이의 성장 호르몬 선으로서, 인간에게 이식 가능하며 젊음을 회복시켜 준다는 말이 있다/역주)과 같은 역할을 하기에는 역부족일 듯하다. 쇠퇴 중인 경제에 대해서, 시동이 꺼진 자동차에 점프 케이블을 이용하여 다시 시동을 거는 것 같은 실험은 한번 해 볼 만하기는 하다. 그러나 나 같은 경제학자로서는 프랭클린 루스벨트 대통령이 불황기에 충분한 이론적인 근거 없이 온갖 만병통치약을 차례차례 사용해 본 것을 존경하기는 힘들다. 절충주의 역시 세계적 불황에는 더 적합하겠지만 점진적으로 저성장 속으로 몰락해 가면서 간헐적인 불황기와 발열기가 뒤섞여 있는 경제에는 별로 효과가 없을 것이다.

네덜란드의 쇠퇴를 논의하면서, 사이먼 샤마는 그 나라에는 1789년 파리 바스티유의 폭풍과 같은 극적인 전환이 없다는 점을 강조했다.[48] 미국 경제의 소생을 믿는 로즈크런스는 미국의 사회적 에너지에 불을 붙이고 새로운 사회적 협력을 만들 수 있는 스파크가 지금까지는 없었다고 말한다. 그는 위기가 그러한 자극을 줄 것으로 기대하며 네 가지 가상 시나리오를 제시한다. (1) 일본 주식시장(그가 그 글을 쓸 당시에는 언제나 높은 수준이었다)의 붕괴가 뉴욕으로 확산된다. (2) 미국의 지속적인 차입 필요가 높은 이자율을 낳는다. (3) 미국의 무역적자가 악화되어 외국인들이 달러를 팔아치우고 달러는 경착륙한다. (4) 미국은 서서히 불황으로 빠져든다.[49] 1993년 가을에 일본 주식시장은 폭락했지만 뉴욕에는 아무 영향을 미치지 않았고, 시나리오 2, 3번은 발생하지 않았으며, 1991-1993년의 "봉쇄된 불황" — 장기간의 후퇴에 뒤이은 저속성장이라고 부를 수도 있을 — 은 위기를 낳지 않았다. 로즈크런스의 낙관론은 칭찬할 만하다. 그는 위기를 통해서 미국국민들이 가진 풍부한 선의가 이용되어야 한다고 생각했고, 실제로 그렇게 될 것이라고 믿었다.[50]

정책 구상은 값싼 것일 수 있으나, 올바른 정책을 실행에 옮기는 것이야말로 매우 수고로운 일이다. 우리는 과거에 에스파냐의 아르비트리스타 (arbitrista : 여론 주도자들)의 올바른 충고가 완전히 무시된 것을 보았다. 병적인 긴장상태에 있던 제2차 세계대전 전의 프랑스와 관련해서도 그와 유사한 성찰이 가능하다.

……30년대를 돌이켜 보면, 개혁의 필수성이 일반적으로 인식되고 있었던 것과 그 개혁을 성취하는 데에 무능력했던 것 사이의 놀라운 대조를 놓칠 수 없을 것이다. 이것은 드 라팔리스가 지적했듯이 퇴영주의(退嬰主義)가 여전히 지배하고 있었기 때문이었다.[51]

세계경제의 선두가 몰락하면 다른 국가가 뒤이어 흥기하는가?

1973년 이전에는 세계경제의 주도권을 행사하던 한 국가가 쇠퇴하면 대개 그 자리를 기꺼이 넘겨 받으려고 하거나 더 나아가서 그러기를 열망하는 다른 국가가 흥기했다. 프랑스, 독일, 일본(특히 뒤의 두 나라는 1939년 이전)의 경우가 말해 주듯이, 아직 그 자리가 비지 않았을 때에 이미 계승 후보자들이 존재하기도 했다. 기원전 1700년부터 서기 1450년까지 3,000년에 걸친 헤게모니의 이전 과정에 초점을 맞춘 한 논문은 열다섯 차례의 상승기(A)와 하락기(B) 동안에 헤게모니를 가진 국가가 없던 때도 많았다고 이야기한다.[52] 16세기와 17세기 사이에는 무게 중심이 어디에 있었는지 아무도 몰랐다.[53] 나는 그 점에 대해서 판단을 내릴 만한 입장이 아니다. 다만 변화가 때로는 급격하게 이루어진다는 점을 이야기할 수 있다. 1440년경에 브뤼주에서 안트베르펜으로, 그리고 1585년 한 해 만에 안트베르펜에서 암스테르담으로 중심이 넘어간 것이 그 예이다. 한편 다른 시대에는 비록 선두가 바뀌는 정확한 날짜는 못박기 어렵더라도 어느 나라가 상승하고 어느 나라가 몰락하는지는 분명하게 보인다. 나는 이전의 연구에서 1870년경의 영국의 쇠퇴 시작과 에드워드 시대의 선두의 점진적인 상실, 그리고 미국이 세계경제 안정의 책임을 기꺼이 받아들이는 시대 사이에는 장기간에 걸쳐 일종의 공위(空位) 기간이 있었다고 주장했다. 미국의 대두는 1934년(호혜무역협정법), 1936년(3국통화협정), 1941년(무기대여법), 1944년(브레튼우즈), 1948년(마셜 플랜)을 거치며 서서히 나타났다.[54]

경제력을 갖추었다는 것과 세계평화, 안정, 성장과 같은 공공재를 구축하기 위해서 그 경제력을 사용하는 것 사이에는 모호성이 존재한다. 1890년에 미국의 일인당 소득은 독일이나 영국보다 높았지만, 미국은 고립정책에 집착했기 때문에 세계경제 지도국의 자리를 차지했다고 할 수 없다. 일본은 1993년에 미국보다 일인당 소득이 더 높았을 수도 있고 그렇지 않을 수도 있다. 만약 케이자이 코호(經濟廣報) 센터의 환율을 받아들이면 일본은 3만 3,701달러, 미국은 2만5,009달러이다. 그러나 미국의 경제적 선두가 하강하고 있었던 반면에 일본은 그것에 도전하거나 그것을 요구하지 않았다.[55]

한 국가가 속도를 늦추면 다른 국가가 급속히 성장하던 이전 시기와는 달리, 1945년 혹은 1950년부터 1973년까지의 황금기에는 산업국가들이 다같이 급속히 성장했고, 그 다음 20년 동안에는 성장이 다같이 늦추어졌다. 물론 정말로 모든 나라의 성장이 동시에 늦추어진 것은 아니었다. 영국이 제일 먼저 1970년대 초에 감속이 시작되었고, 미국이 곧 이어 1974년과 다시 1980-1981년에 시작했다가 1980년대 말과 1990년대 초에 침체의 시기로 빠져들었다. 프랑스는 미테랑 대통령의 사회주의 실험이 자본도피라는 중간계급의 반발에 부딪혀 실패한 후인 1982년부터 감속이 시작되었다. 독일과 일본은 1989-1990년에 감속이 시작되었는데, 그 이유는 서로 다르다. 독일은 동독 마르크와 서독 마르크를 잘못된 비율로 교환했기 때문이었다. 교환비율이 2:1이었다면 아마도 인플레이션을 덜 유발하고 또 분데스방크가 제동을 걸도록 요구하지도 않았을 텐데, 실제로는 1:1로 교환을 한 것이다. 일본은 앞에서 설명한 거품이 원인으로서, 그것은 1990년에 터져서 지속적인 상처를 남겼다. 앞의 장들에서 설명했듯이 독일과 일본이 유럽과 동아시아에서 지역적인 우월성을 추구했지만, 둘 중 어느 나라도 17세기 네덜란드나 1770년에서 1870년의 영국, 1945년에서 1971년까지 미국이 향유했던 —— 혹은 더 정확히 말하자면 단지 보유했던 —— 세계경제의 선두의 자리를 추구하거나 보유하지 않을 것으로 보인다.

기꺼이 지도자 자리를 인수하려는 자가 없다면 그 다음은 어떻게 될 것인가? 나이, 나우, 피터슨, 로즈크런스와 기타 여러 사람이 주장하듯이 미국경제가 새로운 회복력을 보이고, 미국의 경제와 정치 리더십이 1950년대와 1960년대처럼 다시 압도하게 될 가능성이 아직 남아 있다. 미국의 경제 성장주기를 보면 1990년대에 상승하기 시작해서 1994년 봄이 되면 연방준비제도 이사회는 인플레이션으로 빠져드는 것을 막기 위해서 고이자율이라는 브레이크를 사용하기 시작할 정도가 되었다. 미국의 대외정책은 아이티에서 성공했고, 이라크의 사담 후세인이 다시 쿠웨이트를 위협하지 못하도록 압박하는 데 성공했다. 그러나 이러한 반응은 젊은 국가들이 보여 주는 생명력에는 훨씬 못 미친다. 미국의 분위기는 확신에 찬 것이 아니라 음침하다. 의견들은 나뉘어져 있다. 일반 이익을 위해서 기꺼이 타협하려는 태도는 보기 힘들다. 소득분배의 비대칭성이 더 커지는 것은 사회적 통합이 상실된 결과이자 임박한 쇠퇴의 징후이다. 금융 분야를 제외하고는 창조성이 느슨해졌다. 혁신은 감소한 반면 생산성은 증가하는데, 이것은 기업들이 비대해진 화이트 칼라층을 줄이고 고임금의 일자리를 줄였기 때문이다. 그렇지만 그 대가로 중간계급 사람들을 그리고 교육을 마치고 좋은 직업을 얻으려고 하는 사람들을 불안하게 만들었다. 장기적인 관점에서 보면, 1991년에 시작된 미국의 회복은 장기추세의 일부분이라기보다는 주기적인 상승에 가까운 것 같다.

여러 다양한 개혁이 필요하지만 —— 미국, 이탈리아, 일본, 그리고 구소련의 계승국가들에서도 —— 제때에 만족할 만한 정도로 그 개혁을 이루어낼 가능성은 희박해 보인다. 모든 곳에서 일반 대중들은 공직자들에 대해서 분노까지는 아니라고 해도 냉소적이고 부정적이 되었으며, 체제의 결함을 성공적으로 교정할 가능성에 대해서 그리 낙관적이지 않다. 보수주의자들은 정부의 실패에 대해서 관료와 정치인을 비난하지만, 그렇다고 명백하게 시장 실패를 지목하려고 하지도 않는다(그렇게 하면 정부의 행동을 요구할 수밖에 없을 것이다).

만약 미국이 복귀하여 세계경제의 중심 혹은 리더의 역할을 계속하는 데 성공하지 못한다면, 그 다음은 어떻게 될 것인가? 여러 대안 시나리오를 제시하는 일은 쉬울 것이다. 그러나 내 판단으로는 가까운 미래에 어느 나라가 다른 나라보다 더 큰 가능성을 가지고 있다고 말하는 일은 불가능하다.

스티븐 크라스너와 로버트 큐한과 같은 정치학자들은 "체제(regime)"의 존재를 믿는다. 즉 한 헤게모니 세력이 지배하는 동안에 발달한 제도, 습관, 관례들은 그 헤게모니 세력의 설득력과 강제력이 사라진 후에도 관성에 따라서 지속된다는 것이다. 제2차 세계대전 이후 미국은 여러 제도들로 구성되는 국제조직 체제를 구성했다. 주로 군사적 안보를 목적으로 한 국제연합, 무역에서 관세와 무역에 관한 일반 협정(GATT), 시간이 지나면서 후진국, 저개발국, 미개발국, 개발도상국 등으로 이름이 바뀌어 간 여러 나라들의 경제 성장과 개발을 이루기 위한 세계은행, 국제 결제에서 단기 불균형을 조정하기 위한 국제통화기금(IMF) 등이 대표적인 기관들이다. 초기에는 미국 자신이 군사적 구호, 점령지에 대한 원조, 영국의 대부, 마셜 플랜 등으로 서서히 리더십을 발휘했으나, 그 이후에는 앞에서 언급한 일련의 제도들이 어느 정도 효율적으로 작동했다. 각국 통화들 사이에 교환이 가능해졌고, 관세가 축소되었으며, 1930년대에 메말라 버린 국제적인 민간투자가 다시 시작되었다. 그것은 정말 황금시대였다. 어떤 시각에서는 왜 그 황금시대가 끝났는가 하는 것이 질문거리가 되기도 하고 다른 시각에서는 그것이 어떻게 그렇게 오래 지속되었는가 하는 것이 의문이다.

이 체제가 정확히 언제 붕괴되었는지 말하기는 어렵지만 대개 1970년대 초를 많이 거론한다. 이 시기에 고정환율 체제가 붕괴되었다. 큰 국가들의 통화정책은 더 이상 조정되지 않았고, 그 결과 세계에는 달러가 넘쳐나게 되었다. 석유수출국기구(OPEC)는 1973년 말에 유가를 네 배 인상했고, 1979년에 다시 거의 세 배 인상했다. 실질 이자율이 거의 마이너스에 가까워졌는데도 개발도상국에 대한 은행 연합 융자(syndicated bank loans)는 치솟았다. 유엔은 처음에는 소련이 안정보장이사회에서 비토권을 행사함으로써 불구가 되었으나, 점차 독일과 일본이 —— 군사력은 아니지만 —— 경제력에서 상승하고도 안전보장이사회 상임이사국 의석을 확보하지 못함으로써 실재를 덜 반영하게 되었다. 무역장벽의 축소는 수많은 다자간 협상 —— 제노바, 딜런, 케네디, 도쿄 —— 에 의해서 진전되었지만 그 대신 비관세 장벽이 등장했다. 주로 미국에 의한 것이었지만, 수입국이 수출국에게 수출자율규제를 강제했다. 농업제품과 서비스 분야(은행, 보험 등)에 대한 산업제품의 양보 범위를 넓히려는 의도를 가진 우루과이 라운드 무역협상은 5년간의 연장을 두 번이나 하고서야 1994년에 최종 합의되었다. 그 계승자는 새로운 세계무역기구(WTO)가 될 것이다. 그러나 국제기구들이 모든 것을 치료해 주지는 못한다. 실제로 많은 기구들은 제대로 기능하지 못했다. 예컨대 세계보건기구(WHO)는 공동의 목표, 협력에 따른 이익, 적당한 분담금 등이 명백했는데도 불구하고 설립하는 데에 8년이 걸렸다.[56] 국제기구는 물론 장려하고 건설할 만한 가치가 있다. 그러나 그 기록을 보면 세계경제가 위기에 처했을 때 그와 같은 초국가적인 기관을 통해서 효과적으로 위기를 다룰 수 있으리라는 확신이 들지 않는다.

국제기구는 방금 언급한 것에만 제한되지 않는다. 미래의 경제질서는 지역주의에 있다고 생각하는 사람들도 있다. 유럽 연합(이전의 유럽 경제공동체)이 있고, 캐나다, 멕시코, 미국 사이의 북미 자유무역협정(NAFTA)이 있다. 또 일본과 네 "호랑이"(홍콩, 싱가포르, 한국, 대만)를 포함한 비슷한 방식의 동남 아시아 연합이 있는데, 여기에는 인도네시아, 말레이시아, 필리핀, 태국, 그리고 궁극적으로 중국이라는 "태동하는 시장"이 함께 존재한다. NAFTA는 아마 중남미 국가들이 연계되어서 성장할 것이며, 현시점에서 가장 중요한 후보자는 칠레이다. 이 세 블록들은 때로는 정치나 무역보다 외환의 관점에서 생각되기도 한다. 유럽 통화단위(ECU)의 지역, 미국 달러의 지역, 일본 엔의 지역 같은 식이다. 그리고 여기에는 다원적 기구보다는 독일, 일본, 미국과 같은 지역적 지도자들이 중심이 된다. 이런 식의 세계분할은 중동, 남아시아, 아프리카, 구소련(러시아와 이전의 구성 국가들이 유럽 연합에 참가하지 않는다면), 오세아니아(오스트레일리아와 뉴질랜드가 동남 아시아 블록에 동참하지 않는다면)를 고립시킬 것이다. 지금 존재하는 윤곽을 넘어서서 새롭게 관계를 정리하는 오랜 과정이 필요할 것이며, 그것은 어떤 권위적인 명령에 의해서가 아니라 다원주의적 진화과정에 의해서 안정될 것이다.

몇몇 정치학적 예측에 따르면 세계가 지역이 아니라 개발 정도에 따라서 분할될 것이라고도 한다. 가령 한편에는 OECD가 있고 다른 한편에는 유엔 무역개발기구(UNCTAD)가 있는 식이다. 후자는 현재로서는 거의 사멸해 가는 듯 보인다. 최소한 이것은 선진세계의 시야에서는 떨어져나갔다. OECD 역시 주요 결정 그룹으로부터 멀어져 갔다.

덜 공식적인 기구로는 G-7(Group of Seven)이 있다. 이것은 처음에는 G-5, 즉 영국, 프랑스, 독일, 일본, 미국으로 시작했다가 나중에 캐나다와 이탈리아가 추가되었다. G-7은 일 년에 한두 차례 "정상회담"을 가지는데, 회담은 재무장관, 중앙은행 관련자들, 그리고 "셰르파(Sherpa)"라고 불리며 국가원수가 확인할 결정사항들을 준비하는 실무직원들에 의해서 미리 준비된다.[57] 저개발국, 구소련 블록, 중국이 참가하지 않으므로 이 기구의 대표성에 문제가 없는 것은 아니다. IMF의 상임 전무이사가 G-7 회담 —— 특히 대리회담(재무장관과 중앙은행 총재들의 회담/역주) —— 에 참가하지만, 정책결정의 조력자라기보다는 정보 제공자일 뿐이다.

국가원수들의 연례 정상회담은 국제적인 의사결정에 그다지 유용한 방식이 아니다. 협상은 보다 낮은 수준에서, 즉 자신의 전문영역에 정통한 공무원들과 정치인들에 의해서 수행되어야 한다. 성공적인 회의와 그렇지 않은 회의를 비교해 보도록 하자. 한편으로 1920년 7월 스파(벨기에)에서의 배상금 회담,[58] 1933년의 세계경제회의,[59] 1945년 7-8월의 포츠담 회담과 같은 것들은 국제정치의 재앙이었지만, 다른 한편으로는 경제협력개발기구(OECD)의 제3작업부 회의(Working Party No. 3), 유럽 결제동맹의 운영이사회[60]처럼 중간급 전문가들의 지속적인 회담이 유익한 결과를 낳았던 성공적인 회의도 있다.

다양하게 기능하는 경제 수준에서의 빈번한 상호 작용에 대해서는 너무나 할 이야기가 많다. 특히 거시경제 정책, 무역, 그리고 보건, 환경오염, 이민, 난민 등과 같은 더 작은 영역들 등 다 헤아리기조차 힘들 정도이다. 그러나 그 기록을 보면, 많은 성공에도 불구하고 전체적으로는 확신이 서지 않는다. 국가적 이익이 서로 다를 때 한쪽이 수수방관할 뿐 다른 쪽을 설득하려고 하지 않으면 협력을 지속하기가 어렵다. 인플레이션 공포에 시달리는 서독, 농부들의 항의 폭발 때문에 신경쇠약에 걸린 프랑스, 여러 다양한 로비 세력이 힘을 행사하는 미국 등의 상황은 국제적 공공이익보다는 편협한 방향으로 기울게 한다. 금본위제 시기 영국의 경우에서와 같은 강한 리더십(이것은 숨겨져 있을 때 가장 강력하다), 최소한 1970년대 초까지의 IMF와 세계은행(미국), 또는 GATT의 보복 위협은 그러한 장애물들을 뚫거나 넘어갈 수 있었다. 그러나 적절한 힘과 목적을 가진 효율적인 지도자가 없는 상황에서, 이 체계는 '죄수의 딜레마' 게임으로 변형되어, 유용한 방향으로 처음 발을 내딛는 자가 무임승차하는 다른 이들에 의해서 희생된다.

내가 믿듯이 자비로운 전제주의가 가장 효율적인 체계라고 하더라도, 그것 역시 평등한 국가들 사이의 다원적 협력체계 혹은 세력균형에서와 마찬가지로 엔트로피에 종속된다. 전제군주가 전체의 이익을 위해서 일하는 자비로운 상태로 남아 있을 리 없고, 설사 그렇게 하는 데에 성공한다고 하더라도 그런 식으로 인식되지는 않을 것이다. 작은 국가들은 집단을 이루어 이탈하지만 않는다면(실제 이런 일이 종종 발생한다) 계속 전제국가에 동조하며 있을 수 있겠지만, 더 큰 국가들은 자기 갈 길을 가는 법이다. 예를 들면 프랑스는 모든 방향을 향해 미사일을 준비하고 있으며(소련뿐 아니라 미국도 겨냥한다), 1965년에 달러를 금으로 바꿈으로써 미국을 응징하려고 했다. 지도급 국가들은 안정을 유지하기 위해서 자기 몫 이상의 비용을 지불하지만, 점차 그렇게 하는 데에 지쳐 간다. 특히 위신을 추구하는 것이 아니라 자국의 이익을 취한다는 비판을 받을 때, 국제통화의 공급을 위한 화폐주조권을 일방적으로 사용하고, 저축이나 기술, 기타 가치 있는 것들을 제공하지 않으면서 민간투자를 독점한다고 비난받을 때 더욱 염증을 느낀다.

그 다음은?

나우, 로즈크런스, 피터슨, 리블린, 모란 등의 항변에도 불구하고 결국 미국이 몰락할 것이며 그것을 역전시키는 것이 어렵다는 점을 받아들인다면, 그리고 정상에 올랐지만 세계경제의 선두에 도전하기를 꺼리는 독일과 일본의 성장이 약화되고 있다면, 그 다음에는 어떻게 될 것인가? 1990년대 초, 모든 열강들의 정부들은 약하다. 어떤 정부는 부패에 시달리고, 다른 정부들은 소수의 지지밖에 확보하지 못하고, 또 다른 정부들은 해결하기 힘든 문제들에 직면해 있다.

나는 선지자도 아니고 선지자의 아들도 아니지만, 혼란을 예고한다. 많은 문제들이 한번에 하나씩 처리될 것이고, 다른 문제들은 지속되어서 국제 정치 및 경제 관계에 머무르며 조금씩 독을 퍼뜨리는 갈등들을 만들 것이다. 어떤 협정들은 실행에 옮겨지지 않을 것이다. 경우에 따라서는 해결할 수 없는 불일치들이 점차 중요하지 않은 것으로 사라질 것이다. 지역주의, 열강 사이의 협력, 지속적인 낮은 수준의 갈등들이 모두 약간씩 존재할 것이다. 간단히 말해서 혼란이 예고된다. 그러다가 때가 되면 혼란 속에서 한 나라가 나타나서 세계 선두의 경제 강대국이 될 것이다. 다시 미국이? 일본? 독일? 유럽 공동체 전체? 오스트레일리아나 브라질이나 중국 같은 다크호스가? 누가 알겠는가? 나는 모른다.

주

제1장

1) Nye, 1990 ; Rosecrance, 1990 ; Nau, 1990.
2) Paul Kennedy, 1987.
3) Olson, 1982.
4) Abramovitz, 1990.
5) Braudel, 1966(1975), p.1240.
6) Schama, 1988, p.568.
7) Kindleberger, 1973(1986), 제14장.
8) Kindleberger, 1974.
9) Kindleberger, 1978(1990).
10) Servan-Schreiber, 1968.
11) Rostow, 1960.
12) Gerschenkron, 1962, 1968.
13) E. L. Jones, 1981(1987), 1988.
14) Berry, 1991, p.47.
15) Shell Briefing Service, 1991, p.1.
16) Kindleberger, 1958(1965), p.56.
17) Braudel, 1977, p.185.
18) E. L. Jones, 1981(1987), p.236.
19) W. N. Parker, 1984, p.226, note.
20) Braudel, 1979(1984). p.169.
21) 경주의 은유를 사용한 사람 중 한 명이 알
    프레드 소비인데 그는 한 작은 팸플릿에서
    1954년 8월 5일 피에르 망데스-프랑스의
    프로그램에 대한 논평을 그런 방식으로 했
    다. 이 자료는 *Etudes et documents*(1989,
    no.1, pp.493-524)에 실려 있다. 그것은 한
    작은 만화에 표현되어 있는데 미국, 독일,
    영국과의 경주에서 프랑스는 과거의 인플
    레이션 때문에 부담을 지고 있는 것으로
    그려져 있다(p.505).
22) Bautier, 1971, p.176.
23) Braudel, 1966(1972).
24) Braudel, 1979(1984).
25) Braudel, 1986(1990).
26) Braudel, 1986(1990), vol. 2, p.165.

27) ibid., p.640.
28) C. S. Smith, 1975, p.605.
29) Pirenne, 1933(1936), p.10.
30) ibid., p.26.
31) Nef, 1952, p.115.
32) C. S. Smith, 1970.
33) Pirenne, 1933(1936), p.13.
34) A. Smith, 1759(1808), vol. 1, pp.113, 270.
35) A. Smith, 1776(1937), p.717.
36) Nef, 1952, p.152.
37) McNeill, 1992, p.15.
38) Dahrendorf, 1965(1969), p.41에서 재인용.
39) Braudel, 1966(1972), p.766.
40) A. Smith, 1759(1808), p.351.
41) A. Smith, ibid., p.347.
42) Stendhal, 1835(1960), p.612.
43) Kindleberger, 1978(1989).
44) Salter, 1960.
45) Douglas North and Robert Paul Thomas,
    1973.
46) Braun, 1960(1965).
47) Deane, 1965(1979), 제2장.
48) McNeill, 1976 ; 1983, pp.33-38.
49) McNeill, 1983, pp.37-38.
50) McNeill, 1982(1984), p.186.
51) Reddy, 1987, pp.25, 53, 82.

제2장

1) Braudel, 1966(1975), p.775.
2) Elliot, 1961(1970), p.170.
3) Wijnberg, 1992.
4) Mueller, 1988.
5) Vernon, 1966.
6) Vincens Vives, 1970, p.142.
7) Doran, 1985.
8) Bergesen, 1985.

9) Frye, 1974, p.2.

10) Cipolla, 1970, p.12. 치폴라가 자신이 편집한 책(*The Economic Decline of Empires*, 1970)의 앞에 붙인 15쪽짜리 서론은 이 책에서 이야기하는 내용 중 많은 부분을 이미 언급하고 있다. 내가 이 책을 쓰기 위한 자료를 모으다가 치폴라의 글을 뒤늦게 다시 읽어 보고는 이 책의 집필을 중단하려고 작정했다. 그러나 그의 책에 글을 쓴 필자들은 제국의 흥기에 대해서는 가볍게 다루었고, 또 내가 다룬 나라들, 특히 미국과 일본 같은 비유럽 지역을 포함하지 않았다. 아직 남겨진 여백이 있었던 것이다.

11) Marshall, 1920, p.139.

12) Herr, 1958, p.333. 살라만카 대학의 역사학자 살라스 교수의 연설에 의하면, 에스파냐는 이런 단계들을 한번에 보여 준다. 그는 또 조롱조로 이렇게 말한다 : "에스파냐는 다른 나라가 가지고 있지 않은 것을 가지고 있다. 투우는 사회의 연결체이며 정치적 관습의 형성 지점이다. 에스파냐는 투우로부터 군사정신을 이끌어내고 그 안에서 정부의 지혜를 배운다."

13) Sutch, 1991.

14) Cameron, 1989, p.16, fig. I-1.

15) Berry, 1991, pp.46-47, figs. 26, 27.

16) Rostow, 1960.

17) Gerschenkron, 1977.

18) 그의 후기 연구에서, 특히 경제성장에 대한 사상의 역사를 다루면서, 로스토는 감속과 정체에 관심을 보였다. 시몬 쿠즈네츠는 경제성장의 감속과 정체를 "기술진보의 감속, 원료를 공급하는 저속 분야가 혁신적인 분야의 발목을 잡는 현상, 혁신적인 분야의 팽창을 위한 기금의 상대적 감소, 개도국의 동종 산업과의 경쟁"으로 설명하고 있는데 비해서(Rostow, 1990, p.243-244, 인용은 p.244), 조지프 슘페터는 1939년에 자본주의는 투자기회의 축소가 아니라 적대적인 정치적, 사회적, 지적 환경과 자생적인 퇴보의 힘 때문에 위협받는다고 이야기했는데, 로스토는 바로 이런 사실을 상기시켰다(ibid., p.242, Schumpeter, vol.2, 1939, p.1050에서 재인용하고 있다).

쿠즈네츠의 주장은 혁신적인 부문이 항시 존재한다고 강조하는 듯하다. 뒷시기에 로스토가 다시 쿠즈네츠를 인용하면서 쓴 논문에서는 나와 비슷한 생각을 개진하고 있다. "각국 혹은 각각의 사업분야를 떼어놓고 보면 그 그림은 똑같지 않다. 어떤 나라가 한동안 세계를 이끌고 다른 시기에는 다른 나라들이 이끈다."(Rostow, 1991, p.410. Kuznets, 1930, p.1에서 인용하고 있다). 그러나 쿠즈네츠는 경제적인 정체를 자세히 설명하지는 않고 있으며 다만 "경제사가들이 논의한 요소들"로만 돌리고 있다.

19) Central Planning Bureau of the Netherlands, 1992.

20) ibid., p.74.

21) Ibid., p.51.

22) Rappard, 1914, 제1장.

23) Kellenbenz, 1963, pp.xxi, xxii.

24) Mollat du Jourdain, 1993, p.31.

25) ibid., pp.62, 66, 68.

26) van Houtte, 1972, pp.104-105.

27) Mollat du Jourdain, 1993, p.231에서 인용.

28) Jackson, 1991, p.152.

29) Broeze, 1991, pp.127-128.

30) A. Smith, 1776(1937), p.112.

31) Israel, 1989.

32) Braudel, 1979(1982), p.159.

33) Chevalier, 1836, vol.2, pp.40-42.

34) Isard, 1945.

35) Girard, 1965.

36) Braun, 1965.

37) Cyril Stanley Smith, 1970.

38) Marglin, 1974.

39) Myllyntaus, 1990.

40) Redlich, 1968, pp.344-345.

41) Barbour, 1930(1954), p.234.

42) Musson, 1972.

43) Konvitz, 1978, p.124.

44) Scoville, 1960, p.116.

45) Braudel, 1966(1975), vol.2, p.825.

46) Boxer, 1962, p.2에서 재인용.

47) Brachtel, 1980.

48) Gras, 1930.

49) Mokyr, 1990, pp.207, 241 n.31, 261, 266,

268-9, 301, 304 ; D.S.L. Cardwell, 1972, p.210.

50) Mokyr, 1990, p.304.

51) Cardwell, 1972, p.190.

52) ibid., p.210.

53) ibid., p.190.

54) Mokyr, 1991a.

55) David, 1985.

56) Mokyr, 1992b, pp.14, 19.

57) ibid., p.19.

58) Chatelaine, 1956.

59) Schultz, 1960년대의 사적인 대화.

60) Grantham, 1993, p.495.

61) A. Smith, 1776(1937), p.394.

62) Thompson, 1963.

63) A. Smith, 1776(1937), p.113.

64) Boyer-Xambeau, Deleplace, and Gillard, 1986.

65) William Parker, 1991, p.235.

66) Dickson, 1967.

67) A. Smith, 1776 (1937), 5권, 제1장.

68) ibid., p.429.

69) Konvitz, 1978.

70) 이것은 영어로 알려진 표현이다(too many palaces, too many wars). 그러나 원래의 불어 표현은 그 정도로 격언과 같은 운율을 가지지는 않았다. Ne m'imitez pas dans le goût que j'ai eu pour les batiments, non dans celui que je suis eu pour la guerre(건축에 대해서 내가 가진 취향을 모방하지 마시오. 또 전쟁에 대한 취향도 마찬가지요)(Faure, 1977, p.63).

71) Woodham-Smith, 1962.

72) Wagner, 1879.

73) C. Clark, 1945.

74) Peter, Burke, 1974.

75) ibid., p.104.

76) Riesman, Glazer, and Denny, 1950.

77) Olson, 1982.

78) Postan, 1967.

79) Organski and Kuglar, 1981.

80) Pitts, 1964.

81) A. Smith, 1776(1937), p.578.

82) Vilar, 1969(1976), pp.167-168.

83) Schama, 1988.

84) Krantz and Hohenberg, eds., 1975, pp.34, 63, 87.

85) David, 1994.

86) Krasner, 1983, p.1.

87) A. Smith, 1776(1937), p.717.

88) A. Smith, 1759(1808), p.113.

89) Hirsch, 1976.

90) McNeill, 1974a, p.227.

91) Brenan, 1950, p.xvii.

92) Rogers, 1989, p.76.

93) Herr and Pont, 1989, p.210.

94) Braudel, 1966(1975), p.764.

95) Ortega, Ilie, 1989, p.161에서 인용.

96) Iglesias, 1989, p.145.

97) ibid., pp.147, 149.

98) Breman, 1950, p.2.

99) Wojnilower, 1992.

100) Cipolla, 자세한 서지 사항 불명.

101) E. L. Jones, 1978.

102) G. Parker, 1984, p.214 ; Steinberg, 1966, p.1060.

103) Braudel, 1979(1984), p.86에서 인용.

104) Veseth, 1990.

105) Rosenberg and Birdzell, 1986 ; Mokyr, 1990.

106) (W. Parker, 1984, part iii.

107) North and Thomas, 1973.

108) Braudel, 1966(1975), p.1240.

109) Vicens Vives, 1970, pp.143-145.

110) Lane, 1973, p.337.

제3장

1) Elliot, 1961(1970), p.172 ; E. L. Jones, 1981(1987), p.236.

2) Romein, Swart, 1975, pp.47-48에서 인용.

3) Braudel, 1979(1984), 제2, 3장 ; Braudel, 1977, pp.81-82 ; Wallerstein, 1980, 인덱스에서 'core', 'periphery' 항목 참조.

4) Braudel, 1979(1984), p.322.

5) Braudel, 1977, p.85.

6) Israel, 1989, pp.1, 3.

7) ibid., p.95.

8) ibid., p.158.

9) Emmott, 1989, p.16.

10) Abramovitz, 1986(1989).

11) *The Economist*, 1993년 10월 16일.

12) Brezis, Krugman, and Tsiddon, 1993.

13) McNeill, 1983, pp.10-11.

14) Kindleberger, 1974(1978).

15) Israel, 1989, pp.187-189.

16) Boxer, 1965, p.xxiii. ; Schama, 1977(1992).

17) Powelson, 1994.

18) Marshall, 1920, p.692.

19) ibid., pp.693-694.

20) van der Kooy, 1931, Israel, 1989, p.73에서
    인용.

21) Strange, 1971.

22) Lopez, 1951.

23) Braudel, 1979(1984), p.159.

24) Ralph Davis, 1973, p.98.

25) Coste, 1932 ; Kindleberger, 1984(1993),
    pp.115-117, 260-263.

26) Sideri, 1970.

27) Evans, 1859(1969), pp.113-114에서 인용.

28) Churchill, 1925(1974), vol.4. p.3362.

29) ibid., p.3599.

30) Böhme, 1968b, pp.106, 111.

31) Böhme, 1966, p.205, Helfferich, 1921,
    vol.1, p.46에서 인용.

32) Heckscher, 1935(1983), vol.1, p.351,
    Israel, 1989, p.13, note 1에서 인용.

33) Letwin, 1969, Mun, ca(1622, 1664),
    pp.182, 198-206 ; Thirsk and Cooper, eds.,
    1972, pp.21, 45, 56-57, 69, 71, 432, 506.

34) Thirsk and Cooper, eds., 1972, p.194ff.

35) Boxer, 1970, p.245.

36) Partridge, 1967, pp.250-251. 에릭 파트리
    지는 이러한 많은 표현들이 18-19세기에
    널리 사용되기 시작했지만, "네덜란드
    (Dutch)"라는 말이 경멸적인 명사와 형용
    사가 된 것은 17세기와 18세기 초반에 영
    국에서 무역 경쟁 관계와 해운업에서의 질
    투의 결과라고 설명한다.

37) Williams, 1970, p.484.

38) Child, 1668, Letwin, 1969, p.41에서 인용.

39) ibid., p.28.

40) Sella, 1970(1974), pp.418-419.

41) Braudel, 1981, 1982, 1984.

42) Braudel, 1977, 제3장, 특히 pp.80-86.

43) Tavlas, 1991 ; Tavlas and Ozeki, 1992.

44) Helfferich, 1923-1925(1956), pp.51-52.

45) Rostow, 1960, 제8장.

46) Rosecrance, 1986.

47) Lane, 1973, p.73.

48) Kamen, 1969, p.135.

49) ibid., p.9.

50) Lane, 1973, p.293.

51) Israel, 1989, p.363.

52) ibid., p.375.

53) Nef, 1952, p.113.

54) ibid., p.115.

55) ibid., p.165.

56) ibid, p.113.

57) McNeill, 1982.

58) Modelski, 1983.

59) Goldstein, 1988, p.152.

60) ibid., pp.214, 255.

61) ibid., p.21.

62) ibid., p.164.

63) Goodwin, 1991.

64) ibid., p.326.

65) Berry, 1991, pp.164-166.

66) Goldstein, 1988, pp.347, 365.

67) Braudel, 1986(1988). vol.2, p.328.

68) O'Brien and Keyder, 1978.

69) Berry, 1991, p.162.

70) Deane and Cole, 1962.

71) Central Planing Bureau, 제2장 참조.

72) Olson, 1982.

73) Paul Kennedy, 1987, 1993.

74) McNeill, 1974, p.139.

75) Huntington, 1915.

제4장

1) Heers, 1964, p.101.

2) Lane, 1973, pp.163, 252.

3) Lane, 1968, p.28.

4) Lane, 1973, p.363 ; McNeill, 1974a, pp.5-6.

5) McNeill, ibid., p.244(note 9-p.6) ; Romano,

1968, p.62에서는 "2-3시간 안에"라고 되어 있다.

6) Lane, 1968, p.36.

7) Lane, 1973, 제10장.

8) Lane, 1968, p.36.

9) Jensen and Meckling, 1976.

10) Greif, 1989.

11) Lane, 1973, pp.174-176.

12) Lane, 1944, pp.135-136.

13) ibid.

14) ibid., pp.170, 179.

15) Woolf, 1968 ; Berengo, 1963, pp.15-18.

16) Braudel, 1979(1982), p.286.

17) Pullan, 1968, p.19.

18) Peter Burke, 1974, pp.107-111.

19) Roberts, 1953, p.65.

20) Aymard, 1956, pp.155-162.

21) Braudel, 1966(1972), vol.1, p.316.

22) Lane, 1973, p.174.

23) ibid., pp.84-85.

24) ibid., p.245.

25) ibid., p.241.

26) Rapp, 1976, p.164.

27) Lane, 1968, p.31.

28) Sella, 1968a, p.91; Lane, 1973, p.389.

29) Braudel, 1966(1972), vol.1, pp.389-391.

30) Lane, 1973, p.2.

31) ibid., p.196.

32) ibid., p.151.

33) Prestwich, 1979, pp.87-93.

34) Brachtel, 1986(1990), p.148.

35) de Roover, 1966, 제12-13장.

36) Brachtel, 1980 ; Origo, 1957, p.124.

37) Origo, 1957, p.95.

38) de Roover, 1949.

39) Barlow, 1934, p.163.

40) Heers, 1964, p.87.

41) Berner, 1974, p.20.

42) Heers, 1964, pp.95-96.

43) Bergier, 1963, pp.40-41.

44) da Silva, 1969, vol.1, 제1장.

45) Heers, 1964, pp.99-100.

46) Braudel, 1979(1984), p.162.

47) Vilar, 1969(1976), 제12-15장.

48) Day, 1978(1987).

49) Ehrenberg, 1896(1928), p.334.

50) Zamagni, 1980, p.125.

51) ibid.

52) Bulferetti and Costanti, 1966, p.15.

53) ibid.

54) Young, 1790(1969).

55) Greenfield, 1965, p.18.

56) Roberts, 1953.

57) Sella, 1974a, p.11.

58) Cipolla, 1974, p.10.

59) Sella, 1974a, p.13.

60) Sella, 1974b, p.31.

61) Romano, 1968.

62) Starr, 1989, pp.55, 80.

63) McNeill, 1974a, p.146.

64) Lane, 1973, p.40.

65) Romano, 1968, p.63, 본문과 주.

66) Lane, 1968, p.38.

67) McNeill, 1974, p.128.

68) Sella, 1968b, p.97.

69) ibid., pp.117-118.

70) Poni, 1970.

71) Rapp, 1976, pp.109, 155-156.

72) ibid., p.1.

73) *Fyndes Moryson's Itinerary*, Cipolla, 1968, p.144에서 인용.

74) Lane, 1973, 제26장.

75) ibid., p.426.

76) ibid., p.326.

77) Lane, 1965, p.60.

78) ibid.

79) Veseth, 1990.

80) Braudel, 1966(1975), p.1134.

81) de Roover, 1966, 제14장.

82) N. S. B. Gras, 1939.

83) Lane, 1973, 제18장 ; Veseth, 1990, pp.55-63, 65.

84) de Roover, 1966, pp.362-363.

제5장

1) Elliot, 1961(1970) ; Hamilton, 1938(1954) ; Vicens Vives, 1970.

2) Gerald Brenan, 1950, p.x.

3) Herr, 1958, pp.147-148.

4) Miskimin, 1977, p.34.

5) Steensgaard, 1973, p.55.

6) ibid., p.171.

7) Meilink-Roelofsz, 1962, p.117.

8) Steensgaard, 1973, p.96.

9) Landes, 1989, pp.155-156.

10) Boxer, 1969, pp.211ff.

11) ibid.

12) Mauro, 1990, p.262.

13) ibid., p.283.

14) Vicens Vives, 1970, p.144.

15) Shaw, 1989.

16) Steensgaard, 1973, p.117.

17) Boxer, 1969, p.120.

18) Meilink-Roelofsz, 1962, p.125.

19) ibid., p.178.

20) Parry, 1966, p.40.

21) Miskimin, 1977, p.127.

22) Cervantes, 1606(1950), pp.140ff.

23) Sideri, 1970.

24) Shaw, 1989, pp.426-428.

25) Boxer, 1969, p.140.

26) Herr, 1958, 제12장.

27) ibid., p.347. 1799년에 쓴 Joaquin Maria Acevedo y Pola라는 경제학자를 인용함.

28) Braudel, 1979(1984), p.86, Earl J. Hamilton 과의 대화 인용.

29) Ortega, 1937, p.34.

30) Braudel, 1966(1972), vol.2, p.1240.

31) Carla Phillips, 1986, p.18.

32) Braudel, 1979(1984), p.32.

33) Carla Phillips, 1990, p.36.

34) Elliot, 1968(1982), p.165.

35) Ortega, 1937, p.161.

36) Glick, 1970.

37) J. Klein, 1920, p.39.

38) ibid., 특히 제3장.

39) Ringrose, 1983.

40) ibid., p.231.

41) Ortega, 1937.

42) Parry, 1966, p.239.

43) da Silva, 1969, pp.603-605.

44) ibid., p.620.

45) Parry, 1966, p.53.

46) Vicens Vives, 1970, p.147.

47) Carla Phillips, 1986, p.3. 이 판단은 케인스 가 『화폐론』에서 내린 판단과는 상치되는 데, 케인스는 드레이크 경이 1573년, 1580 년, 1586년에 행한 세 번의 항해 보험에서 노획한 전리품은 영국에 막대한 양의 지금 수입 —— 아마도 약 200만-300만 파운드 정도 —— 을 가져다 주었다고 한다. 그리 고 "아마도 영국 해외투자의 원천 혹은 기 원이 되었을 것"이라고 보고 있다(Keynes, 1930, vol. 2, pp.156-157).

48) Carla Phillips, 1986, p.19.

49) ibid., pp.21, 141.

50) ibid., pp.91, 95.

51) Parry, 1966, p.121.

52) McNeill, 1982, p.103.

53) Kamen, 1969, p.31 ; Vivens Vives, 1970, pp.144-145.

54) Vilar, 1969(1976), p.351.

55) Elliott, 1968, p.165.

56) G. Parker, 1972.

57) Vilar, 1969(1976) ; Lapeyre, 1953, 1955.

58) Lapeyre, 1953, 제4장.

59) Hamilton, 1934년.

60) North, 1990, pp.224-230 ; Outhwaite, 1969.

61) Lynch, 1964, p.123, 주 43 ; 프랑스의 음식 섭취 문제에 관해서 병원 자료를 사용한 것에 대한 비슷한 비판으로는 Kindleberger, 1992b, p.45, 해밀턴에 대한 언급, 1969.

62) Hamilton, 1934(1965), 제7장.

63) Starr, 1989, p.40.

64) Parry, 1966, p.235.

65) Elliot, 1961(1970), p.177.

66) Menéndez Pidal, 1941, 지도 22.

67) Pike, 1972.

68) ibid., pp.114-118.

69) Pike, 1972, pp.132-147.

70) Braudel, 1979, (1981), p.463.

71) Forsyth and Nicholas, 1983.

72) Herr, 1958, p.147.

73) Vicens Vives, 1970, pp.146-147.

74) Hamilton, 1934(1965), p.166 본문과 각주.

75) Lynch, 1964, p.77.

76) Kamen, 1969, pp.124, 134.

77) Herr, 1958, p.78.

78) Haring, 1918, p.113.

79) Dornic, 1955, p.85.

80) Lynch, 1964, 제7장.

81) G. Parker, 1972, pp.131-132.

82) ibid., p.268.

83) Kamen, 1969, p.135.

84) ibid., 제2장, p.74.

85) Elliot, 1961(1970), p.190.

86) Vicens Vives, 1970, p.142.

87) Elliot, 1961(1970), p.179.

88) ibid., p.170.

89) Hamilton, 1938(1954), p.224.

90) ibid.

91) Herr, 1958, 제6-13장.

92) Braudel, 1966(1972), pp.145, 147.

93) Vicens Vives, 1952(1967), p.95.

94) ibid., 제5장.

95) ibid., p.147.

96) Kranz and Hohenberg, 1975.

제6장

1) Marshall, 1920, p.692.

2) Dollinger, 1964(1970).

3) Heckscher, 1954, pp.63-64.

4) van Houtte, 1967, p.67.

5) Mollat de Jourdain, 1993, p.78.

6) van Houtte, 1967, p.68.

7) ibid., pp.70-74.

8) de Roover, 1966, 제13장.

9) Tracy, 1985, pp.112, 129.

10) van Houtte, 1967, p.80.

11) Subrahmanyam and Thomas, 1991, p.302, 주 7.

12) Bergier, 1979, p.113.

13) van der Wee, 1963.

14) van Houtte, 1967, p.90.

15) van der Wee, 1963, vol.2, p.120.

16) van Houtte, 1964, p.304.

17) Tracy, 1985, p.118.

18) van Houtte, 1964, p.384.

19) Ehrenberg, 1896(1928), p.223, 필자의 강조.

20) van Houtte, 1964, p.305.

21) Braudel, 1979 (1984), p.148.

22) Bergier, 1979, pp.107-111. 인용은 p.111 에서.

23) ibid., p.111.

24) ibid., p.115.

25) Ehrenberg, 1896(1928), pp.242-243.

26) ibid., p.253.

27) van der Wee, 1988, p.348.

28) Arruda, 1991, pp.361-362.

29) Slicher van Bath, 1982, p.23.

30) Marshall, 1920, p.39.

31) Kellenbenz, 1963, pp.xxii, xxiii.

32) Slicher van Bath, 1982, p.32.

33) ibid., p.32.

34) Marshall, 1920, p.693.

35) Mun, 1620s (1664), p.190.

36) ibid., p.188.

37) Marshall, 1920, p.692.

38) de Vries, 1978.

39) Marshall, 1920a, p.692.

40) Schama, 1988, p.293.

41) Wallerstein, 1982.

42) Peter Klein, 1982, p.85.

43) Froelich and Oppenheimer, 1970.

44) Schama, 1977(1992).

45) Israel, 1989.

46) Barbour, 1930(1954), p.231.

47) Peter Klein, 1970a, p.14.

48) Dufraise, 1992.

49) Letwin, 1969, pp.41-42.

50) Israel, 1989.

51) ibid., p.125.

52) ibid., p.264.

53) Letwin, 1959, p.1.

54) ibid., p.41.

55) ibid., p.42.

56) A. Smith, 1776(1973), p.422.

57) Butter, 1969, p.6.

58) Charles Wilson, 1941, p.17.

59) ibid., pp.38, 44, 51, 61ff.

60) Crouzet, 1968, pp.250-257.
61) Charles Wilson, 1941, pp.52-53에서 재인용.
62) Barbour, 1930(1954), 특히 pp.232, 234.
63) Charles Wilson, 1941, p.6.
64) Barbour, 1930(1954), p.234.
65) Williams, 1970, p.31.
66) Barbour, 1930(1954), pp.235, 239.
67) ibid.
68) Boxer, 1965(1970), p.257.
69) de Zeeuw, 1978.
70) ibid., pp.14-15.
71) ibid., pp.22-23.
72) P. W. Klein, 1970a, p.11.
73) C. H. Wilson, 1939(1954), pp.254-255 ; 1941, p.17.
74) Charls Wilson, 1939(1954), p.254.
75) Israel, 1989, pp.340ff, 제8, 9장.
76) ibid., p.379.
77) Tracy, 1980.
78) Dickson, 1967.
79) Kindleberger, 1990, pp.78-79.
80) Lambert, 1971, p.186.
81) P. W. Klein, 1970b, p.33.
82) Schama, 1988, pp.347-50 ; van der Wee, 1963, p.202 ; van Houtte, 1964, p.311.
83) Schama, 1988, pp.503, 505.
84) ibid., pp.350-66 ; Posthumus, 1928(1969) ; 또한, 다소 묘하게도, 이를 "펀더멘털(fundamental)"에 대응한 합리적인 투자로 간주한 최근의 견해로는 Garber, 1990가 있다.
85) Harris, 1979, pp.125-133.
86) Barbour, 1950(1966), 제4장, 특히 p.74.
87) ibid., pp.74, 76.
88) Charles Wilson, 1941, pp.72, 103, 104.
89) Spooner, 1983.
90) Thirsk & Cooper, 1972, p.63.
91) Attman, 1983, p.28.
92) de Vries, 1976, p.239.
93) C. H. Wilson, 1941, 제4장, p.88에서 인용.
94) Slicher van Bath, 1982, p.32.
95) Lambert, 1971, p.188.
96) ibid.
97) R. G. Wilson, 1971, pp.44, 45, 209.
98) Butter, 1969, p.37.
99) Schama, 1977(1992), pp.530-541.
100) ibid., p.536.
101) Butter, 1969, pp.36-37.
102) ibid., p.117.
103) Boonstra, 1993, p.449.
104) Lucassen, 1984(1987), 제8장.
105) Boxer, 1970, p.246.
106) Brepohl, 1948, p.91.
107) Ehrenberg, 1896(1928), p.351.
108) P. W. Klein, 1970a, p.16.
109) A. Smith, 1776(1937).
110) C. H. Wilson, 1941.
111) Mokyr, 1977.
112) Wright, 1955.
113) Mokyr, 1991b.
114) Habakkuk, 1962.
115) Braudel, 1977, p.91.
116) Israel, 1989, 제4장, 특히 pp.214-215.
117) Schama, 1988, p.283.
118) de Vries, 1984b, p.149.
119) ibid., p.167.
120) Peter Burke, 1974, p.104.
121) Schramm, 1969.
122) Ralph Davis, 1973, p.189.
123) Geyl, 1961, p.164.
124) Buist, 1974, p.18.
125) Boxer, 1965, p.38.
126) Carter, 1975, p.40n.
127) (Boxer, 1965, p.273.
128) ibid., 1970, pp.244-245.
129) Schama, 1977(1992).
130) de Vries, 1974.
131) Boxer, 1965, p.281.
132) Schama, 1977(1992), pp.21, 68, 431.
133) ibid., p.499.
134) ibid., p.216.
135) ibid., p.214.
136) Kossmann, 1974, p.49.
137) ibid., pp. 51, 54.
138) Boxer, 1970, p.245.
139) Ormrod, 1974.
140) Swart, 1975, p.44.

제7장

1) Braudel, 1986(1990), vol.2, p.148.
2) ibid., pp.163-64.
3) Braudel, 1986(1988), p.328.
4) Schuker, 1976.
5) Goldstone, 1991.
6) Olsen, 1982.
7) Lodge, 1931(1970), pp.151-153.
8) Konvitz, 1978, 제2부.
9) Braudel, 1986(1988), p.327.
10) Ibid., p.326.
11) Ministère du Commerce, 1919, vol. 1, p.xvii.
12) Scoville, 1960, 제2장.
13) ibid., pp.5,7.
14) ibid., p.155.
15) ibid., p.446.
16) Kindleberger, 1978(1989), pp.93, 134-135.
17) Carswell, 1960, p.272.
18) Cole and Deane, 1965, pp.3,4.
19) O'Brien and Kader, 1978.
20) ibid., p.197.
21) ibid., p.186.
22) Cole and Deane, 1965, p.6.
23) Flynn, 1953(1965), p.244.
24) Henderson, 1954, 제2장.
25) Blanchard, 1974.
26) Ballot, 1923, pp.99-103 ; Dhondt, 1955 (1969).
27) Crouzet, 1968, p.250.
28) Forster, 1975.
29) Kindleberger, 1984(1993), p.116.
30) Ministère de Finances et als., 1867.
31) François Crouzet, 개인적인 대화.
32) Cole and Deane, 1965, p.43.
33) INSEE, *Annuaire Statistique*, 1957, p.3.
34) Rudé, 1972, pp.246, 248.
35) Lüthy, 1961, v.2, pp.471-518.
36) Goldstone, 1991, p.479.
37) Chaptal, 1819, pp.32-33, 76-77, 90, 99, 등등.
38) ibid., p.xiv.
39) ibid., p.37.
40) Hohenberg, 1967, p.68.
41) Beer, 1959, p.56.
42) Chaptal, 1819, p.31.
43) ibid., p.92.
44) ibid., p.106.
45) Kindleberger, 1976a.
46) ibid., p.5.
47) Vial, 1967, p.129.
48) Rosecrance, 1986, pp.307-310.
49) Ethel Jones, 1930.
50) Vial, 1967, p.134, n.4.
51) Locke, 1978, p.50.
52) Thuillier, 1959, pp.224-225.
53) Chevalier, 1836 (1838), 3rd ed., letter 1.
54) ibid., p.1.
55) ibid., p.4.
56) ibid., p.5.
57) ibid., pp.6-7.
58) ibid., pp.8-9.
59) Ecole polytechnique, 1895, vol.1, p.578.
60) Dunham, 1955, p.253.
61) Boudet, 1952, p.558.
62) Dunham, 1955, pp.248-249.
63) Vergeot, 1918.
64) Cameron, 1961.
65) Plessis, 1985, pp.89-108, 287.
66) ibid., pp.105-106.
67) ibid., pp.176-178.
68) Kindleberger, 1964, pp.328-329.
69) Kindleberger, 1963.
70) O'Brien and Kader, 1978.
71) Kindleberger, 1964, 제10장, 특히 pp.225 이하 참조.
72) Webert, 1976.
73) ibid., 특히 "The King's Foot"이라는 제목 이 붙은 제4장.
74) Pitts, 1957.
75) Mathorez, 1919, pp.95-96.
76) Boudet, 1952, pp.554-557.
77) Kindleberger, 1964, pp.115-123.
78) Boudet, 1952, p.558.
79) Pitts, 1957, p.322.
80) Wylie, 1957, 제14장.
81) Pitts, 1964, pp.254-262.

82) ibid., p.255.

83) Bouch, 1952, p.567.

84) Bouvier, 1984, p.60.

85) Postan, 1967, 제12장.

86) Sauvy, 1960.

87) Centre de Diffusion Française, 1959, p.3 ; Henry, 1955, p.67.

88) Kindleberger, 1967, p.58, 주1.

89) Jacquin, 1955, p.19.

90) Aujac, 1950(1954).

91) Jeanneney, 1977.

제8장

1) Kindleberger, 1964 ; 1975(1978) ; 1976b ; 1992a.

2) Rostow, 1960, 제2장.

3) Dickson, 1967.

4) Israel, 1989, p.379.

5) A. Smith, 1776(1937), p.91.

6) ibid.

7) Ibid., p.354.

8) Ibid., p.393.

9) Ibid., pp.826-827, 857.

10) ibid., p.91.

11) Minchenton, 1969, 편집자 서론.

12) Ibid., p.7.

13) Braudel, 1949(1972), vol. 1, p.213.

14) Minchenton, 1969. pp.7-12.

15) Clapham, 1910(1962), p.144.

16) A. Smith, 1776(1937), pp.581-582.

17) R. G. Wilson, 1971, p.111.

18) Ibid., pp.115-116.

19) Allen, 1929.

20) A. Smith, 1776(1937), pp.114-115.

21) Kindleberger, 1976b.

22) Ashton, 1948, p.2.

23) Judge, 1939(1969), p.59.

24) Marshall, 1920b.

25) Gras, 1930, p.90.

26) Cameron, 1989.

27) Kindleberger, 1976b.

28) Wedgwood, 1915, p.29.

29) Koebner, 1959, p.386에서 인용.

30) Wedgwood, 1915, pp.28-29.

31) Ashton, 1948, p.11.

32) Deane and Cole, 1962, 제8장, 특히 pp.260-263.

33) Ashton, 1948, pp.90-91.

34) Cameron, 1989, p.197.

35) Mokyr, 1985.

36) Berg and Hudson, 1992.

37) O'Brien, 1991.

38) Crafts and Harley, 1992, p.704.

39) Hirschman, 1958.

40) Deane, 1965(1979), 제2-4장.

41) McClelland, 1961.

42) Hagen, 1962.

43) Braudel, 1977, p.108.

44) Musson, 1972.

45) Chambers, 1961(1968).

46) 1851년, 1862년, 1867년의 박람회 심사위원이었던 리봉 플레이페어 경의 1867년 보고서 : Court, 1965, doc.63, 167-169에서.

47) Church, 1975, pp.47-48 및 여러 곳에서.

48) Brown, 1958.

49) Clapham, 1910(1962).

50) Semmel, 1970.

51) Platt, 1984, 제2장.

52) Pollard, 1974, p.71.

53) Kindleberger, 1964, 표 23, p.273.

54) 예를 들면, Burn, 1940, pp.250-254, 262.

55) Cairncross, 1953, p.2.

56) Davis and Huttenback, 1986.

57) Offer, 1993.

58) O'Brien, 1990.

59) W. P. Kennedy, 1987, pp.153ff..

60) Edelstein, 1982.

61) Bouvier, 1973, p. 238 ; Braudel, 1979 (1984), p.608; Lévy-Leboyer, 1964, pp.437-444.

62) Bagehot, 1873(1938), pp.63, 141.

63) Burk, 1992, pp.359-360.

64) Noyes, 1938, p.178에서 재인용.

65) Rimmer, 1960.

66) Minchenton, 1957.

67) Lindert and Trace, 1971.

68) Maxcey & Silberston 1959, p.13.

69) *The Economist*, 1993년 8월 27일, pp.46-47.

70) Barker, 1968, pp.318ff.

71) Saul, 1968, pp.212ff.

72) Pollard & Roverston, 1979 ; Lorenz, 1991. 기업가 쪽의 실패를 부인하는 로렌츠의 저서에 대한 논의로는 *International Journal of Maritime History*, vol. 5, no. 1(June 1993), pp.221-248을 참조.

73) Aldcroft, ed., 1968.

74) Hoffman, 1933, pp. 45ff ; E. E. Williams, 1890(1896).

75) Maddison, 1982, p.44.

76) Ibid..

77) Pollard & Robertson, 1979 ; Musson, 1978, pp.308-311.

78) Lorenz, 1993, p.247.

79) Ville, ed., 1993, p.xii.

80) Kindleberger, 1975(1978), pp.266ff.

81) McClosky, 1973 ; Temin, 1966.

82) Phillips, 1989.

83) Skidelsky, 1994.

84) Ibid., pp.232, 259, 262.

85) Ibid., pp.271, 440.

86) Ibid., p.xviii.

87) Ibid., p.489.

88) Ibid., p.158.

89) Ibid., p.379.

90) Ibid., p.viii.

91) Friedberg, 1988.

92) Ibid., p.295.

93) Jervis, 1947.

94) Kindleberger, 1964, pp.141ff..

95) van Vleeck, 1993.

96) Plummer, 1937, p.21.

97) Landes, 1965, p.495.

98) Saul, 1968, pp.211-212.

99) Robson, 1957, pp.92-95.

100) Beesley & Throup, 1958, pp.380-384.

101) Elbaum & Lazonick, 1984 ; Elbaum & Lazonick, eds., 1986 ; Lazonick, 1991.

102) Kirby, 1992.

103) Meyer, 1955.

104) MacDougall, 1954, p.1960.

105) Kindleberger, 1964, pp.330-331.

106) Coleman, 1973.

107) Florence, 1953, pp.304ff..

108) Wiener, 1981, p.161.

109) Thackray, 1973.

110) Cotgrove, 1958 ; Musgrave, 1967.

111) Musgrave, 1967, p.89.

112) Cotgrove, 1958, p.99.

113) Rubinstien, 1993.

114) *The Economist*, 1993년 7월 17일, p.85.

115) *The Economist*, 1993년 8월 21일, p.46.

116) ibid., pp.46-47.

117) Walter, 1990, p.149.

118) Barnes, 1993.

119) Cairncross & Eichengreen, 1983.

120) Burk and Cairncross, 1992. 이런 종류의 비관적인 말들은 계속해서 있었고, 심지어 "황금기"의 와중에서도 『인카운터 (*The Encounter*)』(July 1963) 특별호의 제목은 "국가의 자살?(Sucide of a nation)" 이었다. 거기에는 헨리 페어리가 당당하게 영국을 옹호하는 글이 한 편 있을 뿐, 맬컴 머그리지, 마이클 섄크스, 앤드루 숀필드 등이 쓴 일련의 비관적인 예측들이 포함되어 있었다. .

121) Minford, 1993, p.116.

122) Matthews, 1968.

123) Matthews, Feinstein, and Odling-Smee, 1982, p.313.

124) Checkland, 1983.

125) *The Economist*, 1993년 8월 27일, p.46.

제9장

1) Kindleberger, 1975(1978).

2) Kindleberger, 1972, p.209.

3) *The Boston Globe*, 1993년 9월 3일, p.8.

4) Kehr, 1965, p.152.

5) Kahler, 1974, p.31 ; Felix, 1971, pp.166-67 ; Kehr, 1965, pp.155-57 ; Feldman, 1993, pp.245, 284, 360, 560, 799, 858. 바이마르 공화국 시대의 인플레이션에 대한 제럴드 펠드먼의 설명에도 "격노(rage)" "분노(fury)" "경멸(contempt)"과 같은 단어들

이 포함되어 있음에 주목하자.

6) Felix, 1971, pp.125, 163.
7) Epstein, 1959, p.367.
8) Dumke, 1976, p.32.
9) Bechtel, 1967, p.313.
10) Benaerts, 1933a, p.628.
11) Mann, 1901(1924).
12) Braudel, 1979(1982), p.215 ; idem, 1979(1984), p.255.
13) Böhme, 1968a.
14) ibid., pp.36, 107, 제5장.
15) Braudel, 1979(1982), p.159 ; Kahler, 1974, p.233.
16) Braudel, 1979(1982).
17) Landes, 1960, p.203.
18) Kahler, 1974.
19) Walker, 1971, pp.25, 82, 85, 105 및 여러 곳에.
20) ibid., p.119.
21) Ritter, 1961, pp.25-30.
22) Benaerts, 1933b, 제4장.
23) Fischer, 1962.
24) Dumke, 1976, pp.41-43.
25) Craig, 1970, p.76.
26) ibid., p.91ff.
27) ibid., p.139.
28) Aycoberry, 1968, pp.513, 525.
29) Brepohl, 1948, p.209.
30) Zunkel, 1962, 제4장, 특히 pp.121ff.
31) Borchardt, 1972, p.123.
32) Walker, 1964.
33) ibid., pp.65, 104, 130.
34) ibid., p.153.
35) Becker, 1960, pp.218, 237.
36) ibid., p.219.
37) Barkhausen, 1963, pp.226-227.
38) Brepohl, 1948.
39) Köllmann, 1965.
40) Kindleberger, 1984(1993), pp.235-245.
41) Lambi, 1963, pp.20, 133.
42) ibid., p.73.
43) Craig, 1970, p.234.
44) Böhme, 1968b, pp.89-90.
45) Borchardt, 1972, p.123.
46) Tilly, 1968.
47) Kehr, 1930(1970), p.293.
48) ibid.
49) Aycoberry, 1968, p.513.
50) Kahler, 1974, p.234.
51) ibid., p.261.
52) E.E. Williams, 1890(1896).
53) Kehr, 1965, p.154.
54) Feldman, 1993, p.32.
55) Benaerts, 1933a, p.119.
56) ibid., p.277.
57) ibid., p.368.
58) Böhme, 1968b, p.54.
59) ibid., p.97
60) Hoffman, 1933, 제3장.
61) ibid., p.177.
62) ibid., pp.198, 201.
63) ibid., pp.213-21.
64) ibid., p.93.
65) ibid., p.97.
66) Helfferich, 1923-25(1956), p.38.
67) ibid., pp.38-53.
68) ibid., 제4장, 특히 pp.111-120.
69) 보수적인 경제학자 아돌프 바그너는 19세기 말 독일의 불안감을 극히 예민하게 의식하여, 독일인들이 프랑스인들이나 영국인들처럼 건전한 자기중심주의(egotism)를 발전시켜야 한다고 권고했다 (Barkin, 1970, p.140).
70) Kehr, 1965, pp.156-157.
71) Böhme, 1968b, p.102.
72) Keynes, 1919.
73) Kindleberger, 1984(1993), pp.289ff.
74) Rupieper, 1979, p.18.
75) Ibid., p.297.
76) Feldman, 1993, p.793.
77) Kindleberger, 1973(1986).
78) Temin, 1989 ; Eichengreen, 1992.
79) Luther, 1964, pp.131ff.
80) 그러나 Barchart, 1979(1991) 참조 ; 1990 ; 그리고 반대 견해를 가진 학자를 찾는다면 Holtfrerich, 1982, 1990 참조.
81) Borchardt and Schötz, eds., 1991.
82) Gerschenkron, 1943.

83) 존 힉스 경은 그의 저서 『경제사의 이론』에서 노예는 자신의 가격이 비쌀 때에는 그나마 보살핌을 잘 받지만, 가격이 내려가거나 해방이 예고된 상태에서는 소모될 때까지 착취당한다고 이야기했다 (1969, p.127). 1945년 4월에 노르트하우젠 근처의 강제수용소를 방문했을 때 내가 들은 이야기에 의하면, 근방에 있는 콘슈타인의 지하 공장에서 강인한 사람은 최소한의 보급품을 받고 하루 12시간씩 일하는 방식으로 6개월을 버텼고 약하고 마른 사람은 3개월을 버티다가 죽었다고 한다. 한창 때에는 이 공장에서 2만 명의 남녀가 일했다. 이 지역을 탈환할 때까지 모두 12만 명이 여기에서 일했는데 그 가운데 10만 명이 사망했다 (Kindleberger, 1945(1989), p.203).

84) Abelshauser, 1991.

85) Borchardt and Buchheim, 1991.

86) Kaplan and Schleiminger, 1989, 제6장.

87) Cairncross & Cairncross, eds., 1992 ; Marglin & Schor, eds., 1990.

88) Borchardt, 1966(1991).

89) *The New York Times*, 1992년 2월 23일, 7면.

90) Giersch, Paqué, and Schmieding, 1992.

91) Tilly, 1993.

92) Giersch, Paqué, and Schmieding, 1992, p.160, Tilly, 1993, p.943에서 재인용.

93) Tilly, ibid.

94) Kocka, 1994, p.189.

95) Lauk, 1994, p.60.

96) ibid., p.64.

97) *The New York Times*, 1993년 9월 13일, D1, D4면.

98) ibid.

제10장

1) Bundy, ed., 1977.

2) Kindleberger, 1990.

3) Lewis, 1954.

4) Kindleberger, 1989b.

5) Kindleberger, 1973(1986), 제14장.

6) Servan-Schreiber, 1968.

7) Bell, 1976.

8) Vanek, 1963.

9) Baily, 1993, p.31, fig.1.

10) Acs, 1984.

11) David, 1990.

12) Gordon, 1993.

13) Abramovitz, 1986(1989), 제7장.

14) Nelson and Wright, 1992.

15) ibid., p.1961.

16) Baumol, Batey, and Wolff, 1989.

17) Dertonzos, Lester, and Solow, 1989.

18) Williamson, 1991, pp.52, 67.

19) Gimpel, 1976, p.14.

20) Rostow, 1992, pp.3-4.

21) Pollin, 1990.

22) Miller, 1991, p.43.

23) Modigliani, 1980, vol.2.

24) Eisner, 1992, 표 13.2, p.257.

25) ibid., 표 13.8, p.266.

26) McCloskey and Zecher, 1976.

27) Krugman, 1990a.

28) Chevalier, 1836, vol.1, pp.262-263.

29) 예를 들면, ibid., p.264.

30) Schama, 1977(1992), p.35.

31) A. Smith, 1976(1987), pp.113-114.

32) Rubienstein, 1980, p.59.

33) Brenner, 1983.

34) Kindleberger, 1978(1989), 제5장.

35) van Klaveren, 1957.

36) Despres, Kindleberger, and Salant, 1966.

37) Tavlas, 1991 ; Tavlas and Ozeki, 1992.

38) Meltzer, 1991.

39) Nye, 1990, p.259.

40) Nau, 1990, 특히 pp.370-371.

41) Rosecrance, 1990, pp.201-218.

42) Prewitt, 1993, p.90.

43) Skolnikoff, 1993, p.234.

44) Giersch, Paqué, and Schmieding, 1992.

45) *The Economist*, 1991년 10월 26일.

46) Pinto, 1992, p.130.

47) Moisi, 1994년 1월 9일, p.E5.

48) Krugman, 1990b.

제11장

1) Komiya, 1990, p.7.
2) Hamada, 1995.
3) ibid.
4) Tsuru, 1993, p.9.
5) Hara, 1993, p.608.
6) ibid., pp.609-610.
7) Hamada and Kasuya, 1993.
8) Tsuru, 1993, p.68.
9) Hamada and Kasuya, 1993, pp.177-178.
10) Tsuru, 1993, pp.23-25.
11) Komiya, 1990, 제1장.
12) Tsuru, 1993, pp.78-79.
13) Komiya, 1990, p.7.
14) ibid., p.11.
15) ibid., pp.15-16.
16) Kindleberger, 1969, pp.88-103.
17) Tsuru, 1993, pp.58-59, 98-100.
18) Komiya, 1990, p.30.
19) ibid., p.46.
20) ibid.
21) 1990, p.60. 각주 32.
22) Lawrence, 1993 ; Saxonhouse, 1993.
23) Yamazawa, 1991.
24) Fodella, 1991, pp.660-663.
25) Volcker and Gyohten, 1992, p.175.
26) ibid., pp.257-258.
27) Yamazawa, 1991, p.643.
28) Tanya Clark, 1993a, p.19.
29) Komiya, 1990, p.118과 표 3, p.119.
30) Keizai Koho Center, 1993, p.55.
31) Tsuru, 1993, p.201.
32) ibid., pp.201-204.
33) Komiya, 1990, pp.137-139, p.150.
34) Takeda and Turner, 1992, p.93.
35) ibid., 1992, p.41, 표 17).
36) Lowe, 1993, p.596.
37) Hironaka, 1993.
38) ibid.
39) Shimada, 1992, p.29.
40) Schor, 1992.
41) Komiya, 1990, 제6장.
42) Fedella, 1991, p.664.

43) Tanya Clark, 1993a.
44) Tsuru, 1993, 제6장.
45) Tanya Clark, 1993b, p.19.
46) Okina, 1993.
47) Tsuru, 1993, p.71.
48) Hamada and Kasuya, 1993, 표 7.6과 7.7, pp.166-167.
49) Emmott, 1989, 제2-6장의 반복되는 제목들, p.239.
50) Emmott, 1989, 제4장.
51) Tsuru, 1993, p.169.
52) Sakuta, 1993, p.89.
53) Wood, 1992.
54) McKinnon, 1963.
55) McKinnon and Mathieson, 1981.
56) 연표를 원한다면, Takeda and Turner, 1992, 부록 1을 보라.
57) Hamada, 1995.
58) Takeda and Turner, 1992, pp.58-65, 특히 p.64.
59) *The Economist*, 1993년 9월 25일, p.92.
60) Takeda and Turner, 1992, p.63의 한 도표에서 보이는 대략의 비율 ; *The Economist*, 1993년 9월 25일.
61) *The Economist*, 1993년 10월 16일. p.87.
62) Hironaka, 1993.
63) Morita, 1992.
64) Sakaiya, 1993.
65) Okazaki, 1993.
66) Funabashi, 1993.
67) Emmott, 1989, p.254와 제12장.

제12장

1) Athanas, 근간.
2) Levinson, 1978.
3) ibid., pp.21-24.
4) ibid., p.328.
5) ibid. pp.24-26. 토머스 제퍼슨이 71세 때에 당시 76세였던 존 애덤스에게 보낸 1818년 7월 14일자의 편지를 보자. "우리는 우리 자신의 기계를 70-80년 동안 사용해 왔기 때문에 이제 기계가 너무 낡아서, 여기에서 축이 고장나면 다음에 저기

에서 휠이 고장나고, 또 지금 톱니바퀴가
고장나면 다음에는 스프링이 고장나는
식이 된다고 봐야지요. 아무리 수리를 한
다고 해도 마침내 모든 작동이 멈추는 때
가 올 겁니다." (Nuland, 1994, p.44).

6) Veseth, 1990, p.19.

7) Brenan, 1950, p.xvii.

8) Rogers, 1989, pp.76−77.

9) Schama, 1988, p.67.

10) Kossmann, 1974, p.49.

11) Herr, 1958, p.229.

12) Hoffmann, 1993, p.77.

13) D'Elia, 1993, 여러 곳에서 그러나 특히
p.382와 각주 2, 3.

14) Shafer ed., 1991.

15) Bell, 1991, pp.50−51.

16) Pyle, 1988 ; Rosencrance, 1990, p.147에서
인용.

17) Pyle이 Tsueneo Iida를 인용해서, Rose-
crance, 1990, p.141.

18) Schama, 1977(1992).

19) Feldman, 1993, p.347.

20) ibid., p.160.

21) Olson, 1982.

22) van Klavaren, 1957.

23) Mun, 1622(1664), pp.179−180.

24) Goldstein, 1988.

25) Vilar, 1969(1976), p.169.

26) Kindleberger, 1956.

27) P. Kennedy, 1989.

28) C. Parker, 1972.

29) ibid., p.125.

30) Ibid., p.145.

31) Pitts, 1964, pp.244−249.

32) Mokyr, 1992a, 1992b, 1992c, 1994.

33) Cardwell, 1972.

34) Mokyr, 1992c.

35) Mokyr, 1994.

36) 이 책 제8장을 보라. 그리고 van Vleeck,
1993

37) Mokýr, 1994.

38) Dickens, 1857(1894), p.92.

39) Schama, 1977(1992).

41) Center for Economic Policy Research, 1993,
pp.2, 3.

42) Levinson, 1978, pp.36−39.

43) Nau, 1990.

44) Inman, 1993, Rivlin에 대한 서평, 1992,
pp.1466−1468.

45) Ibid.

46) Moran, 1993, p.13.

47) Ibid.

48) Shama, 1977(1992), p.216.

49) Rosecrance, 1990, 제8장.

50) ibid., p.214.

51) Bouvier, 1984, p.74. 『프티 라루스』 사전
에는 M. de Lapalisse 항목이 없고, 대신
Captain Jacques de Chabanne La Palice라
는 인물 항목이 있다. 이 사람은 1470년
경에 태어나서 1525년 파비아 전투에서
죽은 것으로 되어 있다. 그의 부하들은
'그는 죽기 전 15분 전까지도 살아 있었
다'고 노래했다는데 이 의미는 그가 그때
까지도 계속 싸웠다는 것이라고 한다. 시
간이 흘러서 이 장군의 이름은 '의심의
여지 없이 분명한 진실'을 나타내는 말이
되었다.

52) Frank and Gilles, 1992, p.157.

53) Braudel, 1979(1984), p.35.

54) Kindleberger, 1973(1986).

55) Keizai Koho Center, 1994, p.11.

56) Cooper, 1985.

57) Mulford, 1991.

58) Feldman, 1993, 제7장.

59) Kindleberger, 1973(1986), 제9장.

60) Kaplan and Schleiminger, 1989.

용어 해설

—— 이 "용어 해설"은 역자가 작성한 것이다.

거센크론의 경제성장론 : 러시아 출신의 경제학자 알렉산데르 거센크론은 경제성장은 일직선적인 단계를 따라가는 것으로 보면서도 동시에 상이한 시기에 상이한 유형의 발전이 가능하다는 점도 인정했다. 선진경제와 후진경제가 공존할 때 후진경제는 선진경제가 거쳐가야 했던 단계들을 뛰어넘으면서 발전할 수 있으며, 메이지 유신 시기의 일본이나 소비에트 러시아가 그 사례라고 보았다.

경로 의존성(Path dependency) : 폴 데이비드가 개발하고 조엘 모키르가 받아들인 개념으로서, 한 사회의 기술 변화는 자신의 과거에 따라서 결정된다는 내용이다. 이에 따르면 기술 변화는 '지방적'이기 쉽다. 왜냐하면 이미 사용 중인 기술을 중심으로 새로운 것을 배우게 되고, 그로부터 다시 경제가 발전하는 과정이 지속되기 때문이다.

골드스타인 모델(Goldstein model) : 호황 뒤에는 정기적으로 전쟁이 일어난다는 죠수아 골드스타인의 이론.

공공재(public goods) : 많은 사람들이 동일한 재화와 서비스를 소비할 수 있으면서도, 그 재화와 서비스에 대해 대가를 치르지 않더라도 그 소비 혜택에서 배제할 수 없는 성격의 재화와 서비스. 공원, 등대, 국방, 세계평화, 안전, 성장 등이 그런 사례이다.

네덜란드 병(Dutch disease) : 20세기 중반에 북해에서 대규모 가스전이 개발된 이후 네덜란드에서 소비 급증과 임금 상승이 일어나고 그 결과 경제적 활력이 떨어진 현상.

로스토 이론 : 미국의 경제학자 로스토가 1959년에 발간한 저서 『경제성장의 단계들』에서 주장한 경제발전 단계론으로서 1. 전통적 사회, 2. 도약준비 단계, 3. 도약 단계, 4. 성숙 단계, 5. 고도 대중소비 단계로 되어 있다.

모델스키 사이클(Modelski cycle) : 100년 정도의 간격을 두고 세계적 전쟁이 일어나서 그 결과 헤게모니 국가가 바뀐다는 세계 권력의 장기 사이클 이론.

분배동맹(Distributional coalition) → 올슨 이론

불사조 효과(Phoenix effect) : 오건스키와 쿠글러의 주장으로서, 패전국은 종전 후 10-15년이 경과하면 경제력과 국제적 위상을 회복한다는 내용.

에스파냐 병/스페인 병(Spanish disease) : 신대륙 발견 이후 귀금속이 에스파냐에 대량 유입됨으로써 생산을 등한시하여 오히려 경제적으로 후퇴하게 된 현상.

올슨 이론 : 정치학이 경제학적 사고와 경제정책에 핵심적인 부분이라는 점을 밝힌 미국의 경제학자 맨서 올슨은 한 국가의 경제 정책들과 법제도의 수준이 그 국가의 경제를 결정짓는다는 주장을 했다. 대표 저작 중의 하나인 *The Rise and Decline of Nations*에서는 이해관계를 가진 기득권 집단("분배동맹" : pp.58, 62, 232, 295 참조)이 어떻게 경제성장을 저해하는가를 분석했다.

카드월의 법칙(Cardwell's law) : 어떤 나라도 2-3세대 이상 계속해서 기술혁신의 최첨단에 있지 않았다는 내용의 느슨한 역사적 경향성.

카오스 이론(Chaos theory) : 혼돈이론이라고도 하며, 자연현상이든 혹은 사회현상이든 무질서하게 보이는 현상 뒤에도 모종의 질서가 있다고 보고 그 질서를 찾으려는 이론.

코스의 정리(Coase theorem) : 로널드 코스가 재산권에 대한 정부의 배분의 효율성에 대해서 제안한 개념. 거래비용이 없다고 가정하면, 이해 당사자들이 거래를 하면서 경제외적 비효율성을 제거할 것이므로 모든 정부의 배분은 효율적이 된다. 그러나 실제로는 거래비용이 존재하기 때문에, 정부는 재산권을 당사자들에게 배분함으로써 비효율성을 최소화할 수 있다는 내용.

콘드라티예프 사이클(Kondratiev waves, K-waves) : 근대 세계경제에서 50-60년의 길이를 가지는 S자 모양의 사이클이 존재한다는 가설. 그 사이클은 빠른 성장 기간과 느린 성장의 기간의 연속으로 구성된다. 각국 경제보다는 세계경제에서, 또 가격보다는 생산에서 이 사이클이 더 많이 관찰된다.

쿠즈네츠 사이클(Kuznets' cycle) : 총국민 생산에서 차지하는 실질 민간 설비 투자의 비율이 20년 정도에서 규칙적으로 상하 운동을 반복한다는 사이먼 쿠즈네프가 발견한 경기순환의 주기적 파동 중의 하나.

흄의 법칙(Hume's law) : 수입증가는 자동적으로 수출을 증가시킨다는 데이비드 흄의 법칙.

역자 후기

이 책은 찰스 킨들버거(Charles Kindleberger)의 World Economic Primacy 1500 to 1900(Oxford University Perss, 1996)를 번역한 것이다.

이 책을 처음 읽은 것은 2003년도 2학기의 서울대학교 서양사학과 대학원 수업에서이다. 당시 수업은 근대경제사에 대한 개관용으로서 이 책을 기본 텍스트로 정하여 매주 한 장씩 읽고, 거기에 맞춰 다른 자료들을 읽는 식으로 운영했다. 당시 이 책에 대한 대학원생들의 첫 반응은 내용이 빡빡하고 그다지 매력적이지 않다는 것이었다. 킨들버거의 다른 저서들과 마찬가지로 이 책 역시 내용이나 서술 방식이 상당히 어렵고 일견 산만한 느낌을 주는 것이 사실이다. 그러나 책을 다 읽고 난 후에는 역자를 포함하여 대부분의 사람들이 이 책의 내용이 대단히 풍부할 뿐 아니라 우리가 미처 생각하지 못했던 여러 가지 점들을 일깨워주는 아주 좋은 교과서라는 생각을 하게 되었다.

이 책을 처음 접하는 사람들은 대개 비슷하게 느끼겠지만, 이 책의 단점은 너무 많은 내용을 축약시켜 놓았다는 점이다. 한 문장이 사실 한 권의 중요한 저서의 핵심 내용인 경우가 많다. 이런 문장들이 계속되기 때문에 경쾌하게 읽어나가며 내용을 파악하는 것이 힘들다. 어쩌면 저자가 조금 더 친절하게 설명해주었으면 좋았으리라는 생각도 든다. 이런 점을 놓고 보면 이 책은 무엇보다도 찬찬히 음미하며 읽어볼 것을 권한다. 그러면 이 책이 역시 대가의 작품이라는 것을 느낄 수 있을 것이다.

이 책은 근대 세계 경제사에서 선두(primacy)를 추적하는 방식으로 되어 있다. 이 책의 핵심 용어이며 따라서 이 책 내내 수도 없이 나오는 이 'primacy' 라는 용어를 우리말로 어떻게 옮기느냐는 마지막 순간까지도 고민거리였다. 여러 대안을 놓고 고민하다가 가장 무난한 용어로 선택한 것이 결국 '선두' 라는 말이었다. 그것은 쉽게 말해서 경제적으로 "1등의 자리"를 누가 차지했느냐는 것이다. 오늘날의 미국 경제처럼 타의 추종을 불허하는 1등이 언제나 존재했고, 그 1등을 중심으로 세계 경제가 계서제적으로 구성되었다는 것이 저자의 주장이다. 그런 의미의 경제적 선두를 누가 차지했으며, 그것이 역사적으로 어떻게 바뀌었는가, 혹은 왜 바뀌었는가를 추적하는 것이 본서의 내용이다. 이론적인 준비를 위한 3개의 장이 제시된 후, 시대별로 선두 경제들이 차례로 소개된다. 이탈리아의 몇몇 도시국가들, 에스파냐, 네덜란드, 영국, 미국 등이 세계 경제의 선두를 차지하였던 국가들이다. 그리고 선두 자리에 도전했으나 최정상에는 오르지 못했던 경우로서 독일, 프랑스 그리고 오늘날의 일본 경제까지를 소개하고 있다.

사실 이런 식으로 접근한 경제사 책이 전혀 없는 것은 아니다. 그렇지만 이 책의 두드러진 특징이라고 하면 선두를 차지하기까지 상승하는 과정만큼이나, 다른 경쟁자가 등장하여 선두 자리를 빼앗기는 과정을 자세히 분석한다는 점이다. 그야말로 경제 강대국의 "흥망사"를 다루고 있다. 저자의 이런 관점은 물론 오늘날의 상황 때문일 것이다. 20세기 후반에 자타가 공인하는 세계의 리더였던 미국이 21세기를 맞이한 시점에서 경제적으로 흔들리는 모습을 보이고 있지만, 그 뒤를 이어 세계의 경제적 선두를 차지할 만한 후보가 아직 뚜렷하게 등장하지는 않았기 때문이다. 과연 미국은 쇠퇴중인가? 그리하여 일본이나 중국, 유럽연합 혹은 그 외의 후보가 미국의 자리를 빼앗을 것인가? 혹은 미국 경제는 잠시 주춤거리다가 다시 일어설 것인가? 이런 문제에 대해서 저자는 역사적 경험으로부터 배울 것을 권한다. 역사적으로 보면 영구불변의 강자는 존재하지 않는다. 영원히 지속될 것 같은 강고한 세력도 시간의 힘 앞에서는 결국 무너지고 다시 새로운 구조가 만들어지며 새로운 선두 주자가 들어서게 된다. 이 책에서 제시하는 그 역사적 과정을 찬찬히 지켜보면 오늘 우리가 살아가는 이 시대를 이해하는 데에 적지 않은 도움을 얻을 것이다.

이 책을 번역하는 데에는 많은 사람들의 도움을 받았다. 우선 이 책을 함께 읽고 토론하며 초벌 번역을 도와준 서양사학과의 대학원생들(박재욱, 김형규, 조준희, 유연승, 김정연)이 있다. 이들의 노고가 없었다면 이 책이 지금의 모습으로 나오지는 못했을 것이다. 물론 이 책의 번역의 최종 책임은 번역자의 몫이며, 혹시 어떤 오류가 있으면 그것 역시 번역자의 잘못이다. 대학원 수업 시간에 마련한 원고 가운데 손을 대지 않은 문장은 하나도 없을 정도로 완전히 고쳤기 때문이다. 까치글방의 박종만 사장께는 특히 많은 빚을 졌다. 우선 이 책을 처음 소개해주고 번역을 권했을 뿐 아니라, 이 책의 교정 과정에서 모든 원고를 꼼꼼히 살펴보고, 또 그 과정에서 기왕에 일본에서 번역된 책을 참조하여 가며 많은 잘못을 바로잡아주었다.

마지막으로 이 책의 번역을 비롯해서 유난히 일이 많았던 오랜 기간 내내 힘이 되어주었던 가족들에게 이 자리를 빌려 고마운 뜻을 전하고 싶다.

참고문헌

Abelshauser, Werner. 1991. "American Aid and West German Economic Recovery: A Macro-Economic Perspective." In *The Marshall Plan and Germany*, edited by Charles S. Maier. New York and Oxford: Berg, pp. 367–411.

Abramovitz, Moses. 1986 (1989). "Catching Up, Forging Ahead and Falling Behind." *Journal of Economic History* 46(2) (June). Reprinted in idem, *Thinking About Growth and Other Essays on Economic Growth and Welfare*. Cambridge: Cambridge University Press, pp. 220–42.

Abramovitz, Moses. 1990. "The Catch-Up Factor in Economic Growth." *Economic Inquiry* 28:1–18.

Acs, Zoltan J. 1984. *The Changing Structure of the American Economy: Lessons from the Steel Industry*. New York: Praeger.

Aldcroft, Derek H., ed. 1968. *The Development of British Industry and Foreign Competition, 1875–1914*. London: George Allen & Unwin.

Allen, G. C. 1929. *The Industrial Development of Birmingham and the Black Country, 1860–1927*. London: Allen & Unwin.

Arruba, José Jobson de Andrade. 1991. "Colonies as Mercantile Investments: The Luso-Brazilian Empire, 1500–1800." In *The Political Economy of Merchant Empires*, edited by James D. Tracy. Cambridge: Cambridge University Press, pp. 360–420.

Ashton, T. S. 1948. *The Industrial Revolution, 1760–1830*. London: Oxford University Press.

Athanas, Christos N. (NYP), "The Lifecycles of Nations."

Attman, Artur. 1983. *Dutch Enterprise in the World Bullion Trade, 1550–1800*. Göteborg: Kungl. Vetenskaps-och Viterhets-Samhället.

Attman, Artur. 1986. *American Bullion in the European World Trade, 1600–1800*. Translated by Eve and Allen Green. Göteberg: Kungl. Vetenskaps-och Viterhets-Samhället.

Aujac, Henri. 1950 (1954). "Inflation as the Monetary Consequence of the Behavior of Social Groups: A Working Hypothesis." Translated *Economie appliquée* 3(2) (April–June), in *International Economic Papers*, no. 4, pp. 109–23.

Aycoberry, Pierre. 1968. "Problem der Sozialschichtung in Köln in Zeitalter der Frühindustrialisierung." In *Wirtschafts- und Sozialgeschichte Probleme der früher Industrialisierung*, edited by Wolfram Fischer. Berlin: Colloquium Verlag, pp. 512–28.

Aymard, Maurice. 1956. *Venise, Raguse et la commerce du blé pendant la seconde moitié du XVIᵉ siècle.* Paris: S.E.V.P.E.N.

Bagehot, Walter. 1873 (1938). *Lombard Street.* Reprinted in *The Collected Works of Walter Bagehot*, edited by Norman St. John Stevas. Vol. 9. London: *The Economist*, pp. 48–233.

Baily, Martin J. 1993. "Made in the U.S.A." *The Brookings Review* (Winter), pp. 34–39.

Ballot, Charles (Claude Gevel). 1923. *Introduction du machinisme dans l'industrie française.* Paris: Rieder.

Barbour, Violet. 1930 (1954). "Dutch and English Merchant Shipping in the Seventeenth Century." In *Essays in Economic History*, edited by E. M. Carus-Wilson. Vol. 1. London: Arnold, pp. 227–53.

Barbour, Violet. 1950 (1966). *Capitalism and Amsterdam in the Seventeenth Century.* Ann Arbor: University of Michigan Press. Paperback, 2nd printing.

Barker, T. C. 1968. "The Glass Industry." In *The Development of British Industry and Foreign Competition, 1875–1914*, edited by Derek H. Aldcroft. London: George Allen & Unwin, pp. 307–25.

Barkhausen, Max. 1963. *Aus Territorial- und Wirtschaftsgeschichte.* Krefeld, Germany: Krefeld Publishers.

Barkin, Kenneth D. 1970. *The Controversy over German Industrialization, 1890–1902.* Chicago: University of Chicago Press.

Barlow, Edward. 1934. *Barlow's Journal of His Life at Sea in King's Ships, East and West Indian and other Merchantmen from 1659 to 1703.* Transcribed from the original manuscript by Basil Lubbock. London: Hurst and Blackett.

Barnes, Julian. 1993. "Letter from London: The Deficit Millionaires." *The New Yorker*, September 20, pp. 74–93.

Baumol, William J., Sue Anne Batey, and Edward N. Wolff. 1989. *Productivity and American Leadership, the Long View.* Cambridge, Mass.: MIT Press.

Bautier, Robert-Henri. 1971. *The Economic Development of Medieval Europe.* New York: Harcourt Brace Jovanovich.

Bechtel, Heinrich. 1967. *Wirtschafts- und Sozialgeschichte Deutschlands: Wirtschaftsstile und Lebensformen von die Vorzeit zur Gegenwart.* Munich: Verlag Georg D. W. Callway.

Becker, Walter. 1960. "Die Bedeutung der nichtagrarischen Wanderungen für die Herausbildung des industrielle Proletariats in Deutschland, unter besonderer Berücksichtigung Preussens von 1850 bis 1870." In *Studien zur Geschichte der industrielle Revolution in Deutschland*, edited by Hans Mottek et al. Berlin: Akademie-Verlag.

Beer, John Joseph. 1959. *The Emergence of the German Dye Industry.* Urbana: University of Illinois Press.

Beesley, M. E. and G. W. Throup. 1958. "The Machine-Tool Industry." In *The Structure of British Industry*, edited by Duncan Burn. Vol. 1. Cambridge: Cambridge University Press, pp. 359–92.

Bell, Daniel. 1976. *The Coming of Post-Industrial Society: A Venture in Social Forecasting.* New York: Basic Books.

Bell, Daniel. 1991. "The 'Hegelian Secret:' Civil Society and American Exceptionalism." In *Is America Different? A New Look at American Exceptionalism,* edited by Byron E. Shafer. Oxford: Clarendon Press, pp. 46–70.

Benaerts, Pierre. 1933a. *Les origines de la grande industrie allemande.* Paris: Turot.

Benaerts, Pierre. 1933b. *Borsig et des débuts de la fabrication des locomotives en Allemagne.* Paris: Turot.

Berengo, Marino. 1963. *L'agricoltura veneta dall caduta dell republica all'unità.* Milan: Banca Commerciale Italiana.

Berg, Maxine and Pat Hudson. 1992. "Rehabilitating the Industrial Revolution." *Economic History Review* 45(1) (February):24–50.

Bergesen, Albert. 1985. "Cycles of War in the Reproduction of the World Economy." In *Rhythms in Politics and Economics,* edited by Paul M. Johnson and William R. Thomson. New York: Praeger, pp. 313–31.

Bergier, Jean. 1963. *Genève et l'économie européene de la Renaissance.* Paris: S.E.V.P.E.N.

Bergier, Jean François. 1979. "From the Fifteenth Century in Italy to the Sixteenth Century in Germany: A New Banking Concept," In *The Dawn of Modern Banking,* Center for Medieval and Renaissance Studies, University of California at Los Angeles. New Haven, Conn.: Yale University Press, pp. 105–30.

Berner, Samuel. 1974. "Italy: Commentary." In *Failed Transitions to Modern Industrial Society: Renaissance Italy and Seventeenth-Century Holland,* edited by Frederick Krantz and Paul M. Hohenberg. Montreal: Interuniversity Center for European Studies, pp. 19–22.

Berry, Brian J. L. 1991). *Long-Wave Rhythms in Economic Development and Political Behavior.* Baltimore: Johns Hopkins University Press.

Blanchard, Olivier. 1974. "Was France Backward Compared to England in 1789?" MIT term paper, unpublished.

Böhme, Helmut. 1966. *Deutschlands Weg zur Grossmacht: Studien zum Verhältnis von Wirtschaft und Staat während der Reichsgründerzeit.* Cologne: Kiepenheuer and Witsch.

Böhme, Helmut. 1968a. *Frankfurt und Hamburg, Des Deutsches Reiches Silber- und Goldloch und die Allerenglischste Stadt des Kontinents.* Frankfurt: Europaische Verlagsanstalt.

Böhme, Helmut. 1968b. *Prolegomena zu einer Sozial- und Wirtschaftsgeschichte Deutschlands in 19. und 20. Jahrhundert.* Frankfurt-am-Main: Suhrkamp Verlag.

Boonstra, O. W. A. 1993. *Die Waadrij van eene Vroege Opleidung,* no. 34. Wageningen: A.A.G. Bidragen.

Borchardt, Knut. 1972. "Germany 1700–1914." In *The Emergence of Industrial Societies.* Vol. 4, part 1 of *The Fontana Economic History of Europe,* translated by George Hammersley, edited by Carlo M. Cipolla. London and Glasgow: Fontana/Collins, pp. 76–180.

Borchardt, Knut. 1966 (1991). "Regional Variations in Growth in Germany in the Nineteenth Century with Particular Reference to the West-East Development Gradient." In idem, *Perspectives on Modern German Economic History and Policy.* Cambridge: Cambridge University Press, pp. 30–47.

Borchardt, Knut. 1979 (1991). "Constraints and Room for Manœuvre in the Great

Depression of the Early Thirties: Towards a Revision of the Received Historical Picture." In idem, *Perspectives on Modern German Economic History and Policy*. Cambridge: Cambridge University Press, pp. 143–60.

Borchardt, Knut. 1990. "A Decade of Debate about Bruening's Economic Policy." In *Economic Crisis and Political Collapse: The Weimar Republic, 1924–1933*, edited by Jürgen Baron von Kruedner. New York: Berg, pp. 99–132.

Borchardt, Knut and Hans Otto Schötz, eds. 1991. *Wirtschaftspolitik in der Krise: Die (Geheim-) Konferens der Friederich List-Gesellschaft im September 1931 über Möglichkeiten und Folgen einer Kreditausweisung*. Baden-Baden: Nomos.

Borchardt, Knut and Christopher Buchheim. 1991. "The Marshall Plan and Key Economic Sectors: a Micro-Economic Perspective." In *The Marshall Plan and Germany*, edited by Charles S. Maier. New York and Oxford: Berg, pp. 410–51.

Bouch, Antoine. 1952. "Les grandes écoles." In C. Boudet, *Le monde des affaires en France de 1830 à nos jours*. Paris: Société d'Edition de Dictionnaires et Encyclopédies, pp. 566–74.

Boudet, Charles. 1952. *Le monde des affaires en France de 1830 à nos jours*. Paris: Société d'Edition de Dictionnaires et Encyclopédies.

Bouvier, Jean. 1973. *Un siècle de banque française*. Paris: Fayard.

Bouvier, Jean. 1984. "The French Banks: Inflation and the Economic Crisis, 1919–1939." *Journal of European Economic History*, Special Issue on Banks and Industry in the Interwar Period 12(2):29–80.

Boxer, C. R. 1965. *The Dutch Seaborne Empire*. New York: Knopf.

Boxer, C. R. 1969. *The Portuguese Seaborne Empire*. New York: Knopf.

Boxer, Charles R. 1970. "The Dutch Economic Decline." In *The Economic Decline of Empires*, edited by Carlo M. Cipolla. London: Methuen, pp. 253–63.

Boyer-Xambeau, Marie Thérese, Ghislain Deleplace, and Lucien Gillard. 1986. *Monnaie privée et pouvoir des princes: L'économie monétaire à la Renaissance*. No place stated: Presse de la Foundation Nationale des Sciences Politiques.

Brachtel, N. E. 1980. "Regulation and Group Consciousness in the Later History of London Italian Merchant Colonies." *Journal of European Economic History* 9(3) (Winter):585–610.

Braudel, Fernand. 1949 (1972). *The Mediterranean and the Mediterranean World in the Age of Phillip II*, vol. 1. Translated by Siân Reynolds. New York: Harper & Row.

Braudel, Fernand. 1966 (1975). *The Mediterranean: and the Mediterranean World in the Age of Philip II*, vol. 2. Translated Siân Reynolds. New York: Harper & Row.

Braudel, Fernand. 1977. *Afterthoughts on Material Life and Capitalism*. Baltimore: Johns Hopkins University Press.

Braudel, Fernand. 1979 (1981). *Civilization & Capitalism, 15th–18th Century*, vol. 1. *The Structures of Everyday Life*. Translated by Siân Reynolds, New York: Harper & Row.

Braudel, Fernand. 1979 (1982). *Civilization & Capitalism, 15th–18th Century*, vol. 2, *The Wheels of Commerce*. Translated by Siân Reynolds. New York: Harper & Row.

Braudel, Fernand. 1979 (1984). *Civilization & Capitalism, 15th–18th Century*, vol. 3, *The Perspective of the World*. Translated by Siân Reynolds. London: Collins.

Braudel, Fernand. 1986 (1988). *The Identity of France*, vol. 1, *History and Environment*. Translated by Siân Reynolds. New York: Harper & Row.

Braudel, Fernand. 1986 (1990). *The Identity of France*, vol. 2, *People and Production*. Translated by Siân Reynolds. New York: Harper Collins.

Braun, Rudolph. 1960. *Industrialisierung und Volksleben: Die Veränderungen der Lebensformen in einen ländlichen Industriegebiet vor 1800 (Zürcher Oberland)*. Erlenbach-Zurich and Stuttgart: Eugen Rentch Verlag.

Braun, Rudolph. 1965. *Sozialer und cultureller Wandel in einem ländlichen Industriegebiet im 19. und 20. Jahrhundert*. Erlenbach-Zurich and Stuttgart: Eugen Rentch Verlag.

Brenan, Gerald. 1950. *The Spanish Labyrinth: An Account of the Social and Political Background of the Civil War*. 2nd ed. Cambridge: Cambridge University Press.

Brenner, Reuven. 1983. *History: The Human Gamble*. Chicago: University of Chicago Press.

Brepohl, Wilhelm. 1948. *Der Aufbau des Ruhrvolkes im Züge der Ost-West Wanderung: Beiträge zur deutschen Sozialgeschichte des 19. und 20. Jahrhunderts*. Rechlingshausen: Verlag Ritter.

Brezis, Elise S., Paul R. Krugman, and Daniel Tsiddon. 1993. "Leapfrogging in International Competition: A Theory of Cycles in National Technological Leadership." *American Economic Review* 83(5) (December):1211–19.

Broeze, Frank. 1991. "Roundtable: Comment on Yrjo Kaukiainin, *Sailing into Twilight: Finnish Shipping in an Age of Technological Revolution*." *International Journal of Maritime History* 3(2) (December):121–69.

Brown, Lucy. 1958. *The Board of Trade and the Free-Trade Movement, 1830–42*. Oxford: Clarendon.

Buist, Marten G. 1974. *At Spes Non Fracta, Hope and Co., 1770–1815: Merchant Bankers and Diplomats at Work*. The Hague: Martinus Nijhoff.

Bulferetti, Luigi and Claudio Costanti. 1966. *Industriale e Commercio in Liguria nell'età del Risorgimento (1700–1862)*. Milan: Banca Commerciale Italiana.

Bundy, William P. 1977. *Two Hundred Years of American Foreign Policy*. New York: New York University Press (Council on Foreign Relations).

Burk, Kathleen. 1992. "Money and Power: The Shift from Great Britain to the United States." In *Finance and Financiers in European History, 1880–1960*, edited by Youssef Cassis. Cambridge: Cambridge University Press, pp. 359–69.

Burk, Kathleen and Alec Cairncross. 1992. *"Goodbye, Great Britain:" The 1976 IMF Crisis*. New Haven: Yale University Press.

Burke, Peter. 1974. *Venice and Amsterdam, A Study of Seventeenth Century Elites*. London: Temple Smith.

Burn, Duncan. 1940. *Economic History of Steel-Making*. Cambridge: Cambridge University Press.

Butter, Irene Hasenberg. 1969. *Academic Economics in Holland, 1800–1870*. The Hague: Martinus Nijhoff.

Cairncross, A. K. 1953. *Home and Foreign Investment: 1870–1913: Studies in Capital Accumulation*. Cambridge: Cambridge University Press.

Cairncross, Alec and Barry Eichengreen. 1983. *Sterling in Decline: The Devaluations of 1931, 1949 and 1967*. Oxford: Blackwell.

Cairncross, Frances and Alec Cairncross, eds. 1992. *The Legacy of the Golden Age: The 1960s and Their Economic Consequences*. London and New York: Routledge.

Cameron, Rondo. 1961. *France and the Economic Development of Europe (1800–1914)*. Princeton, NJ: Princeton University Press.

Cameron, Rondo. 1983. "A New View of European Industrialization." *Economic History Review* (second series) 38(1) (February):1–23.

Cameron, Rondo. 1989. *A Concise Economic History of the World, from Paleolithic Times to the Present.* New York: Oxford University Press.

Cardwell, D. S. L. 1972. *Turning Points in Western Technology: A Study of Technology, Science and History.* New York: Neale Watson Academic Publications.

Carswell, John. 1960. *The South Sea Bubble.* London: Cresset Press.

Carter, Alice Clare. 1975. *Getting, Spending and Investing in Early Modern Times: Essays on Dutch, English and Huguenot Economic History.* Assen, Netherlands: Van Gorcum & Co.

Central Planning Bureau (the Netherlands). 1992. *Scanning the Future: A Long-Term Scenario of the World Economy, 1990–2015.* The Hague: Sdu Publishers.

Centre de Diffusion Française. 1959. *The Young Face of France.* Paris.

Centre for Economic Policy Research. 1993. "Institutions and Markets: Balance of Power." *European Economic Perspectives,* no. 2 (December), pp. 2–3.

Cervantes, Miguel de. 1606 (1950). *The Ingenious Gentleman, Don Quixote de la Mancha.* New York: Modern Library.

Chambers, J. D. 1961 (1968). *The Workshop of the World: British Economic History from 1820–1880.* 2nd ed. London: Oxford University Press.

Chaptal, M. le Comte (Jean Antoine Claude de). 1819. *De l'industrie française,* 2 vols. Paris: Renouard.

Chatelaine, Abel. 1956. "Dans les campagnes française du XIX siècle: La lente progression de la faux." *Annales: Economies, Sociétés, Civilisations* 11(3) (October–December):495–99.

Checkland, Sydney. 1983. *British Public Policy, 1776–1939: An Economic, Social and Political Perspective.* Cambridge: Cambridge University Press.

Chevalier, Michel. 1836 (1838). *Lettres sur l'Amerique du Nord,* 2 vols. 3rd ed. Paris: Gosselin.

Church, R. A. 1975. *The Great Victorian Boom, 1850–1873.* London: Macmillan.

Churchill, Winston S. 1925 (1974). *Winston S. Churchill, His Complete Speeches, 1897–1963,* vol. 4, *1922–38,* edited by R. R. James. London: Chelsea House.

Cipolla, Carlo M. 1968. "The Economic Decline of Italy." In *Crisis and Change in the Venetian Economy in the Sixteenth and Seventeenth Centuries,* edited by Brian Pullan. London: Methuen, pp. 127–45.

Cipolla, Carlo M., ed. 1970. *The Economic Decline of Empires.* London: Methuen.

Cipolla, Carlo M. 1974. "The Italian 'Failure'." In *Failed Transitions to Modern Industrial Society: Renaissance Italy and Seventeenth-Century Holland,* edited by Frederick Kranz and Paul M. Hohenberg. Montreal: Interuniversity Center for European Studies, pp. 8–10.

Cipolla, Carlo. M. 1976. *Before the Industrial Revolution: European Society and its Economy, 1000–1700.* New York: W. W. Norton.

Clapham, J. H. 1910 (1962). "The Last Years of the Navigation Acts." Vol. 3 in *Essays in Economic History,* edited by E. M. Carus-Wilson. London: Edward Arnold, pp. 144–78.

Clark, Colin. 1945. "Public Finance and the Value of Money." *Economic Journal* 50(4) (December):371–81.

Clark, Tanya. 1993a. "Decisions? Decisions: Japanese Decision Making Is Clearer and More Familiar Than the West Thinks." *Japan Update* 23 (August):18–19.

Clark, Tanya. 1993b. "The Twain Imitate: Japan and the United States Learn from Each Other's Strengths." *Japan Update* 24 (September):18–19.

Cole, W. A. and Phyllis Deane. 1965. "The Growth of National Income." In *The Industrial Revolution and After: Incomes, Population and Technological Change*, edited by H. J. Habakkuk and M. Postan. Vol. 6 of *The Cambridge Economic History of Europe*. Cambridge: Cambridge University Press, pp. 1–55.

Coleman, D. C. 1973. "Gentlemen and Players." *Economic History Review*, 2nd series, 26(1) (February):92–116.

Comité pour l'Histoire Economique et Financière de la France. 1989. *Etudes et documents, I*. Paris: Imprimerie Nationale.

Commerce, Ministère du, Direction des Etudes Techniques. 1919. *Rapport général sur l'industrie française*. 3 vols. Paris: Imprimerie Nationale.

Cooper, Richard N. 1985. "International Economic Cooperation: Is It Desirable? Is It Likely?" *Bulletin of the American Academy of Arts and Sciences* 39 (November).

Coste, Pierre. 1932. *La lutte pour la suprématie: les grandes marches financiers: Paris, London, New York*. Paris: Payot.

Cotgrove, Stephen E. 1958. *Technical Education and Social Change*. London: Allen & Unwin.

Court, W. H. B. 1965. *British Economic History, 1870–1914: Commentary and Documents*. Cambridge: Cambridge University Press.

Crafts, N. F. R. 1985. *British Economic Growth during the Industrial Revolution*. Oxford: Clarendon.

Crafts, N. F. R. and C. K. Harley. 1992. "Output Growth and the British Industrial Revolution: A Restatement of the Crafts-Harley View." *Economic History Review* 45(4):703–30.

Craig, Gordon A. 1970. *The Politics of the Prussian Army, 1640–1945*. London: Oxford University Press.

Crouzet, François. 1968. "Economie et société (1715–1789)." In *Bordeaux au XVIIIème siècle*, edited by François-George Pariset. Bordeaux: Fédération historique du Sud-ouest., pp. 193–286.

Dahrendorf, Ralf. 1965 (1969). *Society and Democracy in Germany*. Garden City, N.Y.: Anchor Books.

Da Silva, Jose-Gentil. 1969. *Banque et crédit en Italie au XVII siècle*. Vol. 1, *Les foires de change et la dépréciation monétaire*. Vol. 2, *Sources et cours des changes*. Paris: Editions Klincksieck.

David, Paul A. 1985. "Clio and the Economics of QWERTY." *American Economic Review* 75(2) (May):322–37.

David, Paul A. 1990. "The Dynamo and the Computer: An Historical Perspective in the Modern Productivity Paradox." *American Economic Review* 80(1) (March):335–61.

David, Paul A. 1994. "Why Are Institutions the 'Carriers of History'?: Notes on Path-Dependency and the Evolution of Conventions, Organizations and Institutions." In *Structural Change and Economic Dynamics*, 5(2):205–20.

Davis, Lance E. and Robert A. Huttenback. 1986. *Mammon and the Pursuit of Empire: The Political Economy of British Imperialism, 1880–1913*. Cambridge: Cambridge University Press.

Davis, Ralph. 1973. *The Rise of the Atlantic Economies*. Ithaca, N.Y.: Cornell University Press.

Day, John. 1978 (1987). "The Great Bullion Famine of the Fifteenth Century." In idem, *The Medieval Market Economy*. Oxford: Blackwell, pp. 1–54.

Deane, Phyllis. 1965 (1979). *The First Industrial Revolution*. 2nd ed. Cambridge: Cambridge University Press.

Deane, Phyllis and W. A. Cole. 1962. *British Economic Growth, 1689–1959*. Cambridge: Cambridge University Press.

D'Elia, Costanza. 1993. "Miracles and Mirages in the West German Economy: A Survey of the Literature of the 1980s." *Journal of European Economic History* 22(2) (Fall):381–401.

de Roover, Raymond. 1942 (1953). "The Commercial Revolution of the Thirteenth Century." *Bulletin of the Business Historical Society*, reprinted in *Enterprise and Secular Change: Readings in Economic History*, edited by F. C. Lane and J. C. Riemersma. Homewood, Ill.: Richard D. Irwin, pp. 80–85.

de Roover, Raymond. 1948. *Money, Banking and Credit in Medieval Bruges: Italian Merchant Bankers, Lombards and Money Changers: A Study in the Origins of Banking*. Cambridge, Mass. Medieval Academy of America.

de Roover, Raymond. 1949. *Gresham on Foreign Exchange, An Essay on Early English Mercantilism, with the Text of Sir Thomas Gresham's Memorandum for the Understanding of the Exchange*. Cambridge, Mass.: Harvard University Press.

de Roover, Raymond. 1949. "Thomas Mun in Italy." *Bulletin of the Institute of Historical Research*. 30(81):80–85.

de Roover, Raymond. 1966. *The Rise and Fall of the Medici Bank*. New York: W. W. Norton.

Dertouzos, Michael, Richard K. Lester, and Robert M. Solow. 1989. *Made in America*. Cambridge, Mass.: MIT Press.

Despres, Emile, C. P. Kindleberger, and W. S. Salant. 1966 (1981). "The Dollar and World Liquidity: A Minority View." *The Economist*. Reprinted in C. P. Kindleberger, *International Money*. London: George Allen & Unwin, pp. 42–52.

de Vries, Jan. (1974). *The Dutch Rural Economy in the Golden Age, 1500–1700*, New Haven, Conn.: Yale University Press.

de Vries, Jan. (1976). *The Economy of Europe in the Age of Crisis, 1600–1750*. Cambridge: Cambridge University Press.

de Vries, Jan. 1978. *Barges and Capitalism: Passenger Traffic in the Dutch Economy*. Wageningen: A.A.G. Bijdragen 21.

de Vries, Jan. 1984a. *European Urbanization, 1500–1800*. Cambridge, Mass.: Harvard University Press.

de Vries, Jan. 1984b. "The Decline and Rise of the Dutch Economy, 1675–1900." In *Technique, Spirit and Form in the Making of the Modern Economies: Essays in Honor of William N. Parker, Research in Economic History*, suppl. 3, pp. 149–89.

de Zeeuw, J. W. 1978. *Peat and the Dutch Golden Age: The Historical Meaning of Energy-Sustainability*. Wageningen: A.A.G. Bijdragen 21.

Dhondt, J. 1955 (1969). "The Cotton Industry at Ghent during the French Regime." In *Essays in European Economic History, 1789–1914*, edited by F. Crouzet, W. H. Chaloner, and W. M. Stern. New York: St. Martin's Press, pp. 15–52.

Dickens, Charles. 1857 (1894). *Little Dorrit*. 2 vols. Boston: Houghton Mifflin.

Dickson, P. G. M. 1967. *The Financial Revolution in England: A Study in the Development of Public Credit, 1688–1756*. New York: St. Martins Press.

Dollinger, Philippe. 1964 (1970). *The German Hansa*. Translated and edited by D. S. Ault and S. H. Steinberg. Stanford, Calif.: Stanford University Press.

Doran, Charles F. 1985. "Power Cycle Theory and Systems Stability." In *Rhythms in Politics and Economics*, edited by Paul M. Johnson and William R. Thompson. New York: Praeger, pp. 292–312.

Dornic, François. 1955. *L'industrie textile dans le Maine et ses débouches internationaux, 1650–1815.* Le Mans: Editions Pierre-Belon.

Dufraise, Roger. 1992. "Flottes et flotteurs de bois du Rhin a l'époque napoléonienne." In idem, *L'Allemagne à l'époque napoléonienne, Questions d'histoire politique, économique et sociale.* Bonn and Berlin: Verlag Bouvier, pp. 217–43.

Dumke, Rolf H. 1976. "The Political Economy of German Economic Unification: Tariffs, Trade and Politics of the Zollverein." Doctoral dissertation in economic history, University of Wisconsin, Madison.

Dunham, Arthur Louis. 1955. *The Industrial Revolution in France, 1815–1848.* New York: Exposition Press.

Ecole polytechnique. 1895. *Livre de centenaire, 1794–1894.* 3 vols. Paris: Gauthier-Vilas et Fils.

The Economist. 1991. "A Survey of America: The Old Country." Vol. 321, no. 7730 (October 26), survey pp. 1–26.

The Economist. 1993. "The British Audit: Manufacturing." Vol. 328, no. 7825 (August 21), pp. 46–47.

The Economist. 1993. "Tokyo's Inflating Shares." Vol. 328, no. 7830 (September 25), p. 92.

The Economist. 1993. "When Other Nations Play Leap Frog." Vol. 329, no. 7833 (October 16), p. 84.

Edelstein, Michael. 1982. *Overseas Investment in the Age of High Imperialism: The United Kingdom, 1850–1914.* New York: Columbia University Press.

Ehrenberg, Richard. 1896 (1928). *Capital and Finance in the Age of the Renaissance: A Study of the Fuggers.* New York: Harcourt Brace.

Eichengreen, Barry. 1992. *Golden Fetters: The Gold Standard and the Great Depression, 1919–1939.* New York and London: Oxford University Press.

Eisner, Robert. 1992. "The Twin Deficits." In *Profits, Deficits and Instability*, edited by Dimitri B. Papadimitriou. London: Macmillan, pp. 255–67.

Elbaum, Bernard and William Lazonick. 1984. "The Decline of the British Economy: An Institutional Perspective." *Journal of Economic History* 44(2) (June):567–83.

Elbaum, Bernard and William Lazonick. 1986. *The Decline of the British Economy: An Institutional Perspective.* Oxford: Oxford University Press.

Elliot, J. H. 1961 (1970). "The Decline of Spain." In *The Economic Decline of Empires*, edited by Carlo M. Cipolla. London: Methuen, pp. 168–95.

Elliot, J. H. 1968 (1982). *Europe Divided, 1559–1598.* Ithaca, N.Y.: Cornell University Press (paperback).

Emmott, Bill. 1989. *The Sun Also Sets: The Limits to Japan's Economic Power.* New York: Time Books.

Encounter. 1963. "Suicide of a Nation?" Special issue, no. 118 (July).

Epstein, Klaus. 1959. *Matthias Erzberger and the Dilemma of German Democracy.* Princeton, N.J.: Princeton University Press.

Evans, D. Morier. 1859 (1969). *The History of the Commercial Crisis, 1857–1858, and the Stock Exchange Panic of 1859.* Reprint ed. New York: A. M. Kelley.

Faure, Edgar. 1977. *La banqueroûte de Law, 17 juillet 1720.* Paris: Gallimard.

Feldman, Gerald D. 1993. *The Great Disorder: Politics, Economics and Society in the German Inflation, 1914–1924.* New York and Oxford: Oxford University Press.

Felix, David. 1971. *Walther Rathenau and the Weimar Republic: The Politics of Reparations.* Baltimore: Johns Hopkins University Press.

Fischer, Wolfram. 1962. *Der Staat und die Anfänge der Industrialisierung in Baden, 1800–1850.* Berlin: Duncker und Humblot.

Florence, P. Sargent. 1953. *The Logic of British and American Industry.* London: Routledge and Kegan Paul.

Flynn, Michael W. 1953 (1965). "Sir Ambrose Crowley, Ironmonger, 1658–1713." In *Explorations in Enterprise,* edited by Hugh G. J. Aitken. Cambridge, Mass.: Harvard University Press, pp. 241–58.

Fodella, Gianni. 1991. "Can New Europe Compete with Japan and the United States?" *Rivista di Politica Economica* 81(3) (May):653–73.

Forster, Robert. 1975. "Review" of Charles Carrière, *Négociants Marseillais au XVIIIᵉ siècle: Contribution à l'étude des économies maritimes,* 1973, 2 vols. *Journal of Modern History* 47(1) (March):162–65.

Forsyth, Peter L. and Stephen J. Nicholas. 1983. "The Decline of Spain: Industry and the Price Revolution: A Neoclassical Analysis." *Journal of European Economic History* 12(3) (Winter):601–10.

Frank, Andre Gunder and Barry K. Gilles. 1993. "World System Economic Cycles and Hegemonial Shift to Europe, 100 BC to 1500 AD." *Journal of European Economic History* 22(1) (Spring):155–83.

Friedberg, Aaron L. 1988. *The Weary Titan: Britain and the Experience of Relative Decline, 1895–1905.* Princeton, N.J.: Princeton University Press.

Froelich, Norman and Joe A. Oppenheimer. 1970. "I Get Along with a Little Help from My Friends." *World Politics* 23(1) (October):104–20.

Frye, Northrop. 1974. "*The Decline of the West,* by Oswald Spengler." *Daedalus* 103(1) (Winter), "Twentieth Century Classics Revisited":1–13.

Funabashi, Yoichi. 1993. "Structural Defects in Tokyo's Foreign Policy" *Economic Eye* 14(2) (Summer):25–28.

Garber, Peter M. 1990. "The Dollar as a Bubble." In *The Economics of the Dollar Cycle,* edited by Stefan Gerlach and Peter A. Petri. Cambridge, Mass.: MIT Press, pp. 129–47.

Gerschenkron, Alexander. 1943. *Bread and Democracy in Germany.* Berkeley: University of California Press.

Gerschenkron, Alexander. 1962. *Economic Backwardness in Historical Perspective: A Book of Essays.* Cambridge, Mass.: Belknap Press of Harvard University Press.

Gerschenkron, Alexander. 1968. *Continuity in History and Other Essays.* Cambridge, Mass.: Belknap Press of Harvard University Press.

Gerschenkron, Alexander. 1977. *An Economic Spurt That Failed: Four Lectures in Austrian History.* Princeton, N.J.: Princeton University Press.

Geyl, Peter. 1961. *The Netherlands in the Seventeenth Century, Part One, 1600–1648.* Rev. and enlarged. New York: Barnes and Noble.

Giersch, Herbert, Karl-Heinz Paqué, and Holger Schmieding. 1992. *The Fading Miracle: Four Decades of Market Economy in Germany.* Cambridge: Cambridge University Press.

Gimpel, Jean. 1976. "How to Help the United States Age Gracefully." Unpublished memorandum.

Girard, L. 1965. "Transport." In *The Industrial Revolution and After: Incomes, Population and Technological Change,* edited by H. J. Habbakkuk and M.

Postan. Vol. 6 of *The Cambridge Economic History of Europe*. Cambridge: Cambridge University Press, pp. 213–73.

Glick, Thomas P. 1970. *Irrigation and Society in Medieval Valencia*. Cambridge, Mass.: Belknap Press of Harvard University Press.

Goldstein, Joshua S. 1988. *Long Cycles, Prosperity and War in the Modern Age*. New Haven, Conn., and London: Yale University Press.

Goldstone, Jack A. 1991. *Revolution and Rebellion in the Early Modern World*. Berkeley: University of California Press.

Goodwin, Richard M. 1991. Comment on Joshua S. Goldstein, "A War-Economy Theory of the Long Wave." In *Business Cycles: Theories, Evidence and Analysis*, edited by Niels Thygesen, Kumaraswamy Velupillai, and Stefano Zambelli. London: Macmillan, p. 326.

Gordon, Robert J. 1993. "American Economic Growth: One Big Wave." National Bureau of Economic Research paper.

Grantham, G. W. 1993. "Division of Labour: Agricultural Productivity and Occupational Specialization in Pre-Industrial France." *Economic History Review* 46(3) (August):478–502.

Gras, N. S. B. 1930. *Industrial Evolution*. Cambridge, Mass.: Harvard University Press.

Greenfield, Kent Roberts. 1965. *Economics and Liberalism in the Risorgimento, A Study in Nationalism in Lombardy, 1814–1848*. Rev. ed. Baltimore: Johns Hopkins University Press.

Greif, Avner. 1989. "Reputation and Coalitions in Medieval Trade: Evidence on the Maghribi Traders." *Journal of Economic History* 49(4) (December): 857–82.

Habakkuk, H. J. 1952. *American and British Technology in the Nineteenth Century*. Cambridge: Cambridge University Press.

Hagen, Everett E. 1962. *On the Theory of Social Change: How Economic Growth Begins*. Homewood, Ill.: Dorsey Press.

Hamada, Koichi. 1995. "Bubbles, Bursts and Bail-Outs: Comparison of Three Episodes of Financial Crisis in Japan." In *The Structure of the Japanese Economy*. New York: Macmillan. Paper presented March 11, 1993, at a conference at National Taiwan University.

Hamada, Koichi and Munehisa Kasuya. 1993. "The Reconstruction and Stabilization of the Postwar Japanese Economy: Possible Lessons for Eastern Europe?" In *Postwar Economic Reconstruction and Lessons for the East Today*, edited by Rudiger Dornbusch, Wilhelm Rölling, and Richard Layard. Cambridge, Mass.: MIT Press, pp. 155–87.

Hamilton, Earl J. 1934 (1965). *American Treasure and the Price Revolution in Spain, 1501–1650*. Cambridge, Mass.: Harvard University Press. Repr. New York: Octagon Books.

Hamilton, Earl J. 1938 (1954). "The Decline of Spain." In *Essays in Economic History*, vol. 1, edited by E. M. Carus-Wilson. London: Edward Arnold, pp. 215–26.

Hamilton, Earl J. 1969. "The Political Economy of France at the Time of John Law." *History of Political Economy* 1(1) (Spring):123–49.

Hara, Akira. 1993. "American Aid and the Reconstruction of the Japanese Economy." In Comité pour L'Histoire Economique et Financière de la France, *Le Plan Marshall et le relèvement économique de l'Europe*. Paris: Imprimerie Nationale, pp. 607–19.

Haring, Clarence Henry. 1918. *Trade and Navigation between Spain and the Indies in the Time of the Hapsburgs.* Cambridge, Mass.: Harvard University Press.

Harley, C. Knick. 1986. Review of N. F. R. Crafts, *British Economic Growth during the Industrial Revolution* (1985). *Journal of Economic Literature* 24(2) (June):683–84.

Harris, Robert D. 1979. *Necker, Reform Statesman of the Ancien Regime.* Berkeley: University of California Press.

Heckscher, Eli F. 1935 (1983). *Mercantilism.* 2 vols. Translated by Mendel Shapiro. New York: Macmillan. Repr. Garland Publishing.

Heckscher, Eli F. 1954. *An Economic History of Sweden.* Translated by Göran Ohlin. Cambridge, Mass.: Harvard University Press.

Heers, Jacques. 1964. "Gênes." In *Città mercanti dottrine nell'economia Europea dal IV al XVIII secolo, Saggi in memoria di Gino Luzzato,* edited by Amintore Fanfani. Milan: A Giuffre, pp. 85–103.

Helfferich, Karl. 1921–23 (1956). *Georg von Siemens: Ein Lebensbild aus Deutchlands grosser Zeit.* 1 vol., rev. and abr. ed. of 3 vols. Krefeld: Richard Serpe.

Henderson, W. O. 1954. *Britain and Industrial Europe, 1750–1870, Studies in British Influence on the Industrial Revolution in Western Europe.* Liverpool, Liverpool University Press.

Henry, M. L. 1955. Discussion in Colloques Internationaux de la Recherche Scientifique, *Sociologie comparée de la famille contemporaine.* Paris: Editions du Centre National de la Recherche Scientifique.

Herr, Richard. 1958. *The Eighteenth Century Revolution in Spain.* Princeton, N.J.: Princeton University Press.

Herr, Richard and John H. R. Pont. 1989. *Iberian Identity: Essays on the Nature of Identity of Portugal and Spain.* Berkeley: University of California Press.

Hicks, Sir John. 1969. *A Theory of Economic History.* London: Oxford University Press.

Hironaka, Wakako. 1993. "Through Rosy Glasses: Darkly." *The New York Times,* op. ed. communication, June 5, p. 21.

Hirsch, Fred. 1976. *Social Limits to Growth.* Cambridge, Mass.: Harvard University Press.

Hirschman, Albert O. 1958. *The Strategy of Economic Development.* New Haven, Conn.: Yale University Press.

Hoffman, Ross J. S. 1933. *Great Britain and the German Trade Rivalry, 1875–1914.* Philadelphia: University of Pennsylvania Press.

Hoffmann, Stanley. 1993. "Thoughts on the French Nation." *Daedalus* 122(3) (Summer):63–79.

Hohenberg, Paul M. 1967. *Chemicals in Western Europe, 1850–1914: An Economic Study of Technical Change.* Chicago: Rand McNally & Co.

Holtfrerich, Carl-Ludwig. 1982. "Alternativen zu Brüning's Wirtschaftspolitik in der Weltwirtschaftskrise." *Historische Zeitschrift* 235:605–31.

Holtfrerich, Carl-Ludwig. 1990. "Was the Policy of Deflation in Germany Unavoidable?" In *Economic Crisis and Collapse: The Weimar Republic, 1924–1933,* edited by Jürgen Baron von Kruedner. New York, Oxford, and Munich: Berg, pp. 63–81.

Hopkins, Terrence K., Immanuel Wallerstein, et al. 1982. "Cyclical Rhythms and Trends of the Capitalist World Economy." In idem, *World-System Analysis: Theory and Methodology.* Beverly Hills, Calif.: Sage Publications.

Hulen, Sherwin B. 1994. *How We Die.* New York: Knopf.

Huntington, Ellsworth. 1915. *Civilization and Climate*. New Haven, Conn.: Yale University Press.

Ilie, Paul. 1989. "Self-Images in the Mirror of Otherness." In *Iberian Identity: Essays on the Nature of Identity of Portugal and Spain*, edited by Richard Herr and John H. R. Pont. Berkeley: University of California Press, pp. 156–80.

Ingesias, Maria Carmen. 1989. "Montesquieu and Spain: Iberian Identity as Seen Through the Eyes of a Non-Spaniard in the Eighteenth Century." In *Iberian Identity: Essays on the Nature of Identity of Portugal and Spain*, edited by Richard Herr and John H. R. Pont. Berkeley: University of California Press, pp. 145–55.

Inman, Robert P. 1993. Review of Alice M. Rivlin, *Reviving the American Dream* (1992). *Journal of Economic Literature* 31(3) (September):1466–68.

INSEE (Institut National de la Statistique et des Etudes Economiques). *Annuaire Statistique de la France*. Paris: Imprimerie Nationale, various years.

Isard, Caroline and Walter Isard. 1945. "Economic Implications of Aircraft." *Quarterly Journal of Economics* 59(1) (February):145–69.

Israel, Jonathan I. 1989. *Dutch Primacy in World Trade, 1585–1740*. Oxford: Clarendon Press.

Jackson, Gordon. 1991. "Roundtable: Comment on Yjro Kaukiainin, *Sailing into Twilight: Finnish Shipping in an Age of Technological Revolution*." *International Journal of Maritime History* 3(2) (December):121–69.

Jacquin, François. 1955. *Les cadres de l'industrie et du commerce en France*. Paris: Colin.

Jeanneney, Jean-Noël. 1977. *Leçon d'histoire pour une gauche au pouvoir, 1914–1940*. Paris: Seuil.

Jensen, Michael C. and W. H. Meckling. 1976. "Theory of the Firm: Managerial Economics, Agency Costs and Ownership Structure." *Journal of Financial Economics* 3(4) (October):305–30.

Jervis, F. R. J. 1947. "The Handicap of Britain's Early Start." *Manchester School*, 15(1):112–22.

Jones, E. L. 1978. "Disaster Management and Resource Saving in Europe, 1400–1800." In *Natural Resources in European History*, edited by Antoni Maczak and William N. Parker. Washington, D.C.: Resources for the Future, pp. 113–36.

Jones, E. L. 1987. *The European Miracle, Environments, Economies and Geopolitics in the History of Europe and Asia*. 2nd ed. Cambridge: Cambridge University Press.

Jones, E. L. 1988. *Growth Recurring: Economic Change in World History*. Oxford: Clarendon Press.

Jones, Ethel. 1930. *Les voyageurs français en Angleterre de 1815 à 1830*. Paris: Boccard.

Judge, A. V. 1939 (1969). "The Idea of a Mercantile State." In *Revisions in Mercantilism*, edited by D. C. Coleman. London: Methuen, pp. 35–60.

Kahler, Erich. 1974. *The Germans*. Edited by Robert and Rita Kimber. Princeton, N.J.: Princeton University Press.

Kaltenstadler, Wilhelm. 1972. "European Economic History in the Recent German Historiography." *Journal of European Economic History* 1(1) (Spring): 193–218.

Kamen, Henry. 1969. *The War of Succession in Spain, 1700–1715*. London: Weidenfield and Nicholson.

Kaplan, Jacob J. and Günter Schleiminger. 1989. *The European Payments Union: Financial Diplomacy in the 1950s*. Oxford: Clarendon Press.

Kehr, Eckart. 1930 (1970). "Imperialismus und deutscher Schlachtflottenbau." In *Imperialismus*, edited by Hans-Ulrich Wehler. Cologne and Berlin: Kiepenheuer & Witsch, pp. 289–308.

Kehr, Eckart. 1965. *Der Primat der Innenpolitik: Gesammelte Aufsätze zur preussische-deutschen Sozialgeschichte im 19. und 20. Jahrhundert*. Edited and introduced by Hans-Ulrich Wehler. Berlin: Walter de Gruyter.

Keizai Koho Center. 1994. *Japan, 1995: An International Comparison*. Tokyo: Keizai Koho Center.

Kellenbenz, Hermann. 1963. Editor's foreword to Ludwig Beutin, *Gesammelte Schriften zur Wirtschafts- und Sozialgeschichte*. Cologne: Böhllau Verlag.

Kellenbenz, Hermann. 1963 (1974). "Rural Industries in the West from the End of the Middle Ages to the Eighteenth Century." In *Essays in European Economic History, 1500–1800*, edited by Peter Earle. Oxford: Clarendon, pp. 45–88.

Kennedy, Paul. 1987. *The Rise and Fall of Great Powers: Economic Change and Military Conflict*. New York: Random House.

Kennedy, William P. 1987. *Industrial Structure, Capital Markets and the Origins of British Decline*. Cambridge: Cambridge University Press.

Keynes, John Maynard. 1919. *The Economic Consequences of the Peace*. London: Macmillan.

Keynes, John Maynard. 1930. *The Applied Theory of Money*. Vol. 2 of *A Treatise on Money*. New York: Harcourt Brace & Co.

Kindleberger, Charles P. 1945, 1946 (1989). *The German Economy, 1945–1947: Charles P. Kindleberger's Letters from the Field*. Westport, Conn.: Meckler.

Kindleberger, Charles P. 1956. *The Terms of Trade: A European Case Study*. New York: The Technology Press of MIT and John Wiley & Sons.

Kindleberger, Charles P. 1958 (1965). *Economic Development*. New York: McGraw-Hill.

Kindleberger, Charles P. 1964. *Economic Growth in France and Britain, 1851–1950*. Cambridge, Mass.: Harvard University Press.

Kindleberger, Charles P. 1967. *Europe's Postwar Growth: The Role of the Labor Supply*. Cambridge, Mass.: Harvard University Press.

Kindleberger, Charles P. 1969. *American Business Abroad: Six Lectures on Direct Investment*. New Haven, Conn.: Yale University Press.

Kindleberger, Charles P. 1973 (1986). *The World in Depression, 1929–1939*. 2nd ed. Berkeley: University of California Press.

Kindleberger, Charles P. 1974. "An American Climacteric?" *Challenge* 17(1): 35–45.

Kindleberger, Charles P. 1974 (1978). "The Formation of Financial Centers," in idem., *Economic Response: Comparative Studies in Trade, Finance, and Growth*. Cambridge, Mass.: Harvard University Press, pp. 66–133.

Kindleberger, Charles P. 1975 (1978). "Germany's Overtaking England, 1806–1914." In idem., *Economic Response: Comparative Studies in Trade, Finance and Growth*. Cambridge, Mass.: Harvard University Press, pp. 185–236.

Kindleberger, Charles P. 1976a. "Technical Education and the French Entrepreneur." In *Enterprise and Entrepreneurship in Nineteenth- and Twentieth-Century France*, edited by Edward C. Carter, Robert Forster, and Joseph N. Moody. Baltimore: Johns Hopkins University Press, pp. 3–39.

Kindleberger, Charles P. 1976b. "The Historical Background: Adam Smith and the Industrial Revolution." In *The Market and the State: Essays in Honour of Adam Smith*, edited by Thomas Wilson and Andrew S. Skinner. Oxford: Clarendon Press, pp. 3–25.

Kindleberger, Charles P. 1978 (1989). *Manias, Panics and Crashes: A History of Financial Crises*. New ed. New York: Basic Books.

Kindleberger, Charles P. 1978 (1990). "The Aging Economy," in *Weltwirtschaftliches Archiv*, reprinted in idem, *Historical Economics*. New York: Harvester/Wheatsheaf, pp. 235–45.

Kindleberger, Charles P. 1984 (1993). *A Financial History of Western Europe*. Rev. ed. New York: Oxford University Press.

Kindleberger, Charles P. 1989. "The United States and the World Economy in the Twentieth Century." In *Interactions in the World Economy: Perspectives from International History*, edited by Carl-Ludwig Holtfrerich. New York, London: Harvester/Wheatsheaf, pp. 287–313.

Kindleberger, Charles P. 1990. "The Panic of 1873." In *Crashes and Panics: the Lessons from History*, edited by Eugene N. White. Homewood, Ill.: Dow Jones-Irwin, pp. 69–84.

Kindleberger, Charles P. 1992a. "Why Did the Golden Age Last So Long?" In *The Legacy of the Golden Age: The 1960s and their Economic Consequences*, edited by Frances Cairncross and Alec Cairncross. London: Routledge, pp. 15–44.

Kindleberger, Charles P. 1992b. *Mariners and Markets*. New York: Harvester/Wheatsheaf.

Kirby, M. W. 1992. "Institutional Rigidities and Economic Decline: Reflections on British Experience." *Economic History Review* 45(4) (November):637–60.

Klein, Julius. 1920. *The Mesta*. Cambridge, Mass.: Harvard University Press.

Klein, Peter W. 1970a. "Entrepreneurial Behaviour and the Economic Rise and Decline of the Netherlands in the 17th and 18th Centuries." *Annales Cisalpines d'Histoire Sociale*, no. 1, pp. 7–19.

Klein, P. W. 1970b. "Stagnation économique et emploi du capital dans le Hollande des XVIIIᶜ et XIXᶜ siècles." *Revue du Nord* 52(204) (January–March):33–41.

Klein, Peter Wolfgang. 1982. "Dutch Capitalism and the World Economy." In *Dutch Capitalism and World Capitalism*, edited by Maurice Aymard. Cambridge: Cambridge University Press, pp. 75–91.

Kocka, Jürgen. 1978. "Entrepreneurs and Managers in German Industrialization." In *The Industrial Economies: Capital, Labour and Enterprise*. Part I: Britain, France, Germany and Scandinavia. Vol. 7. *The Cambridge Economic History of Europe*, edited by Peter Mathias and M. M. Postan. Cambridge: Cambridge University Press, pp. 492–589.

Kocka, Jürgen. 1994. "Crisis of Unification: How Germany Changes." *Daedalus* 123(1) (Winter):173–92.

Koebner, R. 1959. "Adam Smith and the Industrial Revolution." *Economic History Review* (2nd ser.) 11(3) (August):281–91.

Köllman, Wolfgang. 1965. "The Population of Barmen before and during the Period of Industrialization." In *Population in History: Essays in Historical Demography*, edited by D. C. Glass and D. E. C. Eversley. London: Edward Arnold, pp. 588–607.

Komiya, Ryutaro. 1990. *The Japanese Economy: Trade, Industry and Government*. Tokyo: University of Tokyo Press.

Konvitz, Josef W. 1978. *Cities & the Sea: Port City Planning in Early Modern Europe*. Baltimore: Johns Hopkins University Press.

Kossmann, E. H. 1974. "Some Meditations on Dutch Eighteenth-Century Decline." In *Failed Transitions to Modern Industrial Society: Renaissance Italy and Seventeenth-Century Holland*, edited by F. Krantz and P. M. Hohenberg. Montreal: Interuniversity Center for European Studies, pp. 49–54.

Krantz, Frederick and P. M. Hohenberg, eds. 1974. *Failed Transitions to Modern Industrial Society: Renaissance Italy and Seventeenth-Century Holland*. Montreal: Interuniversity Center for European Studies.

Krasner, Stephen D. 1983. "Structural Causes and Regime Consequences: Regimes as Intervening Variables." In *International Regimes*, edited by Stephen D. Krasner. Ithaca, N.Y.: Cornell University Press.

Krugman, Paul R. 1990a. "Hindsight on the Strong Dollar." In *The Economics of the Dollar Cycle*, edited by Stefan Gerlach and Peter A. Petri. Cambridge, Mass.: MIT Press, pp. 92–118.

Krugman, Paul R. 1990b. *The Age of Diminished Expectations: U.S. Economic Policy in the 1990s*. Cambridge, Mass.: MIT Press.

Kuznets, Simon. 1930. *Secular Movements in Prices and Production*. Boston: Houghton Mifflin.

Lambert, Audrey M. 1971. *The Making of the Dutch Landscape: An Historical Geography of the Netherlands*. London: Seminar Press.

Lambi, Ivo Nicolai. 1963. *Free Trade and Protection in Germany, 1868–1879*. Wiesbaden: Fritz Steiner Verlag.

Landes, David S. 1960. "The Bleichröder Bank: An Interim Report." In publications of the Leo Baeck Institute, *Yearbook V*. London: East and West Library, pp. 201–20.

Landes, David S. 1965. "Technological Change and Development in Western Europe, 1750–1914." In *The Industrial Revolution and After: Incomes, Population and Technological Change*, edited by H. J. Habakkuk and M. Postan. Vol. 6 of *The Cambridge Economic History of Europe*. Cambridge: Cambridge University Press, pp. 274–601.

Landes, David S. 1989. "Some Thoughts on Economic Hegemony: Europe in the Nineteenth Century World Economy." In *Interactions in the World Economy: Perspective from International Economic History*, edited by Carl-Ludwig Holtfrerich. New York and London: Harvester/Wheatsheaf, pp. 153–67.

Lane, Frederic C. 1944. *Andrea Barbarigo, Merchants of Venice, 1418–1449*. Baltimore: Johns Hopkins University Press.

Lane, Frederic C. 1965. "Gino Luzzato's Contributions to the History of Venice: An Appraisal and Tribute." In *Studi e Testimonianze su Gino Luzzato*. Milan: Società Editrice Dante Aligheri, pp. 49–80.

Lane, Frederic C. 1968. "Venetian Shipping during the Commercial Revolution." In *Crisis and Change in the Venetian Economy in the Sixteenth and Seventeenth Centuries*, edited by Brian Pullan. London: Methuen, pp. 22–46.

Lane, Frederic C. 1973. *Venice: A Maritime Republic*. Baltimore: Johns Hopkins University Press.

Lapeyre, Henri. 1953. *Simon Ruiz et les "asientos" de Phillipe II*. Paris: Colin.

Lapeyre, Henri. 1955. *Une famille des marchands, Les Ruiz: Contribution à l'étude du commerce entre la France et l'Espagne au temps du Philippe II*. Paris: Colin.

Lauk, Kurt J. 1994. "Germany at the Crossroads: On the Efficiency of the German Economy." *Daedalus* 123(1) (Winter):57–83.

Lawrence, Robert Z. 1993. "Japan's Different Trade Regime: An Analysis with Particular Reference to *Keiretsu.*" *Journal of Economic Perspectives* 7(3) (Summer):3–20.

Lazonick, William. 1991. *Business Organization and the Myth of the Market Economy.* Cambridge: Cambridge University Press.

Letwin, William. 1959. *Sir Josiah Child, Merchant Economist.* Boston: Baker Library, Harvard Graduate School of Business Administration.

Levinson, Daniel J. 1978. *The Seasons of a Man's Life.* New York: Knopf.

Lévy-Leboyer, Maurice. 1964. *Les banques européenes et l'industrialization internationale dans la première moitié du XIXe siècle.* Paris: Presses Universitaires de France.

Lewis, W. Arthur. 1954. "Development with Unlimited Supplies of Labour." *The Manchester School* 22(2) (May):139–91.

Lindert, Peter H. and Keith Trace. 1971. "Yardsticks for British Entrepreneurs." In *Essays on a Mature Economy,* edited by Donald N. McCloskey. Princeton, N.J.: Princeton University Press, pp. 239–74.

Locke, Robert R. 1978. *Les fonderies et forges d'Alais à l'époque des premiers chemins de fer: La création d'une enterprise moderne.* Paris: Marcel Rivière et Cie.

Lodge, Eleanor C. 1931 (1970). *Sully, Colbert and Turgot: A Chapter in French Economic History.* Repr. Port Washington, Wis.: Kennikat Press.

Lopez, Robert S. 1951. "The Dollar of the Middle Ages." *Journal of Economic History* 11(3) (September):209–34.

Lorenz, Edward H. 1991. *Economic Decline in Britain: The Shipbuilding Industry, 1890–1970.* Oxford: Oxford University Press.

Lorenz, Edward H. 1993. "Crafting a Reply: British Shipbuilding Decline Revisited." *International Journal of Maritime History* 5(1) (June):239–48.

Lowe, John. 1993. "Letter from Kyoto." *The American Scholar* 62 (Autumn):571–79.

Lo Romer, David G. 1987. *Merchants and Reform in Leghorn, 1814–1868.* Berkeley: University of California Press.

Lucassen, Jan. 1984 (1987). *Migrant Labour in Europe, 1600–1900: The Drift to the North Sea.* Translated by Donald A. Bloch. London: Croom Helm.

Luther, Hans. 1964. *Vor dem Abgrund, 1930–1933: Reichsbankpräsident in Krisenzeiten.* Berlin: Propyläen.

Lüthy, Herbert. 1961. *De la banque aux finances (1730–1794).* Vol. 2 of *La Banque protestante en France de la révocation de l'édit de Nantes à la révolution.* Paris: S.E.V.P.E.N.

Lynch, John. 1964. *Empire and Absolutism, 1516–1598.* Vol. 1 of *Spain under the Habsburgs.* New York: Oxford University Press.

MacDougall, Sir Donald. 1954. "A Lecture on the Dollar Problem." *Economica* 21(203) (August):185–200.

Maddison, Angus. 1982. *Phases of Capitalist Development.* Oxford: Oxford University Press.

Maddison, Angus. 1989. *The World Economy in the 20th Century.* Paris: Organization for Economic Cooperation and Development.

Mann, Thomas. 1901 (1924). *Buddenbrooks.* New York: Knopf.

Marglin, Stephen A. 1974. "What Do Bosses Do?," part 1. *Review of Radical Political Economy* 6(2) (Summer):60–112.

Marglin, Stephen A. and Judith B. Schor, eds. 1990. *The Golden Age and Capitalism: Reinterpreting the Postwar Experience.* Oxford: Clarendon Press.

Marshall, Alfred. 1920. *Industry and Trade: A Study of Industrial Technique and Business Organization and of Their Influence on Various Classes and Nations.* London: Macmillan.

Marshall, Alfred. 1920. *Principles of Economics.* London: Macmillan.

Mathorez, J. 1919. *Les étrangers en France sous l'Ancien Régime: Histoire de la population française.* Vol. 1. Paris: Edouard Chapinon.

Matthews, R. C. O. 1968. "Why Has Britain Had Full Employment since the War?" *Economic Journal* 77(311) (September):558–69.

Matthews, R. C. O., C. H. Feinstein, and J. C. Odling-Smee. 1982. *British Economic Growth, 1856–1973.* Oxford: Clarendon Press.

Mauro, Frédéric. 1990. "Merchant Communities, 1350–1750." In *The Rise of Merchant Empires: Long Distance Trade in the Early Modern World, 1350–1750,* edited by James D. Tracey. Cambridge: Cambridge University Press, pp. 255–86.

Maxcy, George and A. Silberston. 1959. *The Motor Industry.* London: Allen & Unwin.

McClelland, David C. 1961. *The Achieving Society.* Princeton, N.J.: Van Nostrand.

McCloskey, Donald N. 1973. *Economic Maturity and Entrepreneurial Decline: British Iron and Steel, 1870–1913.* Cambridge, Mass.: Harvard University Press.

McCloskey, Donald N. and J. Richard Zecher. 1976. "How the Gold Standard Worked, 1880–1913." In *The Monetary Approach to the Balance of Payments,* edited by J. A. Frenkel and H. G. Johnson. Toronto: Toronto University Press.

McKinnon, Ronald I. 1963. *Money and Capital in Economic Development.* Washington, D.C.: Brookings Institution.

McKinnon, Ronald I. and Donald J. Mathieson. 1981. *How to Manage a Repressed Economy.* Princeton Essays in International Finance, no. 145 (December).

McNeill, William H. 1974a. *Venice: The Hinge of Europe, 1081–1797.* Chicago: University of Chicago Press.

McNeill, William H. 1974b. *The Shape of European History.* New York: Oxford University Press.

McNeill, William H. 1976. *Plagues and Peoples.* Garden City, N.Y.: Anchor Books.

McNeill, William H. 1982 [pb. 1984]. *The Pursuit of Power: Technology, Armed Force and Society since A.D. 1000.* Chicago: University of Chicago Press.

McNeill, William H. 1983. *The Great Frontier: Freedom and Hierarchy in Modern Times.* Princeton, N.J: Princeton University Press.

McNeill, William H. 1992. "History Over, World Goes On," a review of Francis Fukuyama, *The End of History and the Last Man. New York Times Book Review,* January 26, pp. 14–5.

Meilink-Roelocsz, M. A. P. 1962. *Asian Trade and European Influence in the Indonesian Archipelago between 1500 and about 1630.* The Hague: Martinus Nijhoff.

Meltzer, Allan H. 1991. "U.S. Leadership and Postwar Progress," unpublished paper.

Menéndez Pidal, Gonzalo. 1941. *Atlas histórico Español.* Barcelona: Editora Nacional.

Meyer, J. R. 1955. "An Input-Output Approach to Evaluating the Influence of Exports in British Industrial Production in the Late 19th Century." *Explorations in Entrepreneurial History* 8:12–34.

Miller, J. Irwin. 1991. "Competing with our Ancestors." *Bulletin of the American Academy of Arts and Sciences* 44(7) (April):36–50.

Minchenton, W. E. 1957. *The British Tinplate Industry*. Oxford: Clarendon Press.

Minchenton, W. E. 1969. "Introduction." In *The Growth of Overseas Trade in the 17th and 18th Centuries*, edited by W. E. Minchenton. London: Metheun, pp. 1–51.

Minford, Patrick. 1993. "Reconstruction and the U.K. Postwar Welfare State: False Start and New Beginning." In *Postwar Economic Reconstruction and Lessons for the East Today*, edited by Rudiger Dornbusch, Wilhelm Rölling, and Richard Layard. Cambridge, Mass.: MIT Press, pp. 115–38.

Ministère du Commerce. 1919. *Rapport générale sur l'industrie française*. 3 vols. Paris: Imprimerie Nationale.

Ministère des Finances et Ministère de l'Agriculture du Commerce et des Travaux Publiques. 1867. *Enquête sur les principles et les faits généraux qui régissent la circulation monétaire et fiduciaire*. 6 vols. Paris: Imprimerie Impériale.

Miskimin, Harry. 1977. *The Economy of Late Renaissance Europe, 1450–1600*. Cambridge: Cambridge University Press.

Modelski, George. 1983. "Long Cycles of World Leadership." In *Contending Approaches to World Systems Analysis*, edited by William R. Thompson. Beverly Hills, Calif.: Sage Publications, pp. 15–139.

Modigliani, Franco. 1980. *The Life Cycle Hypothesis of Saving*. Vol. 2 of *The Collected Papers of Franco Modigliani*. Cambridge, Mass.: MIT Press.

Mokyr, Joel. 1977. *Industrial Growth and Stagnation in the Low Countries, 1800–1850*. New Haven, Conn.: Yale University Press.

Mokyr, Joel. 1985. "The Industrial Revolution and the New Economic History." In *The Economics of the Industrial Revolution*, edited by Joel Mokyr. No place stated: Rowman & Littlefield, pp. 1–51.

Mokyr, Joel. 1990. *The Lever of Riches: Technological Creativity and Economic Progress*. New York: Oxford University Press.

Mokyr, Joel. 1991. "Dear Labor, Cheap Labor and the Industrial Revolution." In *Favorites of Fortune: Technology, Growth and Economic Development since the Industrial Revolution*, edited by Patrice Higonnet, David S. Landes, and Henry Rosovsky. Cambridge, Mass.: Harvard University Press, pp. 177–200.

Mokyr, Joel. 1992a. "Technological Inertia in Economic History." *Journal of Economic History* 52(2) (June):325–38.

Mokyr, Joel. 1992b."Is Economic Change Optimal?" *Australian Economic History Review* 32(1):3–23.

Mokyr, Joel. 1992c. "Progress and Inertia in Technological Change." In *The Contest of Capitalism: Essays in Honor of R. M. Hartwell*, edited by John James and Mark Thomas. Chicago: University of Chicago Press.

Mokyr, Joel. 1994. "Cardwell's Law and the Political Economy of Technological Progress." *Research Policy* 23(5):561–74.

Mollat du Jourdain, Michel. 1993. *Europe and the Sea*. Translated by Teresa Lavander Faga. Oxford: Blackwell.

Moran, Theodore H. 1993. *America's Economic Policy and National Security*. New York: Council on Foreign Relations Press.

Morita, Akio. 1992. "A Critical Moment for Japanese Management." *Economic Eye* 13(3) (Autumn):4–9.

Mueller, Dennis C. 1988. "Anarchy, the Market and the State," *Southern Economic Journal* 54(4) (April):821–30.

Mulford, David. 1991. "The G-7 Strikes Back." *The International Economy* 5(4) (July–August):15–23.

Mun, Thomas. ca. (1662, 1664). *England's Treasure by Forraign Trade or, The Ballance of our Forraign Trade Is the Rule of our Treasure.* London: Thomas Clark.

Musgrave, P. M. 1967. *Technical Change, the Labour Force and Education: A Study of the British and German Iron and Steel Industries, 1860–1964.* Oxford: Pergamon Press.

Musson, A. E. 1972. "The Manchester School and the Exportation of Machinery." *Business History* 14(1) (January):17–50.

Musson, A. E. 1978. *The Growth of British Industry.* New York: Holmes and Meier.

Myllyntaus, Timo. 1990. *The Gatecrashing Apprentice: Industrializing Finland as an Adopter of New Technology.* Helsinki: Institute of Economic and Social History, University of Helsinki.

Nau, Henry R. 1990. *The Myth of America's Decline: Leading the World Economy into the 1990s.* New York: Oxford University Press.

Nef, John U. 1952. *War and Economic Progress: An Essay on the Rise of Industrial Civilization.* Chicago: University of Chicago Press.

Nelson, Richard R. and Gavin Wright. 1992. "The Rise and Fall of American Technological Leadership: The Postwar Era in Historical Perspective." *Journal of Economic Literature* 30(4) (December):1931–64.

New York Times. 1992. "Thus Sprach Helmut Kohl auf Deutsch," by Stephen Kinzer, February 23, p. 7.

New York Times. 1993. "At Deutsche Bank, View is Good," by Ferdinand Protzman, September 13, pp. D1, D4.

North, Douglass C. and Robert Paul Thomas. 1973. *The Rise and Fall of the Western World: A New Economic History.* Cambridge: Cambridge University Press.

North, Michael. 1990. *Geldumlauf und Wirtschaftskonjunktur im südlichen Osterraum am der Wende zur Neuzeit (1440–1570).* Sigmaringen: Thorbecke.

Noyes, Alexander Dana. 1938. *The Market Place: Reminiscences of a Financial Editor.* Boston: Little, Brown.

Nuland, Sherwin B. 1994. *How We Die: Reflections on Life's Final Chapter.* New York: Knopf.

Nye, Joseph S. Jr. 1990. *Bound to Lead: The Changing Nature of American Power.* New York: Basic Books.

O'Brien, Patrick K. 1990. "The Imperial Component in Decline of the British Economy before 1914." In *The Rise and Decline of the Nation State*, edited by M. Mann. Oxford: Blackwell, pp. 12–46.

O'Brien, P. K. 1991. "The Industrial Revolution: A Historiographical Survey." Mimeographed. Cited in N. F. R. Crafts and C. K. Harley. 1992. "Output Growth and the British Industrial Revolution: A Restatement of the Crafts-Harley View." *Economic History Review* 45(4): 704, note 7.

O'Brien, Patrick and Caglar Keyder. 1978. *Economic Growth in Britain and France, 1780–1914: Two Paths to the Twentieth Century.* London: Allen & Unwin.

Offer, Avner. 1993. "The British Empire, 1870–1914, A Waste of Money?" *Economic History Review* 46(2) (May):213–48.

Okazaki, Hisahiko. 1993. "Security Options for the Coming Age." *Economic Eye* 14(2) (Summer):19–24.

Okina, Yuri. 1993. "Resolution Methods for Bank Failure in Japan." *Japan Research Quarterly* 2(3) (Autumn):78–88.

Olson, Mancur. 1982. *The Rise and Decline of Nations: Economic Growth, Stagflation and Social Rigidities.* New Haven, Conn.: Yale University Press.

Ormrod, David. 1974. "Dutch Commercial and Industrial Decline and British Growth in the Late Seventeenth and Early Eighteenth Centuries." In *Failed Transitions to Modern Industrial Society: Renaissance Italy and Seventeenth-Century Holland,* edited by Frederick Krantz and P. M. Hohenberg. Montreal: Interuniversity Center for European Studies, pp. 36–43.

Organzki, A. F. K. and J. Kuglar. 1981. *The War Ledger.* Chicago: University of Chicago Press.

Origo, Iris. 1957. *The Merchant of Prato, Francesco di Marco Datini.* New York: Knopf.

Ortega y Gasset, Jose. 1937. *Invertebrate Spain.* New York: Norton.

Outhwaite, R. B. 1969. *Inflation in Tudor and Early Stuart England.* London: Macmillan.

Parker, Geoffrey. 1972. *The Army of Flanders and the Spanish Road, 1567–1659: The Logistics of Spanish Victory and Defeat in the Low Countries Wars.* Cambridge: Cambridge University Press.

Parker, Geoffrey 1984. *The Thirty Years' War.* London: Routledge and Kegan Paul.

Parker, William N. 1984. *Europe and the World Economy.* Vol. 1 of *Europe, America and the Wider World: Essays on the Economic History of Western Capitalism.* Cambridge: Cambridge University Press.

Parker, William N. 1991. *America and the Wider World.* Vol. 2 of *Europe, America and the Wider World: Essays on the Economic History of Western Capitalism.* Cambridge: Cambridge University Press.

Parry, J. H. 1966. *The Spanish Seaborne Empire.* New York: Knopf.

Partridge, Eric. 1967. *A Dictionary of Slang and Unconventional English.* 6th ed. New York: Macmillan.

Phillips, Carla Rahn. 1986. *Six Galleons for the King of Spain.* Baltimore: Johns Hopkins University Press.

Phillips, Carla Rahn. 1990. "The Growth and Composition of Trade in the Iberian Peninsula." In *The Rise and Fall of Merchant Empires: Long-Distance Trade in the Early Modern World, 1350–1750,* edited by James D. Tracey. Cambridge: Cambridge University Press, pp. 34–101.

Phillips, W. H. 1989. "The Economic Performance of Late Victorian Britain: Traditional Historians and Growth." *Journal of European Economic History* 18(2) (Fall):393–414.

Pike, Ruth. 1972. *Aristocrats and Traders: Sevillian Society in the Sixteenth Century.* Ithaca, N.Y.: Cornell University Press.

Pinto, Diana. 1992. "The Great European Sea Change." *Daedalus* 121(4) (Fall):129–50.

Pirenne, Henri. 1933 (1936). *Economic and Social History of Medieval Europe.* Translated by I. E. Clegg. New York: Harcourt Brace and World.

Pitts, Jesse. 1957. "The Bourgeois Family and French Economic Retardation." Unpublished doctoral thesis in sociology, Harvard University, Cambridge, Mass.

Pitts, Jesse. 1964. "Continuity and Change in Bourgeois France." In *In Search of France,* edited by Stanley Hoffmann et al. Cambridge, Mass.: Harvard University Press, pp. 235–304.

Platt, D. C. M. 1984. *Foreign Finance in Europe and the USA, 1815–1870: Quantities, Origins, Functions and Distribution*. London: Allen & Unwin.

Plessis, Alain. 1985. *La politique de la Banque de France de 1851 à 1870*. Geneva: Droz.

Plummer, Alfred. 1937. *New British Industries in the Twentieth Century*. London: Pitman.

Pollard, Sidney. 1974. *European Economic Integration, 1815–1970*. New York: Harcourt Brace Jovanovich.

Pollard, Sidney and Paul Robertson. 1979. *The British Shipbuilding Industry, 1870–1914*. Cambridge, Mass.: Harvard University Press.

Pollin, Robert. 1990. *Deeper in Debt: The Changing Financial Condition of U.S. Households*. Washington, D.C.: Economic Policy Institute.

Poni, Carlo. 1970. "Archeologie de la fabrique: la diffusion des moulin à soie 'alla Bolognese' dans les Etats Venetiens du XVIème siècle." Preprint of paper presented to the Colloque International on "L'industrialization en Europe au XIXème siècle," Lyons, October 7–10.

Postan, M. M. 1967. *An Economic History of Western Europe, 1945–1964*. London: Methuen.

Posthumus, N. W. 1928 (1969). "The Tulip Mania in Holland in the Years 1636 and 1637." Reprinted in *The Economic Development of Western Europe: The Sixteenth and Seventeenth Centuries*, edited by Warren C. Scoville and J. Clayburn La Force. Lexington, Mass.: D. C. Heath, pp. 138–49.

Powelson, John P. 1994. *Centuries of Endeavor: Parallel Paths in Japan and Europe, and their Contrast with the Third World*. Ann Arbor: University of Michigan Press.

Prestwich, Michael. 1979. "Italian Merchants in Late Thirteenth and Early Fourteenth Century England." In the Dawn of Modern Banking, Center for Medieval and Renaissance Studies, University of California at Los Angeles; New Haven, Conn.: Yale University Press.

Prewitt, Kenneth. 1993. "America's Research Universities under Scrutiny." *Daedalus* 122(4) (Fall):85–99.

Pullan, Brian, ed. 1968. *Crisis and Change in the Venetian Economy in the Sixteenth and Seventeenth Centuries*. London: Methuen.

Pyle, Kenneth B. 1988. "Japan, the World and the Twenty-First Century." In *The Changing International Context*, Vol. 2 of *The Political Economy of Japan*, edited by Takashi Inoguchi and Daniel I. Okimoto. Stanford, Calif.: Stanford University Press, pp. 446–86.

Rapp, Richard Tilden. 1976. *Industry and Economic Decline in Seventeenth-Century Venice*. Cambridge, Mass.: Harvard University Press.

Rappard, William. 1914. *La révolution industrielle et les origines de la protection légale du travail en Suisse*. Berne: Stämfli.

Reddy, William M. 1987. *Money and Liberty in Modern Europe: A Critique of Historical Understanding*. Cambridge: Cambridge University Press.

Redlich, Fritz. 1968. "Frühindustrielle Unternehmer und ihre Probleme im Lichte ihrer Selbszeugnisse." In *Wirtschafts- und sozialgeschichtliche Probleme der frühen Industrializierung*, edited by Wolfram Fischer. Berlin: Colloquium Verlag, pp. 339–413.

Riesman, David, Nathan Glazer, and Reuel Denny. 1950. *The Lonely Crowd*. New Haven, Conn.: Yale University Press.

Riley, James C. 1980. *International Government Finance and the Amsterdam Capital Market, 1740–1815*. Cambridge: Cambridge University Press.

Rimmer, W. G. 1960. *Marshall of Leeds, Flax-Spinners*. Cambridge: Cambridge University Press.

Ringrose, David R. 1983. *Madrid and the Spanish Economy, 1560–1850*. Berkeley: University of California Press.

Ritter, Ulrich Peter. 1961. *Die Rolle des Staates in den Frühstadien der Industrialiserung*. Berlin: Duncker und Humblot.

Rivlin, Alice M. 1992. *Reviving the American Dream: The Economy, the States and the Federal Government*. Washington, D.C.: Brookings Institution.

Roberts, J. M. 1953. "Lombardy." In *The European Nobility in the Eighteenth Century: Studies of the Major European States in the Pre-Reform Era*, edited by A. Goodwin. London: Adam and Charles Black, pp. 60–82.

Robson, R. 1957. *The Cotton Industry in Britain*. London: Macmillan.

Rogers, Francis M. 1989. "Portugal: European, Hispanic or Sui Generis?" In *Iberian Identity: Essays on the Nature and Identity of Portugal and Spain*, edited by Richard Herr and John H. R. Pont. Berkeley: University of California Press, pp. 71–78.

Romano, Ruggiero. 1968. "Economic Aspects of the Construction of Warships in the Sixteenth Century." In *Crisis and Change in the Venetian Economy in the Sixteenth and Seventeenth Centuries*, edited by Brian Pullan. London: Methuen, pp. 59–87.

Rosenberg, Nathan and L. E. Birdzell, Jr. 1986. *How the West Grew Rich: The Economic Transformation of the Industrial World*. New York: Basic Books.

Rosecrance, Richard. 1990. *America's Economic Resurgence: A Bold New Strategy*. New York: Harper and Row.

Rostow, W. W. 1960. *The Stages of Economic Growth: A Non-Communist Manifesto*. Cambridge: Cambridge University Press.

Rostow, W. W. 1990. *Theorists of Economic Growth from David Hume to the Present, with a Perspective on the Next Century*. New York: Oxford University Press.

Rostow, W. W. 1991. "Technology and the Economic Theorists: Past, Present, Future." In *Favorites of Fortune: Technology, Growth and Economic Development since the Industrial Revolution*, edited by Patrice Higonnet, David S. Landes, and Henry Rosovsky. Cambridge, Mass.: Harvard University Press, pp. 395–431.

Rostow, W. W. 1992. "Policy for a Viable American Economy." Paper submitted to the Senate Committee on Banking, Housing and Urban Affairs, April 7.

Rubinstein, W. D. 1980. "Modern Britain." In *Wealth and the Wealthy in the Modern World*, edited by W. D. Rubenstein. New York: St. Martin's Press, pp. 46–89.

Rubinstein, W. D. 1993. *Capitalism, Culture and Decline in Britain, 1750–1990*. London: Routledge.

Rudé, George. 1972. *Europe in the Eighteenth Century: Aristocracy and the Bourgeois Challenge*. Cambridge, Mass.: Harvard University Press.

Rupieper, Hermann J. 1979. *The Cuno Government and Reparations, 1922–23: Politics and Economics*. The Hague: Martinius Nijhoff.

Sakaiya, Taichi. 1993. "Lifting the Heavy Hand of Bureaucratic Guidance." *Economic Eye* 14(2) (Summer):29–32.

Sakuta, Masaharu. 1993. "Why Is Japanese Housing So Expensive?" *Japan Research Quarterly* 2(3) (Summer):89–98.

Salter, W. E. G. 1960. *Productivity and Technical Change*. Cambridge: Cambridge University Press.

Saul, S. B. 1968. "The Engineering Industry." In *The Development of British Industry and Foreign Competition, 1875–1914*, edited by Derek H. Aldcrost. London: George Allen & Unwin, pp. 186–237.

Sauvy, Alfred. 1954 (1989). "La programme économique et financière de Mendès France." In Comité pour l'Histoire Economique et Financière de la France, *Etudes et Documents, I*. Paris: Imprimerie Nationale, pp. 493–524.

Sauvy, Alfred. 1960. *La montée des jeunes*. Paris: Calman-Lévy.

Saxonhouse, Gary N. 1993. "What Does Japanese Trade Structure Tell Us about Japanese Trade Policy?" *Journal of Economic Perspectives* 7(3) (Summer): 21–43.

Schama, Simon. 1977 (1992). *Patriots and Liberators: Revolution in the Netherlands, 1760–1813*. New York: Vintage Books.

Schama, Simon. 1988. *The Embarrassment of Riches: An Interpretation of the Dutch Culture of the Golden Age*. Berkeley: University of California Press.

Schor, Juliet B. 1992. *The Overworked American: The Unexpected Decline of Leisure*. New York: Basic Books.

Schramm, Percy Ernest. 1969. "Hamburg und die Adelsfrage (bis 1806)." *Zeitschrift des Vereins für Hamburgische Geschichte* 55:81–93.

Schuker, Stephen A. 1976. *The End of French Predominance in Europe: The Financial Crisis of 1924 and the Adoption of the Dawes Plan*. Chapel Hill: University of North Carolina Press.

Schumpeter, Joseph A. 1939. *Business Cycles: A Theoretical, Historical and Statistical Analysis of the Capitalist Process*. 2 vols. New York: McGraw-Hill.

Scoville, Warren C. 1960. *The Persecution of Huguenots and French Economic Development, 1680–1720*. Los Angeles: University of California Press.

Sella, Domenico. 1968a. "Crisis and Transformation in Venetian Trade." In *Crisis and Change in the Venetian Economy in the Sixteenth and Seventeenth Centuries*, edited by Brian Pullan. London: Methuen, pp. 88–105.

Sella, Domenico. 1968b. "The Rise and Fall of the Venetian Woolen Industry." In *Crisis and Change in the Venetian Economy in the Sixteenth and Seventeenth Centuries*, edited by Brian Pullan. London: Methuen, pp. 106–26.

Sella, Domenico. 1970 (1974). "European Industries, 1500–1700." In *The Sixteenth and Seventeenth Centuries*, edited by Carlo M. Cipolla. Vol. 2 of *The Fontana Economic History of Europe*. Glasgow: Collins/Fontana Books, pp. 354–426.

Sella, Domenico. 1974a. "The Two Faces of the Lombardy Economy in the Seventeenth Century." In *Failed Transitions to Modern Industrial Society: Renaissance Italy and Seventeenth-Century Holland*, edited by Frederick Krantz and Paul M. Hohenberg. Montreal: Interuniversity Center for European Studies, pp. 11–18.

Sella, Domenico. 1974b. "Italy." Participants' discussion in *Failed Transitions to Modern Industrial Society: Renaissance Italy and Seventeenth-Century Holland*, edited by Frederick Krantz and Paul M. Hohenberg. Montreal: Interuniversity Center for European Studies, p. 31.

Semmel, Bernard. 1970. *The Rise of Free Trade Imperialism: Classical Political*

Economy, the Empire of Free Trade and Imperialism, 1750–1850. Cambridge: Cambridge University Press.

Servan-Schreiber, Jean-Jacques. 1968. *The American Challenge.* New York: Atheneum Publishers.

Shafer, Byron E., ed. 1991. *Is America Different? A New Look at American Exceptionalism.* Oxford: Clarendon Press.

Shaw, L. M. E. 1989. "The Inquisition and the Portuguese Economy." *Journal of European Economic History* 18(2) (Fall):415–32.

Shell Briefing Service. 1991. *Research and Development in the Oil Industry,* no. 4. London: Royal Dutch/Shell Group.

Shimada, Haruo. 1992. "Japanese Capitalism: The Irony of Success." *Economic Eye* 13(2):28–32.

Sideri, Sandro. 1970. *Trade and Power: Informal Colonialism in Anglo-Portuguese Relations.* Rotterdam: Rotterdam University Press.

Skidelsky, (Lord) Robert. 1994. *John Maynard Keynes: The Economist as Savior, 1920–1937.* Volume 2 of a 3-vol. biography. New York: Viking Penguin.

Skolnikoff, Eugene B. 1993. "Knowledge without Borders: The Internationalization of the Research University." *Daedalus* 122(4) (Fall):225–52.

Slicher van Bath, Bernard Hendrik. 1982. "The Economic Situation in the Dutch Republic during the Seventeenth Century." In *Dutch Capitalism and World Capitalism,* edited by Maurice Aymard. Cambridge: Cambridge University Press, pp. 23–35.

Smith, Adam. 1759 [11th ed. 1808]). *The Theory of Moral Sentiments, or an Essay toward an Analysis of the Principles by which Men Naturally Judge Concerning the Conduct and Character, First of the Neighbors, and Afterward of Themselves.* Edinburgh: Bell and Bradfute.

Smith, Adam. 1776 (1937). *The Wealth of Nations.* New York: Modern Library.

Smith, Cyril Stanley. 1970. "Art, Technology and Science: Notes on their Historical Interaction." *Technology and Culture* 2(4) (October):494–549.

Smith, Cyril Stanley. 1975. "Metallurgy and Human Experience," the 1974 Distinguished Lectureship in Materials and Society. *Metallurgical Transactions, A.,* 6A(4) (April).

Spooner, Frank C. 1983. *Risks at Sea: Amsterdam Insurance and Maritime Europe, 1766–1780.* Cambridge: Cambridge University Press.

Starr, Chester G. 1989. *The Influence of Sea Power on Ancient History.* New York and Oxford: Oxford University Press.

Steensgaard, Niels. 1973. *Carracks, Caravans and Companies: Crisis of the European-Asian Trade in the Early 17th Century.* Copenhagen: Scandinavian Institute of Asian Studies, Monograph Series No. 17.

Steinberg, Siegfried Henry. 1968. "The Thirty Years' War: Economic Life." *Encyclopedia Britannica,* 14th ed., vol. 21, p. 1060.

Stendhal, Henri Beyle. 1835 (1960). *Lucien Leuwen.* Paris: Gallimard.

Strange, Susan. 1971. *Sterling and British Policy: A Political Study of an International Currency in Decline.* London: Oxford University Press.

Subrahmanyam, Sanjay and Louis Filipe R. R. Thomas. 1991. "Evolution of Empire: The Portuguese in the Indian Ocean During the Sixteenth Century." In *The Political Economy of Merchant Empires: State Power and Trade, 1350–1750,* edited by James D. Tracy. Cambridge: Cambridge University Press, pp. 298–331.

Sutch, Richard. 1991. "All Things Reconsidered: The Life-Cycle Perspective and the Third Task of Economic History." *Journal of Economic History* 51(2) (June):271–88.

Swart, K. W. 1975. "Holland's Bourgeoisie and the Retarded Industrialization of the Netherlands." In *Failed Transitions to Modern Industrial Society: Renaissance Italy and Seventeenth-Century Holland*, edited by Frederick Krantz and Paul M. Hohenberg. Montreal: Interuniversity Center for European Studies, pp. 44–48.

Takeda, Masahiko and Philip Turner. 1992. "The Liberalization of Japanese Financial Markets: Some Major Themes." *BIS Economic Papers*, no. 34 (November).

Tavlas, George S. 1991. "On the International Use of Currencies: The Case of the Deutsche Mark." *Essays in International Finance*, no. 181 (March). Princeton, N.J.: International Finance Section.

Tavlas, George S. and Yuzura Ozeki. 1992. "The Internationalization of Currencies: An Appraisal of the Japanese Yen." International Monetary Fund. Occasional Paper no. 90 (January).

Temin, Peter. 1966. "The Relative Decline of the British Steel Industry, 1880–1913." In *Industrialization in Two Systems: Essays in Honor of Alexander Gerschenkron*, edited by Henry Rosovsky. New York: John Wiley.

Temin, Peter. 1989. *Lessons from the Great Depression.* Cambridge, Mass.: MIT Press.

Thackray, Arnold. 1973. Seminar on "Natural Knowledge and Cultural Context: A Case Study in the Technical, Social and Cultural Background of Scientific Change in the Industrial Revolution." MIT, Cambridge, Mass., May 2.

Thirsk, Joan and J. P. Cooper, eds. 1972. *17th Century Economic Documents.* Oxford: Clarendon Press.

Thompson, E. P. 1963. *The Making of the English Working Class.* New York: Pantheon Book.

Thuillier, Guy. 1959. *Georges Dufaud et les débuts du grand capitalisme dans la métallurgie, en Nivernais, au XIXe siècle.* Paris: S.E.V.P.E.N.

Tilly, Richard H. 1968. "Los von England: Probleme des Nationalismus in der deutschen Wirtschaftsgeschichte." *Zeitschrift für die gesamte Staatswissenschaft* 124(1) (February):179–96.

Tilly, Richard. 1993. "Review" of Giersch, Paqué and Schmieding, *The Fading Miracle* (1992). *Journal of Economic History* 53(4) (December):942–43.

Tracy, James D. 1985. *A Financial Revolution in Habsburg Netherlands: Renten and Rentiers in the County of Holland, 1515–1565.* Berkeley: University of California Press.

Tsuru, Shigeto. 1993. *Japan's Capitalism: Creative Defeat and Beyond.* Cambridge: Cambridge University Press.

van der Wee, Herman. 1963. *The Growth of the Antwerp Market and the European Economy (fourteenth–sixteenth centuries).* 3 vols. The Hague: Martinus Nijoff.

van der Wee, Herman. 1988. "Industrial Dynamics and the Process of Urbanization and De-Urbanization in the Low Countries from the Late Middle Ages to the Eighteenth Century: A Synthesis." In *The Rise and Decline of Urban Industries in Italy and the Low Countries (Late Middle Ages–Early Modern Times)*, edited by Herman van der Wee. Leuven: Leuven University Press, pp. 307–81.

Vanek, Jaroslav. 1963. *The Natural Resource Content of United States Foreign Trade, 1870–1955.* Cambridge, Mass.: MIT Press.

van Houtte, J. A. 1964. "Anvers." In *Città Mercanti Dottrine nell'Economia Europea dal IV al XVIII Secolo, Saggi in Memoria Gino Luzzato,* edited by Amintore Fanfani. Milan: A Giuffre, pp. 297–319.

van Houtte, J. A. 1967. *Bruges: Essai d'histoire urbaine.* Brussels: La Renaissance du Livre.

van Houtte, Jan A. 1972. "Economic Development of Belgium and the Netherlands from the Beginning of the Modern Era." *Journal of European Economic History* 1(1) (Spring):100–20.

van Klavaren, Jacob. 1957. "Die historische Erscheinungen der Korruption." *Vierteljahrschrift für Sozial- und Wirtschaftsgeschichte* 44 (December): 289–324.

van Vleeck, Va Nee L. 1993. "Re-assessing Technological Backwardness: Absolving the Silly, Little Bobtailed Coal Car." Unpublished Ph.D. dissertation, University of Iowa.

Vergeot, J.-B. 1918. *Le crédit comme stimulant et régulateur de l'industrie: La conception saint-simonienne, ses réalizations, son application au problème bancaire d'après-guerre.* Paris: Jouve.

Vernon, Raymond. 1966. "International Investment and International Trade in the Product Cycle." *Quarterly Journal of Economics* 80(2) (May):190–207.

Veseth, Michael. 1990. *Mountains of Debt: Crisis and Change in Renaissance Florence, Victorian Britain and Postwar America.* New York: Oxford University Press.

Vial, Jean. 1967. *L'industrialization de sidérurgie française, 1814–1864.* Paris: Mouton.

Vicens Vives, Jaime. 1952 (1967). *Approaches to the History of Spain.* Translated and edited by Joan Connally Ullman. Berkeley: University of California Press.

Vicens Vives, Jaime. 1970. "The Decline of Spain." In *The Economic Decline of Empires,* edited by Carlo M. Cipolla. London: Methuen, pp. 121–67.

Vilar, Pierre. 1969 (1976). *A History of Gold and Money, 1450–1920.* London: New Left Books.

Ville, Simon, ed. 1993. *Shipbuilding in the United Kingdom in the Nineteenth Century: A Regional Approach.* Research in Maritime History no. 4. St. Johns, Newfoundland: International Maritime Economic History Association et al.

Volcker, Paul A. and Toyoo Gyohten. 1992. *Changing Fortunes: The World's Money and the Threat to American Leadership.* New York: Times Books.

Wagner, Adolph. 1879. *Allgemeine oder theoretische Volkswirtschaftslehre.* Leipzig and Heidelberg: C. F. Verlagshandlung.

Walker, Mack. 1964. *Germany and the Emigration, 1816–1885.* Cambridge, Mass.: Harvard University Press.

Walker, Mack. 1971. *German Home Towns: Community, State and General Estate, 1648–1871.* Ithaca, N.Y., and London: Cornell University Press.

Wallerstein, Immanuel. 1980. *The Modern World-System II: Mercantilism and the Consolidation of the European World-Economy, 1600–1750.* New York: Academic Press.

Wallerstein, Immanuel. 1982. "Dutch Hegemony in the Seventeenth-Century World-Economy." In *Dutch Capitalism and World Capitalism,* edited by Maurice Aymard. Cambridge: Cambridge University Press, pp. 93–145.

Walter, Norbert. 1990. "Frankfurt Financial Centre Challenged by 1992." In

Financial Institutions in Europe under New Competitive Conditions, edited by Donald E. Fair and Christian de Boisseu. Dordrecht/Boston/Lancaster: Kluwer, pp. 145–57.

Weber, Eugen. 1976. *Peasants into Frenchmen: The Modernization of Rural France, 1870–1914*. Stanford, Calif.: Stanford University Press.

Wedgwood, Julia. 1915. *The Personal Life of Josiah Wedgwood*. London: Macmillan.

Wiener, Martin J. 1981. *English Culture and the Decline of the Industrial Spirit, 1850–1980*. Cambridge: Cambridge University Press.

Wijnberg, Nachoem M. 1992. "The Industrial Revolution and Industrial Economics." *Journal of European Economic History* 21(1) (Spring):153–67.

Williams, E. E. 1890. *Made In Germany*. 2nd ed. London: Heinemann.

Williams, E. N. 1970. *The Ancien Régime in Europe: Government and Society in the Major States, 1648–1789*. New York: Harper & Row.

Williamson, Jeffrey G. 1991. "Productivity and American Leadership." *Journal of Economic Literature* 39(1) (March):51–68.

Wilson, C. H. 1939 (1954). "The Economic Decline of the Netherlands." In *Essays in Economic History*, edited by E. M. Carus-Wilson. Vol. 1. London: Arnold, pp. 254–69.

Wilson, Charles. 1941 *Anglo-Dutch Commerce and Finance in the Eighteenth Century*. Cambridge: Cambridge University Press.

Wilson, R. G. 1971. *Gentlemen Merchants: The Merchant Community of Leeds, 1700–1830*. Manchester: Manchester University Press.

Wojnilower, Albert M. 1992. "Heresies Acquired in Forty Years as an Economics Practioner." Pamphlet, First Boston Asset Management.

Wood, Christopher. 1992. *The Bubble Economy: Japan's Extraordinary Boom in the 1980s and Dramatic Bust in the 1990s*. New York: Atlantic Monthly Press.

Woodham-Smith, Cecil. 1962. *The Great Hunger: Ireland*. New York: Harper & Row.

Woolf, S. J. 1968. "Venice and Terra Ferma: Problems of the Change from Commercial to Landed Activities." In *Crisis and Change in the Venetian Economy in the Sixteenth and Seventeenth Centuries*, edited by Brian Pullan. London: Methuen, pp. 175–203.

Wright, H. R. C. 1955. *Free Trade and Protection in the Netherlands, 1816–1830: A Study of the First Benelux*. Cambridge: Cambridge University Press.

Wylie, Laurence. 1957. *Village in the Vaucluse*. Cambridge, Mass.: Harvard University Press.

Yamazawa, Ippei. 1991. "The New Europe and the Japanese Strategy." *Revista di Politica Economica* 81(3) (May):631–53.

Young, Arthur. 1790 (1969). *Travels in France during the Years 1787, 1788 and 1789*. Garden City, N.Y.: Doubleday Anchor Book.

Zamagni, Vera. 1980. "The Rich in a Late Industrializer: The Case of Italy, 1800–1945." In *Wealth and the Wealthy in the Modern World*, edited by W. D. Rubenstein. New York: St. Martin's Press, pp. 122–66.

Zunkel, Friederich. 1962. *Der Rheinische-Westfälische Unternehmer, 1834–1879: Ein Beitrag zur Geschichte des deutsche Bürgertum im 19. Jahrhundert*. Cologne and Opladen: Westdeutsche Verlag.

인명 색인